RECHTES CHRISTENTUM?

DER GLAUBE IM SPANNUNGSFELD VON
NATIONALER IDENTITÄT, POPULISMUS UND
HUMANITÄTSGEDANKEN

Felix Dirsch, Volker Münz, Thomas Wawerka (Hg.)

Rechtes Christentum?

Der Glaube im Spannungsfeld von
nationaler Identität, Populismus
und Humanitätsgedanken

ARES VERLAG

Umschlaggestaltung: Werbeagentur Rypka GmbH, 8143 Dobl/Graz, www.rypka.at
Umschlagabb. Vorderseite: PxHere.com / Creative Commons CC0 Public Domain

Bibliografische Information der Deutschen Nationalbibliothek
Die Deutsche Nationalbibliothek verzeichnet diese Publikation in der Deutschen
Nationalbibliografie; detaillierte bibliografische Daten sind im Internet unter
https://portal.dnb.de/ abrufbar.

Hinweis: Dieses Buch wurde auf chlorfrei gebleichtem Papier gedruckt.
Die zum Schutz vor Verschmutzung verwendete Einschweißfolie ist aus Polyethylen
chlor- und schwefelfrei hergestellt. Diese umweltfreundliche Folie verhält sich
grundwasserneutral, ist voll recyclingfähig und verbrennt in Müllverbrennungsanlagen
völlig ungiftig.

Auf Wunsch senden wir Ihnen gerne kostenlos unser Verlagsverzeichnis zu:
ARES Verlag
Hofgasse 5 / Postfach 189
A-8011 Graz
Tel.: +43 (0)316/82 16 36
Fax: +43 (0)316/83 56 12
E-Mail: ares-verlag@ares-verlag.com
www.ares-verlag.com

ISBN 978-3-99081-004-0

Layout: Werbeagentur Rypka GmbH, 8143 Dobl/Graz, www.rypka.at
Druck und Bindung: Christian Theiss GmbH, 9431 St. Stefan
Printed in Austria

Inhalt

Einleitung

Von Felix Dirsch / Volker Münz / Thomas Wawerka

1.

Oft hat man in den Auseinandersetzungen der letzten über 150 Jahre Marx' berühmtes Wort vom Gespenst, das umgehe, verfremdet. Gegenwärtig wird es vor allem für die verschiedenen Phänomene des sogenannten Populismus gebraucht. In Deutschland werden unter diesen unscharfen, schillernden Begriff im gesellschaftlichen Bereich meist nicht deckungsgleiche Gruppierungen wie „Pegida" und die Identitäre Bewegung rubriziert;[1] im politischen Kontext ist es vor allem die Partei Alternative für Deutschland (AfD), der das Adjektiv „rechtspopulistisch" im fast ausschließlich pejorativen Sinn angeheftet wird. Die Altparteien fürchten Konkurrenz. Sie setzen alle medialen und sonstigen Waffen ein, um die neuen Zusammenschlüsse zu verunglimpfen.

Die Bezeichnung „populistisch" trifft jenseits aller Polemik dann zu, wenn damit eine Gegenbewegung zur Herrschaft von Eliten gemeint ist, deren grundlegende Ziele (forcierte Einwanderung, weitere Abtretung von Hoheitsbefugnissen an die EU, Gender-Mainstreaming, kostenintensive Umverteilungen im Zuge eines angeblich primär menschengemachten Klimawandels, „Ehe für alle" und so fort) nicht den Interessen der Mehrheit der Bevölkerung entsprechen.

2.

In diesen Zeitkontroversen stehen die Glaubensgemeinschaften in der Meinungsbildung keineswegs abseits. Die Führungskader beider großen Kirchen stellen sich fast ausschließlich auf die Seite derer, die die „Flüchtlingspolitik" der Regierung Merkel befürworten. In ihren Verlautbarungen ist ein säkularisiert-universalisierter Humanitarismus unverkennbar, der auf die Pflicht des Christen zur Nächstenliebe hinweist. Der Christ kennt demnach keine Grenzen. Zumeist beruft man sich auf biblische Stellen wie das „Gleichnis vom barmherzigen Samariter" (Lk 10,25–37) und auf den Galater-Brief des Apostels Paulus (Gal 3,28). In der Kritik der Kategorie des Volkes wird selten reflektiert, dass Jesus sich nur zu den verlorenen Schafen des Hauses Israel gesandt wusste. Seiner Herkunftskultur war er eng verbunden.

Nun ist der Staat freilich nicht der „Samariter" im oben genannten Gleichnis. Auch sonst ist bekannt, dass die christlichen Normen nicht eins zu eins auf politische Kontexte übertragen werden können. Es ist ein gedanklicher Kurzschluss, zu meinen, das für Christen verbindliche Postulat der Nächstenliebe könne in eine Begründung dafür uminterpretiert werden, zum Gesinnungsethiker zu werden und das Gemeinwohl auf diese Weise zu schädigen oder dessen Schädigung zumindest billigend in Kauf zu nehmen. Beinahe täglich liest man in den Printmedien über die katastrophalen Folgen der Migrationskrise für Rechts- wie Sozialstaat. Orte wie Köln, Berlin, Hamburg, Freiburg, Kandel, Ellwangen und viele andere sind längst sichtbarer Ausdruck für den Kontroll- und Steuerungsverlust des Staates. Die Kosten der illegalen Masseneinwanderung, die von den Regierenden weiterhin geduldet wird, betragen für Bund, Länder und Gemeinden weit mehr als 30 Milliarden Euro jährlich. Diese Gelder fehlen für notwendige Investitionen an anderer Stelle. Noch schlimmer ist, dass die „Herrschaft des Unrechts" (Ulrich Vosgerau) weiter andauert.

Nun sollte für die Kirchen und ihre Oberen die mit der Massenmigration nach Europa verbundene Islamisierung ein Grund der Besorgnis sein, forciert sie (neben der fortdauernden Säkularisierung) doch die Entchristlichung. Zwar ereignete sich hierzulande noch kein Fall wie der des betagten französischen Priesters Jacques Hamel, der am Altar von IS-Kämpfern ermordet wurde. Dennoch sind auch in Deutschland Gesten der „Unterwerfung" (Michel Houellebecq) unter den Islam an der Tagesordnung. Sie zeigen sich etwa in der symbolhaften öffentlichen Verleugnung des Kreuzes durch christliche Würdenträger. Heute wird meist ignoriert, was für den katholischen Staatsrechtslehrer Carl Schmitt noch selbstverständliche Einsicht war (und mit ihm für den größten Teil der praktizierenden Christen beider Konfessionen):[2] „Auch ist in dem tausendjährigen Kampf zwischen Christentum und Islam niemals ein Christ auf den Gedanken gekommen, man müsse aus Liebe zu den Sarazenen oder den Türken Europa, statt es zu verteidigen, dem Islam ausliefern." Schmitt unterschied zwischen dem privaten Feind („inimicus") und dem politischen („hostis"). Natürlich ist die Praktizierung der Nächstenliebe zentral für christliches Tun. Dieser Dienst kann jedoch auf unterschiedliche Weise ausgeübt werden. Er sollte sich primär auf Hilfe in den Heimatregionen der Geflohenen erstrecken, wo finanzielle Unterstützung weitaus effektiver ist als hierzulande.

Aufgrund der humanitaristisch-säkularen Grundausrichtung des größeren Teils der Kirchenmitglieder und des höheren Klerus verwundert es nicht, wenn aus ihren Reihen die Alternative für Deutschland undifferenziert-scharfe Polemik beschränken muss. Eine wachsende Zahl von Titeln wirft angeblichen „Angstpredigern" (Liane Bednarz) Unchristlichkeit vor.[3] Exemplarisch sind zu nennen: Der Kölner Erzbischof, Kardinal Rainer Woelki, sah Menschenrechte und Menschenwürde durch „Rechtspopulisten" verletzt,[4] ohne dass er überhaupt eine Definition der gemeinten Gruppe vorlegte. Der Bischof von Münster, Felix Genn, eröffnete den Katholikentag 2018 mit den üblichen Plattitüden: Es gebe „dumpfe rechtspopulistische Parolen". Mit Recht verurteilte er den Antisemitismus, sagte jedoch nicht, woher der zunehmende Hass auf Juden gegenwärtig zumeist kommt. Die Gefahren der Islamisierung erwähnte er mit keinem Wort. Von der weltweiten Christenverfolgung und -diskriminierung, gerade in mehrheitlich muslimischen Ländern, hörte man nichts. Rot-grüne Gesinnungsethiker sind ob einer solchen Haltung mehr als erfreut. Dass das Motto der Veranstaltung, „Suchet Frieden", den Frieden mit den verpönten „Rechtspopulisten" eigentlich einschließen müsste, ist nur am Rand zu bemerken. Auch Laien schlagen natürlich in die gleiche Kerbe: Die Theologin Angelika Strube erhielt eine Gastprofessur an der theologischen Fakultät der Universität Tübingen mit dem Schwerpunktthema „Neurechtes Christentum". Besonders scharf glaubt ein linkskatholischer Laie wie der Politikwissenschaftler Andreas Püttmann die Alternative für Deutschland attackieren zu müssen. Mit außerordentlicher Intoleranz forderte er im Rahmen eines Interviews dazu auf,[5] Rechtsradikale nicht auf kirchlichen Podien salonfähig zu machen, was wohl auf die Debatten im Vorfeld des Katholikentags 2018 (und auf dieser Veranstaltung selbst) anspielte. Schon in anderen Beiträgen fiel Püttmann durch undifferenzierte Rundumschläge gegen die AfD auf. Es ist nicht anders denn als Arroganz zu werten, wenn er frei nach dem Motto handelt: Wer rechtsradikal ist, bestimme ich! Erhellende Argumente zur Begründung hat er nicht vorzubringen. Mit seiner Intransigenz ist er durchaus repräsentativ für das progressiv-katholische Milieu.

Zeitgeistkonformität, im Milieu beider Kirchen omnipräsent, mag bequem sein; der christliche Auftrag wird dadurch jedoch nicht erfüllt. Nur wenige Oberhirten bekennen sich offen zu den Zielen des „Marsch für das Leben"; kein Bischofswort ist zu den zahllosen Aktivitäten des Linksterrorismus bekannt, von denen nur die Gewalttaten auf dem G20-Gipfel und alljährlich in der Nacht zum 1. Mai stattfindenden genannt seien. Da macht sich undifferenziertes Gerede von einem meist nicht näher definierten „Rechtspopulismus" besser. „Wir gehören auch zu den Guten", so der unüberhörbare Unterton!

Kaum gewürdigt wird, dass es durchaus Nähen zwischen der AfD-Programmatik und einzelnen genuin christlichen Forderungen gibt: Schutz der klassischen Ehe und Familie, Schutz des ungeborenen Lebens, Skepsis gegenüber der Präimplantationsdiagnostik und Kritik der Gender-Ideologie. Man mag gegen die Dresdner „Pegida"-Bewegung, gegen ihre Ableger ohnehin, mit Recht einige Einwände vorbringen. Dennoch sind die Patrioten aus der sächsischen Hauptstadt maßgeblich dafür verantwortlich, dass es zu vermehrten Debatten über Heimat, über abendländische Herkunft und (wenigstens am Rande) über christliche Identität gekommen ist. In Erinnerung zu rufen ist in diesem Kontext die Ansicht des rechten Verlegers und Publizisten Götz Kubitschek. Er sah die Möglichkeiten und Wirkmächtigkeit der „Pegida"-Bewegung durch deren säkularen Grundzug eingeschränkt. Insofern ist die (oft dezidiert geäußerte) Distanz zu den Kirchen zu bedauern.

Wenn in den Beiträgen dieses Bandes das Verhältnis einer christlich-kirchlichen Perspektive zu den als „rechtspopulistisch" bezeichneten Vereinigungen Alternative für Deutschland, „Pegida" und den (sehr heterogenen) Identitären skizziert wird, so geht es dabei um eine sachliche Auseinandersetzung. Tendenziöse Einseitigkeiten werden vermieden. Weder argumentieren die Autoren gegenüber diesen Gruppierungen ausschließlich zustimmend, noch pauschal ablehnend. Die Verfasser verstehen sich auch nicht als Gesinnungs- und Kampfgemeinschaft. Jeder einzelne der Autoren pflegt einen genuinen Blick auf den Gegenstand seiner Untersuchung. Für alle ist es jedoch selbstverständlich – anders als für die meist voreingenommenen Vertreter des politmedialen Establishments –, dass sie jenen Vorschuss an Sympathie für das Objekt ihrer Analysen mitbringen, ohne den es kein Verstehen gibt.

Diese Selbstverständlichkeit macht einen nicht unwesentlichen Unterschied gegenüber etlichen derjenigen Schriften aus, die die vorliegende Thematik bereits behandelt haben und ihr meist nicht gerecht geworden sind. Nicht zu bestreiten ist die Tatsache, dass etwa die Alternative für Deutschland keine spezifisch christliche Partei ist. Ihr Fraktionsvorsitzender im Bundestag, Alexander Gauland, hat diesen Befund explizit hervorgehoben. Er sieht die primäre Zielsetzung der Partei darin, dass sie deutsche Interessen vertreten solle. Genauso wie in anderen Parteien gibt es auch in der Alternative für Deutschland Gläubige beider Konfessionen, die versuchen, christliches Gedankengut in die politischen Diskussionen einzubringen. Die Bundesvereinigung „Christen in der AfD" ist ein Sammelbecken solcher Kräfte.

Dass rechtes, also nationales und konservatives Gedankengut (jedenfalls unter gewissen kulturellen und historischen Bedingungen) unschwer mit christlichen Vorstellungen zu verbinden ist, zeigt das Beispiel Polen. Hier wird die gegenwärtige Regierung mit ihrem Übervater Jarosław Kaczyński oft als „rechtspopulistisch" gescholten, weil sie die

Interessen der Mehrheit der Bevölkerung – vor allem gegen Islamisierung und EU-Zentralismus – vertritt. Ein Großteil des Klerus dürfte diesen Kurs befürworten.

Weiterhin ist die Situation in Ungarn anzuführen. In diesem Land mit einem geringeren Grad an Individualisierung und einem geringeren Bruttosozialprodukt, dafür einer größeren Bedeutung der Kollektividentität im Vergleich zu den liberalen Demokratien in Mittel- und Westeuropa, ließen kirchliche Stellungnahmen in den letzten Jahren gelegentlich einen im Vergleich dazu etwas anderen Inhalt erkennen. So sprach der ungarische Bischof László Kiss-Rigó 2015 von einer muslimischen Invasion in Europa. Er weiß um die damit verbundenen Bedrohungen. Ihm sind auch die Rechtsbrüche nicht weniger Migranten an der Grenze Ungarns bekannt. Er propagiert keine grenzenlose Humanität als oberstes Ziel, die im schlimmsten Fall die christliche Tradition des Landes und den Rechtsfrieden tangieren könnte. Der kürzlich mit deutlicher Mehrheit wiedergewählte Ministerpräsident Viktor Orbán sieht ebenfalls die Identität des Landes gefährdet und nimmt nicht zuletzt aus diesem Grund den Schutz der Grenzen ernst. Der ungarische Regierungschef hat – vor dem Hintergrund der christlichen Tradition seines Landes, die auch in der Verfassung festgehalten ist – der geistig-kulturellen wie politischen Abschaffung des von ihm regierten Staates den Kampf angesagt. Dieser Widerstand gilt nicht nur der schleichenden Islamisierung, sondern auch der Kolonialisierung durch bürokratischen EU-Zentralismus.

Von einer solchen relativen Konkordanz von christlichem Glauben, kultureller Identität und wenigstens indirektem politischen Handeln ist die Bundesrepublik weit entfernt. Daran ändert auch die – gleichwohl verdienstvolle – Verordnung zum Anbringen von Kreuzen in behördlichen Einrichtungen Bayerns durch Ministerpräsident Markus Söder nichts. Der CSU-Politiker verwies auf die abendländisch-leitkulturelle Funktion des Christentums, die weit über kirchliche Institutionen hinausgeht. Die dissonanten Töne aus den Reihen der Geistlichen beider Konfessionen und einiger bekannter Laien zu diesem Beschluss belegen einmal mehr die Desorientierung eines Teils der höheren wie niederen Geistlichkeit und anderer Verantwortlicher.

Vor dem Hintergrund aktueller Debatten kann man zumindest in West- und Mitteleuropa den Eindruck gewinnen, christlicher Glaube sei lediglich mit humanitaristisch ausgerichteten linken und liberalen Strömungen in Einklang zu bringen. Wenn man dieser Wahrnehmung jedoch auf den Grund geht, erkennt man unschwer, dass sie trügt. Um diese Einsicht zu gewinnen, sind auch historische Perspektiven nötig;

denn rechtskatholische wie rechtsprotestantische Ansätze weisen in der Geschichte ein nicht irrelevantes Potenzial auf, das partiell bis in die unmittelbare Gegenwart reicht. Die auf den Katholizismus bezogene These des berühmten Juristen Carl Schmitt, dass diese Konfession die Grundgestalt einer „complexio oppositorum" besitze, behält auch hinsichtlich des Themas „rechtes Christentum" seine Gültigkeit. Die katholische Kirche mit ihrem streng hierarchischen, relativ geschlossenen dogmatischen Aufbau war bereits im 19. Jahrhundert offen für diverse politische und weltanschauliche Implikationen. Entsprechend der thomistischen Indifferenzlehre war sie weder strikt an die konservative noch an die liberale, aber auch nicht an die sozialistische Richtung gebunden.[6] Für den Protestantismus galt und gilt Ähnliches. Diese Aussage wird auch durch seine Geschichte belegt. Dass es gewisse Affinitäten des Glaubens zu rechtem Gedankengut (jedenfalls in bestimmten Bandbreiten und unter Ausschluss eindeutig extremistischer Strömungen) gibt – das herauszustellen ist auch Aufgabe des vorliegenden Bandes.

3.

Felix Dirsch skizziert in seinem Aufsatz in Form einer Typologie Entwicklungsströmungen des Rechtskatholizismus von der Französischen Revolution bis hin zu wichtigen Gegenwartsdebatten. Er beschäftigt sich schwerpunktmäßig mit Denkern wie Joseph de Maistre, Carl Schmitt und Othmar Spann. Von dort schlägt der Verfasser einen Bogen zum demokratischen Rechtskatholizismus der Gegenwart. Letzterer kann freilich nicht auf so herausragende Persönlichkeiten wie in seiner langen Geschichte zurückgreifen. Ein Schwerpunkt dieser Strömung in Gegenwart wie Historie dreht sich um den Einsatz für intakte Institutionen und um deren etwaige Widerherstellung. Angesichts allgegenwärtiger Versuche, fundamentale Ordnungsstrukturen des menschlichen Zusammenlebens – etwa in Form der klassischen Ehe und des Verhältnisses der Geschlechter zueinander (Gender-Mainstreaming!) – durch Umdefinitionen abzuwerten, wird die Bedeutung dieser Stoßrichtung deutlich.

Harald Seubert stellt in seinem Essay in groben Zügen dar, wie es dazu gekommen ist, dass evangelische Kirchentage kaum mehr von rot-grünen Parteitagen zu unterscheiden sind. Moralisierung wird über das Evangelium gestellt. Es gab in den letzten Jahrzehnten innerhalb des konservativen Protestantismus durchaus Potenziale, die der Autor kritisch würdigt. Sie sind freilich in der unmittelbaren Gegenwart allenfalls noch in Restbeständen präsent. Seubert schließt nicht aus, dass in Zukunft ein die Herkunft und die Tradition stärker einbeziehender Protestantismus wieder eine zentrale Rolle in den Landeskirchen spielen könnte. Wahrscheinlicher sei jedoch, dass sich jene Tendenzen verstärken werden, die die evangelische Kirche noch weiter zu einer rot-grünen Agitationseinrichtung umformen, was sie auf Dauer wohl überflüssig machen wird.

Stefan Winckler gibt einen kurzen, ausgewogen-kritischen Einblick in die noch relativ junge Geschichte der Alternative für Deutschland. Schwerpunkt ist das Thema „AfD, Schule und Lehrer". Winckler betont die Notwendigkeit der parteipolitischen Neutralität der Lehrer. Im Widerspruch dazu stehen zahlreiche einseitige Kampagnen gegen die rechte Partei, die gleichwohl eindeutig innerhalb des konstitutionellen Spektrums einzuordnen ist. Sie vertritt ja größtenteils Positionen, die vor Jahrzehnten noch von der CDU verfochten wurden. Die vom Verfasser erwähnten Beispiele für Anti-AfD-Agitation sind eindrucksvoll. Er empfiehlt, die radikalen klar von den gemäßigten Mitgliedern zu unterscheiden.

Martin Lichtmesz analysiert das in letzter Zeit häufig einseitig dargestellte Verhältnis des Christentums, insbesondere der Katholischen Kirche, zum Populismus. Für den Publizisten bedeutet diese üblicherweise als Schmähwort verwendete Bezeichnung ein mehr oder weniger legitimes Gegengewicht zu den dominierenden Eliten. Lichtmesz liefert Belege für seine Auffassung, dass der Katholizismus mit den populistischen Erscheinungen, die sorgfältig zu definieren sind, mehr gemein habe als mit den Ansichten des Establishments. Das lässt sich nicht zuletzt mit Bezug auf Ungarn zeigen, das sich der Gleichschaltung durch Liberalismus und linksliberale Medienmacht widersetzt. Linke Anschauungen werden auch von Theologen und katholischen Publizisten – exemplarisch seien die Beiträge in dem Sammelband „Christentum und Populismus" genannt[7] – häufig vehement verteidigt. Man möchte Seit' an Seit' mit dem Zeitgeist schreiten. Ausnahmen sind hingegen rar. Zu den bedauernswerten Befunden gehört heute, dass sich auch führende Persönlichkeiten der katholischen Kirche mit Humanitaristen und Vertretern der Neuen Weltordnung verbrüdern[8], obwohl diese mit christlicher Glaubenssubstanz nichts am Hut haben. Es liegt nahe, hierin einen Akt der amtskirchlichen Selbstsäkularisierung zu sehen.

Matthias Matussek gilt (jedenfalls in der Öffentlichkeit) als prononcierter Repräsentant eines „rechten Christentums". Der ehemalige Redakteur des Nachrichtenmagazin „Der Spiegel" und viel gelesene Publizist bekennt sich bei jeder Gelegenheit zu glaubenstreu-konservativen Positionen. Der hier abgedruckte Text bringt einen Abschnitt aus Matusseks 2011 erschienenem Erfolgstitel „Das katholische Abenteuer" auf den neuesten Stand. Der Verfasser, der sich erfreulich deutlich gegen fragwürdige politische Entscheidungen der letzten Jahre positioniert, spießt Argumente liberaler Katholiken auf. So wird der amtierende Papst beschuldigt, an dem Versuch mitzuwirken, die katholische Kirche „in eine groß angelegte NGO zur Flüchtlingshilfe" zu verwandeln. Matusseks Widerstand gegen den Zeitgeist zeigt sich pointiert in seiner Verteidigung des Zölibats. „Ich bin katholisch. Punkt", so sein apodiktisches Bekenntnis.

David Engels ordnet einige zentrale gegenwärtige Veränderungsprozesse in das Kontinuum der Historie ein und stellt eine vor allem kulturmorphologisch fundierte Betrachtungsweise heraus. Infolge der in den meisten europäischen Ländern zunehmenden Islamisierung und der synchron verlaufenden Säkularisierung erkennt er eine doppelte Kluft: zwischen Islam und Abendland auf der einen Seite und zwischen Konservatismus und Liberalismus auf der anderen. Als Hintergrundfolie fungieren die Szenarien Oswald Spenglers und Michel Houellebecqs. Für Engels ist klar, dass auch wir in der Spätzeit einer Kultur leben. Angesichts dieses Befunds liegt der Vergleich mit früheren Kulturen in ähnlichen Staaten nahe. Von dieser Basis aus versucht er, einen Blick auf die Zukunft des Christentums zu werfen. Dessen Renaissance sieht er als in begrenztem und bedingtem Umfang möglich an. Hier kommen wenigstens Teile der meist als „rechtspopulistisch" gescholtenen Bewegungen ins Spiel. Wohl mit Recht hält er Deutschland nicht für den primären Ort einer solchen Revitalisierung.

Volker Münz stellt in seinem Aufsatz das Selbstverständnis, die Entwicklung und die Hauptthemen der Bundesvereinigung „Christen in der AfD" (ChrAfD) dar. Er zeigt, wo deren Mitglieder Einfluss auf das Parteiprogramm genommen haben und wie sie ihr politisches Engagement mit ihrem christlichen Glauben in Einklang bringen. Münz setzt sich weiter mit den Abwertungsritualen der Kirchenleitungen auseinander und übt Kritik an einer allzu engen Nähe von Staat und Kirchen, die sich nach den Vorstellungen der „Christen in der AfD" deutlicher als bisher ihrem je eigenen Verantwortungsbereich widmen sollen. Der Text ist ein erster Rechenschaftsbericht über die Teilnahme von Christen am parteipolitischen Projekt AfD, er stellt ein überwiegend positives Ergebnis fest.

Thomas Wawerka untersucht in seinem theologischen Essay das Verhältnis zwischen Christentum und Rechtskonservatismus im Rahmen der theologischen Ethik. Er geht dabei nicht von überzeitlichen, beispielsweise anthropologischen Phänomenen aus, die einen Rekurs auf rechtes Denken angeraten scheinen lassen, sondern von einer gesellschaftspolitischen Entwicklung, die zur Verabsolutierung bestimmter Werte und Ausbildung eines „totalitären Anspruchs" geführt hat. Wawerka kennzeichnet, wo aus christlicher Sicht, besonders unter Berufung auf Dietrich Bonhoeffer, „Schnittmengen und Grenzen" zum politischen Diskurs gegeben sind, und fordert als Resümee eine „Dekonstruktion der Werte und Rekonstruktion der Ordnungen".

Manche betrachten Caroline Sommerfeld als die prominenteste Theoretikerin der „Identitären Bewegung". Ihr Text bietet einen intimen Einblick in Selbstverständnis und Wahrnehmung der noch jungen und derzeit wohl bedeutendsten politischen Jugendbewegung Europas. Sommerfeld veranschaulicht, wie ein als „ecclesia militans" aufgefasstes Christentum, historisch im „tausendjährigen Abwehrkampf gegen den Islam" konkretisiert, zur lebendigen Quelle einer „großen Erzählung" und zur metapolitischen Ressource für die Ausbildung einer Haltung, einer Orientierung und schließlich bestimmter Aktions- und Protestformen werden kann. Leidenschaftlich wird auf die vorkonziliare katholische Tradition zurückgegriffen, selbstbewusst wird sie sich angeeignet und mit Verve umgesetzt.

Lothar Mack widmet sich einer literarischen „Tiefenbohrung". In der Zeit unmittelbar nach dem Ende des Zweiten Weltkriegs und der Niederlage Deutschlands waren sowohl der christliche Glaube als auch ein positives Nationalbewusstsein von selbstverständlichen Gewissheiten zu Frag-Würdigkeiten geworden. Ob die Bezugnahme auf beides noch fruchtbar sein, noch tragen und wegweisen könne, haben Denker wie Werner von Trott zu Solz mit der „Gesellschaft Imshausen" oder der Danziger Senatspräsident Hermann Rauschning zu ergründen versucht – nicht aus akademischer Distanz, sondern als Beteiligte, Mitbetroffene und Mit-Leidende. Mack strebt eine „Horizontverschmelzung" an, in deren Folge die Heutigen die Fragen der Damaligen als gleiche oder doch sehr ähnliche Fragen begreifen und von ihren Antwortversuchen lernen können.

Daniel Zöllner vermisst in seinem Aufsatz die feinen Risse, aber auch die Überschneidungen zwischen Christentum, Universalismus und Partikularismus. Besondere Beachtung schenkt er dabei der Idee von den „Menschenrechten", da sich das Christentum und die modernen Sozialphilosophien in diesem Punkt am intensivsten berühren. Zöllner stellt fest, dass im Zeitalter der Massenmigration und des islamischen Totalitarismus die prekäre Balance zwischen Christentum, Universalismus und Partikularismus zu kippen droht – mit unbekannten, jetzt nur schwer einzuschätzenden Folgen.

Die Beiträge in diesem Buch machen die Positionen „rechter Christen" insbesondere in Bezug auf die Gestaltung der Politik deutlich. Dabei zeigt sich, dass die viel zu lange vorherrschende linksliberale Interpretation biblischer Aussagen und christlicher Werte im politischen Diskurs kein Monopol beanspruchen darf. Eine konservative Sichtweise ist legitim und aus Perspektive der Autoren zur Bewältigung der derzeitigen politischen Herausforderungen notwendig. Möge das Buch zu einer ausgewogenen Betrachtung der Realität eines „rechten Christentums" und zu einer Versachlichung der Debatte in den Kirchen und in der Politik beitragen.

Literatur:

Bednarz, Liane: Die Angstprediger. Wie rechte Christen Gesellschaft und Kirchen unterwandern, München 2018.

Kleine-Hartlage, Manfred: „Neue Weltordnung". Zukunftsplan oder Verschwörungstheorie?, 3. Aufl., Schnellroda 2011.

Lesch, Walter (Hg.): Christentum und Populismus. Klare Fronten?, Freiburg i. Brsg. 2017.

Löw, Benedikt M.: Christen und die Neue Rechte?! Zwischen Ablehnung und stiller Zustimmung. Eine Problemanzeige, Hamburg 2017.

Maier, Hans: Revolution und Kirche. Zur Frühgeschichte der christlichen Demokratie, 5. Aufl., Freiburg i. Brsg. 1988.

Malessa, Andreas: Als Christ die AfD unterstützen? Ein Plädoyer für …, Moers 2017.

Müller, Jan-Werner: Was ist Populismus? Ein Essay, Berlin 2016.

Orth, Stefan / Resing, Volker (Hg.): AfD, Pegida und Co. Angriff auf die Religion? Freiburg i. Brsg. 2017.

Schmitt, Carl: Der Begriff des Politischen, 7. Aufl., Berlin 2002.

Thielmann, Wolfgang (Hg.): Alternative für Christen? Die AfD und ihr gespaltenes Verhältnis zur Religion, Neukirchen-Vluyn 2017.

Woelki, Rainer Maria: „Entschieden für Menschenwürde und Menschenrechte. Zur kirchlichen Haltung gegen Rechtspopulismus"; in: Orth / Resing 2017, S. 181–190.

---

1   Zum Versuch, die Phänomene zu umreißen: Müller 2016.
2   Schmitt 2002: 29.
3   Ohne Anspruch auf Vollständigkeit sind anzuführen: Orth / Resing 2017; Malessa 2017; Thielmann 2017; Löw 2017; Bednarz 2018.
4   Woelki 2017.
5   Vgl. drs.de/profil/glaubenszeugnis/interviews-glauben-heute/populismus.html.
6   Immer noch grundlegend: Maier 1988.
7   Lesch 2017.
8   Als Überblick: Kleine-Hartlage 2011.

Entwicklungslinien des Rechtskatholizismus von der Französischen Revolution bis zu aktuellen Diskussionen

Versuch einer Typologie

Von Felix Dirsch

Rechtskatholizismus: Umrisse eines facettenreichen Begriffs und methodische Vorüberlegungen

„Rechtskatholizismus" wird in der unmittelbaren Gegenwart stärker in publizistischen denn in wissenschaftlichen Kontexten debattiert.[1] Allgemeinbegriffe der politisch-sozialen Sprache wie dieser zeichnen sich in hohem Maße durch Randunschärfe aus.[2] Sie werden deskriptiv wie konnotativ gebraucht. „Rechtskatholizismus" gilt als untauglich für Selbstkennzeichnungszwecke. Es handelt sich meist um ein Pejorativum. Das bedeutet: Ein solcher Begriff zählt in der Regel zum polemischen Arsenal der Gegner. Viele ursprünglich abschätzig gemeinte Bezeichnungen, etwa „Urknall", „Gotik" und „Made in Germany", wurden aber später mitunter zum Signum, d. h. nicht selten in positiver Absicht angewendet. Die Gesinnungszuschreibung „Rechtskatholik" kann man sich also durchaus zu eigen machen.

Warum diesbezügliche Selbstzuschreibungen eher die Ausnahme darstellen, liegt auf der Hand. Die Konjunktion von „rechts" und „Katholizismus" löst bei vielen Zeitgenossen negative Assoziationen aus. Maßgeblichen Anteil daran haben die mit vielen Millionen an Steuergeldern unterstützten, größtenteils demagogischen Kampagnen der „Bündnisse gegen rechts". Deren Absicht ist es, die differenzierte Auslegung des Begriffs „rechts" zu vernebeln und diese Richtung pauschal mit dem Bösen zu identifizieren. Der Missbrauch ist offensichtlich. In der öffentlichen Meinung wird nicht selten eine Äquivalenz theoretisch strikt zu unterscheidender Haltungen von „rechts", „rechtsradikal", „rechtsextrem" und „neonationalsozialistisch" suggeriert. In agitatorischer Weise wird dabei unterschlagen, dass die Strömungen von Faschismus und Nationalsozialismus ebenso wie ihre – zahlenmäßig marginalen – Erben im Kern aus einer Synthese von extrem linken und extrem rechten Elementen, die im 19. Jahrhundert noch weithin getrennt waren, bestehen.[3]

„Rechts" und „links" drücken (wissenschaftlich anspruchsvoll betrachtet) sozialontologisch-anthropologische Grundgegebenheiten aus.[4] Zentral für diese Distinktion ist das Realitäts- und Erhaltungssystem (in Abgrenzung zum progressiven Lust- und Gütervermehrungsprinzip[5]), aber auch basale Daseinskategorien wie Ungleichheit (in Antithesis zur Gleichheit), Ordnung (im Gegensatz zu deren – oft revolutionärer – Auflösung), ein tendenziell pessimistisches Menschenbild (in Opposition zum utopisch-optimistischen) und Annahmen relativer gemeinschaftlicher Homogenität (im Kontrast zu individualistischer Freiheitsüberhöhung und Zwangskollektivismus) bestimmen die Inhalte einer „richtigen" (von „rechts" abstammenden) Grundüberzeugung.

Wie die „ewige Linke" leichter zu definieren ist als die „ewige Rechte"[6], nämlich über die Schiene des transepochalen Widerstandes gegen ungerechte Strukturen in allen gesellschaftlichen Bereichen, so ist auch der Linkskatholizismus einfacher zu bestimmen als dessen Pendant. Während der Linkskatholizismus auf zahlreiche biblische Belege gegen den unheilvollen „Mammon" verweisen kann, sind die Zielsetzungen des Rechtskatholizismus weiter entfernt von den Inhalten der Heiligen Schrift. Diese etwas kompliziertere Ausgangslage bewirkt, dass mitunter unterschiedliche Richtungen des konservativen Binnenkatholizismus (Nationalkatholiken, Traditionalisten, Verfechter des kirchlichen Lehramtes und so weiter) unter diesen Begriff rubriziert werden. Das hauptsächliche Kriterium fehlt.

Das religiöse Element ist *post Christum natum* nicht von der Vorstellung der Rechten zu trennen. Daher ist die übliche Einschätzung der Ursprünge der Rechten ergänzungsbedürftig. Im Regelfall gilt die Reaktion auf die Französische Revolution als Zäsur hinsichtlich der politischen Gesäßgeographie. Die zuerst fast ausschließlich monarchistischen Gegner der Revolution sitzen in den Parlamenten des frühen 19. Jahrhunderts auf der rechten Seite. Gleichwohl ist diese Differenz älter. Im Apostolikum sitzt Christus zur Rechten des Vaters. Doch nicht nur religionspolitisch ist das Rechte identisch mit dem Richtigen. Ebenso zeugen faktische Alltags- und Erziehungspraktiken von einer solchen Präferenz. Die rechte Hand galt über Generationen hinweg als die richtige, zum Leidwesen vieler Linkshänder. Eine der frühesten Erwähnungen der Links-rechts-Distinktion im politischen Kontext, nämlich in Johannes von Salisburys Fürstenspiegel „Policraticus" (1159), sieht in der „Neigung zur Rechten" ein Insistieren auf einem tugendhaften Leben.[7] Dagegen bedeutet für diesen Autor die Drift nach links, auf den Abgrund des Lasters zuzuschreiten.

Nun lassen sich etliche Konstanten einer „ewigen Rechten" unschwer mit Prinzipien von Katholizismus und katholischer Weltanschauung verbinden. Diese Konjunktion besitzt nicht zuletzt deshalb eine pragmatische Gestalt, weil die aus der katholischen Lehre hervorgehenden politischen wie sozialen Formen kontingent sind.[8] Das bedeutet: Entsprechende Implikationen sind zeitlich-wandelbar und nicht essenziell. Aus der kirchlichen Doktrin lassen sich monarchische Konsequenzen ebenso wie aristokratische und (seit dem 19. Jahrhundert) demokratische ableiten. Dass sich der Katholizismus im 19. Jahrhundert vor diesem Hintergrund relativ schnell ausdifferenzierte,[9] kann folglich kaum verwundern.

Wo liegen zentrale, übliche Berührungspunkte zwischen den erwähnten Grundprinzipien auf der Rechten und dem Katholizismus? Infolge der „Complexio Oppositorum" (Carl Schmitt) des Katholizismus kann dieser sich grundsätzlich mit rechten Strömungen verbünden, sofern diese nicht zentrale Glaubensinhalte, etwa die Nächstenliebe und die universale Sendung, leugnen oder ausschließlich auf äußere Strukturen rekurrieren.[10]

Eine – wenn auch typologische – Rekonstruktion des Rechtskatholizismus, die dem Wesen des Katholischen gerecht wird,[11] muss von folgender Frage ausgehen: Welche der oben erwähnten Prinzipien des konservativen Denkens sind nicht nur mit katholischen Grundsätzen bruchlos zu verbinden, sondern finden in Letzteren sogar noch spezifische Modi der Begründung?

Nehmen wir das Realitäts- und Erhaltungssystem, das dem Wortsinn („Bewahrung") dieser Strömung nahekommt. Es findet in der scholastischen Tradition der kirchlichen Lehre seine Entsprechung. Die solidaristische Doktrin, die einst für die katholische Soziallehre quintessenziell gewesen ist,[12] betont, angefangen von ihrem Begründer Heinrich Pesch bis zu seinen herausragenden Schülern Oswald von Nell-Breuning, Gustav Gundlach und anderen, die Verwurzelung des Sollens im Sein. Die Anknüpfung vornehmlich an Thomas von Aquin ist offenkundig. Demnach ist die Grundlage der katholisch-sozialphilosophischen Auffassung von Solidarität die Analyse des gesellschaftlichen Wesens; erst nach dieser Untersuchung können Schlussfolgerungen bezüglich des sozialen Handelns gezogen werden. Theologen und christliche Sozialwissenschaftler – stellvertretend ist Johannes Messner zu erwähnen[13] – haben von diesen Ausgangspunkten her ein ausführliches und bewundernswertes Programm entwickelt. In dessen Mittelpunkt steht die akribische Betrachtung der menschlichen Natur. Dazu zählt die Ergänzungsbedürftigkeit des Menschen. Im konkreten Fall der Solidarität stellt Oswald von Nell-Breuning heraus, dass die wechselseitige Angewiesenheit, die Unterstützungsbedürftigkeit, aus der Verstrickung der Menschen untereinander folgt. Die Moral ist danach nicht gelöst von der Bestimmung gesellschaftlicher Strukturen. Nimmt man dieses Axiom ernst, ist der Hypermoral,[14] so sehr sie in der Migrationskrise fröhliche Urständ feiert, der Boden entzogen. Dass in christlich-offiziösen wie in nichtchristlich-hedonistischen Kreisen die humanitaristische Doktrin hoch im Kurs steht, hängt vor allem mit der Unfähigkeit zusammen, eine zentrale Kategorie der christlichen Sozialethik wie des politischen Denkens adäquat wahrzunehmen:[15] nämlich das Gemeinwohl. Dieses wird in der unmittelbaren Gegenwart durch Kontrollverlust und soziale Überdehnung,[16] die in vielen neueren Veröffentlichungen konstatiert werden,[17] nachhaltig negativ tangiert. Gerade der infolge der Migrationskrise deutlich ausgeweitete Versorgungsstaat, besonders in der Variante der Asylindustrie,[18] steht in diametralem Gegensatz zum Ideal der katholischen Soziallehre.[19]

Das altehrwürdige naturrechtliche Denken, dessen Glanz Papst Benedikt XVI. im Rahmen seiner Bundestagsrede 2011 in Erinnerung gerufen hat,[20] kann man als Ausfluss einer für den Menschen basalen Erhaltungs- und Wirklichkeitsordnung interpretieren. Die Klügeren unter den Naturrechtstheoretikern haben stets beachtet, dass Schlussfolgerungen im Hinblick auf überzeitliche Normen und Verhaltensweisen nur mit Vorsicht zu ziehen sind. Das Unveränderliche nimmt in einer rasch sich wandelnden Welt immer einen verschwindend kleinen Teil ein.[21] Zu diesem Ergebnis kommt auch Johannes Messner, weswegen seine empirisch fundierte Naturrechtsdarstellung als beinahe zeitlos gültig eingestuft werden kann.

Ein weiteres unstrittiges Grundprinzip des konservativen Denkens ist das der Ordnung. Auch in diesem Punkt liegen die engen Verbindungen zur katholischen Philosophie auf der Hand. Sie verfügt über Traditionslinien, die diesen Grundsatz bereits Jahrhunderte vor Beginn der Neuzeit in den Mittelpunkt stellten. Einen Höhepunkt bedeuten Augustinus und Thomas von Aquin.[22] Die analoge Darstellung des Verhältnisses von Gott und Mensch bei Thomas, die beide im lebendigen Ordnungszusammenhang stehen, lässt die Annahme größter Nähe bei gleichzeitig größter Ferne zu. Im späten Mittelalter verblasst diese kunstvolle Einordnung sowohl des Kleinsten wie auch des Größten.

Eine Ordnung muss nicht religiös begründet sein, aber eine transzendente Fundierung stützt sie zusätzlich ab. Dem langen Schatten katholischer Ordnungsphilosophie und der herausragenden dogmatischen Bedeutung der Schöpfungsordnung ist es (wenigstens zu einem guten Teil) zu verdanken, dass Widersacher jedweder groß angelegten Ordnungsdestruktion Katholiken gewesen sind: Dieses Urteil gilt von Joseph de Maistre über Othmar Spann bis zu heutigen Kritikern der

Auflösung jeglicher Geschlechterordnung. Kulturelle Prägekräfte von einst sind auch in der Gegenwart nicht völlig verschwunden.

Auch der wesentliche Opponent jeder grundsätzlichen Ordnungsapologie bleibt gleich: der Liberalismus in seinen sehr verschiedenen Varianten. Sind es Liberale gewesen, die die bürgerliche Seite von „1789" repräsentieren, so werden auch die jeweiligen (stark wertneutralistisch ausgerichteten) republikanischen Formen in Österreich und Deutschland nach 1918 von Liberalen verteidigt. Das ist auf den ersten Blick begrüßenswert. Freilich öffnet die nur von sich wandelnden positivistischen Mehrheiten abhängige Ordnung, die eines festen Fundaments ermangelt, ihren Feinden die Tore zur Macht. Rechtspositivistische Juristen lehnen jegliche tiefer verankerte Begründungsordnung ab.[23] Dies hat – wie bekannt – zu schlimmen Folgen geführt. In der unmittelbaren Gegenwart sind Einflüsse eines verbreiteten postmodern-hedonistischen Liberalismus zu erwähnen, der weit über Parteigrenzen hinausgeht.[24] Die (freilich heterogenen) Protagonisten dieser Richtung, im Intellektuellenmilieu stark vertreten, propagieren nicht nur Toleranz und Weltoffenheit; vielmehr geht das Selbstverwirklichungs- und Emanzipationsdenken so weit, zu suggerieren, dass es möglich sei, sogar das eigene Geschlecht selbst zu schaffen und sich auf diese Weise von biologischen Vorgaben möglichst zu befreien. Die Ordnung der Geschlechter wird durch solche Vorstellungen nachhaltig tangiert.

Eine weitere Brücke zwischen konservativen Katholiken und dem Hauptstrom des Konservatismus ist anzuführen: das pessimistische Menschenbild. Diese wesentliche konservative Traditionslinie reicht von de Maistre, Donoso Cortés und Vilfredo Pareto über Maurice Hauriou bis zu Carl Schmitt und Arnold Gehlen.[25] Die Hintergründe dieser Perspektive liegen nach katholischer Auffassung maßgeblich in der Erbsünde-Doktrin, die Augustinus grundgelegt hat. Angesichts dominanter konsumistischer Tendenzen mag dieses Theorem der Ridikülisierung anheimfallen.[26] Bei genauerer Betrachtung impliziert die Lehre vom „peccatum originale" indessen ein hohes Maß an Realismus.[27] Die Menschennatur ist demnach beeinträchtigt, der Mensch folglich nicht im Besitz der irrtumslosen Erkenntnis des Guten und der willigen Neigung zum Guten. Widerstrebende Leidenschaften und Versuchungen des Bösen lassen einen ungebrochenen Hang zu einer pauschal optimistischen Haltung illusorisch erscheinen. Perfektionismus und Utopismus wird damit ein Riegel vorgeschoben.

Ein weiterer grundlegender Parameter konservativer Ontologie, die Ungleichheit, kann hier nicht erörtert werden. Für die äußerst ambivalente Geschichte der deutschen Rechten stehen zweifellos „Ordnungen der Ungleichheit" im Zentrum.[28] Zwar kennt das katholische Christentum ein fundamentales Kriterium der Gleichheit, nämlich die Taufe. Aber der sakrale Aufbau der Kirche ist grundsätzlich hierarchisch strukturiert. Auch in diesem Punkt sind enge Korrelationen nicht zu übersehen.

Authentischer Rechtskatholizismus ist trotz der Verfehlungen Einzelner schon aufgrund seiner wörtlich allumfassenden Grundlage gegen jede nationalistische Versuchung gefeit. Exemplarisch hierfür ist der Gelehrte und Politiker Martin Spahn. Der Gerechtigkeit, nicht verspäteter Apologie ist es geschuldet, wenn man auf tief sitzende Ambivalenzen Spahns gegenüber dem Nationalsozialismus wenigstens ab 1935[29] hinweist.

Typus 1: Ordnungspolitischer Katholizismus von Joseph de Maistre bis Carl Schmitt

De Maistre lässt sich als Rechtskatholik avant la lettre betrachten. Manches an seinem Werk, das im Folgenden nur in sehr groben Strichen darzustellen ist, kann als zeitbedingt gesehen werden. Anderes jedoch ist durchaus von bleibender Aktualität. Der französische Adelige ist als prinzipieller Gegner von „1789" bekannt. Er lehnte die große Auflehnung gegen die göttliche Ordnung nicht nur wegen der unvorstellbaren Blutbäder und Massenmorde ab, die sie forderte[30] – gemessen an der damaligen Gesamtbevölkerung Frankreichs (rechnet man die Revolutionskriege als Folge mit ein) dürften die Opferzahlen weit höher liegen als jene, in relativer Hinsicht der Zweite Weltkrieg für Europa mit sich gebracht hat. Vielmehr interpretierte der Vater des europäischen Traditionalismus das Geschehen als „Gericht über die Völker" (Christopher Dawson).

De Maistre, ursprünglich Jurist und lange in diplomatischen Diensten tätig, sieht das epochale Beben nicht als plötzlich vom Himmel gefallen an. Er arbeitet die Genese des Autonomieglaubens heraus, der durch Reformation und Renaissance an Gestalt gewonnen habe. Demnach emanzipiert sich das Subjekt zunehmend von Gott. Die unterirdische Kritik der Literaten des 18. Jahrhunderts, der „Philosophismus" – wohl eine Übernahme aus dem Werk des Verschwörungstheoretikers Johann August Starck –, untergräbt (in Fortsetzung dieser frühneuzeitlichen Tendenz) die Autorität des alten Regimes.[31]

De Maistre weist im zeitlichen Walten der Vorsehung auch dem Bösen seinen Ort zu.[32] Er verbindet die Freiheit des Menschen mit dem Plan Gottes. Auch Marat, Napoleon und Robespierre, denen der Höchste Freiheit gewährt, spielen in dessen Plan eine nicht unwesentliche Rolle. Gott will den Menschen zeigen, was passiert, wenn die Eigengesetzlichkeit an die Stelle der Gesetzgebung des Allmächtigen tritt. Auch den revolutionären Umbruch deutet de Maistre theologisch: Gott lässt die Satanokratie zu. Das Schauspiel des Schreckens erklärt er als eine von „Automaten aufgeführte Blutkomödie"[33], welche ihre eigene Exekution inszenieren, um die Absurditäten einer vom Sittengesetz gelösten Existenz zu demonstrieren. Auch der Terror kann pädagogischen Zielen dienen und eine Katharsis bewirken.

Eine Verfassung verdient für den Protagonisten der Reaktion nur ihren Namen, wenn sie in einer transzendenten Ordnung verankert ist. Doch woher Legitimität nehmen, wenn sie nirgendwo zu finden ist? De Maistre steht vor dem Dilemma, das jeder konservativen Strömung in der Moderne bekannt ist: Die Institutionen, die grundsätzlich idealisiert werden, befinden sich in der Hand des Gegners.

Eine Ausnahme bildet jedoch das um 1800 in einer schweren Krise steckende Papsttum, das zumindest nicht verschwunden ist. Es verkörpert eine aus sich selbst heraus gerechtfertigte Souveränität. In Umbruchszeiten besticht de Maistre nicht zuletzt die lange positivistische Ordnungsfunktion dieses höchsten kirchlichen Amtes, die bereits achtzehn Jahrhunderte andauert.[34] Eine gewisse funktionalistische Vorgehensweise, die auch andere Traditionalisten wie Louis-Gabriel-Ambroise Vicomte de Bonald und den in formaler Hinsicht katholischen, meist als rechtsradikal eingestuften Schriftsteller und Gründer der Action française, Charles Maurras, charakterisiert,[35] ist für de Maistre unstrittig. Sie fasziniert auch den Begründer der modernen positivistischen Soziologie, den Agnostiker Auguste Comte.[36] Für de Maistre muss sich Wahrheit soziologisch äußern, also ihre Nützlichkeit erweisen. Verstecktes Ziel der katholischen Glaubenslehre ist demnach die Sicherung der Monarchie. Nicht zufällig repräsentiert für ihn das Papsttum das Wesen des Katholischen. Für ihn besteht da Autorität, wo bei Thomas und anderen nicht primär formalistisch argumentierenden Theologen der Heilige Geist fungiert.[37] Folglich sind die amtierenden Nachfolger Christi eher kühl gegenüber der so wirkmächtigen Schrift „Du Pape" eingestellt. Sie wird rund sechs Jahrzehnte nach ihrem Erscheinen auf dem Ersten Vatikanischen Konzil, das die Unfehlbarkeit des Stellvertreters Christi beschließt, lehramtlich umgesetzt.

Welche Bedeutungen besitzen die Vorstellungen de Maistres aus heutiger Perspektive? Frühere Rezipienten haben ihn als Vorläufer des Dezisionismus, andere als frühen Vertreter des Faschismus (so Isaiah Berlin) gedeutet. Beide Interpretationen sind heute irrelevant. In seinem ordnungstheoretischen Werk par excellence, den „Betrachtungen über Frankreich", äußert de Maistre sich auch über wahre und falsche Gesetzgeber. Er wehrt sich darin, wie einige Jahre vor ihm bereits Edmund Burke, gegen abstrakte Reißbrett-Konstitutionen, die – von Intellektuellen ersonnen – Völkern einfach übergestülpt werden. Echte Freiheiten sind demzufolge so alt wie die Völker selbst. Der große „Liberalismus-Verweigerer" (Sloterdijk) spricht sich gegen beliebige verfassunggebende Versammlungen von Menschen aus,[38] welche willkürliche Erlasse verkünden, die wiederum bindende Wirkungen entfalten sollen. Echte Gesetze erwachsen aus der geschichtlichen Überlieferung des Volkes selbst und sind von dessen Angehörigen kulturell verinnerlicht.

Mit seiner Skepsis gegenüber abstrakten Rechten, die „dem" Menschen zugebilligt werden, wendet de Maistre sich gegen einen moralisch-humanitären Universalismus. Dieser wird in der augenblicklichen Migrationskrise von einflussreichen Kreisen in nicht selten übersteigerter Weise bejubelt.[39] Das Aufklärungszeitalter schafft wichtige Grundlagen für das noch heute wirkmächtige Humanitätsethos. Einige prominente Autoren dieser Epoche heben „den" Menschen über die lebensweltlichen Kontexte von Staat, Kultur, Religion und so fort, in denen er wirkt, hinaus.[40] Sie profanieren entsprechende universalistische Ansätze, die Wurzeln im antiken Christentum und in der Stoa erkennen lassen. In der Französischen Revolution werden nun die Folgen dieser antipartikularen Doktrin deutlich: Alle Menschen haben das gleiche Vaterland, nämlich die ganze Welt. Sämtliche Grenzen werden beseitigt, besondere Sitten, Traditionen, Gesetze negiert. Die Verfassung wird für „den" Menschen schlechthin bestimmt, den es für de Maistre gar nicht gibt. „Ich habe in meinem Leben Franzosen, Italiener, Russen usw. gesehen. Dank Montesquieu weiß ich sogar, dass man Perser sein kann. Einen Menschen aber erkläre ich, nie im Leben gesehen zu haben, er müsste denn ohne mein Wissen vorhanden sein."[41]

De Maistre rechtfertigt partikulare Prägekräfte und spezifisch-gemeinschaftliche Bindungen. Seine Einwände sind noch in der Gegenwart bei einem einflussreichen konservativ-katholischen Kritiker des universalistischen Menschenrechtsethos, Alasdair MacIntyre, zu spüren.[42] Die Physiognomie eines konservativen Katholiken erkennt man bei de Maistre vor allem an der Sorge um eine leistungsfähige Ordnung, die christlich fundiert ist. Von den einst stabilen Institutionen hat nur das Papsttum die Erschütterungen des Zeitalters weithin unbeschädigt überlebt, dessen Autorität de Maistre mehr vertraut als der restaurierten Herrschaft der Bourbonen. Den Wiederaufstieg des Herrschers im Vatikan flankiert das Mitglied der Freimaurerei mit Verve. Man kann am „dunklen Katholizismus" de Maistres einiges ablehnen, nicht zuletzt sein allzu tiefes Misstrauen gegenüber menschlichen Bestrebungen jedweder Art. Bleibende Gültigkeit behält jedoch seine Kritik am liberalen Individualismus und dessen Bestrebungen, politische Institutionen zu destabilisieren.[43]

Die ordnungspositivistische Traditionslinie verläuft von dem mit de Maistre verschwisterten Denker de Bonald, der freilich stärker noch systematische Überlegungen anstellt, über die frühe Staats- und Gesellschaftsphilosophie Félicité Robert de Lamennais' und Donoso Cortés' Versuch,[44] einen entscheidungsfreudigen Diktator anstelle des früheren legitimistischen Herrschers zu etablieren, bis zu Carl Schmitt und dessen Schüler, dem Kanonisten Hans Barion. Letzterer beklagt in einem Aufsatz in der Festschrift zu Schmitts 80. Geburtstag die Aufgabe der „weltgeschichtlichen Machtform" durch die Kirche, die durch die Neuausrichtung im Zweiten Vatikanum als Appendix des Zeitgeistes fungiere. Besonders den progressistischen Missbrauch des Wortes „prophetisch" bedauert er. Die Enzyklika „Gaudium et spes" liest der nach 1945 geschasste Kirchenjurist im Lichte des Schmitt'schen Katholizismus-Essays. Von der in diesem Rundschreiben propagierten neuen Sicht auf die „Menschheitsfamilie" führt ein direkter Weg zur globalistischen Agenda von Papst Franziskus. Deren Bruch im Vergleich zu früheren Verurteilungen der One-World-Ideologie[45] etwa im Schreiben „Bonum sane" von Papst Benedikt XV. kurz nach dem Ersten Weltkrieg ist mit Händen zu greifen.

Dass es sich bei Schmitt um einen Rechtskatholiken handelt, bestreiten viele Kenner, die das Engagement des Staatsrechtslehrers (vornehmlich in der Zeit von 1933 bis 1936) nicht als Problem seines Charakters sehen, sondern als Konsequenz seines rechtswissenschaftlichen Ansatzes. Doch gerade während seines umtriebigen Wirkens im Machtapparat der Nationalsozialisten wird seine autoritär-katholische Prägung der 1920er-Jahre immer wieder als einer der Gründe dafür angegeben, weswegen er nicht Fleisch vom Fleisch der braunen Machthaber sei.

Noch 1932/33 taucht er immer wieder in rechtskatholischen Zirkeln auf. Diese bemühen sich um einen Brückenschlag zwischen den herkömmlichen katholischen Reichsvisionären und dem sich ankündigenden „Dritten Reich".[46] Erst später wird die Unvereinbarkeit beider manifest. Bei verschiedenen Treffen des Bundes katholischer Deutscher „Kreuz und Adler", die viel beachtet im Kloster Maria Laach stattfinden, begegnen sich Rechtskatholiken unterschiedlicher Couleur. Deren Verhältnis zum Nationalsozialismus erweist sich später als sehr verschieden. Einige, wie der Abt Ildefons Herwegen, werden nach einer kurzen Zeit der Illusion entschiedene NS-Gegner, andere, wie der zeit-weilige Vizekanzler Franz von Papen, kommen über vorsichtige Kritik (Marburger Rede!) nicht hinaus. Der Jurist und Publizist Edgar Julius Jung wird 1934 ermordet. Andere Teilnehmer, wie der Philosoph Alois Dempf und der Publizist Gerd Moenius,[47] müssen emigrieren. Weni-ge, beispielsweise Fritz Thyssen und der in den Rang eines Preußischen Staatsrates erhobene Carl Schmitt, werden wenigstens temporär Funk-tionäre der NS-Machthaber. Die Wege sind also außerordentlich unter schiedlich, trotz der gemeinsamen Fokussierung auf den Reichsgedan-ken. Mag man die Haltung der Tagungsteilnehmer mit Recht kritisch hinterfragen, so ist auch in diesem Kontext Differenzierung angebracht.

Schmitt setzt die ordnungspositivistische Richtung des Katholizis-mus fort.[48] Dies zeigt nicht zuletzt seine epochemachende Veröffent-lichung „Politische Theologie".[49] Er schreibt enorm wirkmächtig über Souveränität, Ausnahmezustand und Dezisionismus. Der Autor zeigt die metaphysischen Grundlagen von Souveränität und Liberalismus auf, er hebt theologische Begrifflichkeiten als Hintergründe politischer Herrschaft hervor. Im abschließenden Teil greift er auf Vertreter der Staatsphilosophie zurück, die die Basis souveräner politischer Entschei-dungen legen: nämlich auf Repräsentanten der Gegenrevolution (de Maistre, de Bonald und Donoso Cortés). Sie werden als Verfechter der Erbsündelehre herausgestellt, die letztlich ins Zentrum ihres pessimisti-schen Menschenbildes führt.

Unklar ist, welches Ziel Schmitts Insistieren auf der Form verfolgt. Sein Katholizismus-Essay bleibt diesbezüglich vage. Eine extreme Weise der Interpretation rückt Schmitt in die Nähe von Maurras, von dem die Formel überliefert ist: „Je suis athée, mais je suis catholique." Schmitt versteht sich selbst als Antipode des im frühen 20. Jahrhundert einfluss-reichen evangelischen Theologen Rudolph Sohm, der in der im frühen Christentum beginnenden Verrechtlichung der Kirche und ihrer Ämter den Sündenfall schlechthin erkennt.[50] Die wahre, unsichtbare Kirche, so der Protestant, weicht mehr und mehr der sichtbaren; Pneuma und Liebe werden ersetzt durch Rechtsform und ius divinum. Schmitt weiß, dass der katholischen Sicht durch diese Interpretation der Boden ent-zogen wird.

Das rechtskatholische Abweichlertum Schmitts zeigt sich auch da-ran, dass er sich vom „Zentrumsmilieu", quasi der katholischen Mitte, mehrfach distanziert, ebenso von scholastischen Grundaussagen. Den-noch bleibt er nach eigener stark zugespitzter Aussage Katholik „der Rasse nach". Scharmützel mit kirchlichen Stellen wegen deren Weige-rung, seine Eheschließung mit einer Hochstaplerin für nichtig zu erklären, ändern daran nichts. Auch andere katholische Autoren der 1920er-Jahre, etwa Romano Guardini („Die Kirche erwacht in den Seelen") oder Gertrud von le Fort („Hymnen an die Kirche"), stimmen ein Jubellied auf die formale Größe der Kirche an.

Schmitt sieht durch das Vordringen demokratischer wie liberaler Strömungen seit der ersten Hälfte des 19. Jahrhunderts die Entscheidungsfähigkeit der politischen Institutionen klar geschwächt. Der monarchische Primat verliert im Laufe des deutschen Kaiserreiches von 1871 tatsächlich an Relevanz. Die Parlamentarisierung des Reiches 1918 steht am Ende dieses Prozesses, der wahrscheinlich auch ohne die dramatischen Ereignisse des Ersten Weltkrieges unaufhaltsam gewesen wäre. Gerade das persönliche, autoritative Regierungselement leidet Schmitts Meinung nach unter massendemokratischen Schüben. Den durch diese Entwicklung hervorgerufenen Verlust an Souveränität und dezisionistischer Machtbefugnis will er mittels Rückgriff auf theologisch-religiös begründetes Entscheidungshandeln kompensieren.

Der NS-Gegner und Emigrant Erich Voegelin, in seiner frühen Zeit Schmitt verbunden und Rezensent von Schmitts „Verfassungslehre", stimmt dieser Diagnose zu, betrachtet er doch die Demokratie als unfähig,[51] eine verbindliche Ikonografie zu entwerfen. Folglich sei diese Staatsform nicht in der Lage, eine adäquate „Macht der Bilder" zu generieren,[52] so wie es die autokratische Herrschaft vermag. Schmitt wiederum zählt zu jenen Autoren, für die die Form, die maßgeblich in der Repräsentativität kirchlicher Ämter begründet ist, sich wohltuend von der angeblich grundsätzlich amorphen Moderne abhebt. Ein heutiger Betrachter verwendet für diese vermeintliche Formlosigkeit die Metapher „Schäume".[53]

So ist es dem protestantischen Konservativen Voegelin, der in den 1930er-Jahren den rechtskatholischen Kreisen um seinen Doktorvater Othmar Spann nahesteht,[54] vorbehalten, eine groß angelegte, konservativ-modernekritische Ordnungskonzeption zu verfassen („Order and History").[55] Den Verfall der klassischen Ordnungskonzeption in der Moderne geißelt er etwas pauschal als „gnostisch".

Mit Schmitt und Barion gelangt die ordnungspositivistisch-rechtskatholische Traditionslinie an ihr Ende. Seit den Reformen des Zweiten Vatikanums, insbesondere auf dem Feld der Liturgie, und der zunehmenden Erosion des katholischen Milieus – als religionssoziologische Stichworte seien genannt: Pluralisierung, Tradierungskrise und Traditions- sowie Glaubensverlust – verliert die Faszination für das ästhetisch-hierarchische, repräsentativ-äußere Element stark an Bedeutung. Vereinzelt versuchen katholische Intellektuelle, diesem Trend entgegenzuwirken.[56] Die Erfolge derartiger Bemühungen halten sich allerdings in Grenzen.

Schmitt, Gegner des ewig diskutierenden, entscheidungsunfähigen Liberalismus,[57] ist in seiner rechtskatholischen Phase durchaus kein Präfaschist; vielmehr strebt der Gelehrte eine „Rekonstruktion des Politischen" an.[58] Seine verfassungsrechtliche Doktrin in dieser Zeit prädisponiert durchaus nicht sein Engagement 1933 und in den Folgejahren.[59] Schmitts Opponenten im NS-Machtapparat (Otto Koellreutter, Reinhard Höhn und andere) verweisen wohl nicht zu Unrecht auf die karrieristischen Ambitionen des wenig charakterfesten Wendehalses. Sein ordnungspositivistischer Grundimpuls ist von seinen Irrungen durchaus zu unterscheiden. Der Impetus, herkömmliche Institutionen, die nicht zuletzt durch Säkularisierung und Liberalismus negativ tangiert werden, in ihrer Substanz zu verteidigen, darf unabhängig von kritikwürdigen Fehlentscheidungen insbesondere 1933–1936 als zukunftsweisend gelten.

Typus 2: Othmar Spann – rechtskatholischer Universalismus und die Suche nach der verlorenen Ganzheitlichkeit

Rechtskatholiken spalten sich im deutschen Reich bald nach 1918 von der Zentrumspartei ab. Diese Partei ist ihnen zu parlamentarisch-demokratisch, westlich und liberal ausgerichtet. Galionsfigur ist der Historiker und Politiker Martin Spahn, der zur Deutschnationalen Volkspartei wechselt, 1933 sogar zur NSDAP.[60] Er und seine Gefolgsleute favorisieren besonders die Reichsidee, monarchisches Gedankengut und den Ständestaat. Katholisch-romantische Vorstellungen überwiegen in den entsprechenden Zirkeln im Umfeld der Konservativen Revolution, zu denen auch Spahn zählt. Es bildet sich ein Katholikenausschuss innerhalb der DNVP. Die Mitgliederzahl bleibt jedoch überschaubar.

Etliche Mitglieder des Katholikenausschusses billigen die Radikalisierung der DNVP unter Hugenberg Ende der 1920er-Jahre nicht; sie verlassen die Partei in Richtung der abgespaltenen Volkskonservativen.[61] Von den Abtrünnigen kehrt indessen nur Paul Lejeune-Jung zur Zentrumspartei zurück. Spahn bleibt bis zu seinem Tod 1945 Reichstagsabgeordneter der NSDAP. Er muss freilich erkennen, dass Rechtskatholizismus und Nationalsozialismus entgegen früherer Vermutungen nicht vereinbar sind.

Die Lage der Rechtskatholiken in Österreich 1918 und in den Folgejahren ist jener der französischen Traditionalisten nach dem Ende der Herrschaft Ludwigs XVI. in Frankreich ähnlich. Ein fast präzedenzloser Stabilitäts- und Ordnungsverlust kennzeichnet die Situation nach dem

Untergang der Habsburger Monarchie. Sozialismus und Liberalismus können für viele das Vakuum nicht füllen. Gegen die neue demokratische Verfassung regt sich bald Widerstand. Mit Othmar Spann findet der österreichische Rechts- und Kulturkatholizismus ein philosophisch-gesellschaftstheoretisches Zentrum. Prioritäres Ziel ist die Konzeption einer stabilen politischen Ordnung, die legitimiert wird durch den Anschluss an Grundströmungen der abendländischen Tradition. Anders als im Reich ist kultureller Humus für diese Strömung vorhanden.[62]

Der vor allem durch seine Tätigkeit an der Universität Wien (bis zum Lehrverbot durch die Nationalsozialisten) bekannt gewordene Spann entwirft in seiner Gesellschaftslehre (in Auseinandersetzung mit Wolfgang Stammler, Georg Simmel und Wilhelm Dilthey) eine Totalitätstheorie. Deren oberste Prämisse lautet: Das Ganze hat logische wie zeitliche Priorität vor den einzelnen Teilen. Diese Doktrin wendet er in diversen wissenschaftlichen Teilbereichen an. Behandelt werden in seinem sehr umfangreichen Werk Disziplinen wie Recht, Kunst, Ökonomie und Staat. Seine polarisierende Art führt in den Kriegen der Weltanschauungen der 1920er-Jahre in Österreich, die bald zum Bürgerkrieg eskalieren, zu einem „Kampf um Othmar Spann" (Dunkmann), wie ein früher viel zitierter Buchtitel lautet.

Stark verkürzt lässt sich Spanns Verarbeitung eines enormen geistesgeschichtlichen Materials wie folgt darstellen: Er betrachtet in immer wieder neuen Anläufen die von ihm kritisierte individualistisch-mechanistische Grundlinie der Denkgeschichte. Sie führt von der Antike (Sophisten) über das Mittelalter (Nominalismus, Mystik) bis in die Neuzeit (Aufklärung des 17. und 18. Jahrhunderts und ihre politisch-sozialen Konsequenzen, etwa Liberalismus, Kapitalismus und Marxismus). Dieser rationalistischen Strömung steht die von Spann favorisierte idealistische gegenüber. Sie reicht von der Philosophie der Antike (Platon, Aristoteles) über die mittelalterliche Scholastik bis in die Romantik, die vor allem von seiner Schule (Jakob Baxa, Walter Heinrich) erforscht wird. Verfolgt man wie Spann diese beiden stark verzweigten Richtungen, so liegt die grundlegend neuzeitkritische Zugangsweise auf der Hand. Die organizistische Betrachtungsweise ist im Kontrast zu vielfältigen Phänomenen der Moderne zu begreifen, zu denen auch Demokratie, Liberalismus und Parlamentarismus zählen.[63] Diesen Kontrast spitzt Spann immer weiter zu: Während die eine Traditionslinie zur Bejahung der Existenz Gottes führt, lässt die andere agnostische, atheistische oder deistische Implikationen erkennen.

Geistiges Wesen entsteht für Spann aus der Gezweiung, aus der Gemeinschaft heraus. Ganzheiten erscheinen nicht direkt, sondern äußern sich über Teile, die aus dem totum ausgegliedert sind. In seinem politischen Entwurf macht er Korporationen, also Berufsstände, stark und setzt sich für einen Stufenbau der Gesellschaft ein. Es handelt sich dabei um ein prinzipiell dezentrales Element,[64] was schon von Zeitgenossen öfters übersehen worden ist. Dabei identifiziert Spann den Staat, an dessen Spitze er die besten Köpfe versammeln will, nicht mit dem Ganzen, wie es verschiedene Theoretiker des italienischen Faschismus tun, die vielfach mit seinem Werk sympathisieren; weit entfernt ist er von der Auffassung führender Nationalsozialisten, die den Staat der Partei prinzipiell unterordnen wollen. Der Staat ist für Spann „Höchststand", nicht mehr, aber auch nicht weniger.

Großen Einfluss – weit über Österreich hinaus – kann er gewinnen, weil sich seine Auffassungen partiell mit denen herausragender Vertreter der katholischen Soziallehre decken. So wird seit der Enzyklika „Quadragesimo anno" von 1931 gemutmaßt, Spanns Einfluss finde sich darin an zentraler Stelle. Viele Interpreten bestreiten eine solche Deutung indessen, unter anderem der Jesuit und christliche Sozialwissenschaftler Oswald von Nell-Breuning, der zu den scharfen Kritikern Spanns gehört. Dieses Rundschreiben Papst Pius XI. macht sich (ähnlich wie Spanns Entwurf) für eine gegliederte Gesellschaft stark, die sich zwischen atomistisch-liberaler Ausprägung einerseits und der totalitären Ausgestaltung andererseits bewegen solle. Die Abgrenzung gegenüber den Extremen ist offenkundig.

Spann wird nicht zu Unrecht als „Ideengeber der Konservativen Revolution" (Sebastian Maaß) bezeichnet.[65] Seine Rezeption im politisch-praktischen Kontext ist kaum zu überschätzen. Sie reicht bis zum slowakischen „klerikalfaschistischen" Diktator Jozef Tiso, einem später hingerichteten katholischen Geistlichen. Immer wieder wird Spanns Verhältnis zu den autoritären Regimen von Engelbert Dollfuß (1932–1934) und dessen Nachfolger Kurt Edler von Schuschnigg (1934–1938) erörtert. Deren relativ kurzzeitiges politisches Experiment wird oft (vieldeutbar) als „christlicher Ständestaat" bezeichnet.[66] Spann hat sich von der angeblichen politischen Umsetzung seiner Vorstellungswelt mehrmals distanziert. Führende Repräsentanten dieser Herrschaftsform nennen als ihre Vordenker andere Namen, etwa Karl von Vogelsang, Spanns Lehrer Franz Martin Schindler oder Leo XIII. (wegen seiner Enzyklika „Rerum Novarum"), nicht jedoch Spann.

Die Kritik an Spann ist bereits durch Zeitgenossen, erst recht danach[67], außerordentlich heftig. Gewiss sind manche seiner Gedankengänge zweideutig und gegen politischen Missbrauch nicht gefeit. Nichtsdestotrotz ist es skandalös, den großen Universalismus-Theoretiker in die Nähe der Nationalsozialisten zu rücken, wird er doch von ihnen nicht nur schroff attackiert,[68] sondern (mit seinem Sohn) auch mehrere Monate im KZ Dachau inhaftiert. Die gesundheitlichen Folgen sind bis ans Lebensende gravierend. Etliche seiner Schüler verbringen sogar Jahre im Konzentrationslager.

Spanns Œuvre muss weder glorifiziert noch verketzert werden. Trotz seiner Schwächen fasziniert es, nicht zuletzt aufgrund seiner stringent holistischen Systematik und seines Ziels, die Welt als Ganzes begreifbar zu machen. Immerhin gibt es in letzter Zeit Veröffentlichungen, die ausgewogen urteilen.[69]

Spanns Engagement und vielschichtiges Werk lassen sich auch als Beitrag zu den Kulturkämpfen in Mitteleuropa im frühen 20. Jahrhundert deuten, die in einem gemischtkonfessionellen Land wie Deutschland besonders ausgeprägt sind.[70] Die damals aktuelle politische Vorstellungswelt wird mittels eines breiten philosophiegeschichtlichen Stromes klassischer wie katholischer Ausrichtung auf beeindruckende Weise fundiert. Der universalistische Ansatz macht die Absicht deutlich, Stabilität und Ordnung zu vermitteln. So sollen nach dem Umbruch von 1918 tiefere institutionelle Fundamente gelegt werden, die über den Augenblick hinausreichen. Auch in der unmittelbaren Gegenwart, in der die Nachteile eines zu ausgeprägten individualistischen Atomismus deutlich werden und die Gemeinschaftsbande üblicherweise zu gering ausgeprägt sind, kann ein solcher Ansatz ein wichtiges theoretisches Korrektiv darstellen. Neben zeitbedingten Äußerungen darf vieles in Spanns Gedankengängen als zukunftsweisend gelten. Das – in seiner Begriffswelt – „Geistursprüngliche" bleibt je und je neu in der „nationalen Kulturgestalt", also in kulturstaatlichen Zusammenhängen, zu konkretisieren. Die besondere Aktualität eines derartigen Auftrages muss nicht betont werden.

Typus 3: Demokratischer Rechtskatholizismus der Gegenwart und Widerstand gegen den Verfall basaler Ordnungsstrukturen

Typologien, auch die in der vorliegenden Arbeit versuchten, zeichnen sich unter anderem dadurch aus, dass sie summarisch ausgerichtet sind und zuweilen ahistorisch daherkommen. Man mag deshalb fragen, was die oben skizzierten Ansätze mit der unmittelbaren Gegenwart zu tun haben. Die heutigen Schwierigkeiten in Staat und Gesellschaft unterscheiden sich überaus deutlich von damaligen Problemlagen. Und doch: Nicht wenige Analytiker aus dem konservativen Lager kommen zu einer Schlussfolgerung, für die es etliche Belege gibt. Demnach besteht der Kern der Formschwäche der westlichen Welt in Phänomenen, die man verallgemeinernd als „Liberalismus" zusammenfassen kann.[71] Der heutige „Liberalismus 5.0" (Weißmann) hat wenig mit den Freiheitlichen im 18. und im frühen 19. Jahrhundert zu tun, die – quasi als „Liberalismus 1.0" – absolutistische Unterjochung bekämpften. Die gegenwärtig verbreitete Erscheinungsform, die maßgeblich mit der Wohlstands- und Individualisierungswelle in der westlichen Welt seit den frühen 1960er-Jahren zusammenhängt, trägt im Hinblick auf die staatliche wie gesellschaftliche Ordnung ein auffallend großes Element der „Auflösung" in sich.[72] Dieses ist schon in den 1920er-Jahren von radikaleren Liberalismus-Gegnern wie Arthur Moeller van den Bruck bemerkt worden. In dieser überschießenden Kritik liegt gleichwohl eine wichtige Erkenntnis, die auch Jahrzehnte später von Bedeutung ist: dass das Gemeinwesen indiskutable Fundamente benötigt, „wenn das Leben nicht auseinanderfallen" soll.[73]

Sind diese für das Staatswesen essenziellen „Voraussetzungen" vor Jahren eher theoretisch in einer fast unendlich langen Exegese des für die Staatsrechtslehre so wesentlichen Böckenförde-Theorems debattiert worden,[74] so zeigen sich heute stärker praktisch-existenzielle Anwendungsfelder. Nach der Zäsur der illegalen Masseneinwanderung seit 2015 treten die Auswirkungen offen zutage.

Im Folgenden geht es weniger um die so einschneidenden politischen Weichenstellungen des Jahres 2015;[75] vielmehr lohnt es sich, geistig-mentale Strukturen im Hintergrund zu beachten. Gerade für die Mehrheit der politisch-medialen Deutungseliten ist seit Jahrzehnten die Dominanz hedonistischer sowie postmodern-liberaler Denk- und Handlungsweisen charakteristisch. Dazu zählt unter anderem die Vorstellung, alle Menschen, die auf einem Territorium leben, seien auch in politischer Hinsicht gleich. Die herkömmliche Staatslehre indessen hat nicht zufällig zwischen den Deutschenrechten und den Jedermannsrechten im Grundgesetz unterschieden. Erwähnenswert ist die in diesen Kreisen übliche Verachtung des Eigenen.[76] Im politischen Alltag lässt sich diese Strömung, die längst parteienübergreifend agiert, als Gruppierung mit der Forderung nach ostentativer Toleranz und Weltoffenheit beschreiben. Zu ihren Markenzeichen zählen der in intellektuellen Zirkeln gängige deutsche Selbsthass und zerknirschte Nationalmasochismus, welcher den extremen Pendelausschlag zum Gegenteil der radikalen Selbstbehauptung des Nationalsozialismus darstellt.[77]

In Zeiten forcierter Islamisierung, die von vielen Publikationen der letzten Jahre herausgestellt wird,[78] zeigen sich die Nachteile eines solchen die alltägliche Lebensführung prägenden postmodernen Liberalismus: Dieser fungiert als direkter wie indirekter Türöffner für zahllose

Feinde der Freiheit, die zumeist illegal nach Mitteleuropa einreisen.[79] Natürlich ist zu betonen, dass nur ein Teil der Migranten in Wort und Tat freiheitsfeindlich wirkt. Dennoch sind die – meist verharmlosten – Belastungen für die Institutionen in toto groß. Dagegen wirkt als Antidot eine Vorstellungswelt, die das Eigene in religiöser wie nationaler Hinsicht hochhält und die „Wurzeln unserer Kultur" zu stärken beabsichtigt.[80]

Vor diesem Hintergrund verwundert es nicht, dass in den verschärften Kontroversen der letzten Jahre auch rechtskatholisches Gedankengut wieder stärker zur Geltung kommt. Die Vertreter solcher Auffassungen präferieren jene Kategorien, die bereits in früheren Zeitaltern eine zentrale Rolle für das Zusammenleben gespielt haben und mithin als transepochal gelten. Dazu zählt das Festhalten an Erhaltungs- und Realitätssystemen. Gemeint ist im konkreten Falle der Vorrang der Wirklichkeitsanalyse vor einem gesinnungsethisch induzierten Moralismus (gemäß dem scholastischen Grundsatz, dass das Handeln dem Sein folge); weiter ist das Menschenbild ein skeptisches. Diese Sicht des Humanen verhindert eine Glorifizierung von Multikulturalismus und Multitribalismus. Darüber hinaus ist es katholischen Konservativen von Haus aus ein Anliegen, auf basale, für das menschliche Dasein unentbehrliche Ordnungsstrukturen hinzuweisen, die es zu bewahren gilt. In den letzten Jahren kristallisiert sich diese Präferenz mehr und mehr als entscheidend heraus, sind es doch vor allem rechts- und sozialstaatliche Einrichtungen, die durch die größtenteils illegale Masseneinwanderung negativ tangiert werden.

Es stellt sich die Frage, wie diese allgemeine Typologie seitens rechtskatholischer Zirkel, die natürlich auf viel Widerspruch stoßen,[81] in gegenwärtigen Debatten umgesetzt wird. Wie Protagonisten des Rechtskatholizismus früherer Zeiten engagieren sich dessen heutige Erben abseits des kirchlichen Hauptstromes. Ihre Auffassungen stehen teilweise im Gegensatz zu kirchenamtlichen Äußerungen, etwa denjenigen der Bischöfe. Der Episkopat begrüßt die Massenimmigration der letzten Jahre fast vorbehaltlos, Obergrenzen werden kritisiert. Das gilt auch für linke und liberale Juristen, die eigentlich wissen müssten, dass jede staatliche Leistung unter dem „Vorbehalt des Möglichen" steht.[82] Zentrales Argument ist der Dienst der Nächstenliebe. Mitunter wird das Gleichnis vom barmherzigen Samariter (Lukas 10,25–27) als biblischer Beleg vorgebracht und universalisiert.[83] Es erscheint fraglich, ob dieser Rekurs ausreichend ist, wenigstens Ansätze einer Staatsethik zu grundieren. Eine andere biblische Stelle, Matthäus 15,22–28, bekundet, dass Jesus sich nur zu den verlorenen Schafen des Hauses Israel gesandt sieht. Er weist die kanaanäische Frau, eine Ausländerin also, mit fast beleidigenden Worten zurück. Nicht nur vor dem Hintergrund dieser Perikope hat man eine „Hierarchie der Lieben" gefolgert:[84] Nächstenliebe gilt dem Nächsten, nicht den Fernsten. Oder, e contrario formuliert:[85] Privater Feind und politischer Feind müssen nicht identisch sein. Auch hier kann rechtskatholische Betrachtung ansetzen. Jesus ist das Eigene im Sinne von Herkunftsreligion und -kultur keineswegs fremd.

Welche Aufgabe hat der Staat nach der katholischen Sozialethik? Das Zweite Vatikanum definiert die Gemeinwohlverpflichtung des Staates wie folgt: „Das Gemeinwohl umfasst die Summe jener Bedingungen des gesellschaftlichen Lebens, durch die es den Menschen, den Familien und den Zusammenschlüssen möglich wird, sich umfassender und ungehemmter zu vervollkommnen."[86] Ohne die Tradition des bonum commune im Spiegel der theologischen Literatur und in der Tradition des Thomas von Aquin näher ausführen zu können, muss kaum erwähnt werden, dass die Entscheidungen von 2015 und den Folgejahren so gemeinwohlwidrig wie nur denkbar waren. Die wachsende Zahl von Unruhen und Gewaltverbrechen in deutschen Städten (Köln, Kandel, Cottbus, Freiburg, Flensburg, Ellwangen und viele mehr), die mit den „Kölner Ereignissen" an Silvester 2015 eingeläutet wurden, spricht für sich.

Zunächst geht die katholische Soziallehre, die weit mehr beinhaltet als die Kategorie der Nächstenliebe, von der selbstbestimmten Person aus, die zu ihrem eigenen Wohl und auch zum Wohl der Gemeinschaft beiträgt.[87] Insofern ist diese Doktrin grundsätzlich an strukturellen Maßnahmen interessiert. Die staatliche Ausgabenmaschinerie angesichts des Zustromes anzukurbeln, verletzt nachhaltig das Subsidiaritätsprinzip. Ein wesentlicher Grundsatz der katholischen Soziallehre ist die Eigenversorgung. Ihr wird nicht genügend Beachtung geschenkt, wenn man in Kauf nimmt, dass ein Gutteil der Aufgenommenen nicht befähigt ist, seinen Lebensunterhalt selbstständig zu verdienen. Nach anfänglicher Euphorie wird dieser Befund von fast allen Fachleuten geteilt. Durch das Staatsversagen ist die öffentliche Hand nur noch partiell in der Lage, einen Ordnungsrahmen verbindlich durchzusetzen. Unter Inkaufnahme höherer Staatsverschuldung ausschließlich die (auch kirchliche) Asylindustrie anzukurbeln, ist nicht im Sinne der katholischen Soziallehre.

Einer eigenen Abhandlung bedürfte es, die Anwendung des Erhaltungs- und Realitätsprinzips in der Migrationskrise darzulegen. Jedenfalls zählt dazu, die Knappheit der Güter in Rechnung zu stellen. Fragen der gerechten Verteilung sind aufzuwerfen. Betrachtet man Hintergründe der Wanderungsbewegungen, so stellt man fest, dass meist nicht die Ärmsten wegziehen, da sie ja die Schlepper nicht bezahlen können: Eher sind es ausgewählte, oft kräftige Männer, die von der Familie finanziert werden, um später aus der neuen Heimat Transferzahlungen zu erhalten. Zum Wirklichkeitsprinzip zählt auch, dass wir in der Regel Familienangehörigen und Verwandten stärker verpflichtet sind als Fernen. Allein deshalb ist es problematisch, ethische Grundsätze, die im Kontext der Familie richtig und üblich sind, auf die Weltgemeinschaft zu applizieren,[88] wie es humanitaristische Doktrinen einfordern. Leider ist etlichen kirchlichen Verantwortlichen der Unterschied von Humanitarismus und christlicher Ethik unbekannt, den bereits Max Scheler hervorhebt. Die personale Kategorie der Nächstenliebe ist freiwillig und impliziert den vertikalen Bezug zu Gott, während die humanitaristische Orientierung den Menschen rein immanent verabsolutiert.[89]

Die Schleifung der rechts- und sozialstaatlichen Bastionen – die Kosten der Einwanderungswelle belaufen sich geschätzt auf weit mehr als 30 Milliarden Euro pro Jahr – dürfte sich in nächster Zeit fortsetzen. Dieser Trend ist aus katholischer Perspektive umso bedauerlicher, als das Christentum an der Genese des Rechts- und Sozialstaates mehr als nur marginale Anteile besitzt.[90]

Die religions- und kulturpolitischen Folgen dürften nicht minder schwer wiegen. Rechtskatholiken können für einen solchen kulturellen Wandel eine größere Sensibilität entwickeln als nicht konfessionell gebundene konservative Kreise. Dies gilt auch für die zu erwartenden negativen Konsequenzen. Die Bezeichnung „Großer Austausch" („Grand Remplacement") sei, so heißt es, eine ethnisch konnotierte, und daher sei sie als unchristlich einzustufen. Ist diese Bewertung pauschal richtig? Sie ist von einem ehemaligen linken französischen Schriftsteller, Renaud Camus, geprägt worden.[91] Er kann als wichtiger Stichwortgeber der Identitären Bewegung betrachtet werden.

Hier ist in der Tat Aufmerksamkeit geboten, da in der Tat kein Staatswesen aus christlicher Sicht primär oder gar ausschließlich ethnisch zu fundieren ist. Allerdings sind auch herkömmlich christliche Nationen zum guten Teil als Schicksalsgemeinschaften zu verstehen, die nicht nur aus Individuen polyethnischer Herkunft bestehen und mittels diffuser Werte zusammengehalten werden. Ebenso werden die Nationen mit christlicher Überlieferung (auch solche mit außerchristlicher) nicht als bloße Konsumassoziationen überleben können. Ihnen war und ist ein religiöses Gedächtnis eigen – wie immer dieses auch heute geschwächt sein mag. Nicht vergessen werden sollte, dass viele traditionelle Papstaufrufe sich an die „christlichen Völker" gerichtet haben oder immer noch richten. Diese Vorstellung ist bei den klügeren (und kulturhistorisch gebildeten) Vertretern des Glaubens durchaus noch präsent. So bringt der emeritierte Papst Benedikt XVI. ein mögliches Verschwinden der Botschaft Christi auf dem europäischen Kontinent, wenngleich etwas vage, in Verbindung mit der laufenden bevölkerungspolitischen Umstrukturierung, quasi als Menetekel: „Wie Europa sich entwickeln wird, wie weit es noch Europa sein wird, wenn andere Bevölkerungsschichten es neu strukturieren, wissen wir nicht. […] Das Wort des Evangeliums kann natürlich aus Kontinenten verschwinden. Wir sehen ja, die christlichen Kontinente des Anfangs, Kleinasien und Nordafrika, sind nicht mehr christlich. Es kann auch in Räumen verschwinden, wo es groß war."[92]

Mutiger vorgewagt hat sich bereits vor viereinhalb Jahrzehnten der traditionalistisch-nationalkonservative visionäre Katholik Jean Raspail, der in seinem Roman „Das Heerlager der Heiligen" die Invasion nach Europa literarisch antizipierte. Man braucht nur die Boote vom Ganges mit denen aus Nordafrika vertauschen, schon ist man in der Gegenwart angekommen. Die dystopische Erzählung beeindruckt nicht zuletzt deshalb, weil sie das Phlegma und die Abwehrunwilligkeit der (mit Schuldkomplexen beladenen) europäischen Eliten schildert. Eine solche Haltung lehnt der Verfasser klar ab. Stattdessen sollen Widerstandskräfte mobilisiert werden. Offizielle kirchliche Verlautbarungen offenbaren demgegenüber eher eine „politische Theologie der Unterwerfung", die sich frei des Stoffes von Michel Houellebecqs gleichnamigem Erfolgsroman bedient. Raspail, mittlerweile in die Jahre gekommen, besitzt noch heute ein Gespür dafür, dass die Relativierung des Christentums ganz Europa, so säkular es sich auch gebärden mag, ins kulturpolitische Unglück stürzt. Dem nicht selten zeitgeistkonformen, partiell auch die heiligen Symbole des Glaubens verleugnenden höheren Klerus sind solche Gedankengänge freilich fremd.

Es führte zu weit, im vorliegenden Rahmen den rechtskatholischen Standpunkt der unmittelbaren Gegenwart im Detail darzustellen. Es handelt sich bei den Vertretern dieser Richtung meist um einzelne Publizisten wie den früheren Redakteur des Magazins „Der Spiegel", Matthias Matussek, aber auch um Netzwerke im Umfeld bestimmter Periodika. Beispielhaft sind Autoren um die Zeitschrift „Cicero", wie Alexander Kissler,[93] um die Zeitschrift Cato, wie Alexander Pschera, aber auch der Chefredakteur der Zeitschrift „Die Neue Ordnung", der Sozialethiker Wolfgang Ockenfels, und einige Autoren dieser Zeitschrift zu nennen. Weiter ist die Zeitschrift „Sezession" anzuführen, die sich gelegentlich mit Themen wie Christentum und katholische Reaktion beschäftigt.[94]

Ockenfels redet in seinen „Editorial"-Stellungnahmen Klartext. Die chaotische „Flüchtlings"-Politik lasse sich nicht einmal christlich verbrämen, geschweige denn rechtfertigen. Der Ordensgeistliche hält es für grotesk, die Ordnung (gemäß der christlichen Schöpfungs- und Trinitätslehre) für geringer zu achten als das Chaos, wie es im Migrationsmanagement offenkundig werde.[95] Weiter verweist er auf die Sicht des Heiligen Thomas und dessen Auffassung von Gerechtigkeit: „Und was hat die CDU überhaupt noch mit dem Christentum zu tun, wenn sie es nicht einmal mehr mit dem christlich tradierten, d. h. vernunftbetonten Naturrecht der Gerechtigkeit zu tun haben will? Gefühlte Barmherzigkeit ohne rationale Gerechtigkeit ist nicht christlich legitimierbar, wusste schon Thomas von Aquin."[96] Klar distanziert er sich auch von der Abgrenzungspolitik der Bischöfe gegenüber der AfD.

In der Tat ist die neue Völkerwanderung,[97] hierzulande oft als Flüchtlingskrise verharmlost, weitaus komplexer, als dass sie lediglich mit dem Hinweis auf die christliche Pflicht zur Nächstenliebe zu klären wäre. Der Rekurs auf rationale Gerechtigkeit tut not. Was darunter im aktuellen Kontext zu verstehen ist, belegen Schätzungen über den monetären Wert von Hilfsleistungen. In Teilen der Welt, die Unterstützung vor Ort bitter nötig hätten, könnte mit einem Euro das Dreißigfache von dem bewirkt werden, was in Mitteleuropa damit erreicht werden kann. In diesem Punkt ist Rationalität mit Effizienz gleichzusetzen.

Doch zeichnet sich ein die menschliche Ordnung auf naturrechtlicher Basis verteidigender Rechtskatholizismus nicht nur durch sein Insistieren auf bestimmten rechtsstaatlichen und sozialpolitischen Strukturen aus, die gemeinwohlorientiert sein müssen; vielmehr wehren sich seine Protagonisten auch gegen die Destruktion ethisch-gesellschaftlicher Grundlagen. Kritisch beleuchtet wird in den letzten Jahren besonders der Gender-Relativismus,[98] der längst im globalen Maßstab zu beobachten ist.[99]

Zwar existiert im Hinblick auf die Ablehnung des Gender-Mainstreaming eine umfangreiche Literatur, die nicht unbedingt auf christlicher Grundlage argumentiert.[100] Doch besitzen christliche Kritiker ein normatives Fundament, das der Zerstörung der herkömmlich akzeptierten Geschlechterordnung eine (als göttlich erachtete) Schöpfungsordnung entgegenstellt. Eine stattliche Zahl konservativ-katholischer Autoren (Birgit Kelle,[101] Manfred Spieker,[102] Felix Dirsch[103] und andere) wendet sich gegen die Ansicht, das Geschlecht primär oder ausschließlich als sozial konstruiert und damit auch als dekonstruierbar zu sehen. Eine solche Sichtweise bildet das Einfallstor, die binäre, auf Ergänzung hin angelegte klassische Institution der Ehe inhaltlich umzudeuten. Die Beliebigkeit, die die Freiheit im Sinne absoluter Machbarkeit auf die Spitze treibt, herrscht in dieser neuen Perzeption vor. Wenig überraschend springen progressive katholische Kreise auf den Zug auf: „Menschliche Geschlechtlichkeit ist nicht eindeutig zweigestaltig. Menschliche Geschlechtlichkeit ist vielfältig. Sie ist biologisch gesehen kein binäres Phänomen, sondern ein Kontinuum."[104] Die binäre Geschlechtlichkeit ist aus dieser Perspektive ein Zwangsprodukt. Wenn Geschlechtlichkeit am Maß des subjektiven Befindens definiert werden soll, leuchtet nicht ein, warum nicht jede Person ihr idiosynkratisches Geschlecht besitzt, das sich einer Klassifizierung grundsätzlich entzieht. Warum „nur" sechzig Geschlechter annehmen, wie vom sozialen Netzwerk Facebook empfohlen?

Ihren locus classicus findet die Gendertheorie, deren hauptsächliches Ziel die Destruktion überlieferter Geschlechteridentität[105] ist, bei der französischen Schriftstellerin Simone de Beauvoir. Mit der Infragestellung einer binär ausgerichteten Geschlechtlichkeit werden schöpfungstheologische Grundaussagen nachhaltig berührt. Unabhängig davon ist das abschließende Ziel der politischen „Geschlechtsumwandlung" (Volker Zastrow) die Schaffung eines Neuen Menschen als Gipfel sozialer Machbarkeit. Hier zeigt sich wieder der enge Konnex zwischen neuen sozialen und alten politischen Großideologien.[106]

Ein eigenes Kapitel, das im Folgenden aus Platzgründen nicht erörtert werden kann, stellen angebliche „unheilige Allianzen" rechtskatholischer Autoren mit dem westlichen Erzfeind, dem russischen Präsidenten Wladimir Putin, dar. Linksliberale und linke Publizisten mit katholischem Hintergrund wie Andreas Püttmann haben sich längst des Themas angenommen.[107] Ihr Streben richtet sich zuerst auf die Mehrung des Einflusses der Homosexuellenlobby. Neben anderen Einwänden stoßen seitens liberaler Kreise besonders Putins enge Verbindung zur russischen Orthodoxie und seine Opposition gegen die im Westen omnipräsenten LGBT-Interessenvertreter auf Widerspruch. Das vordergründige Ziel solcher Organisationen ist es, „sexuelle Vielfalt" zu propagieren, wobei totalitäre Grundzüge im Hintergrund oft unbeleuchtet bleiben.[108]

Zudem ist der Widerstand konservativ-katholischer Kreise gegen die Destabilisierung der herkömmlichen Ehe zu erwähnen, die in etlichen europäischen Staaten bereits umdefiniert und damit entkernt worden ist, so auch in Deutschland. Besonders das Umfeld des Bündnisses „Demo für alle", in dem Aktivistinnen wie Hedwig von Beverfoerde und Birgit Kelle von sich reden machten, warb lautstark für die überlieferte Ehe als Verbindung von Mann und Frau, da sie allein in der Lage ist,

Nachkommenschaft hervorzubringen. Die übliche Rechtfertigung der Neudefinition lautet, dass Geschlechtlichkeit als konstitutives Kriterium bei der Eheschließung heute irrelevant sei. Erst recht gelte das für die traditionelle Anlage auf Nachkommenschaft hin. Es gebe auch in der gewandelten Form noch genug „Ehe für alle". Zwar ist es richtig, dass infolge der Neubestimmung Mann und Frau als herkömmliche Ehepartner –zumindest vorerst – keine Nachteile in Kauf nehmen müssen. Allerdings sind nunmehr die Grenzen der altehrwürdigen Einrichtung Ehe ungewiss. Beliebigkeit ist auch hier eingekehrt.[109] Den herkömmlichen Ehepartnern wird auch nichts genommen werden, wenn zukünftig einmal Kinderehen, inzestuöse Verbindungen und Sodomie legalisiert sein sollten, ebenso wie die Polygamie. Deren Legitimierung ist in nicht allzu ferner Zeit schon deshalb wahrscheinlich, da mächtiger werdende muslimische Kontingente diese einfordern dürften – im Einklang übrigens mit hedonistisch-permissiv ausgerichteten Liberalen, die darauf verweisen, dass der weltanschaulich neutrale Staat nicht nur Zweierbeziehungen fördern dürfe. Vielehen wären in der Tat – neumodisch formuliert – die idealen „Verantwortungsgemeinschaften". Ein Partner könnte für mehrere andere Verantwortung übernehmen. Und dennoch wäre in den genannten Fällen die Institution Ehe substanziell nicht mehr das, was mit ihr herkömmlich und in primärer Weise beabsichtigt wird. Dieses Urteil trifft auch dann zu, wenn man in Rechnung stellt, dass Wandlungsprozesse schon seit längerer Zeit auch an diesem für viele zentralen Lebensbereich nicht vorbeigegangen sind.

Zusammenfassung

Ausgangspunkt der vorliegenden Betrachtungen ist die Frage, ob es sich beim Begriff „Rechtskatholizismus" um einen in erster Linie polemisch oder um einen primär wissenschaftlich-deskriptiv gebrauchten Terminus handelt. Obwohl er häufig in abgrenzender Absicht verwendet wird, kann er jedoch problemlos zum Signum werden, wenn er durch die unterschiedlichen historischen Epochen seit der Französischen Revolution verfolgt und seine Quintessenz herausgearbeitet wird. Zwischen der „rechten" Weltanschauung und wichtigen katholischen Theoremen liegen Schnittmengen vor, von denen exemplarisch folgende anzuführen sind: die Präferenz für Erhaltungs- und Wirklichkeitswahrnehmung, ein eher pessimistisch gefärbtes Menschenbild sowie eine grundsätzliche Vorliebe für intakte soziale und politische Ordnung. Die katholischen Einflüsse bringen vor allem bestimmte Formen der Begründung dieser Theoreme mit sich. Im Grunde genommen kann jedoch auch ein nicht konfessionell gebundener (oder nichtreligiöser)

Konservativer zu diesen Einschätzungen kommen. Evident wird dies vornehmlich im Kontext der Ordnungsfundierung: Religion, Ordnung und institutionelle Sanktionierung sind von Anfang an eng miteinander verschwistert.[110]

Diesen Konnex erkennt man von de Maistre, dem frühen Lamennais und Donoso Cortés bis zu Schmitt und Barion. Unter völlig gewandelten Bedingungen sieht man auch heute die Unentbehrlichkeit einer solchen Strömung, die die Intaktheit basaler, für das Zusammenleben notwendiger Institutionen herausstellt. Dies trifft sowohl auf staatlicher wie auf gesellschaftlicher Ebene zu. Jenseits der in allen westlichen Gesellschaften von postmodern-liberalen und emanzipatorischen Deutungseliten glorifizierten Entitäten Individuum und Menschheit haben in den vergangenen rund fünf Jahrzehnten die Gemeinschaftsgebilde zwischen diesen Polen unstrittige Bedeutungsverluste erlitten: Die Ehe und die herkömmliche bürgerliche Familie sowie die Ordnung der Geschlechter zählen ebenso dazu wie der nationale Rechts- und Sozialstaat vor dem Hintergrund der (größtenteils illegalen) Massenzuwanderung der letzten Jahre. Die damit einhergehende Destabilisierung wesentlicher Einrichtungen wird oft thematisiert. Diese Tendenzen bedeuten langfristig einen erheblichen religiös-kulturellen Umbruch, der mit dem Phänomen der zunehmenden Islamisierung einhergeht. Die Folgen sind gegenwärtig nur schwer abzuschätzen. Selbst die Willensträgerschaft des Volkes in der Demokratie, die einigermaßen homogene Strukturen voraussetzt, wird von führenden politischen und juristischen Instanzen in Frage gestellt. Exemplarisch ist die Entscheidung des Bundesverfassungsgerichts im NPD-Verbotsverfahren zu erwähnen. Sie wird nicht zu Unrecht als „Volkssouveränitätsbeseitigungsurteil" gescholten.[111]

Zu allen diesen Entwicklungen bildet ein patriotisch verwurzelter Rechtskatholizismus ein unverzichtbares Antidot. Innerkirchlich ist eine nationale, aber keinesfalls nationalistische Grundhaltung ein wichtiges Motiv für eine Abgrenzung gegenüber der Selbstdegradierung der Kirche zu einer globalistischen Nichtregierungsorganisation.[112] Einige kuriale Repräsentanten fordern seit Jahren die Errichtung einer weltweiten Krankenkasse oder ein One-World-Finanzmanagement.[113] Gerade partielle Distanz zu politischen Aussagen des Lehramtes verhindert ein zeitgeistig-linksliberales Mitläufertum bei wichtigen staatlichen Weichenstellungen. Hinzuweisen ist auf die fällige Zustimmung zu einem organisch gewachsenen Europa kulturell verbundener Staaten,[114] dessen Führerpersönlichkeiten eine „Seele" dieses Kontinents anerkennen.[115] Gleichzeitig impliziert dieses Votum die Ablehnung eines bürokratisch-zentralistischen Brüsseler Superstaates, dessen Eliten die geschichtlich gewachsenen Identitäten Europas verleugnen,[116] ja sogar die bevölkerungs- und identitätspolitische Neukonstituierung unter islamischen Vorzeichen billigend in Kauf nehmen oder vorantreiben.[117] Dass für eine diesbezügliche Sensibilität eine persönliche Gläubigkeit und Verbindungen zur Amtskirche öfters nicht ausreichen, bringen auch die aktuellen Kontroversen deutlich zum Ausdruck.

Literatur:

Adam, Armin: Rekonstruktion des Politischen. Carl Schmitt und die Krise der Staatlichkeit 1912–1933, Weinheim 1992.

Adam, Karl: Das Wesen des Katholizismus, Augsburg 1924.

Alexander, Robin: Die Getriebenen. Merkel und die Flüchtlingspolitik. Report aus dem Innern der Macht, akt. Ausg., München 2018.

Ammicht Quinn, Regina: Gefährliches Denken: Gender und Theologie, in: Concilium 48 (2012), S. 362–372.

Augustinus, Aurelius: Die christliche Bildung (De doctrina christiana), Stuttgart 2002.

Babo, Markus: Schutzansprüche der Flüchtling vs. Interessen der Aufnahmegesellschaft – eine schlechte Alternative, in: Heimbach-Steins, Marianne (Hg.): Begrenzt verantwortlich? Sozialethische Positionen in der Flüchtlingskrise, Freiburg i. Brsg. 2016, S. 108–121.

Baier, Stephan: Die Seele Europas. Von Sinn und Sendung des Abendlandes, Kißlegg 2017.

Barion, Hans: „Weltgeschichtliche Machtform"? Eine Studie zur Politischen Theologie des II. Vatikanischen Konzils, in: ders. u. a. (Hg.): Epirrhosis. Festgabe für Carl Schmitt, 2. Aufl., Berlin 2002, S. 13–60.

Barth, Hans: Auguste Comte und Joseph de Maistre. Das System des Positivismus als Theokratie, in: ders.: Die Idee der Ordnung. Beiträge zu einer politischen Philosophie, Erlenbach/Zürich 1958, S. 132–175.

Baudet, Thierry: Oikophobie. Der Hass auf das Eigene und seine zerstörerischen Folgen, Graz 2017.

Bednarz, Liane: Radikal bürgerlich. Der lange Arm der Neuen Rechten, in: Kursbuch 186 (Juni 2016), S. 144–163.

Bednarz, Liane: Die Angstprediger. Wie rechte Christen Gesellschaft und Kirchen unterwandern, München 2018.

Bellers, Jürgen / Porsche-Ludwig, Markus: Warum Christen AfD wählen. Wo die linken Großkirchen geschlafen haben: Islam, Ausbeutung der Leistungsträger, Gender-Ideologie, Zerfall der Familie, Pazifismus-Illusion usw., Nordhausen 2016.

Benedikt XVI. mit Seewald, Peter: Letzte Gespräche, München 2016.

Berlach, Michael: Deutschland im Jahr 2030. Ein Land konvertiert zum Islam, North Charleston 2016.

Bobbio, Norberto: Rechts und Links. Gründe und Bedeutungen einer politischen Unterscheidung, 4. Aufl., Berlin 2006.

Bracher, Karl Dietrich: Zeit der Ideologien. Eine Geschichte politischen Denkens im 20. Jahrhundert, Stuttgart 1982.

Breuer, Stefan: Ordnungen der Ungleichheit. Die deutsche Rechte im Widerstreit ihrer Ideen 1871–1945, Darmstadt 2001.

Breuning, Klaus: Die Vision des Reiches. Deutscher Katholizismus zwischen Demokratie und Diktatur (1929–1934), München 1969.

Brunner, Otto / Conze, Werner / Koselleck, Reinhart (Hg.): Geschichtliche Grundbegriffe. Historisches Lexikon zur politisch-sozialen Sprache in Deutschland, Bde. 1–8 (1972–1997), Stuttgart 2004.

Butler, Judith: Das Unbehagen der Geschlechter, Frankfurt a. M. 1991.

Camus, Renaud: Revolte gegen den Großen Austausch, Schnellroda 2016.

Clemens, Gabriele: Martin Spahn und der Rechtskatholizismus in der Weimarer Republik, Mainz 1983.

Clemens, Gabriele: Rechtskatholizismus zwischen den Weltkriegen, in: Langner, Albrecht (Hg.): Katholizismus, nationaler Gedanke und Europa seit 1800, Paderborn u. a. 1985: S. 111–130.

Contzen, Angela: Die Wurzeln unserer Kultur. Natur, Kunst, Mythologie, Feste und Bräuche im Jahreslauf, Berlin u. a. 2017.

Dahlheimer, Manfred: Carl Schmitt und der deutsche Katholizismus 1888–1936, Paderborn u. a. 1998.

Delikostantis, Konstantinos: Der moderne Humanitarismus. Zur Bestimmung und Kritik einer zeitgenössischen Auslegung der Humanitätsidee, Mainz 1982.

Dirsch, Felix: Solidarismus und Sozialethik. Ansätze zur Neuinterpretation einer modernen Strömung der katholischen Sozialphilosophie, Berlin 2006.

Ders.: „… lebt von Voraussetzungen, die er selbst nicht garantieren kann". Lesarten und Interpretationsprobleme der Böckenförde-Doktrin", in: Zeitschrift für Politik 56 (2009), S. 123–141.

Ders.: Ewiger Konservatismus. Zur transzendental-soziologisch-metaphysischen Fundierung einer klassischen Strömung des politischen Denkens, in: ders.: Authentischer Konservatismus. Studien zu einer klassischen Strömung des politischen Denkens, Berlin u. Münster 2012 (a), S. 16–53.

Ders.: Europa und der Lissabon-Vertrag – Versuch eines Ausblicks, in: Kempf, Volker / Stettin, Rudolf: Die Europäische Union. Perspektiven mit Zukunft?, Bad Schussenried 2012 (b), S. 35–63.

Ders.: Die Aktualität der Humanitarismus-Kritik, in: Die Neue Ordnung 69 (2015 a), S. 417–430.

Ders.: Von Anfang an verschieden (2014), wieder abgedruckt in: Gender-Mainstreaming. Beiträge und Interviews zu einer gefährlichen Ideologie, Berlin 2015 (b), S. 130–137.

Ders.: Demokratie und Relativismus – ein notwendiger Konnex? Verfassungsrechtliche und ideengeschichtliche Hintergründe eines viel diskutierten kulturkritischen Topos der Gegenwart, in: Jahrbuch politisches Denken 26 (2016), S. 155–185.

Ders.: Die Krux des Liberalismus, in: Die Tagespost v. 28. Februar 2017.

Ders.: Pflicht oder Gefahr?, in: Die Tagespost v. 12. April 2018.

Essen, Georg (Hg.): Verfassung ohne Grund? Die Rede des Papstes im Bundestag, Freiburg i. Brsg. 2012.

Faber, Richard: Politischer Katholizismus. Die Bewegung von Maria Laach, in: Cancik, Hubert (Hg.): Religions- und Geistesgeschichte der Weimarer Republik, Düsseldorf 1981.

Ders.: Lateinischer Faschismus. Über Carl Schmitt, den Römer und Katholiken, Berlin u. Wien 2001.

Ferber, Walter: Der Weg Martin Spahns. Zur Ideengeschichte des politischen Rechtskatholizismus, in: Hochland 62 (1970), S. 219–229.

Fritze, Lothar: Kritik des moralischen Universalismus. Über das Recht auf Selbstbehauptung in der Flüchtlingskrise, Paderborn 2017.

Gässler, Gregor F.: Der Ordo-Gedanke unter besonderer Berücksichtigung von Augustinus und Thomas von Aquino, Sankt Augustin 1994.

Gehlen, Arnold: Moral und Hypermoral. Eine pluralistische Ethik, 7. Aufl., Frankfurt a. M. 2016.

Gnisa, Jens: Das Ende der Gerechtigkeit. Ein Richter schlägt Alarm, 2. Aufl., Freiburg i. Brsg. u. a. 2017.

Grau, Alexander: Hypermoral. Die neue Lust an der Empörung, München 2017.

Hack, Tobias: Die Flüchtlinge und der barmherzige Samariter, in: Stimmen der Zeit 143 (2018), S. 10–20.

Härtle, Heinrich: Vom Ständestaat zur Priesterherrschaft. Eine Abrechnung mit Othmar Spann, Berlin 1938.

Herrmann, Horst G.: Im Moralapostolat. Die Geburt der westlichen Moral aus dem Geist der Reformation, Berlin 2017.

Hoff, Klaus: Rechts und Links – zwei Schlagworte auf dem Prüfstand, Krefeld 1992.

Hofmann, Hasso: Legitimität gegen Legalität. Der Weg der politischen Philosophie Carl Schmitts, 5., unveränd. Aufl., Berlin 2010.

Hübner, Kurt: Othmar Spann – Kritische Würdigung eines zu Unrecht Vergessenen, in: Ballestrem, Karl Graf / Ottmann, Henning (Hg.): Theorie und Praxis. Festschrift für Nikolaus Lobkowicz zum 65. Geburtstag, Berlin 1996, S. 227–239.

Huber, Max: Die Staatsphilosophie von Joseph de Maistre im Lichte des Thomismus, Basel u. Stuttgart 1958.

Joas, Hans: Kirche als Moralagentur?, München 2016.

Kambouri, Tania: Deutschland im Blaulicht. Notruf einer Polizistin, München u. a. 2015.

Kelle, Birgit: GenderGaga. Wie eine absurde Ideologie unseren Alltag erobern will, Aßlar 2015.

Kierdorf, Christian: Carl Schmitts Idee einer politischen Theologie, Berlin 2015.

Kleine-Hartlage, Manfred: Die liberale Gesellschaft und ihr Ende. Über den Selbstmord eines Systems, Schnellroda 2013.

Körtner, Ulrich H. J.: Für die Vernunft. Wider Moralisierung und Emotionalisierung in Politik und Kirche, Leipzig 2017.

Korff, Wilhelm: Wie kann der Mensch glücken? Perspektiven der Ethik, München u. Zürich 1985.

Krings, Hermann: Ordo. Philosophisch-historische Grundlegung einer abendländischen Idee, 2., durchges. Aufl., Hamburg 1982.

Kuby, Gabriele: Die Gender-Revolution. Relativismus in Aktion, 2. Aufl., Kißlegg 2007.

Dies.: Verstaatlichung der Erziehung. Auf dem Weg zum neuen Gender-Menschen, Kißlegg 2007.

Dies.: Die globale sexuelle Revolution. Zerstörung der Freiheit im Namen der Freiheit, 3. Aufl., Kißlegg 2013.

Küenzlen, Gottfried: Der Neue Mensch. Eine Untersuchung zur säkularen Religionsgeschichte der Moderne, München 1994.

Kutschera, Ulrich: Das Gender-Paradoxon. Mann und Frau als evolvierte Menschentypen, Berlin 2016.

Lesch, Walter (Hg.): Christentum und Populismus. Klare Fronten?, Freiburg i. Brsg. u. a. 2017.

Ley, Michael: Der Selbstmord des Abendlandes. Die Islamisierung Europas, Osnabrück 2015.

Ders.: Die neuen Götter des Abendlandes, in: ders. / Lichtmesz, Martin (Hg.): Nationalmasochismus, Schnellroda 2018, S. 25–40.

Lichtmesz, Martin: Die Verteidigung des Eigenen. Fünf Traktate, Schnellroda 2011.

Ders.: Kann nur ein Gott uns retten? Glauben, hoffen, standhalten, Schnellroda 2014.

Lisson, Frank: Die Verachtung des Eigenen. Ursachen und Verlauf des kulturellen Selbsthasses in Europa, Schnellroda 2012.

Maaß, Sebastian: Dritter Weg und wahrer Staat. Othmar Spann – Ideengeber der Konservativen Revolution, Kiel 2010.

MacIntyre, Alasdair: Der Verlust der Tugend. Zur moralischen Krise der Gegenwart, erw. Neuausg., Frankfurt a. M. 2006.

Maier, Hans: Revolution und Kirche. Zur Frühgeschichte der christlichen Demokratie, 5. neubearb. u. erw. Aufl., Freiburg i. Brsg. 1988.

Maistre, Joseph de: Betrachtungen über Frankreich, Wien u. Leipzig 1991;

Ders.: Vom Papst. Ausgewählte Texte, Berlin 2007;

Ders.: Die Abende von St. Petersburg oder Gespräche über das zeitliche Walten der Vorsehung, Wien u. Leipzig 2008;

Maschke, Günter: Drei Motive im Anti-Liberalismus Carl Schmitts, in: Hansen, Klaus / Lietzmann, Hans (Hg.): Carl Schmitt und die Liberalismuskritik, Opladen 1988, S. 55–80.

Ders.: Nachwort des Herausgebers, in: Maistre, Joseph de: Betrachtungen über Frankreich, Wien u. Leipzig 1991, S. 129–140.

Mehring, Reinhard: Carl Schmitt. Aufstieg und Fall. Eine Biographie, München 2009.

Menczer, Béla: Propheten des Leviathan. Die katholischen Gegenspieler der Ideologie von 1789, in: Wort und Wahrheit 5 (1950), S. 99–108.

Messner, Johannes: Die berufsständische Ordnung, Innsbruck u. a. 1936.

Ders.: Das Naturrecht. Handbuch der Gesellschaftsethik, Staatsethik und Wirtschaftsethik, 5., neubearb. erw. Aufl., Innsbruck u. a. 1966.

Meyer, Hans: Thomas von Aquin. Sein System und seine geistesgeschichtliche Stellung, 2., erw. Aufl., Paderborn 1961.

Meyer, Thomas: Die Identität Europas. Der EU eine Seele?, Frankfurt a. M. 2004.

Moeller van den Bruck, Arthur: An Liberalismus gehen die Völker zugrunde (1922), wieder abgedruckt in Maaß, Sebastian: Kämpfer um ein drittes Reich. Arthur Moeller van den Bruck und sein Kreis, Kiel 2010, S. 133–163.

Mohler, Armin / Weißmann, Karlheinz: Die Konservative Revolution in Deutschland 1918–1932. Ein Handbuch, 6., völlig überarb. u. erw. Aufl., Graz 2005.

Mohler, Armin: Gegen die Liberalen, Schnellroda 2010.

Mosebach, Martin: Häresie der Formlosigkeit. Die römische Liturgie und ihr Feind, erw. Neuausg., München 2012.

Motschenbacher, Alfons: Katechon oder Großinquisitor? Eine Studie zu Inhalt und

Struktur der Politischen Theologie Carl Schmitts, Marburg 2000.

Murray, Douglas: Der Selbstmord Europas. Immigration, Identität, Islam, München 2018.

Neuhaus, Werner: August Pieper und der Nationalsozialismus. Über die Anfälligkeit des Rechtskatholizismus für völkisch-nationalistisches Denken, Norderstedt 2017.

Nolte, Ernst: Streitpunkte. Heutige und künftige Kontroversen um den Nationalsozialismus, Berlin u. Frankfurt a. M. 1993.

Ders.: Der Faschismus in seiner Epoche. Action française, Italienischer Faschismus, Nationalsozialismus- Mit einem Rückblick nach fünfunddreißig Jahren, 6. Aufl., München u. Zürich 2008.

Ockenfels, Wolfgang: Kirchliche Dialogverweigerung, in: Die Neue Ordnung 70 (2016), S. 162 f.

Salzborn, Samuel: Angriff der Antidemokraten. Die völkische Rebellion der Neuen Rechten, Weinheim 2017.

Schmitt, Carl: Der Begriff des Politischen. Text von 1932 mit einem Vorwort und drei Corollarien, 7. Aufl., Berlin 2002.

Ders.: Römischer Katholizismus und politische Form, 5. Aufl., Stuttgart 2008.

Ders.: Donoso Cortés in gesamteuropäischer Interpretation. Vier Aufsätze, 2. Aufl., Berlin 2009.

Ders.: Politische Theologie. Vier Kapitel zur Lehre von der Souveränität, 10. Aufl., Berlin 2015.

Schnarrer, Johannes Michael: Leben im Dienst sozialer Gerechtigkeit, in: Danich, Peter / Moser, Christian Sebastian (Hg.): Stichwortgeber für die Politik, Teil II, Wien 2007, S. 7–20.

Schulte, Thorsten: Kontrollverlust. Wer uns bedroht und wie wir uns schützen, Rottenburg 2017.

Schulze, Gerhard: Die Sünde. Das schöne Leben und seine Feinde, ungek. Ausg., Frankfurt a. M. 2008.

Schwarz, Hans-Peter: Die neue Völkerwanderung nach Europa. Über den Verlust politischer Kontrolle und moralischer Gewissheiten, München 2017 (a).

Schwarz, Moritz: „Wo kein Kläger, da kein Richter". Warum ist die „Ehe für alle" mit dem Grundgesetz unvereinbar? Wieso könnte das Gesetz dennoch nicht in Karlsruhe landen? Und wenn doch, weshalb ist nicht sicher, daß die Richter es kippen? Ex-Verfassungsrichter Hans Hugo Klein gibt Antwort, in: Junge Freiheit vom 7. Juli 2017 (b).

Sedmak, Clemens / Horn, Stephan Otto (Hg.): Die Seele Europas. Papst Benedikt XVI. und die europäische Identität, Regensburg 2011.

Sloterdijk, Peter: Sphären III. Schäume, Frankfurt a. M. 2004.

Ders.: Die schrecklichen Kinder der Neuzeit. Über das anti-genealogische Experiment der Moderne, Frankfurt a. M. 2014.

Sontheimer, Kurt: Antidemokratisches Denken in der Weimarer Republik. Die politischen Ideen des deutschen Nationalismus zwischen 1918 und 1933, München 1978.

Spaemann, Robert: Der Ursprung der Soziologie aus dem Geist der Restauration. Studien über L. G. A. de Bonald, Stuttgart 1998.

Ders.: Zur Ontologie der Begriffe „rechts" und „links" (1979), in: ders.: Grenzen. Zur ethischen Dimension des Handelns, Stuttgart 2001, S. 260–269.

Spann, Othmar: Der wahre Staat. Vorlesungen über Abbruch und Neubau der Gesellschaft, 4. mit Zusätzen versehene Aufl., Jena 1938.

Spieker, Manfred: Gender-Mainstreaming in Deutschland. Konsequenzen für Staat, Gesellschaft und Kirchen, 2., korr. u. erw. Aufl., Paderborn 2016.

Stegherr, Marc (Hg.): Humanismus ohne Gott. Zur Bedeutung der Kritik Joseph Ratzingers/Benedikts XVI. am postmodernen Relativismus, Sankt Ottilien 2017.

Taghizadegan, Tahim: Linke & Rechte. Ein ideengeschichtlicher Kompass für die ideologischen Minenfelder der Neuzeit, Wien 2017.

Uhle, Arnd: Christentum und Verfassungsstaat, in: Nass, Elmar u. a. (Hg.): Kultur des Gemeinwohls. Festschrift zum 70. Geburtstag von Prof. Dr. Dr. Wolfgang Ockenfels OP, Trier 2017, S. 193–210.

Ulfkotte, Udo: Die Asyl-Industrie. Wie Politiker, Journalisten und Sozialverbände von der Flüchtlingswelle profitieren, Rottenburg 2015 (a).

Ders.: Mekka Deutschland. Die stille Islamisierung, 3. Aufl., Rottenburg 2015 (b).

Voegelin, Erich: Die Verfassungslehre von Carl Schmitt – Versuch einer konstruktiven Analyse ihrer staatstheoretischen Prinzipien, in: Zeitschrift für öffentliches Recht XI (1931), S. 89–109.

Vosgerau, Ulrich: Die Herrschaft des Unrechts. Die Asylkrise, die Krise des Verfassungsstaates und die Rolle der Massenmedien, Norderstedt 2018.

Wacker, Bernd (Hg.): Die eigentlich katholische Verschärfung... Konfession, Theologie und Politik im Werk Carl Schmitts, München 1994.

Waldstein, Thor v.: Wer schützt die Verfassung vor Karlsruhe? Kritische Anmerkungen zur neueren Rechtsprechung des Bundesverfassungsgerichts betr. den „ethnischen Volksbegriff", Schnellroda 2017 (a).

Ders.: Die entfesselte Freiheit. Vorträge und Aufsätze wider die liberalistische Lagervergessenheit, Schnellroda 2017 (b).

Waldstein, Wolfgang: Ins Herz geschrieben. Das Naturrecht als Fundament einer menschlichen Gesellschaft, Augsburg 2010.

Warnke, Martin: Demokratie, in: Fleckner, Uwe / Warnke, Martin / Ziegler, Hendrik (Hg): Handbuch der politischen Ikonographie, Bd. 1, München 2011, S. 226–234.

Weiß, Otto: Rechtskatholizismus in der Ersten Republik. Zur Ideenwelt der österreichischen Kulturkatholiken 1918–1934, Frankfurt a. M. u. a. 2007.

Ders.: Kulturkatholizismus. Katholiken auf dem Weg in die deutsche Kultur 1900–1933, Regensburg 2014.

Weißmann, Karlheinz: Rubikon. Deutschland vor der Entscheidung, Berlin 2016.

Wendt, Rainer: Deutschland in Gefahr. Wie ein schwacher Staat unsere Sicherheit aufs Spiel setzt, München 2016.

Wirkus, Bernd: Deutsche Sozialphilosophie in der ersten Hälfte des 20. Jahrhunderts, Darmstadt 1996.

Zanker, Paul: Augustus und die Macht der Bilder, 5. Aufl., München 2009.

Zitelmann, Rainer: Hitler. Selbstverständnis eines Revolutionärs, erw. Neuausg., Reinbek 2017.

---

1 Zur Meinung des Publizisten Alexander Pschera, die Bezeichnung stelle im Wesentlichen einen Kampfbegriff dar: kath.net/news/54085; zur inhaltlichen Bestimmung bei gleichzeitiger Ablehnung des Inhalts Liane Bednarz: starke-meinungen.de/blog/2015/11/24/warum-der-begriff-des-rechtskatholiken-seine-berechtigung-hat/.

2   Nach wie vor unentbehrlich für die begriffsgeschichtlichen Dimensionen politisch-sozialer Grundbegriffe ist das achtbändige Lexikon „Geschichtliche Grundbegriffe" (Brunner / Conze / Koselleck 2004), dazu wichtig die theoretischen Vorbemerkungen und der viel rezipierte Begriff „Sattelzeit" (Vorwort Bd. 1). Leider fehlt als Stichwort die seit dem 19. Jahrhundert zentrale politische Strömung des Katholizismus.

3   Zu den vielfältigen Verschränkungen linksrevolutionärer und rechter Elemente innerhalb der NS-Weltanschauung und -Praxis sind die Standardwerke von Nolte 2008, Bracher 1982 und Zitelmann 2017 heranzuziehen.

4   Zu dieser Differenz: Hoff 1992; Bobbio 2006; Taghizadegan 2017.

5   Spaemann 2001: 260–269; Dirsch 2012 (a): bes. 16–53.

6   Zum Begriff der „ewigen Linken" Nolte 1993: 323–335; zur „ewigen Rechten" Dirsch 2012 (a): 54–67.

7   Taghizadegan 2017: 25 f.; ein katholisch-konservativer Autor wie MacIntyre stellt gegen zentrale Einwände der neuzeitlichen Philosophie eine (an die klassische Philosophie anknüpfende) Tugendethik. Sie zeigt deutlich, dass die Differenzierung des „Policraticus" heute noch relevant ist.

8   Bis heute mit Gewinn zu lesen: Schmitt 2008. Er verortet die Form der Kirche in einer nichtökonomischen Repräsentation; sie reicht also in den Bereich der Politik hinein. Die Repräsentation des menschlichen Erlösers macht demnach die Kirche politisch.

9   Maier 1988.

10   Die rein ordnungspositivistische Richtung der radikal rechten Action française, die auch in der Kurie über Anhänger verfügt, fällt wegen ihres Insistierens auf rein äußere Aspekte der Kirche in den 1920er-Jahren dem Bann anheim.

11   Aus der breiten Diskussion der 1920er Jahre (mit großer Rezeption weit über diese Dekade hinaus): Adam 1924.

12   Zu den Hintergründen: Dirsch 2006.

13   So Messner 1966, der eine materialreiche Synthese der katholischen Soziallehre insgesamt vorgelegt hat, die ihresgleichen sucht und weit über die herkömmlichen Darstellungen des Naturrechts hinausgeht. Messer erschließt über das Naturrecht das Wesen des Menschen – und das in universalistischer Weise, unabhängig von religiösen, politischen, kulturellen und sonstigen Hintergründen des Daseins. Interpreten haben mit Recht betont, dass dieses Lebenswerk eines Gelehrten, dessen Seligsprechungsprozess vor einigen Jahren eingeleitet worden ist, den geistig-moralischen Wiederaufbau Österreichs und Deutschland nach dem Zweiten Weltkrieg mit beeinflusst hat (Schnarrer 2007: 7–20, hier 15).

14   Längst klassisch: Gehlen 2016; aus dem jüngsten Schrifttum auf der Linie Gehlens, wenn auch moderater formuliert: Grau 2017.Nach Graus These ist der Hypermoralismus in der westlichen Welt längst zum Religionsersatz mutiert, was erklärt, dass auch führende Vertreter der großen Kirchen ihre Fremdenliebe öfters ostentativ zur Schau stellen, besonders eindringlich zu erkennen an der Umfunktionierung eines „Flüchtlingsboots" zum Altar vor dem Kölner Dom durch Kardinal Rainer Woelki - ganz so, als wolle dieser die Invasoren mittels einer aufgeladenen Symbolik zu neuen Heilsbringern stilisieren (zur Kritik: Ley 2018: 25–40, bes. 26 u. 39); zu einer wichtigen geistesgeschichtlichen Genealogie mit Fokus auf der Reformation und deren Wirkungen: Herrmann 2017; zur Kritik des Humanitarismus: Dirsch 2015 (a): 417–430.

15   Messner 1966: 189–220.

16   Kontrovers diskutiert: Schulte 2017.

17   Aus Sicht einer Polizeibeamtin, die den Staatsverfall jeden Tag auf den Straßen erlebt: Kambouri 2015; flankierend dazu die Analyse eines Funktionärs: Wendt 2016; aus der Perspektive eines Amtsgerichtsdirektors, der den Niedergang des Rechtsstaates mit Zahlen und Fakten eindrucksvoll belegt: Gnisa 2017.

18   Ulfkotte 2015 (a).

19   Statt vieler anderer: Messner 1966: 190, für den der hypertrophe Versorgungsstaat das natureigene Wesen des Menschen bedroht, weil er Selbstbestimmung und Eigenverantwortung negiert.

20   Zur Rede selbst und ihrer Deutung: Essen 2012.

21 Aus der neueren deutschsprachigen Literatur ragt heraus: Waldstein 2010.

22 Krings 1982; zu Thomas als dem „Philosophen der Ordnung": Meyer 1961: 367; Gässler 1994, der zeigt, dass Thomas von Aquin die Eigenständigkeit der Dinge hervorgehoben, sie aber dennoch auf Gott hin geordnet hat. Gässler unterstreicht die Ausrichtung des thomistischen ordo am Sein.

23 Zur relativistischen Fundierung der Demokratie und zu ihrer Kritik (gestützt vor allem auf Einwände Joseph Ratzingers): Dirsch 2016: 155–185.

24 Gemeint ist eine Variante des Liberalismus, die den Autonomismus des Einzelnen verabsolutiert. Zur programmatischen Essenz dieser Spielart zählt der Kult um Minderheiten, deren Privilegierung in den Vordergrund gestellt wird. Das gilt für Homosexuellenlobbyisten ebenso wie für Sekundanten des „dritten Geschlechts" (Dirsch 2017: 9).

25 Korff 1985: 92 f.

26 So die geistreichen kultursoziologischen Betrachtungen bei Schulze 2008, der als zentralen Grund für das Schwinden des Sündenbewusstseins den Massenkonsum angibt.

27 Hinweise bei Messner 1966: 124.

28 Breuer 2001.

29 Ferber 1970: 219–229, hier 229.

30 Vor diesem Hintergrund erstaunt sein tief pessimistisches Menschenbild nicht, das den Henker lobt, Kriege als göttlich preist, die spanische Inquisition für vorbildlich erklärt und über das Opfer theoretisiert.

31 Komprimierte Hinweise zu diesen Hintergründen finden sich bei Maschke 1991: 129–193, hier 129 f.

32 So in seinem Hauptwerk: Maistre 2008.

33 Sloterdijk 2014: Pos. 687.

34 Maistre 2007: 184.

35 Immer noch grundlegend: Spaemann 1998.

36 Dazu die Erörterungen bei Barth 1958: 132–175.

37 So die gegenüber de Maistre kritisch argumentierende Schrift von Huber 1958: 275.

38 Maistre 1991: 58.

39 Zur Kritik: Fritze 2017.

40 „Sind Christ und Jude eher Christ und Jude als Mensch?", heißt es in Lessings „Nathan der Weise".

41 Maistre 1991: 60.

42 MacIntyre 2006.

43 So auch die Hinweise bei Menczer 1950: 99–108, hier 106.

44 Aus der deutschsprachigen Donoso-Literatur wohl am wirkmächtigsten: Schmitt 2009.

45 Zur Kritik: Lichtmesz 2014: 232–252.

46 Trotz einseitiger Urteile immer noch heranzuziehen: Breuning 1969; eher polemisch: Faber 1981: 136–158.

47 Auffallend tendenziös: Faber 2001: 9 f.

48 Statt anderer: Dahlheimer 1998; Wacker 1994.

49 Schmitt 2015; aus der Fülle der Sekundärliteratur sind zu nennen: Motschenbacher 2000; Kierdorf 2015.

50 Schmitts Widerstand gegen eine solche Sichtweise wird beschrieben bei Mehring 2009: 98 f.

51 So in der Besprechung von Schmitts „Verfassungslehre": Voegelin 1931: 89–109, hier 106.

52 Zur politischen Ikonographie der Demokratie: Warnke 2011: 226–234; die Anspielung „Macht der Bilder" bezieht sich auf Zanker 2009.

53 Sloterdijk 2004.

54 Wichtigstes Dokument dieser Nähe ist die erstmals 1936 erschienene Schrift „Der autoritäre Staat", die Einflüsse Carl Schmitts verrät.

55 In deutscher Übersetzung in zehn Bänden erschienen im Fink-Verlag unter dem Titel „Ordnung und Geschichte".

56 Mosebach 2012.

57 Zur Liberalismuskritik Schmitts: Maschke 1988: 56; 58–62, der als eine Wurzel von Schmitts Ab-

lehnung die katholische Tradition der Modernekritik nennt, die lange vor diesem die „humanitaristische Phraseologie" (61) und die Suspendierung der Wahrheit aufgespießt habe.

58 So der Titel der grundlegenden Veröffentlichung von Adam 1992.

59 So die These der nach wie vor einflussreichen Schrift von Hofmann 2010.

60 Clemens 1983; inzwischen liegen weitere Arbeiten über Rechtskatholiken vor, deren Distanz zum Nationalsozialismus gering gewesen ist, so bei dem Priester und Vertreter der katholischen Sozialbewegung August Pieper: Neuhaus 2017.

61 Wichtige Angaben bei Clemens 1985: 111–130, hier 122–126.

62 Zu den ideen- und kulturhistorischen Hintergründen: Weiß 2007.

63 So wirkmächtig in seinem staatstheoretischen Hauptwerk: Spann 1938.

64 Insofern ist die Charakterisierung Spanns als „mutiger und unerschrockener Kämpfer gegen alle Arten des Totalitarismus" auch theoretisch fundiert, die von Hübner 1996: 227–239, hier 239, stammt.

65 Zu seiner Bedeutung im Umfeld der Konservativen Revolution Mohler/Weißmann 2005: 142–144.

66 Zu dessen Ideenwelt ein im Vergleich zu Spann deutlich abgemilderter Entwurf: Messner 1936, der den autoritären Staat scharf vom totalen scheidet (69–71) und sich dagegen ausspricht, die staatliche Willensbildung ausschließlich auf ständische Volksvertreter zu gründen.

67 Zur Kritik des Werks: etwa Wirkus 1996: 171, der mit Recht auf den geschichtsfremden Zug seiner Metaphysik verweist, die auf reale Entwicklungen so gut wie gar nicht eingeht, sowie Sontheimer 1978: 169, der auf die Demokratiefeindlichkeit Spanns aufmerksam macht.

68 Härtle 1938.

69 Maaß 2010.

70 So Weiß 2014, der besonders auf die Situation in Deutschland und Österreich eingeht.

71 So die Diagnose bei Weißmann 2016: 99.

72 Moeller van den Bruck 2010: 133–163, hier 147; 151 f. u. ö.

73 Moeller van den Bruck 2010: 151.

74 Als einer der vielen Versuche ist zu nennen: Dirsch 2009: 123–142.

75 Viel diskutiert: Alexander 2018.

76 Wichtige Analyse in essayistischer Form bei Lichtmesz 2011; ausführlicher Lisson 2012; Baudet 2017.

77 So schon vor einem Vierteljahrhundert angesichts der damaligen Asylwelle: Nolte 1993: 430.

78 In sehr spärlicher Auswahl: Ley 2015; Berlach 2016; Murray 2018; Ulfkotte 2015 (b).

79 Pointiert dargestellt bei Dirsch 2017.

80 Dazu in extenso: Contzen 2017, die das abendländische Erbe im Jahreskreis anschaulich entfaltet.

81 Aus der wachsenden Literatur, die vor Konvergenzen zwischen „Rechtspopulisten" und rechten Christen warnt, sind exemplarisch zu nennen: Bednarz 2018; Lesch 2017.

82 Zur juristischen Rechtfertigung von Obergrenzen in der Asyldebatte: Vosgerau 2018: Pos. 161 ff.

83 Zur Bedeutung dieser Stelle der Heiligen Schrift in der Migrationsdebatte: Hack 2018: 10–20.

84 Bellers/Porsche-Ludwig 2016: Pos. 151 ff.

85 Schmitt 2002: 29, verweist auf den Unterschied von privatem Feind (inimicus) und politischem Feind, etwa dem Kriegsgegner (hostis). Er bekräftigt in der historischen Rückschau: „Auch ist in dem tausendjährigen Kampf zwischen Christentum und Islam niemals ein Christ auf den Gedanken gekommen, man müsse aus Liebe zu den Sarazenen oder den Türken Europa, statt es zu verteidigen, dem Islam ausliefern." Gegen den politischen Feind bedürfe es nicht unbedingt persönlicher Aversionen. Schmitts Binsenweisheit ist heute aktuell, da mit dem Hinweis auf die Nächstenliebe häufig politisches Schindluder getrieben wird und unter Umständen sogar die Gefahr besteht, die eigene Identität auszulöschen. Dem gegenwärtig meist humanitaristisch entleerten (Amts-)Christentum, das in wohlbestimmter Hinsicht kaum in der Lage ist, für die eigenen Herkunftssymbole zu streiten, sind Sätze fremd, die noch die Pastoralkonstitution des Zweiten Vatikanischen Konzils hervorhebt: „So ist der Mensch in sich selbst zwiespältig. Deshalb stellt sich das ganze Leben der Menschen, das einzelne wie das kollektive, als Kampf dar, und zwar als

einen dramatischen, zwischen Gut und Böse, zwischen Licht und Finsternis." („Gaudium et spes", Artikel 13)

86   Zit. nach Barion 2002: 13–58, hier 33; der evangelische Sozialethiker Körtner 2017: Pos. 1431 u. ö., hat sich mit Blick auf die aktuellen Ereignisse zur Frage des Gemeinwohles aus Sicht seiner Disziplin geäußert. Er rät zu Entemotionalisierung und zur Abkehr von gesinnungsethischem Aktionismus, den die „Willkommensklatscher" in der Regel favorisieren. Nicht nur das Wohl des Einzelnen, sondern auch das der Gemeinschaft müsse berücksichtigt werden.

87   Bisher liegen erst wenige Arbeiten über die Widersprüche zwischen dem staatlichen Asylsystem und der katholischen Soziallehre vor; eine erste publizistische Skizze findet sich bei Roland Tichy: https://www.tichyseinblick.de/meinungen/jesus-hat-keine-willkommens-kultur-gepredigt.

88   Bereits Augustinus 2002: 34, erkennt das Problem, wenn er auf das universelle Liebesgebot verweist, jedoch auch auf die Unmöglichkeit seiner vollständigen Verwirklichung. Er plädiert für die Bevorzugung derer, die „gleichsam durch ein gewisses Los enger verbunden sind". Auch in der Gegenwartsdebatte plädieren Autoren für eine notwendige Einschränkung der unbegrenzten Pflicht zur Nächstenliebe und -hilfe; als Beispiel: Joas 2016; die in der Diskussion allgegenwärtigen Globalisten machen es sich zu leicht, von den Staaten ein „zeitgemäßes Souveränitätsverständnis" einzufordern und die Weltgemeinschaft einfach den Staaten überzuordnen (Babo 2016: 108–121, hier 108), ohne die Konfliktfälle zu klären, etwa das sozialethische Problem der knappen Güter. Wie ist abzuwägen? Wer hat den Vorrang, indigene Bürger oder erst kurz hier Lebende? Die Schwierigkeiten stellen sich nicht nur bei „Tafeln", über die Anfang 2018 heftig debattiert wurde. Anders als Babo besitzt Fritze 2017: 94–102, ein Gespür dafür, dass gewisse Voraussetzungen existieren müssen – beispielsweise fordern Demokratie und Sozialstaat eine einigermaßen homogene Bevölkerung –, damit Staaten überhaupt in der Lage sind, die Ressourcen für die Versorgung größerer Mengen an Migranten aufzubringen. Zum ethischen Dilemma, das durch die christliche Ethik noch verstärkt wird, am Beispiel von Raspails „Heerlager": Lichtmesz 2014: 161–186, bes. 178 f.

89   Zum Unterschied von Christentum und Humanitarismus: Delikostantis 1982: bes. 183–208, hier 194 f., der schon vor fast vier Jahrzehnten schrieb: „Es soll hier nicht bestritten werden, daß sich in der politischen Theologie D. Sölles und ihrer Anhänger ein humanes Anliegen, eine Sensibilität und Sorge für den Menschen ausspricht. Gerade in dieser humanen Orientierung kommt es aber zu einer Umdeutung der christlichen Liebesidee: Sie wird als eudämonistisches Prinzip ausgelegt." Man muss nur Heinrich Bedford-Strohm an die Stelle von Dorothee Sölle setzen, und schon befindet man sich in den Diskussionen der unmittelbaren Gegenwart.

90   Stellvertretend für andere: Uhle 2017: 193–201.

91   Camus 2016.

92   Benedikt XVI. 2016: 230 f.

93   Zur Kritik: Bednarz 2016: 150 f. u. ö., die besonders den angeblichen Rechtsruck der Zeitschrift „Cicero" aufspießt und diesen in Zusammenhang mit der Ernennung Kisslers zum Chef des Kulturressorts bringt.

94   So beispielsweise „Sezession" 18 (2007) mit dem Thema „Christentum" (behandelt werden ein christlich-konservativer Autor wie Kurt Hübner und die „Kirche als Institution"), aber auch „Sezession" 54 (2013). Letzteres Heft stellt verschiedene Spielarten der „Reaktion" vor. Auch Kritiker der Zeitschrift sehen mitunter die herausragende Stellung, den rechtskatholische Strömungen darin innehaben; so die polemischen Einwände bei Salzborn 2017, Pos. 1310, der bei den Autoren (wohl sehr übertrieben) einen „politischen Katholizismus" am Werk sieht, der nicht dogmatisch sei, wohl aber „kompromisslos" gegen Aufklärung, Liberalismus und Vernunft gerichtet; zu den speziellen christlichen Hintergründen auch Bednarz 2018: Pos. 557 ff. Im Umfeld dieser Zeitschrift sind aber tatsächlich liberalismuskritische Bücher entstanden, die insbesondere den „Liberismus" (Ernst Nolte) aufs Korn nehmen: Kleine-Hartlage 2013; Waldstein 2017 (b); Mohler 2010. Diese Bücher ersetzen ohne konfessionelle Bezüge die seit rund fünf Jahrzehnten fast vollständig verstummte katholische Liberalismuskritik. Als viel diskutierte Ausnahme ist Joseph Ratzingers pointiertes Wort von der „Diktatur des Relativismus" zu nennen, das den postmodernen Liberalismus attackiert (dazu die Beiträge bei Stegherr 2017).

95 Ockenfels 2016: 162 f.

96 Ockenfels 2016: 163.

97 Erfreulich nüchtern, wie Schwarz 2017 (a) die Millionen Migrationswilligen den begrenzten Aufnahmekapazitäten in Europa genau gegenüberstellt.

98 Besonders aktiv auf diesem Feld: Kuby 2007.

99 Kuby 2013.

100 Kutschera 2016. Kutschera, ein Evolutionsbiologe, der nicht dem christlichen Glauben verpflichtet ist, musste wegen seiner Gender-Kritik einige Schmähungen und viel Polemik über sich ergehen lassen.

101 Kelle 2015.

102 Spieker 2016.

103 Dirsch 2015 (b): 130–137.

104 Ammicht Quinn 2012: 370.

105 Siehe den Untertitel der einflussreichen Studie Butler 1991, der im englischen Original „Feminism and the Subversion of Identity" lautet.

106 Küenzlen 1994.

107 So beispielsweise: https://www.herder-korrespondenz.de/heftarchiv/69-jahrgang-2015/heft-1-2015/wo-es-um-familie-geht-scheuen-manche-christen-nicht-die-naehe-zu-autoritaeren-maechten-die-antiliberale-versuchung.

108 Zur Aufhellung: Kuby 2013: 107–132.

109 Schwarz 2017 (b).

110 Hinweise bei Barth 1958: 220 f.

111 Waldstein 2017 (a): 6.

112 Zum Thema Christentum und Patriotismus: Dirsch 2018: 3.

113 Hinweise bei Lichtmesz 2014: 225.

114 So jüngst beispielsweise: Baier 2017.

115 Dazu exemplarisch: Sedmak/Horn 2011; anders Meyer 2004, der multiple Identitäten postuliert.

116 In diesem Sinne: Dirsch 2012 (b): 35–63.

117 Wortmächtig dargestellt bei Murray 2018.

Der konservative Protestantismus und seine Stellung innerhalb der heutigen evangelischen Kirche

Von Harald Seubert

0. Vorbemerkung[1]

Günter Rohrmoser bemerkte wiederholt, der heutige Protestantismus habe mit dem Geist der Reformation nichts oder kaum etwas gemeinsam.[2] In der Lutherdekade und dem Luther-Jubiläumsjahr bis 2017 wurde diese Hilf- und Sprachlosigkeit der Kirche des Wortes gegenüber ihren Anfängen besonders deutlich. Es schien so, als wäre der Mann Martin Luther seinen heutigen kirchlich verbeamteten Sachwaltern eher peinlich und passte nicht recht in die neuen liberalen, am Mainstream orientierten Leitbilder. Nur als Playmobil-Figur war er der Feier würdig.

Die Frage stellt sich indes von Grund auf, was konservativer Protestantismus sein kann und ob es ihn überhaupt geben kann. Gewiss, er wird auf die Reformation, auf Schrift und Bekenntnis, auf das *Solus Christus* (Christus allein) – *Sola Gratia* (die Gnade allein) – *Sola Scriptura* (die Schrift allein) – *Sola fide* (der Glaube allein) gegründet sein, eine Ausschließlichkeit, die sich freilich nur im Gesamtraum der der Kirche vollständig entfalten kann. Insofern wird dieser Protestantismus auch eigenständiger Teil der „Una sancta" sein, worauf eine „Ökumene der Bekenntnisse" aus konservativen Vertretern beider Konfessionen seit fünfzig Jahren hinweist.

Zum Erbe der Reformation gehört eine Beziehung zum Staat und zur Politik, die von den reformatorischen Anfängen an Gefahr lief, umzukippen. Die landesherrliche Sicherung, der friedlich-schiedliche Konsens „Cuius regio eius religio" im Augsburger Religionsfrieden legten den Grundstein zu einer Verbindung von Thron und Altar, die im 19. Jahrhundert kulminierte.

Die „Deutschen Christen" der NS-Zeit überdehnten dieses Modell bis in den Verrat des Evangeliums. Ohne das Kirchenbeamtentum wären sie nicht denkbar gewesen, und es ist kein Zufall, dass dem Katholizismus solche Auswüchse erspart blieben. Die Bekennende Kirche gab den Schematismus der Staatskirchen-Einheit und die Eidestreue zur Obrigkeit teils unter Schmerzen auf, um im Geist der Barmer Theologischen Erklärung „Gott mehr zu gehorchen als den Menschen".[3] Das protestantische Staatskirchentum erlaubte allerdings weniger Freiheit gegenüber einer falschen und schlechten Obrigkeit als der Ultramontanismus der römisch-katholischen Kirche.

1945 war auch für den deutschen Protestantismus eine Stunde der Krise. Dass sie eine Stunde des Traumas war, aus dem erst spät Konsequenzen gezogen wurden, zeigte sich mit eineinhalb Jahrzehnten Abstand.

1. Ausgangssituation nach 1945 und Verschiebung der Parameter

Die auf Luther und die Reformation bezogene Orientierung blieb nach 1945 in führenden Theologenkreisen und Kirchenleitungen bestimmend. Die Schuldbekenntnisse, die von Gliedkirchen oder der EKD insgesamt formuliert wurden, bezogen sich zunächst auf den Abgrund in der deutschen Geschichte 1933–1945. Sie bedeuteten aber keineswegs, dass sich die Kirche politisch rapide wandelte.

Es gab aber auch deutlich radikalere Einlassungen. Sie kamen vor allem von Vertretern der Bekennenden Kirche, deren moralischer Kredit unbezweifelbar vorhanden war, wie bei Martin Niemöller.[4] Niemöllers Reden nach 1945 riefen Proteste hervor. Sekundiert wurde er in Basel von Karl Barth.[5] Es ist unverkennbar, dass weder Niemöller noch Barth Kronzeugen für jenen antitotalitären Konsens sind, der die frühe Bundesrepublik auszeichnete.

Bei beiden fällt auf, dass sie nur begrenzt bereit und in der Lage waren, sich in die prekäre, vielfach gefährdete Lage der jungen Bundesrepublik hineinzuversetzen. Die Etablierung einer Demokratie nach der NS-Diktatur erforderte Kompromisse. Sie verlangte aber noch mehr die Vergebungsgnade Gottes in Jesus Christus, von der teilweise in jenen Jahren eindrucksvoll in Predigten und Deklarationen die Rede war.

Unstrittig wurde auch in Kreisen der evangelischen Kirche vieles verdrängt, vor allem der eigene latente oder auch offene Antijudaismus und Antisemitismus, der bis weit in die Bekennende Kirche reichte. Verdrängt wurden tiefe Verfehlungen, die Theologen und Kirchenleitungen zu Antizeugen hatten werden lassen. Hier mussten Revisionen stattfinden, zu denen es im Laufe der 1970er und 1980er Jahre auch kam. Die Erkenntnis, dass der Nazismus der Endpunkt eines jahrhundertelangen Entchristlichungsprozesses Deutschlands und Europas war, leuchtete zeitweise auf. Sie hätte zu geistlicher und theologischer Neubesinnung führen können – dazu kam es aber nicht.

Es kann hier nicht meine Aufgabe sein, die Wendepunkte während der 1960er Jahre zu analysieren. Der Ostdenkschrift der EKD[6] kommt ebenso eine Rolle zu wie der zunehmenden Politisierung von Kirchentagen und studentischen Milieus bereits vor 1968. Dies betrifft die politische Seite, die theologische wird durch die historisch-kritische Methode und einen Skeptizismus aus und innerhalb der Theologie markiert. Mitunter verbindet sich beides, wie bei dem Tübinger Neutestamentler Ernst Käsemann.[7]

Die Begründung einer Bekenntnisbewegung während der 1970er Jahre, die auf jene Tendenzen reagierte, schloss in ihrer Rhetorik an die Bekennende Kirche an. Dies geschah nicht grundlos. Viele Pfarrer der Bekennenden Kirche waren politisch Konservative gewesen. Gerade ihre innerlich preußische Haltung hatte sie gegen die antichristliche Ausrichtung des Nationalsozialismus immunisiert.

2. Fehlende Stimmen

Im Rückblick auf die Entwicklung des Hauptstromes des Protestantismus seit den 1960er Jahren wird man mit Wehmut feststellen, dass große Stimmen der Bekennenden Kirche fehlten. Sie waren im Strudel des 20. Jahrhunderts umgekommen. Man kann sich vorstellen, dass sie die Diskussion in eine andere Richtung gelenkt hätten: Dietrich Bonhoeffer wäre kaum der ideologischen Linken in der Weise gefolgt, wie dies Niemöller und Barth taten. Seine „Ethik" eröffnete noch einmal das Rechtfertigungsgeschehen, von dem Luthers „articulus stantis et cadentis ecclesiae" spricht. Doch Bonhoeffer hatte sich eben auch die Naturrechtslehre gründlich angeeignet, und er wusste um die Struktur eines tragischen Konfliktes, in dem man in jedem Fall schuldig wird.[8] Davon hätte er nach 1945 mit der Autorität dessen sprechen können, der sich verantwortungsethisch auf Widerstand und Konspiration einließ und dabei sein Leben riskierte. Georg Huntemann hat in seinem Bonhoeffer-Werk gezeigt,[9] wie stark die konservative Linie in Bonhoeffers Denken ist und dass die neuprotestantischen Umdeutungen und Vereinnahmungen seit den 1960er Jahren das Wunschbild eines evangelischen Heiligen entwarfen, der mit dem authentischen Bonhoeffer aber kaum etwas zu tun hatten und der auf eine neue Zivilreligion zielte.

Um noch einmal beim Verlust zu bleiben: Was hätte Jochen Klepper zu den Debatten beigetragen,[10] der durch tiefen Gewissensskrupel gegangene Dichter, der einen Roman über Friedrich den Großen schrieb und seiner jüdischen Ehefrau und deren Tochter bis in den Freitod die Treue hielt, auch wenn er damit rang, dass dieser Freitod Sünde war? In seinen Tagebuchnotizen identifizierte Klepper den Freitod gar mit der „Sünde gegen den Heiligen Geist", die nach einem Jesus-Wort unvergebbar ist (Mt. 12, 31 f.). Eine Persönlichkeit wie Klepper, der durch seinen Lehrer und einfühlsamen Briefpartner Rudolf Hermann im Geist der Lutherrenaissance geschult worden war, wäre von einer Verdrängung realer Schuld vermutlich genauso weit entfernt gewesen wie von einer neuen politischen Theologie von links, die sich im Namen der Mühseligen und Beladenen mit Tyrannen verband.

3. Neujustierungen

Befreiungstheologische Adaptionen wie die „Politischen Nachtgebete" von Dorothee Sölle und der jähe Wechsel vom Evangelium Jesu Christi zu einer verabsolutierten linken politischen Ideologie wollten mit 15 Jahren Verzögerung die Lehre aus der NS-Zeit ziehen. Manche aufrechten Geister und überzeugenden Vertreter der Bekennenden Kirche wie Helmut Gollwitzer legten nahe, dass sie damit nicht ganz falsch lagen. Doch die adelnde Genealogie führt in die Irre. Die Politisierung kannte bald keine Schamgrenze mehr, und selbst der RAF-Terrorismus stieß mitunter auf kirchlichen Segen.[11] Man wollte den Verbrechen der Väter Rechnung tragen. Doch daraus wurden neue Tribunale im Namen der Weltrevolution, „unser Kampf" der Achtundsechziger,[12] der bis weit in die evangelische Mitte reichte und einen neuen Antisemitismus kreierte. Julius H. Schoeps verwies gelegentlich auf das Missverständnis, dass verschiedene in Deutschland lebende Minderheiten mit dem deutschen Judentum gleichgesetzt wurden.[13] Das „Zentrum für Antisemitismusforschung" unter der langjährigen Leitung von Wolfgang Benz unterlag diesem Kategorienfehler, dem auch Exponenten des neuen Protestantismus folgten.

Die „Kirche im Sozialismus"-Konzeption in der DDR hatte sich mit der Zweistaatlichkeit nach der deutschen Teilung abgefunden. Je näher die Uhrzeiger auf das Ende der DDR rückten, umso mehr näherte sich die DDR auch patriotischen und traditionellen Überlegungen.

Profilierte Antworten auf die neue Politisierung und Ideologisierung blieben seinerzeit nicht aus.

Es gab auch unter den Lebenden weitgehend unverdächtige konservative Theologen wie Helmut Thielicke oder weitgehend Walter Künneth, die nach 1945 für circa zwei bis drei Jahrzehnte eine rege Wirksamkeit entfalteten. Das Jahr 1968 bedeutet, was ihren Einfluss angeht, eine scharfe Zäsur. Künneth war dadurch ausgezeichnet, dass er dem „Mythus des 20. Jahrhunderts" von Alfred Rosenberg mit Entschiedenheit widersprochen hatte. Grundlage seiner späteren theologischen Ethik von Recht und Politik[14] war die substanzielle Akzentuierung der Schöpfungs- und Erhaltungsordnungen, die auf der Zwei-Reiche-Lehre begründet war.

Alexander Evertz war seinerzeit ein vielgelesener politischer und theologischer Autor. Er verlieh den konservativen evangelisch-lutherischen Theologen, die in den 1950er und 1960er Jahren noch in hohen und höchsten Ämtern in Kirche und theologischer Wissenschaft waren, eine klare Stimme. Evertz sah in der zunehmenden Entfernung der Kirche vom Vaterland einen „Abfall": Dies war, wie man deutlich erkennen konnte, nicht nur eine politische, sondern auch eine theologische Kategorie.[15]

Hier wird ein Moment wichtig, das man nicht mehr aus dem Blick verlieren sollte: Evertz' Kritik und die Kritik anderer konservativer Vertreter der Bekennenden Kirche hat eine politische, eine ethische und eine theologische Seite. Wenn man Evertz' Bücher liest, wird deutlich, dass er keineswegs eine einseitig rechtskonservative Position vertrat, so wie ihm dies schon von Zeitgenossen immer wieder vorgehalten wurde. Evertz kritisiert die Vergötzung von Volk und Nation während der NS-Zeit ebenso deutlich wie die Nationvergessenheit der Linksprotestanten im Vorfeld der Achtundsechziger-Bewegung. Der Versuch, das eigene Volk auslöschen zu wollen, bedeute einen neuen Gnostizismus. Es sei, „als wollte man eine Stadt in den Wolken bauen".[16] Jede Politisierung des Glaubens, die der reformatorischen Zwei-Reiche-Lehre zuwiderlief, verurteilte er eindeutig: Evertz sah darin im Jahr 1968 eine unhaltbare Verbindung von Weltrevolution und Kanzel.

4. Konfrontationstheologie: Die Differenz zwischen Lutherischer Linker und Lutherischer Rechter

Seit den 1950er und frühen 1960er Jahren, also ebenfalls deutlich vor dem Epochenjahr 1968, zeichnet sich eine Differenz zwischen modernistischen, in concreto: der Allianz neomarxistischer und historisch-kritischer Richtungen einerseits und des theologisch und politisch konservativen lutherischen Evangelischseins andererseits ab. Die Entwicklung führte während drei Jahrzehnten offensichtlich kaum merklich zu einer Inversion der Kräfteverhältnisse. War die erste Strömung zu Anfang eher subversiv und in klarer Minderheit, so macht sie seit Mitte der 1970er Jahre die Majorität aus. Gefördert wurde diese Tendenz der einseitigen Politisierung durch die Kirchentage, aber auch durch eine internationale, insbesondere beim Ökumenischen Rat der Kirchen verortete Linie, die von Mission auf Befreiungstheologie wechselte und eine Identität christlicher Liebesbotschaft mit dem sozial-emanzipatorischen Fortschritt der Menschheit nahelegte.[17]

Bereits in den 1960er Jahren formierten sich dazu zunächst institutionelle konservative Gegentendenzen, die bereits vielfach detailliert dargestellt wurden, sodass hier ein knappes Resümee genügt:[18] Die Institutionen und Aktivitäten sind zwar wichtig, die Persönlichkeiten sind es noch mehr.

(1) Die Bekenntnisbewegung „Kein anderes Evangelium", die von dem Mahnruf des Pfarrers Tegtmeyer 1963 ausging und 1966 in einer Großkundgebung in der Westfalenhalle in Dortmund ihren Höhepunkt erlebte, ist stark vom Pietismus beeinflusst. 24.000 Gemeindeglieder aus der frommen Mitte des Landes konnten dabei mobilisiert werden. Die Bewegung richtete sich in den folgenden Jahren und Jahrzehnten wie ein Seismograf gegen Neomarxismus, Veränderungen und Uminterpretationen des Evangeliums im Namen feministischer und andere Trends. Sie hatte und hat durch ihre Informationsbriefe bei Gemeindegliedern eine nachhaltige Resonanz, auch wenn sich die großen öffentlichen Erfolge der Anfangsjahre längst nicht mehr wiederholen lassen. In den Kirchenleitungen der Landeskirchen wurde die Bekenntnisbewegung ebenso wie die anderen noch zu nennenden Initiativen zunehmend marginalisiert. In der Pfarrerschaft fand sie ein schmales, aber bekenntnisstarkes Fundament.

(2) Die „Evangelische Notgemeinschaft in Deutschland" (ENiD) wurde Mitte der 1960er Jahre auf Anregung des Schriftstellers Bernt von Heiseler gegründet; programmatisch formulierte Hans Georg von Studnitz den Standpunkt in seinem Buch: „Ist Gott Mitläufer?"[19]
Die ENiD wurde wesentlich von Walter Künneth und Alexander Evertz geformt. Sie hatte circa 700 Mitglieder und trat für eine grundlegend lutherische Rückbesinnung ein. Der Auftrag wurde so beschrieben: „Wir wollen eine Kirche, in der nicht unverbindliche Verhaltensmuster angeboten oder politische Heilslehren propagiert werden, sondern in der Wegweisung gegeben wird zur Wahrnehmung unserer Aufgaben im Umkreis irdischer Pflichten gegenüber der Familie, dem Nächsten, Volk und Vaterland: ‚Gerechtigkeit erhöht ein Volk, die Sünde aber ist der Leute verderben' (Sprüche 14, 34)".[20] Damit verbanden sich aber auch klare politische Einlassungen, etwa gegen den nach Ansicht der Vertreter einseitigen Kurs der EKD zugunsten des ANC in Südafrika. Die Evangelische Notgemeinschaft nahm nicht nur eine Gegenposition ein, sie setzte sich mit großer Kontinuität durch Kollekten für die Terroropfer der südafrikanischen Befreiungsbewegung ein. Es ist überhaupt ein Kennzeichen der Bekenntnisströmungen, dass sie auf Christenverfolgun-

gen aufmerksam machen; auch die „Hilfsaktion Märtyrerkirche" steht in enger Verbindung zu diesen Strömungen.

Die Notgemeinschaft war allerdings wie zahlreiche konservative Strömungen seit den 1980er Jahren ein Generationenprojekt, das seine Zeit hatte und dem es nicht gelang, in folgenden Generationen Wurzeln zu schlagen. Manches scheiterte am Zeitgeist, manches an persönlichen Idiosynkrasien. Noch im Jahr 2000 sorgte sie für Schlagzeilen, als eine Bonner Tagung von einer der üblichen lokalen Antifa-Gruppen gestört wurde. Nach 2008 trat sie nicht mehr öffentlich in Erscheinung. Ihr Anliegen kann aber keineswegs als verjährt betrachtet werden.

(3) Auch die „Konferenz Bekennender Gemeinschaften" ist zu nennen, in der Peter Beyerhaus federführend war. Sie sollte „Dachverband" verschiedener Bekenntnisinitiativen sein, unter anderem der „Kirchlichen Sammlung um Bibel und Bekenntnis" (KSBB). Mit ihrem theologischen Konvent und der Zeitschrift „Diakrisis" präzisierte sie in einer Reihe von Denkschriften die Botschaft, dass es kein anderes, also ein dem Zeitgeist geschuldetes, Evangelium geben dürfe. Sie reformulierte eine evangelisch-lutherische Bekenntnisposition, die seelsorgerliche und lehrhafte Ausstrahlung hatte, aber in den öffentlichen Institutionen und Vertretungen der Landeskirchen zunehmend marginalisiert wurde. Mittlerweile ist, auch durch die starke Aktivität von Andreas Späth, der in der Bekenntnisbewegung als Organisator und Schriftleiter eine wichtige Rolle einnimmt, „Diakrisis" zu einem in allen Landeskirchen gelesenen Organ geworden. Die „Kirchliche Sammlung" tritt durch Jahrestagungen mit renommierten Referenten hervor.

Die „Konferenz Bekennender Gemeinschaften" ist gewiss keine Massenbewegung geworden. Sie hat sich aber internationalisiert und veranstaltet kraftvolle und weitreichende Tagungen, so eine im Herbst 2015 in Salzburg zu Fragen der Geschöpflichkeit des Menschen, die das Themenfeld von Homosexualität und Gender in einen weiten Rahmen einfügte und deren Rang durch zahlreiche hochrangige Unterzeichner auch aus der römisch-katholischen und der orthodoxen Welt bekräftigt wurde.[21] Theologischen Rang erhielten und erhalten die Erklärungen durch die Arbeit von Peter Beyerhaus und Werner Neuer.

Hier ist eine nachhaltige, klare und starke Stimme zu vernehmen, die noch immer mit derselben Klarheit auftritt wie in früheren Jahren.

(4) Eine Jugendinitiative war die „Offensive Junger Christen", 1965 durch das Ehepaar Klaus begründet, die sich selbst als „prophetisch" mahnende Stimme verstand und versteht und die Schüler und Studenten sammelte, die von dem bindungslosen EKD-Mainstream unbefriedigt waren. Sie existiert bis heute – mit dem Epitheton „evangelikal und ökumenisch" – und verfügt über ein internationales Netzwerk auch in Ost- und Mitteleuropa. Heute ist die Initiative zentral an der Stärkung von Ehe und Familie interessiert, woraus sich auch bekenntnisökumenische Ausrichtungen ergeben.

(5) In den Zusammenhang der „Evangelischen Allianz" und des Zusammenschlusses von Protestanten aus Landes- und Freikirchen gehört die Gründung des „Evangelischen Pressedienstes" und der Zeitschrift „ideaSpektrum", welche bis 2018 von dem langjährigen Chefredakteur Helmut Matthies verantwortet wurde. Die Auflage beträgt derzeit 34.000 Exemplare, wobei die Leserschaft sich auf die dreifache Zahl belaufen dürfte.[22] Auch wenn theologische und kirchenpolitische Fragen im Zentrum stehen, griff „idea" doch schon während des Kalten Krieges politische Themen auf, nicht zuletzt die Menschenrechtsverletzungen des SED-Regimes. Insbesondere Helmut Matthies hielt, anders als die EKD selbst, an der Wiedervereinigung fest. Wenige Tage vor Öffnung der Grenze im November 1989 wurde er noch auf der EKD-Synode harsch aufgefordert, diese Position zu räumen. „idea" bietet in strittigen theologischen und politischen Fragen heute Pro-und-contra-Diskussionen ein Forum, sie ist eine der wichtigsten Stimmen eines entschiedenen, in seiner Herkunft wurzelnden evangelischen Christseins. Anders als das Mainstream-Organ „Deutsches Allgemeines Sonntagsblatt", das im Jahr 2000 eingestellt wurde, existiert „ideaSpektrum" bis heute und kann seine Auflagenzahlen sogar steigern. Es bietet dem in sich breiten theologischen Spektrum der „Evangelischen Allianz" vom klassischen Luthertum bis zum US-amerikanisch bestimmten Evangelikalismus ein angemessenes Forum.

Versucht man, diese Initiativen zusammenzusehen, so ist das Fazit ambivalent: Die Umkehrung der Achtundsechziger-Kulturrevolution oder auch nur ihr Aufhalten blieben aus – mit Nachdruck sprach Günter Rohrmoser immer wieder von dieser Zielsetzung.[23] Es bleibt der Eindruck, dass durch weniger Zersplitterung, auch durch eine am Konfessionalismus scheiternde stärkere Verflechtung mit katholischen Initiativen insbesondere in ethischen Fragen, mehr hätte erreicht werden können. Neben scheiternden Projekten sind indes auch nachhaltige Erfolge zu verzeichnen. Sie wurden von offiziellen kirchlichen Stellen keineswegs gefördert, sondern eher blockiert und durch finanziellen Entzug hintertrieben. Dies macht die Erfolge noch überzeugender.

Nicht zu vergessen ist auch, dass der neue Kirchenkampf eigene theologische Studienwege begründete, die teilweise mit einem langfristigen, aber nachhaltigen Erfolg bis heute die theologische Landschaft prägen und wissenschaftliche Theologie auf der Basis der Anerkennung der biblischen Autorität betreiben. Nicht Bibelschulen sind dabei zu nennen (die heute häufig der Zeitgeisttendenz verfallen), sondern schriftgläubige Fakultäten auf universitärem Niveau, die mittlerweile gänzlich oder teilweise als vollständig den Universitätsfakultäten gleichgestellte Studienorte anerkannt sind. Besonders zu nennen sind die Staatsunabhängige Theologische Hochschule Basel (STH), früher FETA (Freie Evangelische Theologische Akademie), und später die Freie Theologische Hochschule Gießen, die allerdings eher einem amerikanisch-evangelikalen Umfeld entstammte.

Gerald Mann verwies einmal treffend und pointiert darauf, dass die Divergenz zwischen „Konservativen" und „Modernisten" in der evangelischen Kirche sich an den folgenden Ankerpunkten orientiere.[24] Bei diesen Punkten ist es bis heute geblieben. Darunter summieren sich offensichtlich eher politisch und kirchlich-theologisch akzentuierte Aspekte:

Verständnis der Heiligen Schrift: Für die „Konservativen" ist die Heilige Schrift Gottes wahres Wort, mit dem der Glaube steht und fällt. Sie betreiben mittlerweile auf hohem Niveau Exegese, aber unter Anerkenntnis der Autorität des Wortes. Es ist offensichtlich, dass in einer an Schrift und Bekenntnis orientierten Kirche, wie es die Kirche der Reformation notwendigerweise ist, das Wesentliche fehlt, wenn im Namen einer vermeintlich modernen allgemeinen Religiosität die Schrift entwertet wird und die Kirche selbst mit dem Bekenntnis Schwierigkeiten hat.

Es wäre indes heute die Aufgabe, diese Schrifthaltung differenziert und intellektuell rechenschaftsfähig zu begründen.

Menschenbild: Der Mensch gilt als Gottes Ebenbild, zugleich ist er gefallener Mensch – in reformatorischem Duktus bedeutet dies, dass er zugleich Gerechter ist und Sünder („simul iustus et peccator"). Dagegen legt der moderne Kulturprotestantismus mehr oder weniger ein evolutionistisches, auf menschlichen Fortschritt bezogenes Konzept zugrunde, wie es Lessing klassisch als „Erziehung des Menschengeschlechts" beschrieb. Anthropologie und Sündenverständnis (Hamartiologie) sind also eng verbunden.

In ethischen Fragen bilden Schrift und Bekenntnis die letztgültige Autorität. Dies zeigt sich in der Haltung zu Ehe und Familie, zum Schutz des Lebens, zur Abtreibung und zur Gender-These einer Konstruiertheit des Geschlechtes. Viele einschlägige Positionen wurden von den offiziellen Kirchenverantwortlichen geräumt und die konservative Position als überlebt dargestellt. Sie ist es nicht, wenn man neue, teils technisch hochgerüstete Tendenzen wie Trans- und Posthumanismus in den Blick nimmt.

Die konservativ-lutherische Seite geht im Verhältnis zu Staat und Politik von der Zwei-Reiche-Lehre in ihrer Augustinischen und Lutherischen Prägung aus. Der linksliberale Neuprotestantismus nimmt hingegen ein – indirektes oder direktes – moralisch-politisches Mandat für sich in Anspruch, zu dem er nicht legitimiert wurde. Ökologische, soziale und umfassend emanzipatorische Positionierungen bestimmten dabei im Wechselrhythmus des Zeitgeistes die Agenda.

Wesentlich ist auch, dass die bekenntnisorientierte, konservative Strömung an der Mission und einer Exklusivität christlichen Heils festhält, während im Hauptstrom ein Dialog der Religionen als letzte Weisheit vertreten wird, Mission hingegen als Ausweis von Intoleranz gilt.

Auch zur Plausibilisierung dieser Position wäre heute mehr Begründungsarbeit zu leisten, als dies damals geschah.

5. Zeugnis und Rechenschaft: evangelisches Bekenntnisdenken

Eine wichtige Stimme für den von der Reformation – und ihren ideengeschichtlichen Nachwirkungen – geprägten Konservatismus war über Jahrzehnte Günter Rohrmoser.[25] Er verstand sich als Philosoph aus dem Erbe Hegels und Luthers. Das Hegelsche Diktum „Ich bin Lutheraner und bleib es" machte sich Rohrmoser vollständig zu eigen. Für das Verständnis von Religion und Politik ist in seiner Sicht die Zwei-Reiche-Lehre entscheidend. Sie wurde für Rohrmoser auch zum Instrument, um eine politisierte linksliberale Theologie (die „SPD"-Kirche und ihre weitergehenden Radikalisierungen) nachhaltig zu kritisieren. Luthers „Freiheit eines Christenmenschen" bedeutet gerade nicht Sympathie für politische Befreiungsbewegungen aus allen Völkern. Die Reinheit der Bergpredigt ist christliches Ethos, aber keine unmittelbar politische Haltung. Als solche führt sie zu jenem Habitus, den Max Weber später Gesinnungsethik nennen sollte und der entweder zum resignativen Rückzug aus der Wirklichkeit oder zu einem Gesinnungsterrorismus führen wird. So wandte sich Rohrmoser auch gegen einen rigorosen Pazifismus, wie er in evangelischen Beiträgen zu den Protesten gegen den NATO-Nachrüstungsbeschluss Anfang der 1980er Jahre dominierte. Rohrmoser hielt hier den christlichen Vorbehalt fest, dass es einen ewigen innerweltlichen Frieden nicht geben kann. Ebenso ist menschliche Gerechtigkeit immer nur vorläufig. Deshalb bewahrt der konkrete Glaube an das Gericht am Ende der Zeiten vor der „Tribunalisierung der Wirklichkeit", die unter dem Vorzeichen des Säkularismus das Leben bestimmen müsse. Der Christ ist eben, mit Luther, im Reich zur Linken „Weltperson".

Rohrmosers zentrale Frage war, im Geist von Hegels Kritik an der Französischen Revolution, wie aus dem Zustand einer einmal entfesselten Freiheit eine Ordnung eben dieser Freiheit gewonnen werden könne.[26] Darin sah er auf einer Linie von Augustinus über Luther und Hegel die Aktualität der Zwei-Reiche-Lehre. Aus dem Geist eines durch die Moderne und ihre Verwerfungen hindurchgegangenen Luthertums zielte Rohrmoser auf eine „geistige und moralische Wende"; ein Wort, das kurzfristig von den CDU-Granden aufgegriffen wurde, dem Helmut Kohl, Kanzler seit 1982, aber nach Rohrmosers harschem Urteil niemals Profil zu geben vermochte. Konservative Erneuerung konnte für Rohrmoser nur aus dem zentralen christlichen Kerygma kommen.

Deshalb war für Rohrmoser die zentrale Botschaft christlichen Glaubens von der Kenose und Deszendenz Gottes in die Welt und der universalen Rechtfertigung allein aus Gnade nicht nur ein privates Bekenntnis.[27] Denn die Zwei-Reiche-Lehre darf gerade nicht als eine vollständige Separation im Sinn eines Laizismus nach französischem Vorbild missverstanden werden. Sie ist tiefstes Ethos, das aber niemals direkte politische Rezeptur sein darf.

Wirksam werden kann christlicher Glaube nur, wenn er nicht zu einer leeren Morallehre erstarrt, sondern aus der Mitte von Schrift und Bekenntnis angeeignet wird. Daher kann auch für Rohrmoser der Patriotismus immer nur ein Vorletztes sein. Doch die Einwurzelung im eigenen Land und seinen Traditionen ist unerlässlich für ein Leben aus dem Zusammenhang von Herkunft und Zukunft. Rohrmoser wusste, dass dies für den deutschen Patriotismus bedeuten muss, Schuld- und Verbrechenscharakter der NS-Zeit in der Tiefe zu begreifen und vor Gott und dem Nächsten Vergebung zu suchen. In einer groß angelegten, aus Hohenheimer Vorlesungen hervorgegangenen Monografie sprach Rohrmoser von „Deutschlands Tragödie".[28] Darin legte er dar, dass der Rassentotalitarismus auch durch das Verblassen des christlichen Glaubens und eine neopagane Grundtendenz auf die Wirksamkeit der Verbrecher vorbereitet war.

Rohrmoser widmete sich in einer Vielzahl von Publikationen und (teilweise noch unveröffentlichten) Vorlesungen bis in die theologische Tiefe der Substanz der Reformation.[29] Der Patriotismus, die Liebe zu Deutschland als Kultur- und Heimatraum begriff er schon zur Zeit der Teilung als wichtiges Element des Überlebensimperativs „Konservatismus", den er auch in seiner ökologischen Dimension ausbuchstabierte, u. a. in einer tiefen Verbindung mit Rudolf Bahro. Einer Vergottung und relationslosen Verabsolutierung des Nationalen erteilte er eine deutliche Absage. Deshalb zog Rohrmoser zeitlebens scharfe Abgrenzungen gegenüber einem freischwebenden Neunationalismus und einer Neuen Rechten, die christlichen Glauben lediglich funktionalisierte. Mit Hegel reklamierte Rohrmoser den notwendigen Übergang von einer nur abstrakten Moralitätsgesinnung zur konkreten Sittlichkeit. Diese erfordere konkrete Institutionen, von der Familie bis zum Staat. Die ökonomisch-technologische Globalisierung analysierte Rohrmoser noch in seinen späten Jahren mit bis heute aktuellen Implikationen. Die von ihm geforderte „Kulturrevolution", die aber keineswegs als „Gegen-Aufklärung", sondern als Aufklärung über die Aufklärung zu verstehen ist, wurde aus einer christlichen und philosophischen Doppelperspektive gewonnen.

Rohrmoser hatte zeitweise nicht nur in der Politik (als Berater von Franz Josef Strauß und Hans Filbinger) und als öffentlicher Kolumnist großen Einfluss. Er war als herausragender philosophischer Kenner von Marxismus und Neomarxismus auch in der Marxismus-Kommission der EKD tätig und wirksam.

Seine öffentliche Wirksamkeit war bis in die 1990er Jahre beträchtlich und führte weit über innerprotestantische Zusammenhänge hinaus: Rohrmosers Anknüpfung an den Kern des Christlichen und seine Verknüpfung mit konservativen Grundeinsichten ist – auch wo er Luther interpretiert – erfrischend frei von theologischem Jargon und dessen Distinktionen.

Während Rohrmoser sich in der Folge Hegels dazu „verdammt" sah, den christlichen Glauben neu zu begründen, gibt es eine Reihe von bedeutenden konservativen evangelischen Universitätstheologen bis in die 1990er Jahre hinein, die ihren Protest gegen die *„Deformation" der Kirche der Reformation* formulierten. Bis etwa Mitte der 1960er Jahre waren sie noch stark im Zentrum der evangelischen Landeskirchen verankert. Dann verschob sich ihre Wirksamkeit in die Bekenntnisbewegung. Nur noch in Teilsegmenten der Kirche, nicht mehr in ihren offiziellen, nachhaltig von Politisierung und Moralisierung geprägten Organen wurden sie gehört. Zeitweise ergaben sich Verbindungen mit dem deutschsprachigen Evangelikalismus: eine fast tragische Situation, da diese Geister gerade nicht evangelikal sondern dezidiert reformatorisch waren, ihre eigene Kirchenleitung sich aber von ihnen distanzierte.

Sie entfalteten ihre Profile aus jeweiligen, stark variierenden Generationenprägungen.

(1) Von Walter Künneth (1901–1997) war bereits die Rede. Er war, ähnlich wie Alexander Evertz, ein konservativer deutscher Patriot und zugleich von Anfang an ein entschiedener Gegner Hitlers. In seiner Tätigkeit in der „Apologetischen Centrale" der Evangelischen Kirche gehörte er seit den 1930er Jahren zu den frühen Kritikern, die den heidnischen, mit christlichem Glauben schlechterdings unvereinbaren Ansatz der nationalsozialistischen Ideologie aufdeckten. Der „Mythus des 20. Jahrhunderts" ist nach Künneths Überzeugung antichristlich. Künneth war damit einer der ersten (neben größeren Geistern wie Voegelin, Aron, Guardini), die den pseudoreligiösen Charakter des Nationalsozialismus durchschauten:[30] Ein klares, kluges, mutiges Denken, das ihm viele Nachteile einbrachte. Künneth hielt aber auch in der NS-Zeit an seinem klaren Bekenntnis zur Verbindung von Christsein und deutscher Nation fest. Bei ihm ist wie bei weiten Teilen der Bekennenden Kirche eine tiefreichende, sehr problematische Ambivalenz gegenüber Juden, auch getauften Juden, erkennbar. Künneth lehnte 1934 zwar den Arierparagrafen ab, doch manche seiner Äußerungen aus jener Zeit rufen Betretenheit hervor.

In den 1950er Jahren legte Künneth eine christliche politische Ethik vor, die mit den Kategorien von Schöpfungs- und Erhaltungsordnung arbeitet. Bis in seine späten Jahre verbindet sich sein reformatorisches Christsein mit einer Insistenz auf der Kraft des Wortes Gottes.

(2) Helmut Thielicke (1908–1986) war bis 1968 ein weltweit gefeierter Startheologe und ein Mann, dessen Integrität mehr noch als jene von Künneth außer Zweifel stand – war er doch während der NS-Zeit mit Schreib- und Redeverbot belegt worden. Später erfuhr er die Kulturrevolution von 1968 am eigenen Leib. Thielicke zog im Rückblick eine deutliche Parallele zwischen 1933 und 1968: „Ich glaube es nun nicht mehr, daß wir gegen eine demagogische Diktatur immun sind. Mit Terror und Gebrüll hat es auch damals angefangen. Und das Volk lief auch damals mit, weil etwas ‚los war', und

war hilflos und anfällig für alles, was nach Dynamik aussah und das Schauspiel öffentlicher Anprangerung verhieß".[31]

(3) Georg Huntemann (1929–2014), eine Generation jünger, vertrat aus theologischem Blick eine ähnliche Sichtweise wie Rohrmoser. Er, der unter anderem Schüler von Hans-Joachim Schoeps in Erlangen gewesen war, begann als liberaler Theologe. Aus den Erfahrungen seiner Jugend – Sohn aus wohlhabendem Bremischen Haus – brachte Huntemann einen ausgeprägten Individualismus und ein Selbstbewusstsein mit, das ihn schon in seiner Jugend in Konflikte mit dem NS-System brachte. Huntemann hing in seinen Anfängen wie selbstverständlich den Standards der Bibelkritik an.[32] In jungen Jahren vollzog er eine vollständige und tiefgreifende Wendung, die ihn weniger zur lutherischen Reformation als zur reformierten Tradition führte. Er ging von der Schrift als wahrem, offenbartem und daher irrtumslosem Wort Gottes aus, das die Erkenntnisgrundlage der Theologie sein müsse. Diese konsequente Position vertrat Huntemann wirksam und rhetorisch brillant. Die reformierte Grundhaltung bringt es mit sich, dass Gottes Herrschaft auch bereits in dieser Welt und Zeit betont wird. Das eigene Land ist vor allem der Ort, an dem Gottes Wirksamkeit und Sittlichkeit zu seiner Ehre ausgebreitet werden sollen. Die Krise staatlicher Ordnungen bis zu ihrem Zerfall und der leichtfertige Abfall vom christlichen Glauben stehen nach Huntemann in engem Zusammenhang.[33] Damit ist der hanseatisch geprägte Patriotismus Huntemanns weltläufig und stark theozentrisch fundiert. Huntemann sah ähnlich wie Rohrmoser die Alternative von „Autorität oder Chaos". Er übte als Hauptpastor in Bremen eine landeskirchlich einflussreiche Stellung aus, als Professor bewegte er sich im Umfeld der biblisch erneuerten Theologie an der damaligen FETA in Basel und der ETF in Leuven als akademischer Lehrer, der auf Generationen von Theologen einen tiefen, aber nicht breiten Einfluss hatte.

(4) Reinhard Slenczka (geb. 1931) ist der vielleicht entschiedenste evangelisch-lutherische Theologe der Gegenwart mit einer konservativen Grundhaltung, die auch bei ihm zu prägnant antitotalitären und daher NS-kritischen Motiven führt. Die Situation der Bekennenden Kirche, Gott mehr zu gehorchen als dem Menschen, sieht er als paradigmatisch an. Nur wenn vom Gotteswort, nicht von Menschenworten ausgegangen wird, kann die Kirche Kirche bleiben. Diese Grenze hätten nicht nur die Deutschen Christen von 1933 über-

schritten, sondern unter umgekehrten Vorzeichen täten dies auch alle politischen Theologien der Linken und die Konstruktivisten des „Genderismus", die den „Subjektwechsel"[34] vollziehen und menschliche Erfahrungen an die Stelle Gottes setzen. Slenczka verkennt die Differenzen zwischen diesen Positionen nicht. Er führt sie aber auf eine gemeinsame Abweichung zurück.

6. Die gegenwärtige Lage

Es ist kein Zufall, dass die genannten, natürlich längst nicht vollständigen Tendenzen und Stimmen einer – wenn auch nicht allzu lange – vergangenen Zeit angehören.

Die Gegenwartssituation ist, was das Verhältnis der etablierten evangelischen Theologie und Kirche zur eigenen Tradition im Allgemeinen und zum Konservatismus im Besonderen angeht, weitgehend desolat. In jedem Fall würden Persönlichkeiten wie Evertz oder Rohrmoser in der heutigen evangelischen Öffentlichkeit nicht mehr den Raum einnehmen können, wie sie ihn bis in die 1990er Jahre hatten.

Die Gespenster der Deutschen Christen und der bis weit in das 19. Jahrhundert zurückgehenden Verbindung von Thron und Altar scheinen bis in die eigenen Familientraditionen so stark zu sein, dass man sich scheut, einen christlich verantworteten vernünftigen Konservatismus, der ein patriotisches Moment einschließen müsste, auch nur in Erwägung zu ziehen. Auch die Zwei-Reiche-Lehre und das Erbe der Reformation sind, ungeachtet der weithin als Event begangenen Luther-Dekade, alles andere als populär. Die Moralisierung des Glaubens, das vom derzeitigen EKD-Ratsvorsitzenden nahegelegte (parteipolitische) Engagement als christliche Pflicht folgen einer neuprotestantischen *Public theology*, die sich weit von der Kirche von Wort und Bekenntnis entfernt hat. In der Flüchtlingskrise sekundierte die Mehrzahl der kirchlichen Amts- und Verantwortungsträger gesinnungsethisch einer grenzenlosen Öffnungspolitik. Erst sehr zögerlich wurden Probleme eingeräumt. Ein in allem Schmerz bejahender Bezug auf das eigene Land ist, ganz dem Zeitgeist gemäß, dieser Mainstream-Auffassung nach nur gerechtfertigt, wenn dieses Land in besonderer Weise Gutes tut, weltoffen ist und gastfreundlich.[35] Über die erzwungen links-spießige Naivität der Multikulti-Ideologie ist viel geschrieben worden. Sie ist längst mitten in den Leitungsgremien der EKD angekommen. Die langjährige Präses der Evangelischen Kirche Katrin Göring-Eckardt ist ein besonders virtuoses Beispiel, wie (im Übrigen der Regierungsfähigkeit wegen höchst anpassungsfähige) grüne Ideologeme und biblische Botschaft permanent gleichgesetzt werden. Mit dieser politischen Haltung geht in offiziellen Verlautbarungen bis hinunter in die Predigten der Ortsgemeinden eine starke Tendenz zu Wellness- und Gefühlsreligion einher, eine Scheu, Lehr- und Glaubensinhalte wie Sünde, Gericht, aber auch leibhaftige Auferstehung zu vertreten. Spirituell und theologisch dominiert eine inhaltsleere Öde und Banalisierung.

Allerdings gibt es Landeskirchen, die sich ein schärferes Profil bewahrt haben als andere. Dies gilt vor allem für Schrift- und Bekenntnishaltung: Darin folgen sie dem Geist der Reformation und eben nicht des Neuprotestantismus. Mittlerweile findet auch unter konservativen Synodalen wieder eine gezielte Vernetzung statt, die unter anderem in Bischofswahlen deutlich wird und in der Abwehr von Beschlüssen oder Deklarationen des neuen Mainstream wie der „Ehe für alle" bzw. der Homosexualität im Pfarrhaus.

In Baden-Württemberg ist durch den alten Pietismus ein starker konservativer Flügel präsent geblieben; in der großen, in einer Fusion relativ künstlich zusammengefügten Nordkirche gibt es zumindest einige profilierte konservative Stimmen.

Offensichtlicher als anderwärts ist die skizzierte Tendenz in der sächsischen Landeskirche, in der ein besonderer Widerstandsgeist lebendig geblieben ist, der sich auch gegen den DDR-Totalitarismus bewähren musste und in der Evangelisation eine starke innerkirchliche Präsenz hat.

Dagegen sind andere Kirchen, denen auch einmal unter anderem durch die eigene Bekenntnisanforderungen in einer römisch-katholischen Mehrheitsgesellschaft ein starkes Bekenntnisprofil eigen war, binnen weniger Jahre in den Sog einer linksliberalen, rot-grünen politischen Grundausrichtung und einer ihr entsprechenden liberalen Theologie geraten. Dies gilt besonders für die bayerische Landeskirche. Immerhin hat die Ethikkammer der EKD unter ihrem neuen Vorsitzenden Reiner Anselm einer linearen Konsenskultur die Absage erteilt und gefordert, dass Auseinandersetzungen wieder ausgetragen werden müssen.[36] Hier könnte sich ein Ungenügen an langjähriger Zensur und Verschweigen abzeichnen. Wird der landeskirchliche Protestantismus auch gegenüber seinen konservativen Exponenten sprach- und gesprächsfähig, oder schließt er sie weiter a priori aus? Es müsste ja eine *substanzielle* Sprachfähigkeit sein, die Sorgen, Nöte und politische Positionen ernst nimmt, auch wo sie sie nicht teilt, die bei aller höchst berechtigten Kritik an AfD und „Pegida" zwischen Ideologien und Menschen unterscheidet, dem Hass von allen Seiten Einhalt gebietet.[37] Verfehlt der kirchenamtliche Protestantismus dies, so bleibt er im Fahrwasser einer politischen Großen Koalition, die ihre Erschöpfung und Hilflosigkeit gegenüber andrängenden Fragen schon mit Amtsantritt offenlegt.

Von Freikirchlern und Evangelikalen wird auf diesem Terrain die große Wendung nicht zu erwarten sein. Nicht wenige vertreten nach wie vor eine weltabgewandte, private Religiosität und Jesusbeziehung, der die öffentliche Repräsentanz fremd ist. Der postmoderne Evangelikalismus aber, der in seinen eigenen Milieus Weltoffenheit und hippes Up-to-date-Sein produziert,[38] jedoch kaum über sie hinausreicht, scheint vor allem ein einziges Ziel (das sich aus den Biografien der in bestimmte evangelikale Milieus Hineingeborenen auch verstehen lässt) zu verfolgen: in den gegenwärtigen Diskussionen dabei zu sein und dabei die „Liebe zu Jesus" punktgenau zu kommunizieren. Auf der Postmoderne-Welle zu reiten, um eine absolute Wahrheit zu vermitteln: Das ist ein allzu offensichtlicher Widerspruch, der nur denen, die sich in ihm bewegen, nicht auffällt. Damit geht einher, dass solche Evangelikale vielleicht ihr Land lieben, die Schweiz oder Deutschland, gegenüber politischer Betätigung aber sehr zögerlich sind.

Die fast zwangsweise Öffnungsbereitschaft einerseits und die Fixiertheit auf eigene Milieus und Idiosynkrasien andererseits hindern freikirchlich-evangelikale Kreise oftmals gleichermaßen, zu einer auch politisch verantwortbaren konservativen Position zu gelangen.

Ein staatlicher Laizismus und private religiöse Betätigung wären ihnen vielleicht die angemessenere Form, und was die Zuwanderung betrifft, so sehen sie darin vor allem eine Chance zur Missionierung unter zugewanderten Muslimen. Die Aussage von Frau Göring-Eckardt „uns sind Menschen geschenkt worden" würde in diesen Kreisen vermutlich unterschrieben, freilich ohne Heuchelei. Die sicherheits- und kulturbedingten Probleme werden kaum erkannt, weil oftmals prinzipiell nicht politisch gedacht wird.

Allerdings ist dieses Verdikt nicht auf alle evangelikalen und freikirchlichen Kreise zu beziehen: Es gibt unter maßgeblichen Entscheidungsträgern in Wirtschaft und Politik Persönlichkeiten, die das laxe, kaum rechenschaftsfähige, moralisierend-politisierende Gebaren landeskirchlicher Theologinnen und Theologen ebenso ablehnen wie deren Umgang mit dem biblischen Wort. Unter ihnen finden sich überzeugte Liberale und zugleich Konservative im besten Sinn, die allerdings mit der Neuen Rechten und den Tabubrüchen von „Pegida" nichts anfangen können und der neuen Partei nur so lange etwas abgewinnen konnten, wie die Gründungsriege der Wirtschaftsprofessoren den Ton angab. Gebetsfrühstücke werden in kleinem Kreis veranstaltet, in denen das Wort Gottes unmittelbar die eigene *Leadership* bestimmen soll. Hier ist durchaus eine internationale Vernetzung auch mit Führungskräften in den USA und dortigen Entscheidungsträgern gegeben. Eine moderate Freikirchlichkeit oder zumindest eine Distanz gegenüber dem landeskirchlichen Mainstream ist wirksam. Am ehesten über solche Persönlichkeiten, die zumindest indirekt als Spender oder als und über Synodale über exzellente Kontakte verfügen, kann sich meiner Einschätzung nach ein satisfaktionsfähiger, intelligenter konservativer Protestantismus etablieren.

Laute politische Markierungen werden in den genannten Kreisen – zu Recht – vermieden; eine konsistente theologisch-rationale Beweisführung wird – zu Unrecht – eher beiseitegeschoben.

Auch innerhalb eines eher „hochkirchlichen" evangelischen Selbstverständnisses finden sich solche Inseln, die unter anderem an den Berneuchener Aufbruch oder an das Anliegen einer Ökumene der Bekenntnisse anschließen, wie sie der Tübinger Missiologe Peter Beyerhaus entwickelt hat. Hervorzuheben ist der mittlerweile in Erfurt beheimatete St.-Georgs-Orden, eine Bruderschaft von freien, aber tief an das evangelische Ethos gebundenen einstigen DDR-Dissidenten, darunter zahlreiche Schriftsteller und Künstler, unter der Leitung des Lyrikers und Romanciers Ulrich Schacht. Dieser Kreis scheut nicht das Bekenntnis zur deutschen Messe, er zelebriert Lutherische Metanoia ebenso wie die weltliche Festfreude. Ein Kreis von ungebrochenen, in ihrem Gewissen an Gott gebundenen Geistern, die teils Zuchthaus und Stasi-Überwachung überlebt haben und deshalb auch die kleine schleichende Zensur nicht fürchten müssen.

7. Ausblick: Zwei Szenarien

Für die nähere Zukunft sind zwei Szenarien denkbar: Das erste, von mir als positiv klassifizierte wäre, dass ein konservativer Protestantismus, der Tradition, Herkunft und nicht zuletzt eine theologische und geistliche Erneuerung des Protestantismus auf seiner Agenda hat und sich aus den zuletzt genannten „evangelikalen" und den klassisch protestantischen Stimmen konstituiert, wieder Raum und Einfluss in der Mitte evangelischer Theologie und Kirche erhält. Dies bedeutet auch, dass die Konfrontation in ein wirkliches Gespräch und sachliche Argumentation übergeht. Es würde auch elementar bedeuten, dass eine Mainstream-Gesinnung aufgebrochen wird, wirkliche Pluralität und Toleranz auch in Landeskirchenämtern und Predigerseminaren geübt wird und dass auf der „konservativen" Seite Idiosynkrasien und Rechthabereien zurücktreten, intelligente Argumentation weiter zunimmt und der Ungeist der Spaltung vermieden wird. Dies würde auch bedeuten, dass ethische Kernpositionen – zu Schwangerschaftsabbruch,

PID, Homosexualität – innerhalb der evangelischen Kirche wieder zur Geltung gebracht werden können, ohne dass ihre Exponenten marginalisiert bzw. lächerlich gemacht werden.

In der späten Amtszeit von Wolfgang Huber waren solche Tendenzen durchaus zu beobachten. Sie sind unter dem jetzigen EKD-Ratsvorsitzenden stillschweigend und diskussionslos zurückgedrängt worden. Doch die Zukunft ist offen.

Ein solcher Protestantismus böte auch konservativen „Weltpersonen" eine Heimat, seine Einlassungen wären überraschender, durchdachter, weniger phrasenhaft. Er würde vielleicht ohne Marktforschung und Dauerevents auch durch seine Selbstunterscheidung von der Welt wieder mehr beachtet, und er hätte die Chance, nicht gesinnungs-, sondern verantwortungsethisch zu lehren und zu handeln, womit auch dem Vergebungscharakter und dem Geist der Lutherischen Rechtfertigungslehre Rechnung getragen wäre. Vor allem aber müsste er den Kern des christlichen Zeugnisses, die Wahrheit in Christus als Kirche des Wortes im Gesamtraum der Christenheit auf Erden neu gewinnen.[39] Mit einer geistlichen und spirituellen Erneuerung, einer *Re-formatio*, die die Deformationen der Kirche zurücknimmt, würde auch jenes konservative Element wieder an Gewicht zunehmen.

Eine solche, den Geist der Bewahrung aufnehmende evangelische Tendenz hätte erst die Autorität, Funktionalisierungen des Glaubens in der Neuen Rechten, in „Pegida" und Teilen der AfD entgegenzutreten, deren Gefahren keineswegs von der Hand zu weisen sind.

Auch eine andere Entwicklungslinie ist möglich – sie wäre aber weit weniger positiv, und sie scheint doch (von heute aus gesehen) wahrscheinlicher zu sein. Die neue politische Theologie des Protestantismus setzt sich weiter unbefragt und immer weniger durchdacht fort. Das Wort Gottes wird weiter nur noch als Moral und Sozialverpflichtung bzw. Glücksrezept verkündet, und die berechtigten verantwortungsethischen Einwände werden in einem alles überdeckenden Liebesgebot unsichtbar gemacht. Dies wäre die von Bonhoeffer kritisierte „billige Gnade", es wäre die Fortsetzung einer Reduktion des christlichen Glaubens auf Moralismus einerseits und Gefühl andererseits. Der sakrale, theologische und geistliche Konservatismus würde dann marginalisiert, und eine gesinnungsethische Grundhaltung würde weiter mit der christlichen Botschaft gleichgesetzt.

Dass diejenigen, die derart geistlich und theologisch ins Abseits katapultiert würden, sich dies nicht ohne Weiteres bieten lassen würden, kann man vermuten – und wird es ihnen nicht verdenken können.

8. Systematisches Fazit

Die Verdrängung des konservativen Elements im modernen deutschen Protestantismus hat verschiedene Facetten. Die Analyse ergab, dass eine auf die Autorität von Schrift und Bekenntnis bezogene theologische und kirchliche Position auch politisch eher zu einem bürgerlichen Konservatismus neigt. Der Paradigmenwechsel nach 1945 erfolgte schleichend. Er wäre durchaus aufhaltbar gewesen. Neuprotestantische Motive, Motive eines ethisierten Christentums und der opportunistische Wille, „up to date" um jeden Preis zu sein, reichten einander in dieser Entwicklung die Hand. Erst Mitte der 1960er Jahre vollzog sich der Dammbruch. Die Mainstream-Position beruhigte sich gegenüber den Jahren 1968 oder auch der NATO-Nachrüstung 1982. Doch die linksmoralistische Grundhaltung ist damit allgemeines Bewusstsein geworden. Diese Attitüde stand dem Wendejahr 1989 ähnlich hilflos gegenüber wie weite Teile der deutschsprachigen Linken.

Die Begegnung mit einer Bekenntniskirche, die gegen eine Diktatur Widerstand geleistet hatte, war – gewiss – für manche Zeugen eindrücklich. Doch begriff man zu wenig, was sie tatsächlich bedeutete und aus welchen Quellen sie sich speiste.

Eine Erneuerung tut Not. Sie wird christlich niemals nur politisch, sondern immer zugleich am Glauben orientiert sein können. Doch der Glaube ist eben auch nicht nur Privatsache.

Die vorausgehenden Analysen haben ergeben, dass die Erneuerung im engeren Sinn „evangelikale" und klassisch evangelische Positionierungen verbindet. Sie ist eine geistliche und zugleich eine politische Aufgabe.

Allerdings bleibt jeder politische Konservatismus für den evangelischen Christen ein Vorletztes. Er wird klar und deutlich widersprechen müssen, wo ein „christliches Abendland" ohne Kenntnis als Kampfparole beschworen, die Tiefendimension des Evangeliums aber verkannt und der Glaube erneut durch einen übersteigerten Nationalismus überlagert werden soll. Hier sind die „Väter" der Bekenntnisbewegung, die zugleich im Widerstand gegen den Nationalsozialismus standen, nach wie vor wichtige Vorbilder.

Auf beiden Augen zu sehen und einen auf Schrift und Bekenntnis begründeten Glauben mit bewahrender Zeitgenossenschaft zu verbinden: Es wäre heute wohl das Erbe von Dietrich Bonhoeffer und all derjenigen, die in gewalttätigen Situationen gelitten und ihren Glauben vertreten haben. Der Zusammenhang von Herkunft und Zukunft, ein Leitmotiv des Konservatismus, wird darin durch das evangelische Wissen ergänzt, dass der Christ immer beides ist: „Simul iustus et peccator" – Gerechter und Sünder, Weltperson und Gottes Ebenbild.

Literatur:

Aly, Götz: Unser Kampf. 1968 – Ein irritierter Blick zurück, Frankfurt a. M. 2008.

Anselm, Reiner: Öffentlicher Protestantismus. Zur aktuellen Debatte um gesellschaftliche Präsenz und politische Aufgaben des evangelischen Christentums, Zürich 2017.

Barth, Karl: „Der Götze wackelt". Zeitkritische Aufsätze, Reden und Briefe von 1930 bis 1960, Berlin 1961.

Beyerhaus, Peter: Christliches Zeugnis in unserer Zeit, Band 1: Der Glaubenskampf der Bekennenden Evangelischen Gemeinschaften in Deutschland, Nürnberg 2015.

Ders. (Hg.): Weltweite Gemeinschaft im Leiden für Christus. Dokumentarbericht, Nürnberg 2007.

Bonhoeffer, Dietrich: Ethik, Gütersloh 2006.

Dorn, Thea: Deutsch, nicht dumpf. Ein Leitfaden für aufgeklärte Patrioten, München 2018.

Evertz, Alexander: Der Abfall der evangelischen Kirche vom Vaterland, Velbert 1964.

Ders.: Die evangelische Kirche und die Revolution von links, Velbert 1968.

Gollwitzer, Helmut: Grabrede am 15. Mai 1976 auf dem Friedhof der Dreifaltigkeitsgemeinde in Berlin-Mariendorf, in: Junge Kirche 36.7, 318 f., wiederabgedruckt in: Göttinger Predigtmeditationen 2 (2018), 47, Heft 3, S. 300 f.

Hempelmann, Heinzpeter: Gott im Milieu. Wie Sinusstudien der Kirche helfen können, Menschen zu erreichen, Gießen u. Basel 2012.

Huntemann, Georg: Der andere Bonhoeffer. Die Herausforderung des Modernismus, Wuppertal u. Zürich 1989.

Ders.: Die Selbstzerstörung des Christentums überwinden, Neuhausen-Stuttgart 1998.

Ders.: Biblisches Ethos im Zeitalter der Moralrevolution, Holzgerlingen 1999.

Kummer, Joachim: Politische Ethik im 20. Jahrhundert. Das Beispiel Walter Künneths, Leipzig 2011.

Künneth, Walter: Lebensführungen. Der Wahrheit verpflichtet, Wuppertal 1979.

Mann, Gerald H.: Widerstand gegen die kulturrevolutionären Einflüsse in der evangelischen Kirche, in: Becker, Hartmuth / Dirsch, Felix / Winckler, Stefan (Hg.): Die 68er und ihre Gegner. Der Widerstand gegen die Kulturrevolution, Graz u. Stuttgart 2003, S. 137–157.

Mosebach, Martin: Die 21. Eine Reise ins Land der koptischen Märtyrer, Reinbek 2018.

Perels, Joachim (Hg.): Martin Niemöller. Gewissen vor Staatsräson. Ausgewählte Schriften, Göttingen 2016.

Rohrmoser, Günter: Deutschlands Tragödie. Der geistige Weg in den Nationalsozialismus, München 2001.

Ders. / Seubert, Harald: Kulturrevolution in Deutschland. Philosophische Interpretationen der geistigen Situation unserer Zeit, Gräfelfing 2008.

Ders.: Glaube und Vernunft am Ausgang der Moderne. Hegel und die Philosophie des Christentums, St. Ottilien 2009.

Ders.: Höher als alle Vernunft… Die Aktualität der Reformation heute, Windsbach 2017.

Schoeps, Julius H.: Begegnungen. Menschen, die meinen Lebensweg kreuzten, Berlin 2016.

Seubert, Harald: „Auch wer zur Nacht geweinet". Jochen Klepper (1903–1942). Eine Vergegenwärtigung, Wesel 2014.

Ders.: Irrtümer in der Gemeinde Gottes. Wie der Zeitgeist den evangelischen Glauben verfremdet, Gräfelfing 2017.

Ders.: Der Frühling des Missvergnügens. Eine Intervention, Würzburg 2018.

Slenczka, Reinhard: Kirchliche Entscheidung in theologischer Verantwortung. Grundlagen, Kriterien, Grenzen, Göttingen 1991.

Strothmann, Dietrich: Der Fall Ernst Käsemann – Partisan unter Protestanten, in: Die Zeit vom 25. November 1977.

Studnitz, Hans Georg von: Ist Gott Mitläufer? Die Politisierung der evangelischen Kirche. Analyse und Dokumentation, Stuttgart-Degerloch 1969.

Thielicke, Helmut: Zu Gast auf einem schönen Stern. Erinnerungen, 6. Aufl., Hamburg 1986.

Wilkens, Erwin: Vertreibung und Versöhnung. Die „Ostdenkschrift" als Beitrag zur deutschen Ostpolitik, Hannover 1986.

Winterhager, Wilhelm Ernst: Idea – Zwei Jahrzehnte kirchliche Alternativpublizistik, in: Kirchliche Zeitgeschichte. Internationale Halbjahresschrift für Theologie und Geschichtswissenschaft (KZG) 6 (1993), S. 523–541.

Wolf, Ernst: Barmen. Kirche zwischen Versuchung und Gnade, 3. Aufl., unveränd. Nachdr. d. 2. Aufl., München 1984.

1   Der vorliegende Beitrag umfasst komplexe zeithistorische, ideengeschichtliche und systematische Überlegungen. Sie können hier selbstverständlich nur gerafft und dementsprechend pointiert dargestellt werden. Dazu gehört, dass auch differenziertere, umfassende Nachweise auf weitere Literatur und auf Quellen sinnvoll wären, die hier ebenfalls unterbleiben müssen.

2   Rohrmoser 2017: 25 ff.

3   Vgl. ekd.de/Barmer-Theologische-Erklarung-11292.htm. Dazu Wolf 1984.

4   Perels / Niemöller 2016.

5   Barth 1961.

6   Die Lage der Vertriebenen und das Verhältnis des deutschen Volkes zu seinen Nachbarn, abzurufen auf ekd.de; dazu Wilkens 1986.

7   Dazu Strothmann 1977.

8   Bonhoeffer 2006.

9   Huntemann 1989.

10   Seubert 2014.

11   Gollwitzer 2018.

12   Aly 2008.

13   Schoeps 2016: 186.

14   Künneth 1979: 71–103.

15   Evertz 1965.

16   Evertz 1968: 80.

17   Beyerhaus 2015.

18   Beyerhaus 2015 und Mann 2003.

19   Studnitz 1969.

20   Zit. nach Mann 2003: 144 f.

21   Der Text der auf dem Internationalen Bekenntniskongress in Salzburg am 6. September 2015 ohne Gegenstimme angenommenen Erklärung: ikbg.net/pdf/Salzburger-Erklaerung-Original.pdf.

22   Winterhager 1993.

23   Rohrmoser / Seubert 2008.

24   Mann 2003: 140 ff. Ich folge hier dieser Typologie. Allerdings sind die Epitheta „konservativ" und „fortschrittlich" gerade nicht genuin theologisch, sondern politisch.

25   Seubert 2007.

26   Rohrmoser / Seubert 2009.

27   So in der eindrucksvollen Vergegenwärtigung der reformatorischen und bereits paulinischen Grunderkenntnis Rohrmoser 2017.

28   Rohrmoser 2001.

29   Rohrmoser 2017.

30   Kummer 2011.

31   Thielicke 1986: 488 f.

32   Huntemann 1988.

33   Huntemann 1989.

34   Slenczka 1991. Man könnte auch viele Einlassungen von Wolfhart Pannenberg anführen, vor allem aus dessen späterer Zeit. Doch ist Pannenbergs Werk im Ganzen weniger eindeutig zu verorten.

35   Zu dieser Haltung kritisch Dorn 2018.

36   Anselm 2017.

37   Seubert 2018.

38   Paradigmatisch Hempelmann 2012.

39   Dazu exemplarisch Beyerhaus 2009 und Mosebach 2018, denn es ist offensichtlich, dass eine Erneuerung der *Una sancta* aus dem Geist des Bekenntnisses und dem Glanz des Auferstandenen auch in besonderer Weise eine Gemeinschaft im Leiden einschließt.

Lehrer und AfD: ein problematisches Verhältnis?

Von Stefan Winckler

Am 24. September 2017 ereignete sich in Deutschland ein Erdbeben. Zwar sind keine Gebäude eingestürzt, es wurden keine Personen erschlagen. Vielmehr war es ein politisches Beben am Tag der Bundestagswahl. Das Parteiensystem aus CDU/CSU, SPD, Grünen, Linken und FDP war erschüttert, denn es gelang der neuen Partei Alternative für Deutschland (AfD), in den Deutschen Bundestag einzuziehen – in den vier Jahren zuvor war sie bereits in zahlreiche Landtage und Kommunalparlamente gewählt worden. Damit erschien eine politische Partei auf höchster parlamentarischer Ebene, die eine fundamental-oppositionelle Kraft gegen die Bundesregierung (Co-Vorsitzender Alexander Gauland: „Wir werden sie jagen"), ja gegen die „Etablierten" (die oben genannten Parteien sowie die Eliten insgesamt) sein wollte und mit einer Stärke von nahezu 90 Abgeordneten (12,6 % der Wählerstimmen) von nicht zu unterschätzender Quantität war. Nicht zuletzt hatte sich die Alternative für Deutschland von einer klassisch-liberalen und moderat konservativen Partei mehr und mehr zu einer rechts von der CDU und der CSU stehenden, national und konservativ ausgerichteten politischen Größe entwickelt – damit hatte erstmals seit 1957 (seinerzeit: die Deutsche Partei) eine Partei rechts der CDU/CSU Bundestagsmandate erlangt. Ihr ursprüngliches Kernthema „Ablehnung der Euro-Rettungspolitik" machte ab Juli 2015 nach Personalwechseln im Vorstand und den nachfolgenden Austritten von gemäßigten, eher klassisch-liberalen AfDlern sehr rasch der Problematik des hunderttausendfachen Zuzugs von Immigranten aus dem arabisch-muslimischen Raum Platz. Obwohl viele Politikfelder im Parteiprogramm abgedeckt sind, wird die AfD sehr stark mit diesem Thema in Verbindung gebracht. Das führt zu der Frage:

Ist die AfD rechtsextremistisch oder innerhalb des Verfassungsbogens?

Extremisten lehnen den demokratischen Verfassungsstaat grundsätzlich ab. Die öffentliche Bezeichnung „Extremist", v. a. „Rechtsextremist", wirkt stigmatisierend. Keine Partei möchte in den politisch-publizistischen Debatten als extremistisch bezeichnet werden.

Daher will sich auch die AfD vor möglichen Extremisten in den eigenen Reihen schützen. In ihren Aufnahmeanträgen formuliert sie (ebenso wie in ihrer Bundessatzung):

„Personen, die Mitglied einer extremistischen Organisation sind, können nicht Mitglied der AfD sein. Als extremistisch gelten insbesondere solche Organisationen, welche in einer vom Bundesvorstand beschlossenen und den Gliederungen übermittelten Unvereinbarkeitsliste aufgeführt sind. Personen, die Mitglied einer extremistischen Organisation waren, können nur Mitglied der AfD werden, wenn sie darüber im Aufnahmeantrag Auskunft geben und der zuständige Landesvorstand sich nach Einzelfallprüfung mit Zweidrittel seiner Mitglieder für die Aufnahme entscheidet."

Zudem gelang es im Juli 2017 einem Anwalt im Auftrag der AfD, das Bundeskriminalamt zu einer Unterlassungserklärung zu bewegen: Das BKA und ebenso andere Bundesbehörden dürfen die AfD nicht mehr als rechtsextrem bezeichnen.[1]

Das Bundesamt für Verfassungsschutz sah Mitte Februar 2018 „keine ausreichenden Anhaltspunkte für ein rechtsextremistisches Bestreben". Und weiter: „Eine Einflussnahme oder gar eine Steuerung durch Rechtsextremisten ist derzeit nicht erkennbar."[2]

Laut ihrer Bundessatzung bejaht die Alternative für Deutschland uneingeschränkt die grundgesetzlich fixierte freiheitlich demokratische Grundordnung, die abendländische Kultur und das friedliche Zusammenleben der Völker Europas.

Weder das Grundsatzprogramm noch das Programm zur Bundestagswahl 2017 enthalten Aussagen, die als Belege für Rechtsextremismus dienen könnten, denn ein Abweichen vom Wesensgehalt (Volkssouveränität, Gewaltenteilung, Föderalismus) oder gar eine eifernd-kämpferische Positionierung gegen die freiheitliche demokratische Grundordnung fehlen erwartungsgemäß. Es wäre naiv, anzunehmen, eine Partei würde sich derart gegenüber der Öffentlichkeit, speziell den politischen Gegnern, decouvrieren. Die Programmpunkte der AfD richten sich gegen übereinstimmende Einstellungen der Bundestagsparteien in Sachfragen – Europäische Union, Geltungsbereich des Euro – und werben für eine verstärkte Mitsprache der Bürger in der Politik (direkte Demokratie, Volkswahl des Bundespräsidenten). Mit anderen Worten: Die AfD will der „schweigenden Mehrheit" eine Stimme gegen die „Altparteien" und die sogenannte „Lügenpresse" geben, sie begibt sich in Frontstellung zu den Eliten – sie ist demnach rechtspopulistisch.

Wegen Querverbindungen zu möglicherweise rechtsextremistischen Gruppen, die der Verfassungsschutz beobachtet, gerieten auch AfD-Vertreter in das Visier jener Behörde, ohne dass die AfD per se offiziell zum Untersuchungsobjekt des Inlandsgeheimdienstes geworden wäre. So beobachtete das Bayerische Landesamt für Verfassungsschutz bis zu seiner Wahl in den Deutschen Bundestag Petr Bystron, den Landesvorsitzenden der AfD, weil er sich lobend über die amtlicherseits als rechtsextremistisch eingestufte Identitäre Bewegung geäußert hatte. Bei der Entscheidung, Bystron unter die Lupe zu nehmen, kann allerdings auch der beginnende Bundestagswahlkampf eine Rolle gespielt haben: Regierungspolitiker aus Baden-Württemberg (namentlich der christdemokratische Innenminister Thomas Strobl) und Bayern könnten in der AfD einen parteipolitischen Konkurrenten gesehen haben, dessen Ruf durch eine „Verdachtsdebatte" zu schädigen sei.

In der Tat sind zahlreiche radikale Aussagen von AfD-Politikern in den Medien thematisiert worden: Mehr als einmal gaben Schriften und Reden mancher Kandidaten und das Verhalten zahlreicher Anhänger Anlass, die AfD in einem mehr als scharfen Kontrast zu den „etablierten" Parteien zu sehen und Radikalismus zu verorten.

Der baden-württembergische Landtagsabgeordnete Wolfgang Gedeon (AfD), ein ehemaliger Landtagskandidat der albanisch-chinesisch orientierten Kommunistischen Partei Deutschlands/Marxisten-Leninisten in NRW, veröffentlichte 2012 (vor seinem Beitritt zur AfD) antijüdische Sentenzen in dem Pamphlet „Der grüne Kommunismus und die Diktatur der Minderheiten. Eine Kritik des westlichen Zeitgeists". Darin legte er nahe, die „Protokolle der Weisen von Zion", eine gleichermaßen bekannte wie berüchtigte antijüdische Fälschung des zaristischen Geheimdienstes, seien die Wiedergabe einer tatsächlichen Unterredung am Rande des ersten Zionistenkongresses 1897 in Basel. Als ob es nicht zahlreiche fundierte Untersuchungen zum Plagiats- und Verhetzungscharakter der „Protokolle" gäbe, die auch im Internet sehr leicht recherchierbar sind! Tatsächlich handelt es sich bei ihnen um ein eher ermüdendes Traktat, in dem eine angeblich jüdische Person sich brüstet, „wir" (die Juden oder nur eine Gruppe von Juden) seien dabei, durch ständige Manipulationen allmählich die Weltherrschaft zu ergreifen. Auch andere antijüdische Aussagen finden sich in Gedeons umfangreicher Streitschrift.

Zwar formierte sich die AfD erst 2013, und im selben Jahr trat Gedeon der Partei bei. Dennoch erscheint es mehr als irritierend, dass eine

Versammlung der Parteimitglieder im Wahlkreis Singen Gedeon zum Kandidaten für die Landtagswahl 2016 küren konnte. Hatte sie kein Interesse an seiner Vergangenheit, die im Internet-Zeitalter mit Leichtigkeit zu überprüfen gewesen wäre? Dass Gedeons Lebenslauf nicht konsequent untersucht wurde, der Mann stattdessen fahrlässigerweise aufgenommen und nominiert wurde, erscheint skandalös. Als sich die Medienberichterstattung im Sommer 2016 der Angelegenheit annahm, war Gedeon bereits gewähltes MdL. Der baden-württembergische AfD-Fraktionsvorsitzende Jörg Meuthen scheiterte beim Versuch, eine Zweidrittelmehrheit für den Ausschluss Gedeons aus der Fraktion zustande zu bekommen. Stattdessen teilte sich die Landtagsfraktion für einige Wochen in eine Pro- und eine Anti-Gedeon-Gruppe. Gedeon selbst trat auf Drängen der Co-Parteivorsitzenden Frauke Petry aus der Fraktion aus. Ein Parteiausschluss kam nicht zustande, stattdessen nahm Gedeon am Bundesparteitag der AfD im April 2017 teil. Gedeons Verhalten fällt auch auf seine Partei zurück, die ihn bislang nicht ausgeschlossen hat.

AfD-Anhänger fielen vielerorts durch ein undemokratisches Verhalten auf, das in den vergangenen Jahrzehnten eher für die radikale Linke typisch war: Mit Trillerpfeifen und Sprechchören („Volksverräterin") versuchten sie, die Kundgebungen von Angela Merkel im spätsommerlichen Bundestagswahlkampf 2017 zu stören.

Ein anderer AfD-Politiker, der am ehesten als nationalromantisch im Sinne des 19. Jahrhunderts bezeichnet werden kann, heißt Björn Höcke. Der Oberstudienrat für Geschichte und Sport aus Hessen nahm seinen Wohnsitz im benachbarten Bundesland Thüringen, wo er 2014 erfolgreich für den Landtag kandidierte und als AfD-Landesvorsitzender fungiert. Dass er – viel beachtet und teilweise heftig attackiert! – ein schwarz-rot-goldenes Tuch ins Fernsehstudio mitbrachte, von tausend Jahren deutscher Geschichte sprach und Erfurt als „schön deutsch" bezeichnete, stellt meines Erachtens keinen Anschlag auf die freiheitliche demokratische Grundordnung dar. Auffallend ist hingegen seine Aussage vom 17. Januar 2017 vor der AfD-Jugendorganisation „Junge Alternative" in Dresden, die Erinnerungskultur („dämliche Bewältigungspolitik") müsse um 180 Grad gedreht werden. Damit stellt er sich unmissverständlich gegen den Grundkonsens der deutschen Politik, der Opfer der NS-Unrechtsherrschaft zu gedenken und – allgemeiner gesagt – aus Hitlers Herrschaft Konsequenzen im Sinne der Demokratie und Völkerversöhnung zu ziehen.

Dennoch ist Höcke damit noch kein „Nazi" oder Ähnliches. Vielmehr bekennt er sich zur Bundesrepublik Deutschland, deren wesentliche Staatsräson er aber umdrehen (um nicht zu sagen: verdrehen) möchte:

„Wir sagen ja, nicht zur strukturellen Fundamentalopposition, weil wir diesen Staat ja wollen! Wir wollen ihn am Leben erhalten und wir wollen ihn stützen. Wir sagen aber ja zu einer inhaltlichen Fundamentalopposition, um diesen Staat, den wir erhalten wollen, vor den verbrauchten politischen Alteliten zu schützen, die ihn nur missbrauchen, um ihn abzuschaffen! Das werden wir nicht zulassen, liebe Freunde! […] Und diese dämliche Bewältigungspolitik, die lähmt uns heute noch viel mehr als zu Franz Josef Strauß' Zeiten. Wir brauchen nichts anderes als eine erinnerungspolitische Wende um 180 Grad! [Applaus] Wir brauchen so dringend wie niemals zuvor diese erinnerungspolitische Wende um 180 Grad, liebe Freunde. Wir brauchen keinen toten Riten mehr in diesem Land. Wir haben keine Zeit mehr, tote Riten zu exekutieren. Wir brauchen keine hohlen Phrasen mehr in diesem Land, wir brauchen eine lebendige Erinnerungskultur, die uns vor allen Dingen und zuallererst mit den großartigen Leistungen der Altvorderen in Berührung bringt".[3]

Als ob es keine Erinnerung an bedeutende große Deutsche aus der Literatur, Philosophie, Geschichte und Musik im Schulunterricht gäbe! Jedenfalls zog Höckes Rede, nachdem sie auf die Videoplattform YouTube hochgeladen wurde, zahlreiche Vorwürfe auf sich. Bei der Staatsanwaltschaft Dresden, die auch von Amts wegen ermittelte, gingen 91 Strafanzeigen ein. Die Staatsanwaltschaft stellte nach etwa sechs Wochen die Ermittlungen gegen Höcke ein, denn weder der Tatbestand der Volksverhetzung noch eine Verunglimpfung des Andenkens Verstorbener lägen vor.[4]

Der Politikwissenschaftler Werner J. Patzelt (Dresden) stellte rassistische Aussagen in einer von den Medien heftig debattierten Höcke-Ansprache von 2015 fest – neben Aussagen, die er als weder rassistisch noch extremistisch einstufte.[5] Es wäre nicht überraschend, wenn ein Lehrer ähnlich empfände und daher eine Kritik an Höcke und darüber hinaus an der AfD vor der Klasse äußerte, weil er annimmt, der Thüringer habe die Menschenwürde insbesondere von Afrikanern verletzt; die Schüler sollen begreifen, dass Rassismus beleidigend, geistig flach und daher verwerflich ist.

Höcke, derzeit als Landtagsabgeordneter vom Schuldienst beurlaubt, dürfte nur mit größten Schwierigkeiten in seine alte Stellung zurückkehren können – der hessische Kultusminister (CDU) ist dagegen, in Übereinstimmung mit SPD und Grünen. Ferner ist zu berücksichtigen, dass zahlreiche Lehrer einen „Kollegen Höcke" nicht akzeptieren würden.[6]

Um mehr über die AfD zu erfahren, beobachtete der Verfasser zwei Diskussionsrunden ihrer Anhänger im Herbst 2016. Dabei gab es keine fachkundigen Gespräche zu einzelnen Politikfeldern, in denen Probleme angesprochen und Lösungen gesucht worden wären. Vielmehr beherrschten Schlagworte gegen die Europäische Union und Angela Merkel die Gespräche, etwa überzogene Vorstellungen von einer ungenügenden Souveränität der Bundesrepublik, sowie eine Vergangenheitsfixierung (Ablehnung der Oder-Neiße-Linie als deutscher Ostgrenze). Keiner der Anwesenden wollte ein sogenannter „Reichsbürger" sein, der die Legitimation der Bundesrepublik Deutschland insgesamt leugnet. Ansatzweise Zustimmung zu den Positionen der Reichsbürger war allerdings von manchen Anwesenden zu vernehmen.

Unmittelbar nach der Bundestagswahl, noch vor der konstituierenden Sitzung des Bundestags, traten drei Abgeordnete aus der AfD aus, darunter – zuerst – die Mit-Parteivorsitzende Frauke Petry. Begründung: Die AfD sei auf Fundamentalopposition ausgerichtet, anstatt kritisch-konstruktiv an der Politik mitzuwirken, konkret: Die AfD wolle sich nicht auf eine Regierungsbeteiligung auf Bundesebene 2021 vorbereiten. Einige Landtagsabgeordnete, ein Bundestagsabgeordneter und sämtliche Stadträte der AfD in der mittelgroßen Stadt Iserlohn folgten Petry und ihrem Ehemann Marcus Pretzell MdL (und MdEP), ebenso Anette Schultner, Bundesvorsitzende der Christen in der AfD.

Angesichts dieser Debatte stellt sich die relevante Frage, wie Meinungsbildner, insbesondere Journalisten und Lehrer, mit dem Thema AfD umgehen. Was Journalisten betrifft, sind Inhaltsanalysen ihrer Beiträge aussagekräftig; eine Master- oder Diplomarbeit könnte wertvolle Aufschlüsse liefern. Uns interessiert hingegen, wie sich Lehrer über die Partei Alternative für Deutschland äußern, und welche Folgen dies hat. Wir werden daher die Rechtslage referieren und Medienaussagen dazu auswerten.

Dass die AfD als Thema im Schulunterricht behandelt wird, ist legitim: Im sogenannten Beutelsbacher Konsens der politischen Bildung, einer noch immer maßgeblichen Übereinkunft, einigten sich Politikdidaktiker 1976 darauf, dass Vorgänge und Gegebenheiten, die in der Gesellschaft kontrovers diskutiert werden, als strittige Themen auch in die passenden Unterrichtsfächer Eingang finden sollen. Der Standpunkt des Lehrers habe zurückzustehen zugunsten der verschiedenen Meinungen, die es in der Gesellschaft zu einem Streitgegenstand gibt. Veranstalter war die Landeszentrale der politischen Bildung Baden-Württemberg; der Übereinkunft waren heftige Auseinandersetzungen zwischen eher konservativen schulpolitischen Konzepten insbesondere in Bayern, Baden-Württemberg und Rheinland-Pfalz sowie demokratisch-sozialistischen Vorstellungen vor allem in Hessen und Nordrhein-Westfalen vorausgegangen, die seinerzeit durch einen Minimalkonsens eingedämmt werden sollten. Der Beutelsbacher Konsens ist nach wie vor Kernbestand der politischen Pädagogik in der Schule, Lehrpläne nehmen explizit und implizit auf ihn Bezug.

Die politische Neutralität der Lehrer in den Schulgesetzen

Lehrer sind zumeist verbeamtet: In allen Bundesländern (seit 2017 auch in Thüringen) mit Ausnahme von Berlin werden Lehrer in das Beamtenverhältnis übernommen. Einschränkungen gelten in Sachsen und Sachsen-Anhalt: Im Freistaat Sachsen werden nur Schulleiter und deren Stellvertreter verbeamtet, in Sachsen-Anhalt nur neu einzustellende Lehrkräfte.

Beamte stehen in einer besonderen Stellung zu ihrem Dienstherrn (für Lehrer ist dies das Bundesland). Laut dem Bayerischen Beamtengesetz Art. 73 (1) lautet ihr Diensteid:

„Ich schwöre Treue dem Grundgesetz für die Bundesrepublik Deutschland und der Verfassung des Freistaates Bayern, Gehorsam den Gesetzen und gewissenhafte Erfüllung meiner Amtspflichten, so wahr mir Gott helfe."

Angesichts des Einzugs der AfD in kommunale Parlamente, in Landtage und den Bundestag ist die Situation gegeben, dass sich ein Lehrer dazu berufen fühlen kann, diese häufig als rechtspopulistisch bezeichnete Partei im Unterricht als eine Gefahr für die freiheitliche demokratische Grundordnung darzustellen – eine Gefahr, die die Gesellschaft (einschließlich der Schüler) abwehren müsse. Zu bedenken ist auch, dass Lehrer der Fächer Gemeinschaftskunde (wie der Politikunterricht in Baden-Württemberg genannt wird) und Sozialkunde (wie er in Bayern heißt) sowie Geschichte eher linke Einstellungen vertreten und daher besonders motiviert sein könnten, vor einer allgemein als rechts oder rechtsradikal und gelegentlich als rechtsextremistisch eingestuften Partei wie der AfD zu warnen oder anderweitig gegen sie zu argumentieren.

Ein Lehrer könnte sich in Bayern auf den umfangreichen und sehr präzise gefassten Art. 2 (1) des Bayerischen Erziehungs- und Unterrichtsgesetzes berufen, in dem über die Aufgaben der Schulen steht:

„Die Schulen haben insbesondere die Aufgabe, Kenntnisse und Fertigkeiten zu vermitteln und Fähigkeiten zu entwickeln, zu selbständigem Urteil und eigenverantwortlichem Handeln zu befähigen, zu verantwortlichem Gebrauch der Freiheit, zu Toleranz, friedlicher Gesinnung und Achtung vor anderen Menschen zu erziehen, zur Anerkennung kultureller und religiöser Werte zu erziehen, Kenntnisse von Geschichte, Kultur, Tradition und Brauchtum unter besonderer Berücksichtigung Bayerns zu vermitteln und die Liebe zur Heimat zu wecken, zur Förderung des europäischen Bewusstseins beizutragen, im Geist der Völkerverständigung zu erziehen und die Integrationsbemühungen von Migrantinnen und Migranten sowie die interkulturelle Kompetenz aller Schülerinnen und Schüler zu unterstützen, die Bereitschaft zum Einsatz für den freiheitlich-demokratischen und sozialen Rechtsstaat und zu seiner Verteidigung nach innen und außen zu fördern, die Durchsetzung der Gleichberechtigung von Frauen und Männern zu fördern und auf die Beseitigung bestehender Nachteile hinzuwirken, die Schülerinnen und Schüler zur gleichberechtigten Wahrnehmung ihrer Rechte und Pflichten in Familie, Staat und Gesellschaft zu befähigen, insbesondere Buben und junge Männer zu ermutigen, ihre künftige Vaterrolle verantwortlich anzunehmen sowie Familien- und Hausarbeit partnerschaftlich zu teilen, auf Arbeitswelt und Beruf vorzubereiten, in der Berufswahl zu unterstützen und dabei insbesondere Mädchen und Frauen zu ermutigen, ihr Berufsspektrum zu erweitern, Verantwortungsbewusstsein für die Umwelt zu wecken."

Die meisten Landesschulgesetze betonen die Verpflichtung der Lehrer zur parteipolitischen Neutralität im Unterricht. Sehr konkret liest sich die Formulierung im Hessischen Schulgesetz in der Fassung vom 14. Juni 2005, zuletzt geändert durch Gesetz vom 24. März 2015:

„§ 86 (3): […] zur Gewährleistung der Grundsätze des § 3 Abs. 1 haben Lehrkräfte in Schule und Unterricht politische, religiöse und weltanschauliche Neutralität zu wahren; § 8 bleibt unberührt. Insbesondere dürfen sie Kleidungsstücke, Symbole oder andere Merkmale nicht tragen oder verwenden, die objektiv geeignet sind, das Vertrauen in die Neutralität ihrer Amtsführung zu beeinträchtigen oder den politischen, religiösen oder weltanschaulichen Frieden in der Schule zu gefährden. Bei der Entscheidung über das Vorliegen der Voraussetzungen nach Satz 1 und 2 ist der christlich und humanistisch geprägten abendländischen Tradition des Landes Hessen angemessen Rechnung zu tragen. Für Lehrkräfte im Vorbereitungsdienst kann die zuständige Behörde auf Antrag abweichend von Satz 2 im Einzelfall die Verwendung von Kleidungsstücken, Symbolen oder anderen Merkmalen zulassen, soweit nicht zwingende öffentliche Interessen entgegenstehen."

Mit den Grundsätzen des § 3 ist gemeint: „(1) Die Schule achtet die Freiheit der Religion, der Weltanschauung, des Glaubens und des Gewissens sowie das verfassungsmäßige Recht der Eltern auf die Erziehung ihrer Kinder und nimmt Rücksicht auf die Empfindungen und Überzeugungen Andersdenkender."

Damit sind Grenzen der politischen Betätigung von Lehrern im Unterricht benannt.

Lehrer gegen die AfD

Am Markgraf-Albrecht-Gymnasium in der Kleinstadt Osterburg/Sachsen-Anhalt rief die Schulleiterin Michaela Steinke (Lehrerin für Deutsch und Religion) die Schüler kurz nach der Bundestagswahl 2017 auf, zum Protest gegen das AfD-Ergebnis in bunter Kleidung zur Schule zu kommen. Das sollte ein Zeichen gegen Rassismus, Extremismus und Ausgrenzung sein. Hintergrund sei nicht nur die Einstellung Steinkes, für Gerechtigkeit und gegen Diskriminierung eintreten zu wollen, sondern auch die Verpflichtung der Lehranstalt, Projekte zu gesellschaftlichen Themen zu veranstalten, wenn sie den Titel „Schule ohne Rassismus, Schule mit Courage" behalten wolle, den sie seit 2014 trägt. In Osterburg erzielte die AfD ein Ergebnis von 16 Prozent der Wählerstimmen.

Der Erdkunde- und Sportlehrer Alexander Dankert, zugleich Oberstufenkoordinator, hielt ebendort in der großen Pause eine kurze Ansprache vor dem größeren Teil der 700 Schüler: „Ihr Schüler und wir Lehrer sind eine Schulgemeinschaft ohne Rassismus und mit couragiertem Handeln." Weiter: „Wir sind weltoffen und praktizieren an unserer Schule Akzeptanz und Toleranz."[7]

Mehr als einhundert E-Mails an die Schule enthielten Kritik an der Rede. Zum großen Teil kamen sie von AfD-Anhängern, teilweise waren sie voller Hass. Die AfD zeigte sich empört: Ihr Landesvorsitzender André Poggenburg MdL, wie der gesamte Landesverband ein Exponent des rechten, nationalen „Flügels", erklärte: „Lehrer betreiben bewusst

Gehirnwäsche an Kindern, um politisch Andersdenkende verächtlich zu machen, wie wir es aus dunkler deutscher Geschichte kennen."[8] Er forderte darüber hinaus Disziplinarmaßnahmen gegen die Lehrer und juristische Schritte gegen die „Altmark Zeitung", die die Aktion als „starkes Zeichen gegen rechts" gewürdigt hatte. Demgegenüber äußerten sich Politiker der CDU, der Linken und der Grünen lobend über die Aktion an der Schule.[9]

Meines Erachtens ist zwar eine Kritik an Erscheinungsformen rechtsradikalen Denkens, ebenso wie an dessen linksradikalem Pendant, regelmäßig vorzunehmen, und dabei sollten verschiedene Aktionsformen angewandt werden. Die Frage ist, was das entsprechende Gesetz dazu aussagt. Das sachsen-anhaltinische Schulgesetz ist sehr allgemein gehalten – von einer Neutralitätspflicht des Lehrers in parteipolitischer Hinsicht ist nicht die Rede: „Von der Lehrerin und von dem Lehrer wird gefordert, den ihnen anvertrauten Kindern und Jugendlichen die Grundwerte der Verfassung zu vermitteln und sich für den Staat und die Gestaltung der freiheitlich-demokratischen, rechts- und sozialstaatlichen Ordnung einzusetzen." (§30 (2) SchulG LSA)

Insofern haben die verantwortlichen Lehrer nicht gegen das Gesetz verstoßen. Es sollte meines Erachtens dennoch einer Diskussion der verschiedenen Standpunkte pro und contra AfD der Vorzug gegeben werden. Im vorliegenden Fall kann bei den Schülern der Eindruck entstehen, die AfD stünde insgesamt für Rassismus, Extremismus und Intoleranz. Ein Appell auf dem Schulhof ist m. E. zu kurz, zu einseitig und bietet keinen Erkenntnisfortschritt, den Schüler der Oberstufe anhand des Programms und ausgewählter Medienbeiträge zusammen mit den Lehrern erarbeiten könnten.

Dem Beutelsbacher Konsens zufolge dürfen Schüler nicht „überwältigt" werden: Schüler sollen sich ihr politischen Urteil selbst bilden können. Ziel ist die Mündigkeit der Schüler. In Osterburg kam es hingegen zu einer Indoktrinierung, die an die „Appelle" in der DDR erinnert. Zum Beutelsbacher Konsens gehört weiterhin das Grundprinzip, der Schüler müsse in die Lage versetzt werden, „eine politische Situation und seine eigene Interessenlage zu analysieren". Ein Appell auf dem Schulhof mit einer einseitigen Kennzeichnung eines politischen Phänomens (um nicht zu sagen: einer Feindbestimmung) dürfte jenem Leitgedanken freilich kaum gerecht werden! Das Indoktrinationsverbot hat da seine Grenze, wo notwendigerweise vor Verfassungsfeinden gewarnt werden sollte. Bei der AfD handelt es sich, wie eingangs festgestellt, aber nicht um eine extremistische oder verbotene oder von einem Verbotsverfahren bedrohte Partei.

Es ist dabei auch an Schülerinnen und Schüler zu denken, deren Eltern AfD-Anhänger sind. Diese nicht ganz kleine Gruppe sollte sich nicht an den Pranger gestellt fühlen. Überhaupt stellt sich die Frage, ob Kinder von AfDlern von ihren Mitschülern gehänselt oder gemobbt werden, und was Lehrer dagegen tun, falls sie davon erfahren.

Zwei Schülerinnen aus der 8. und 10. Klasse einer Gesamtschule – sie wollen anonym bleiben und baten, den Schulort nicht zu nennen – schrieben kurz vor der Bundestagswahl 2017 an die Website journalistenwatch.com:

„Vor ein paar Wochen mussten zwei Jungs aus meiner Klasse zum Abteilungsleiter Herrn W. Ihnen wurde vorgeworfen, dass sie Rassisten sind, weil sie sich in der Klasse laut über Flüchtlinge unterhalten haben. Es ging um allgemeine Themen, die gerade in der Welt passieren. Nur weil sich die beiden etwas stärker über die Flüchtlinge geäußert haben. Dabei waren sie im Recht und haben nur die Wahrheit gesagt!!! Nun dürfen die beiden nichts ‚böses‘ mehr über Flüchtlinge sagen!!

Außerdem wurde dem gleichen Jungen, der für die AfD ist, vom Lehrer gesagt, wenn er die AfD wählt, dann wird er aus seinem Kurs geschmissen. UND DAS WAR ERNST GEMEINT!!

Außerdem beeinflussen uns viele Lehrer und lassen uns nicht unsere eigene Meinung! Es wird dann versucht immer dagegen zu reden und uns in eine andere Richtung zu bringen! Und dieser Meinung sind viele Kinder!

An unserer Schule haben wir die Wahlen nachgestellt. Ich bin jetzt in der 10. Klasse. Im Geschichtsunterricht wurden wir darauf ‚vorbereitet‘. Mein Lehrer hat aber immer nur seine Meinung vertreten. In den vorigen Stunden hatte er immer gesagt, dass die Menschen, die die AfD wählen würden, keine Ahnung hätten. Heute, ein paar Minuten vor den Wahlen, hat er dann nochmal über die Parteien geredet und hat die AfD Wähler als ‚Spacken‘ beleidigt.

Jeder sollte die Meinung anderer Akzeptieren [sic!]. Es gibt schließlich Meinungsfreiheit.

Außerdem werden wir immer beeinflusst und in eine Richtung gelenkt und zwar immer die der Lehrer!!"[10]

Hier handelt es sich um eine Meinungslenkung, die nicht mit dem Neutralitätsgebot der Lehrer vereinbar ist. Eine Erörterung unterschiedlicher Standpunkte blieb aus. Vielmehr wurde einem Schüler mit der

Beeinträchtigung seiner Schulkarriere gedroht, wenn er sich für die angeblich falsche Partei ausspricht!

Lehrer in der AfD

Eine weitere wichtige Frage ergibt sich aus der AfD-Mitgliedschaft von Lehrern. Es wäre sicher überzogen, allein die Parteimitgliedschaft zum Gegenstand disziplinarischer Maßnahmen zu machen. Anders verhält es sich, wenn ein Lehrer im Unterricht erkennbar parteiisch auftritt, gar mit verfassungsfeindlichen Äußerungen auffällt oder den Schulfrieden durch unmissverständliche Äußerungen stört – etwa über Immigration in Anwesenheit ausländischer Kinder. Bei derartigen Vorfällen wäre zumindest auf Schulebene zu handeln, um den Schaden zu begrenzen und vergleichbaren Problemen vorzubeugen.

Wurden disziplinarische Maßnahmen gegen Lehrer wegen einer AfD-Mitgliedschaft oder einer Kandidatur für die AfD ergriffen? In Berlin kündigte eine Schule in der Trägerschaft der Evangelischen Kirche dem Lehrer Hendrik Pauli, der Parteimitglied der AfD ist – genauer: Schatzmeister im Bezirk Neukölln und Kandidat zur Abgeordnetenhauswahl –, während der Probezeit. Als Kündigungsgrund wurde allerdings nicht sein Engagement der AfD angegeben, sondern seine Teilnahme an den Demonstrationen der Vereinigung „Bärgida", des Berliner Pendants zur „Pegida"-Bewegung, und seine öffentlich gezeigte Sympathie für die Identitäre Bewegung. Wegen dieser Verbindung zu Organisationen, die vom Verfassungsschutz beobachtet werden, äußerte der Vorstandsvorsitzende der Evangelischen Schulstiftung in der Landeskirche, Frank Olie, Zweifel an der pädagogischen Eignung. Es ist im Übrigen statthaft, dass die Kirche als Tendenzbetrieb strengere Maßstäbe an die Persönlichkeit der bei ihr beschäftigten Lehrkräfte anlegt als der Staat – eine Meinung, die auch der Deutsche Lehrerverband vertritt.

Schluss

Lehrer sollten im Sinne ihrer Treue zur Bundesrepublik Deutschland fähig und bereit sein, Schüler vor den hauptsächlichen Ausprägungen des Extremismus zu warnen: Links- und Rechtsextremismus sowie dem islamischen Extremismus. Weiteres geht aus dem oben zitierten Absatz des Bayerischen Erziehungs- und Unterrichtsgesetzes ausführlich und präzise hervor.

Die AfD ist im Gegensatz zur NPD keine rechtsextremistische Partei. Einige AfD-Funktionäre sind grundgesetztreue Konservative, andere sind nationale Rechte, die sich mit betont radikalen, emotional aufgeladenen Äußerungen allerdings in die geistige Nähe rechtsextremistischer Gruppen begeben. Die westdeutschen Landesverbände sind moderater als die ostdeutschen, sie erinnern eher an den konservativen Flügel der CDU und CSU in den Jahrzehnten vor dem Jahr 2000: Die im Vergleich zahlenmäßig stärkeren ostdeutschen Vertreter beabsichtigen eher die Vertretung von „Wutbürgern", nehmen also in Inhalt und Wortwahl eine schärfere Ablehnung der Verfassungswirklichkeit vor. Insgesamt ging die Tendenz zuletzt ins fundamental-oppositionelle, durch Abgrenzung von den sogenannten „Altparteien" gekennzeichnete Spektrum, was durch Äußerungen Björn Höckes und die Austritte der mittelfristig koalitionswilligen AfD-Spitzenpolitiker Frauke Petry und Marcus Pretzell leicht belegt werden kann.

Anstelle einer einseitigen, moralisch aufgeladenen Frontstellung gegen die AfD – „hier Demokrat, dort Rechtsextremist" – wäre besser, zu überprüfen, inwieweit sich radikale Äußerungen von AfDlern (gedruckte Rede oder Video) mit dem maßvollen AfD-Parteiprogramm vereinbaren lassen. Widersprüche wären herauszuarbeiten, ebenso wäre zu prüfen, ob und wie AfD-Personal rechtsradikale/rechtsextremistische Positionen zu tarnen versucht.

Ebenso sollten Lehrer im Unterricht erörtern, dass es kriminelle Antifa-Aktionen gegen AfD-Politiker (etwa gegen den Fraktionsvorsitzenden der AfD im Landtag von Rheinland-Pfalz, Uwe Junge: das Auto seiner Ehefrau wurde zerstört), gegen werbende AfD-Anhänger und gegen Wirte gibt, die der AfD Versammlungsräume zur Verfügung stellen: Gaststätten wurden mit „Nazis" und anderen Slogans beschmiert sowie Wirte durch Drohungen unter Druck gesetzt, Vereinbarungen mit der AfD abzusagen. Dies ist als Linksextremismus zu benennen. Auch die Behinderung von AfD-Kundgebungen durch die Blockade von Wahlkampfständen oder gezielte Verleumdungen sollten erwähnt und debattiert werden. Die Vorwürfe konkurrierender Politiker an AfDler, sie seien „Nazis", sind auf ihren Wahrheitsgehalt zu überprüfen, denn Lehrer sollten ihre Schüler zu einem kritischen, verfassungstreuen, aber nicht obrigkeitsorientierten Denken erziehen.

Literatur:

Fittkau, Ludger: Nach Dresdner Rede: Höcke soll nicht mehr als Lehrer arbeiten dürfen, Deutschlandfunk vom 19. Januar 2017. Online: http://www.deutschlandfunk.de/nach-dresdener-rede-hoecke-soll-nicht-mehr-als-lehrer.680.de.html?dram:article_id=376775.

Amann, Melanie: Angst für Deutschland. Die Wahrheit über die AfD. Wo sie herkommt, wer sie führt, wohin sie steuert, München 2017.

Frech, Siegfried / Richter, Dagmar (Hg.): Der Beutelsbacher Konsens. Bedeutung, Wirkung, Kontroversen, Schwalbach 2017.

Höcke, Björn: „Gemütszustand eines total besiegten Volkes" (Redeprotokoll), Tagesspiegel vom 19. Januar 2017. Online: http://www.tagesspiegel.de/politik/hoecke-rede-im-wortlaut-gemuetszustand-eines-total-besiegten-volkes/19273518-all.html.

N.N.: Unterlassungserklärung. Bundesbehörden dürfen AfD nicht mehr rechtsextrem nennen, Münchner Merkur vom 15. Juli 2017. Online: https://www.merkur.de/politik/bundesbehoerden-duerfen-afd-nicht-mehr-rechtsextrem-nennen-zr-8488975.html.

N.N.: Dresdner Rede. Staatsanwaltschaft stellt Ermittlungen gegen Höcke ein, Die Zeit vom 1. März 2017. Online: http://www.zeit.de/politik/deutschland/2017-03/dresdner-rede-bjoern-hoecke-ermittlungen-eingestellt-staatsanwaltschaft-afd.

N.N.: Gymnasium setzt starkes Zeichen gegen rechts, Altmark Zeitung vom 30. September 2017. Online: https://www.az-online.de/altmark/osterburg/gymnasium-setzt-starkes-zeichen-gegen-rechts-8730839.html.

N.N.: Bunte T-Shirts erzürnen AfD, Volksstimme vom 7. Oktober 2017. Online: https://www.volksstimme.de/sachsen-anhalt/schulaktion-bunte-t-shirts-erzuernen-afd.

N.N.: Landespolitik meldet sich zu Wort: „Hässliche Entgleisung", Altmark Zeitung vom 12. Oktober 2017. Online: https://www.az-online.de/altmark/osterburg/haessliche-entgleisung-8765644.html.

N.N.: Schülerinnen packen aus: Wehe, ihr wählt die AfD: und sie tun's, journalistenwatch.com vom 21. September 2017. Online: https://www.journalistenwatch.com/2017/09/21/schuelerin-packt-aus-lehrer-machen-afd-schlecht/.

N.N.: Verfassungsschutz: Weiter keine Beobachtung der AfD, Münchner Merkur vom 16. Februar 2018. Online: https://www.merkur.de/politik/verfassungsschutz-weiter-keine-beobachtung-afd-zr-9620124.html.

Patzelt, Werner: Das Höcke-Gutachten. Oder: Wie erkennt man Rassismus bzw. Extremismus?, wjpatzelt.de vom 3. Januar 2016. Online: http://wjpatzelt.de/2016/01/03/das-hoecke-gutachten-oder-wie-erkennt-man-rassismus-bzw-extremismus/.

Winckler, Stefan: Wolfgang Gedeon – antisemitischer Hetzer oder „nur" ein Sonderling?, historiker-stefan-winckler.de ohne Datum. Online: http://www.historiker-stefan-winckler.de/verfassung-und-moderner-staat/das-irrlicht-wolfgang-gedeon/.

1   Vgl. https://www.merkur.de/politik/bundesbehoerden-duerfen-afd-nicht-mehr-rechtsex-
     trem-nennen-zr-8488975.html.
2   Vgl. https://www.merkur.de/politik/verfassungsschutz-weiter-keine-beobach-
     tung-afd-zr-9620124.html.
3   http://www.tagesspiegel.de/politik/hoecke-rede-im-wortlaut-gemuetszustand-eines-total-be-
     siegten-volkes/19273518-all.html.
4   Vgl. http://www.zeit.de/politik/deutschland/2017-03/dresdner-rede-bjoern-hoecke-ermittlun-
     gen-eingestellt-staatsanwaltschaft-afd.
5   http://wjpatzelt.de/2016/01/03/das-hoecke-gutachten-oder-wie-erkennt-man-rassis-
     mus-bzw-extremismus/.
6   Vgl. http://www.deutschlandfunk.de/nach-dresdener-rede-hoecke-soll-nicht-mehr-als-leh-
     rer.680.de.html?dram:article_id=376775.
7   https://www.az-online.de/altmark/osterburg/gymnasium-setzt-starkes-zeichen-ge-
     gen-rechts-8730839.html.
8   https://www.volksstimme.de/sachsen-anhalt/schulaktion-bunte-t-shirts-erzuernen-afd.
9   https://www.az-online.de/altmark/osterburg/haessliche-entgleisung-8765644.html.
10   https://www.journalistenwatch.com/2017/09/21/schuelerin-packt-aus-lehrer-machen-afd-
     schlecht/.

Notizen über Christentum, Populismus und die Religion des Globalismus

Von Martin Lichtmesz

Im Folgenden will ich mich nicht der Frage widmen, inwiefern Christentum und „Populismus" – gedacht weniger als Inhalt denn als politischer Stil – miteinander vereinbar sind. Ich will skizzieren, was heute gemeint ist, wenn vom „Populismus" die Rede ist, und warum Christen genötigt werden, sich gegen ihn zu positionieren.

Festzustellen ist, dass sich das Christentum historisch stets als politisch äußerst flexibel erwiesen hat, ob dogmatisch-institutionell gebunden oder als Sekte und Bewegung wildernd. Formen des Christentums haben die Monarchie gestützt und die Entwicklung der Demokratie gefördert, standen mal auf der Seite des Staates und des Establishments, mal auf der Seite des Volkes und der „Verdammten dieser Erde", haben linke wie rechte Extremisten, Faschisten wie Sozialisten inspiriert, haben sich der Politik ebenso bemächtigt wie sich radikal von ihr abgewandt. Immer hat sich hier die Frage nach der Rechtgläubigkeit gestellt, nach dem „wahren" Christentum, seiner legitimen und „authentischen" oder missbräuchlichen und „pervertierten" Rolle, seinem Verhältnis zum weltlichen Geschäft der Politik und seinem Stellenwert in der Polis.

Der „Populismus" (oder genauer: „Rechtspopulismus"), um den es hier gehen soll, ist ein Kampfbegriff, der einer säkularen politischen Religion, die ich als „Globalismus" oder – im Anschluss an Rolf Peter Sieferle – als „humanitären Universalismus" bezeichne, zur Feindbestimmung dient. Diese Religion ist der ideologische Überbau des ökonomischen Globalismus und weist zwei Hauptzweige auf: einen liberalen, den man als „Religion der Menschenrechte", und einen linken, den man als „Kulturmarxismus" bezeichnen könnte. Beide sind aus der Geistesgeschichte der westlichen Zivilisation hervorgegangen und arbeiten heute massiv an ihrer Unterminierung, Dekonstruktion, ja Zerstörung. Zum Teil bewusst, zum Teil mit guten und frommen Vorsätzen meist utopischer Natur; beide hängen genetisch mit der Ideenwelt des Christentums zusammen.

„Im Rahmen der aktuellen Kontroversen fällt auf, wie die christlichen Kirchen mit oft unmissverständlicher Schärfe gegen populistische Stimmungsmache und für ein Projekt aufgeklärter und toleranter Demokratie Partei ergriffen haben", schreibt der 1958 geborene Professor für Moralphilosophie Walter Lesch im Vorwort zu dem von ihm herausgegebenen Sammelband „Christentum und Populismus" (Freiburg i. Br. 2017). „Dieser Elan" sei „aus theologischer und ethischer Hinsicht nachdrücklich zu begrüßen und sollte auf keinen Fall gebremst werden." Gleichzeitig verfolge sein Buch auch die Absicht, einen „selbstkritischen Blick" auf „,unheilige Allianzen' zwischen Populismus und Religion zu werfen."

Die „Selbstkritik", die Lesch einfordert, bezieht sich allerdings nicht auf die politischen Gemeinplätze, mit denen er operiert, als wären sie selbsterklärende Machtworte, die man nicht näher begründen müsse: „aufgeklärt", „tolerant", „Demokratie" oder „menschenverachtend" wären Beispiele. Hinter jeden einzelnen dieser Begriffe ließen sich etliche Fragezeichen setzen, was ihren Sinngehalt und ihre konkrete Bedeutung in konkreten Lagen im dominanten ideologischen System der westlichen Welt betrifft.

Leschs Schlussappell im Nachwort spricht sich zwar gegen „die Dämonisierung einer als gefährlich eingestuften politischen Tendenz" aus und plädiert artig für „Überzeugungsarbeit", „realistisch im Umgang mit der Wucht überfordernder religiöser Ideale, nah bei den betroffenen Menschen und informiert auf der Grundlage wissenschaftlich fundierter Analysen". Das ist aus der „rechtspopulistischen" Sicht, die ich hier vertrete, insofern amüsant, als es Wort für Wort unserem eigenen Anspruch entspricht – gegenüber einem politisch-medialen Machtkomplex, der die (christliche) Religion mit einer „überfordernden" Hypermoral verwechselt, der die „betroffenen Menschen", die „Beta-Opfer" und „Kollateralschäden" seiner Agenda ignoriert und mit einer stupenden Irrationalität und Realitätsverweigerung agiert, die mit „Wissenschaft" oder analytischem Denken nicht das Geringste zu tun hat. Leschs Versuch, zu belegen, dass „Christentum und Populismus" aus „normativen" – nicht empirischen! – Gründen „unvereinbar seien", ist ein theologisches Unterfangen, das die Rechtgläubigkeit festigen und die Häretiker identifizieren will. Es ist im Grunde der gleiche Kampf, den staatlich gesponserte Politikwissenschaftler gegen das Phänomen „Populismus" führen, wie es sich in Deutschland unter anderem im Aufstieg der AfD und in Bürgerbewegungen wie „Pegida" manifestiert, analog zu ähnlichen Phänomenen in Westeuropa und den USA.

Dieser „Populismus" mobilisiert ur-demokratische Impulse und bringt sie gegen ein gut abgesichertes Machtkartell in Stellung, das die nationalen Interessen nicht nur schlecht vertritt, sondern ihnen mittlerweile aktiv zuwiderhandelt. Dieses Establishment legitimiert sich rhetorisch durch den Anspruch, „die Demokratie" zu repräsentieren, ein Begriff, der durch eine geradezu mystische, unantastbare Aura wirkt. Demokratie gibt es allerdings nur im Plural, ebenso wie man anstelle von einem „Christentum" als monolithischem Block korrekterweise von Christentümern sprechen müsste (das Gleiche gilt übrigens für den Islam und das Judentum). Seine Vertreter sagen: „Wir – und nur wir – sind die Demokratie", analog zu dem Vorwurf, den sie den Populisten machen, wenn diese rufen: „Wir sind das Volk!" Dies bedeute *„Nur wir* sind das Volk" und sei daher eine „undemokratische Ausgrenzung Andersdenkender" und Andersseiender (Lesch).

Der Streit zwischen „Populisten" und „Establishment" um die „Demokratie" ist nicht nur ein Streit um Partizipation und Repräsentation, sondern auch um die rechtgläubige Auslegung, was legitim „Demokratie" sei und was nicht – wenn man so will: ein Streit zwischen einer Schicht, die sich selbst zur allein seligmachenden demokratischen Orthodoxie erklärt hat, und ihren Anfechtern, die sie zu Ketzern und Schismatikern abstempelt, die „die Gesellschaft spalten". Darüber hinaus ist dieser Konflikt Ausdruck einer Identitätskrise des *demos* wie auch des Staates, der ihn vertreten und seinen Willen zum Ausdruck bringen soll. Diese Krise ist im Wesentlichen Folge einer Politik der Multikulturalisierung durch Masseneinwanderung, die dabei ist, das ethnische Gefüge der Nation radikal zu verändern. Hinter dem Slogan „Wir sind das Volk" steckt nicht nur der Ruf nach Gehör und Mitspracherecht, sondern auch die Frage: „Wer sind wir als Volk?" oder „Wer wollen wir als Volk sein?", ja generell: „Was ist ein Volk überhaupt?" Er bedeutet daher auch: „Wir wollen wieder ein *Volk* sein, keine *Bevölkerung!*" Dies ist eine direkte Reaktion auf die schleichende, globalistisch-universalistische Umdeutung des Volks- und damit Demokratiebegriffs durch die westlichen Eliten, denen nicht ohne Grund das Wort „völkisch" als Schimpf- und Bannwort gilt.

Der Glaube, den Lesch und seine Autoren zu verteidigen und mit Vernunftgründen zu untermauern versuchen, ist mitnichten „das Christentum" an sich, sondern eine bestimmte, säkular-religiös aufgeladene Form der „Demokratie" oder des Liberalismus, die sich auf eine unklar definierte „christliche Moral" beruft.

Auch wenn genuin ökonomische und politische Aspekte im Gesamtkomplex eine große Rolle spielen: Das Phänomen des modernen Liberalismus in seiner heutigen, globalistischen Mutationsform erschließt sich erst, wenn man lernt, ihn als eine *Religion* zu betrachten. So sieht es etwa der israelische Philosoph Yuval Harari: Mit der Diskreditierung der christlichen Religion im Zeitalter der Aufklärung beginnt die Epoche des Humanismus und Anthropozentrismus, die den Menschen in den Mittelpunkt prometheischer Selbsterlösungs- und Selbstoptimierungsprojekte stellt. Die großen Ideologien der Moderne wie Liberalismus, Kapitalismus, Kommunismus sind für Harari nur als „Religionen" auf der Basis der Entthronung Gottes und der Inthronisierung „des Menschen" verstehbar. In seinem Buch „Homo Deus. Eine Geschichte von morgen" (München 2017) schreibt er: „Ließ die landwirtschaftliche Revolution die theistischen Religionen entstehen, so brachte die wissenschaftliche Revolution humanistische Religionen hervor, in denen die Menschen an die Stelle der Götter traten. Während Theisten *theos* (griechisch für Gott) verehren, beten Humanisten den Menschen an. Die Grundüberzeugung humanistischer Religionen wie des Liberalismus, des Kommunismus und des Nationalsozialismus lautet, dass Homo sapiens über einen einzigartigen und heiligen Wesenskern verfügt […]."

Sie haben richtig gelesen: *Le national-socialisme est un humanisme,* um es in Anlehnung an Sartres Verdikt über den Kommunismus zu sagen, nämlich die darwinistisch-„evolutionäre" Variante unter den „humanistischen Sekten", zu denen noch der „liberale" und der „sozialistische" Humanismus zählen. Diese Lesart verblüfft wohl jene am meisten, die selbst Anhänger dieser liberalen Religion sind, welche von dem Glauben ausgeht, dass sich „die Menschheit" stetig progressiv emanzipiere und auf ein massendemokratisches „Ende der Geschichte" zusteuere.

Für Katholiken vor allem konservativer, traditionalistischer und vorkonziliarer Färbung klingt diese Deutung jedoch wohlvertraut. Sie erkennen darin „die Tragödie des Humanismus ohne Gott" wieder, wie es Henri de Lubac nannte, und schlimmstenfalls noch viel mehr: Die weltliche Parodie des christlichen Heilsversprechens, die „Immanentisierung des Eschaton", die Konzentration der Macht in der Herrschaft des Antichristen, der die trügerische „Maske des Erlösers" (Arnold Gehlen) trägt und „securitas et pax" für die ganze Welt verspricht – nicht anders als der „humanitäre Universalismus" Sieferles, der mit Hararis „liberalem Humanismus" identisch ist. Seinen Glaubensinhalt umschreibt Harari so: Wenn man die Wirtschaft immer mehr globalisiere und die politischen Systeme der Welt immer mehr liberalisiere und „demokratisiere", werde man eines Tages im „Paradies auf Erden" leben. Daraus folgt die utopische Idee eines Weltstaates, den es zu errichten, und eines Menschheitsvolkes, das es zu einigen gilt, in manchen Varianten der Geschichte auch durch universelle Rassenvermischung.

Die Wiedergeburt des Nationalismus, Patriotismus, Identitarismus, Partikularismus oder eben „Populismus" (alle diese Begriffe lassen sich heute weitgehend synonym gebrauchen) ist nach Harari die Folge eines Glaubensabfalls von dieser religiösen, sinnstiftenden Erzählung. Ihre Suggestivkraft wirkt indes weiterhin so stark, dass die meisten ihrer Anhänger kein Bewusstsein für den religiösen Glaubenscharakter ihrer Überzeugungen haben. Daraus erklärt sich auch die typische Intoleranz und Gereiztheit dieser Art von Liberalen gegenüber „illiberalen" Ketzereien und Häresien, wie schon der amerikanische Historiker Christopher Lasch in seinem Buch „Die blinde Elite. Macht ohne Verantwortung" (Hamburg 1995) angemerkt hat.

Auch Lesch betrachtet Religion und Populismus von der Warte einer postulierten „aufgeklärten Religion" aus, mit anderen Worten, eines (zivil-)religiösen Systems, das Ideologemen wie den „Menschenrechten", dem „Pluralismus" oder der „Demokratie" einen unhinterfragbaren, dogmatischen Wert beimisst. Von der christlich-religiösen Warte aus versteht sich diese Verknüpfung keineswegs von selbst. Historisch gesehen ist die Anpassung der modernen Kirchen an die verschiedenen politischen Systeme, die im Laufe der Modernisierung ihre Macht zurückdrängten, eher eine erzwungene diplomatische Leistung, die wenig mit ihrer Substanz im eigentlich religiösen Sinne zu tun hat. Manche protestantische Konfessionen, insbesondere in ihrer angelsächsisch-puritanischen und calvinistischen Variante, können durchaus als Wegbereiter der neuzeitlichen Demokratie gesehen werden, während die katholische Kirche mit ihrer streng hierarchischen Form bis heute eher der Monarchie verwandt ist. Was das Wirken der Kirche in der Welt, in der *civitas terrena* angeht, so verstand sie es stets, „zwei Reiche" zu unterscheiden und dem Kaiser zu geben, was des Kaisers war. Ihre Theologen haben seit jeher gearbeitet wie Juristen, die heiligen Schriften nach Rechtfertigungen, Legitimationen, Begründungen durchforstend, gerade so, wie sie politisch gebraucht wurden. Daran hat sich bis heute nichts geändert.

Tatsache ist, wie gesagt, dass die Kirchen stets recht flexibel, um nicht zu sagen opportunistisch waren, was ihr Verhältnis zur Staatsmacht angeht. Aus diesem Grund waren sie zumindest in Europa eher selten auf der Seite der „Populisten". Michael Klonovsky bemerkte: „Populismus heißt zuallererst: gegen das Establishment. Es waren Populisten, die Ludwig XVI. enthauptet haben. Es waren Populisten, die den Adel entmachtet haben. Es waren Populisten, die die kommunistischen Diktaturen in den Ostblockstaaten gestürzt haben. Letzteres ist wahrscheinlich auch der Grund, warum die Populisten heute noch eine so schlechte Presse bekommen."

Im Jahre 1789, als ein „populistischer" Aufstand gegen die herrschenden Eliten des Ancien Régime zu einer blutigen Revolution führte, war die Kirche als bedeutende Stütze des „Establishments" auf der Seite der Machthaber; die Denker der Gegenaufklärung wie Joseph de Maistre oder Donoso Cortés verteidigten noch lange Altar und Thron gegen die luziferischen Angriffe durch Jakobinertum, Demokratie, Aufklärung und Liberalismus. Zweihundert Jahre später stand die Kirche im kommunistischen Polen auf der Seite der Populisten der Solidarność im Kampf gegen das kommunistische Regime und stritt für Freiheit, Nation und Demokratie. „Alles fließt, sagt Heraklit, der Felsen Petri, der fließt mit", spottete Carl Schmitt anlässlich des Zweiten Vatikanischen Konzils. Die welthistorischen Kräfte, die 1789 die Macht ergriffen, haben gleichsam die Kirche gekapert und auf ihre Seite gezogen, die Ordnung der Dinge durcheinandergeworfen, auf den Kopf gestellt.

1864 hat Pius IX. mit dem „Syllabus Errorum" einen Irrtümer-Katalog verfasst, der unter anderem den Satz verwarf: „Der Römische Papst kann und muss sich mit dem Fortschritt, dem Liberalismus und der heutigen Zivilisation versöhnen und vereinigen." Dieses Verdikt wurde ein Jahrhundert später von der Konzilskonstitution „Gaudium et spes", die von Benedikt XVI. ausdrücklich als „Versuch einer Versöhnung mit der seit 1789 gewordenen neuen Zeit" gewürdigt wurde, wieder aufgehoben.

Im Deutschland des Jahres 2018 stehen die Kirchen mit ihrer von Lesch so gelobten Verurteilung der „populistischen Stimmungsmache" stramm auf der Seite der Machthaber und beteiligen sich fleißig an der „Stimmungsmache" gegen deren Opposition, wobei eher zweifelhaft ist, ob ihre Verve tatsächlich rein theologischen oder ethischen Motiven entspringt. Diese Positionierung beruht allerdings nicht nur auf Opportunismus, sondern hat wohl tatsächlich mit einer postkonziliaren ideologischen Umschaltung im Herzen der Kirche zu tun.

Doch werden wir konkret. Vereinfacht gesagt, lassen sich die Lager heute in zwei Gruppen teilen: Einwanderungsgegner und Einwanderungsbefürworter. „Nationalisten" respektive „Patrioten" auf der einen, „Globalisten" respektive „Internationalisten" auf der anderen Seite; aber auch, und das will ich hier ausdrücklich festhalten, *Realisten gegen Utopisten*. Das eine Lager betrachtet die europäischen Nationalstaaten als Einwanderungsländer, die der ganzen Welt offen stehen sollen, das andere betrachtet sie als Heimaten der europäischen Völker, die gesichert und erhalten werden müssen. Wer Einwanderungsgegner ist oder auch nur – wie die linke Politikerin Sahra Wagenknecht – schrankenlos offene Grenzen als politisch absurde Idee ablehnt, wird vom Establishment rasch als „Populist" oder „Rechtspopulist" abgestempelt, was nur eine Vorstufe zum „Rechtsextremisten", „Rassisten", „Nazi" und Ähnlichem ist.

Die heute alles entscheidende Schicksalsfrage Europas wie der westlichen Welt insgesamt dreht sich um „Migration und Asyl" (Lesch) oder, um es deutlicher und realistischer zu sagen: Masseneinwanderung, Bevölkerungsaustausch, Multikulturalisierung und Islamisierung. Da die – ursprünglich christdemokratische – Europäische Union unter Berufung auf die „Menschenrechte" und die „liberale Demokratie" aktiv eine Politik der Multikulturalisierung, Masseneinwanderung und „Diversity" fördert, ist eine Wendung der Einwanderungsgegner gegen Brüssel unvermeidlich. So, wie sich die Parteienkartelle der westeuropäischen Regierungen mit „der Demokratie" gleichsetzen, so setzt sich Brüssel mit „Europa" gleich, um sich gegen jede Kritik zu immunisieren. Aus den Gegnern und Kritikern der EU, bis hin zu den widerspenstigen osteuropäischen Mitgliedsstaaten, die sich den Segnungen der „Diversity" verweigern, werden dann „Demokratiefeinde" oder „Europafeinde".

Die „Populisten", die sich selbst als Demokraten und Europäer sehen, halten demgegenüber an der klassischen Basis des Nationalstaates fest, dass der *demos* einer Demokratie nur ein konkretes Volk sein kann, verbunden durch Sprache, Abstammung, Geschichte und Kultur, und nicht etwa eine beliebige Ansammlung von Menschen, denen man bloß die passenden Pässe ausstellen muss. Brüssel dagegen steuert auf das Ziel einer übernationalen „Demokratie" zu, in der die souveränen Nationalstaaten weitgehend entmachtet und dekonstruiert worden sind, auf ein politisches Gebilde, das am Ende wohl weniger einer demokratischen „Republik" ähneln wird, wie es Apologeten à la Ulrike Guérot nennen, sondern eher einem autoritären „Imperium", wie der belgische Historiker David Engels betont.

Der in New York lebende Politikwissenschaftler Yascha Mounk brachte diese Agenda in einem inzwischen berühmt-berüchtigten Interview auf den Punkt (ARD-Tagesthemen vom 20. Februar 2018): „Wir" – wer auch immer das ist – würden „hier ein historisch einzigartiges Experiment wagen, und zwar eine monoethnische und monokulturelle Demokratie in eine multiethnische zu verwandeln." Und er fügte hinzu: „Das kann klappen, das wird, glaube ich, auch klappen, dabei kommt es aber natürlich auch zu vielen Verwerfungen." Dieses „historisch einzigartige Experiment" mit ungewissem Ausgang, in dem an Leib und Leben geschädigte Menschen zu bloßen Kollateralschäden herabgewürdigt und ganze Völker und gewachsene Gesellschaften wie Versuchskaninchen behandelt werden, ist ein Elitenprojekt, das in keiner Weise demokratisch legitimiert wurde und ethisch nicht zu verantworten ist. Was noch vor wenigen Jahren als „rechtsextreme Verschwörungstheorie" galt, wird heute offen verkündet, nicht selten mit der triumphalen Feststellung, dass es für jede Umkehr zu spät und jeder Widerstand nicht nur vergeblich, sondern unmoralisch oder unethisch sei. Es handelt sich hierbei mittlerweile längst um keinen Betriebsunfall mehr, sondern um eine von den herrschenden Eliten, den Regierungen der westlichen Nationen, der Europäischen Union und unzähligen NGOs aktiv vorangetriebene Agenda. „Replacement migration" (Bestandserhaltungsmigration) wurde von der UN bereits im Jahre 2000 als „Lösung für abnehmende und alternde Bevölkerungen" in Europa vorgeschlagen (http://www.un.org/esa/population/publications/migration/execsumGerman.pdf).

Renaud Camus bezeichnet die Ideologie, die diesem Projekt zugrunde liegt, als „Remplacismus" (von frz. *remplacement* = Austausch, Ersetzung), ihre Folge ist „der große Austausch" der gewachsenen Völker und Kulturen, was man in den Worten des afrokaribischen Schriftstellers Aimé Césaire durchaus als „Genozid durch Substitution" klassifizieren kann. Der Remplacismus geht davon aus, dass Völker, Rassen, Ethnien im Kern gleich, ja identisch und darum beliebig verschieb- und austauschbar seien. Eine offenkundig bizarre, irrsinnige Idee, die von ihren Anhängern als Gipfelpunkt humanistischer Aufklärung verkauft wird. „Nichts davon ist unnormal, nichts davon muss einen denkenden Menschen mit Schrecken erfüllen", wenn Hunderte Millionen Schwarzafrikaner in den kommenden Jahrzehnten in ein alterndes und demografisch schrumpfendes Europa aufbrechen werden, schrieb Hannes Stein in der „Welt". „In Europa werden künftig eben mehr Leute mit dunkler Haut leben als je zuvor in seiner Geschichte." (welt.de vom 19. August 2015) Der Remplacismus spricht praktisch jedem Menschen ein uneingeschränktes Ansiedlungsrecht praktisch überall in der westlichen Welt zu. Die westlichen Nationen werden nach dem Vorbild der USA zu „universalen Nationen" erklärt, zu „Einwanderungsländern", in denen seit Neuestem jedermann Deutscher, Brite, Schwede, Franzose, Österreicher, Italiener „werden" kann, etwa so, wie jedermann durch die Taufe Christ werden kann.

Egal, wo der sogenannte „Populismus" in der westlichen Welt heute einen Aufschwung erlebt, ob in den USA, Frankreich, Großbritannien, Italien, Deutschland oder Österreich, so hat er eine entscheidende Ursache: Die Eskalation der Politik der Masseneinwanderung, die nicht nur

erhebliche soziale Spannungen und ansteigende Kriminalitätsraten ver-
ursacht, sondern die demografische Struktur der westlichen Nationen
derart massiv verändert hat, dass es in etlichen von ihnen nur mehr zwei
bis drei Jahrzehnte dauern wird, bis ihre Stammvölker zu ethnischen
Minderheiten geschrumpft sein werden.

Wenn Lesch schreibt, dass „die klare Kante im Umgang mit Populisten" überall dort „moralisch und politisch geboten" erscheint, „wo es
gegen menschenverachtende und gewalttätige Praktiken einzuschreiten
gilt", dann möchte ich dem eine andere, ebenso moralisch und politisch
gebotene „klare Kante" entgegenhalten: Diese muss, als „Frage des politischen Anstands", „unabhängig von den eigenen weltanschaulichen
Hintergründen" allen gezeigt werden, die zu importierten „gewalttätigen Praktiken" bestimmter Migrantengruppen schweigen oder sie mit
der Begründung, ihre Benennung wäre „Wasser auf die Mühlen der
Rechten", abzuwiegeln versuchen. Und diese „klare Kante" gebührt auch
all jenen, die nicht bereit sind, die Diskussion auf der Ebene der demografischen Tatsachen zu führen, wodurch sie kaum das Recht haben,
von „Moral", „Vernunft" oder gar „Demokratie" zu sprechen.

Die Lage ist der von Douglas Murray, Christopher Caldwell, Walter Laqueur, Peter Scholl-Latour, Patrick Buchanan, Thilo Sarrazin, Éric
Zemmour, Rolf Peter Sieferle und vielen anderen beschriebene „Selbstmord Europas". Das liberale System ist in eine pathologische Phase
getreten, in der es nicht nur sich selbst von innen aushöhlt, indem es
etwa illiberalen Kräften wie dem Islam bereitwillig die Tore aufschließt,
sondern nichts weniger als die biologische Auslöschung der europäischen Völker aktiv vorantreibt (was mental auch dadurch vorbereitet
wird, dass man sie zu bloßen Ansammlungen von Individuen erklärt).
Ernsthafte, ehrliche Debatten sind ausschließlich auf der Grundlage
dieser Tatsachen möglich – mögen auch diejenigen, die sie leugnen, beschönigen, vertuschen, in ein Positivum umdeuten etc. so viel von „Demokratie", „Menschenrechten" und „christlichen Werten" palavern, wie
sie wollen. Sie bleiben reine Gesinnungsethiker, die den Schaden nicht
wahrhaben wollen, den sie selbst zu verantworten haben.

Die „populistischen" Parteien und Bewegungen erwecken nicht deshalb
so immensen Anstoß und Widerstand, weil sie „gegen das Establishment" sind, sondern weil sie sich gegen sein Lieblingsprojekt stellen,
auf die verheerenden Folgen von Multikulturalisierung und Masseneinwanderung reagieren, wozu auch die massenhafte Aufnahme und
De-facto-Einwanderung von wirklichen oder vermeintlichen „Flüchtlingen" und „Asylanten" gehört. Wer diese Politik ablehnt, wird vom

Establishment, seinen Medien und Institutionen als „Fremdenfeind" oder „Rassist" bekämpft, für ethisch-moralisch defekt, ressentimentgeladen-frustriert, unaufgeklärt oder psychopathologisch verdächtig erklärt, indem ihm etwa grundloser „Hass", grundlose „Angst" und „paranoide Wahnvorstellungen" oder „Verschwörungstheorien" unterstellt werden. Die Befürwortung von Einwanderung und Multikulturalisierung wird dagegen als Prüfstein einer „menschlichen", „kosmopolitischen", „weltoffenen" und angeblich wahrhaft „christlichen" Gesinnung verkauft.

Lesch begrüßt die „Verantwortungsübernahme" der christlichen Kirchen, insofern sie sich „durch ihre wichtigsten Repräsentanten als Anwälte einer möglichst großen Aufnahmebereitschaft gegenüber Flüchtenden, als Akteure interreligiöser und interkultureller Verständigung und als Sympathisanten der europäischen Integration präsentieren. Im Klartext heißt das, dass Parteien, die diesen wichtigsten Anliegen widersprechen, für Christen eigentlich nicht wählbar sind." Die Kirchen agitieren also für die Merkel'sche Asylpolitik und das bundesdeutsche Parteienkartell, für die Politik von Brüssel, für die Ideologie der offenen Grenzen und der Auflösung der Nationalstaaten durch Austausch ihrer Völker, für die Politik der kosmopolitischen, globalistischen Wirtschaftseliten, der „Davokraten", wie sie Renaud Camus im Hinblick auf das alljährliche Jahrestreffen des World Economic Forum in Davos nennt.

Wie anno 1789 stützen die Kirchen heute das Ancien Régime gegen die „Populisten", wobei die römische Kirche mit Franziskus einen scharf globalistischen Papst an der Spitze hat, der seinerseits einen „populistischen" Stil entwickelt hat. Das konformistische „Glockenläuten gegen rechts" dieser „wichtigsten Repräsentanten" der Kirchen trägt an sich wenig zu der herrschenden globalistisch-egalitären Ideologie bei, die schließlich eine eigenständige Religion mit eigenen Hohepriestern ist. Eher verhält es sich so, dass sich die Kirchen an den Globalismus anpassen müssen, wollen sie gesellschaftlich relevant bleiben. Sie sorgen damit für die Zustimmung der religiösen Bevölkerungsschichten, denen suggeriert wird, dass sichere Grenzen, geregelte Einwanderung, die Priorität nationaler Interessen, Aufnahmeobergrenzen und die Wahrung der eigenen ethnokulturellen Identität Verstöße gegen den christlichen Glauben seien, insbesondere gegen das Gebot der Nächstenliebe und Barmherzigkeit.

Es ist bemerkenswert, mit welcher Hemmungslosigkeit Teile des Klerus hier in die politische Debatte eingreifen, als könnten sie Weltliches nicht mehr von Geistlichem trennen, ja als hätten sie das eine vollständig durch das andere ersetzt. Das erinnert frappant an den „Priesterpöbel" Oswald Spenglers, „der die Würde und den Glauben der Kirche durch den Schmutz parteipolitischer Interessen schleift, sich mit den Mächten des Umsturzes verbündet und mit den sentimentalen Phrasen von Nächstenliebe und Schutz der Armen die Unterwelt zur Zerstörung der gesellschaftlichen Ordnung entfesseln hilft – der Ordnung, mit welcher auch die Kirche unwiderruflich und schicksalhaft verbunden ist." („Jahre der Entscheidung", München 1933). Das „christliche" Argument wird analog, ja synonym zu säkular-moralischen Argumenten gebraucht: Gegen Masseneinwanderung, „Remplacismus" und Islamisierung zu sein, verstoße demnach a) gegen den „Geist der Demokratie" oder die „demokratischen Prinzipien" (in Deutschland wird das Märchen hinzugefügt: „gegen das Grundgesetz"), b) gegen die „Menschenrechte", c) gegen die christlichen „Werte". So produzierte der katholische Echter-Verlag eine Broschüre mit dem Titel „Christliches in der AfD", die ausschließlich leere Seiten enthielt, mit dem Vermerk: „Sie können blättern, soviel Sie wollen: Es gibt nichts." Es wäre demnach also theologisch gesprochen eine *Sünde,* gegen eine weitere Aufnahme von „Flüchtlingen" und Einwanderern zu sein.

Umgekehrt lässt sich beobachten, dass ein beachtlicher Teil, wenn nicht der Mainstream der praktizierenden Christen (unter den Protestanten noch stärker als unter den Katholiken) unter „Christentum" in erster Linie ein vages Gemisch aus „Menschenrechten", „Frieden", sozialem Engagement und Dritte-Welt-Hilfe mit etwas Weihrauch und rituellem Hokuspokus versteht. Der führende Klerus geht ihnen dabei mit schlechtem Beispiel voran, wobei viele wohl schlicht und einfach eine Art karitative Industrie als Einkommensquelle aufrechtzuerhalten suchen, zu welchem Zweck auch der Import von Armen, Hilfsbedürftigen und Diskriminierten gefördert und begrüßt wird.

In der „Abgrenzung vom Rechtspopulismus" der offiziellen Kirchenvertreter sei jedenfalls „eine neue Entschiedenheit zu erkennen, die bis zu wechselseitigen ‚Exkommunikationen' reicht", so Lesch weiter. Die Kirchen rufen zum Boykott einer „rechtsextremen Partei" auf (gemeint ist die AfD), „worauf diese Partei ihre Mitglieder zum Kirchenaustritt aufruft" (was indes so nicht zutrifft: lediglich ein Bundesvorstandsmitglied hatte am AfD-Parteitag 2017 dafür plädiert). Die Behauptung, es sei „christlich", sich der laufenden Einwanderungs- und Asylpolitik anzuschließen, erfüllt die gleiche Funktion wie die Behauptung, diese Positionierung sei „demokratisch" und „menschlich" und werde vom Grundgesetz oder den Menschenrechten zwingend gefordert. All diese Begriffe wirken durch Wortmagie, durch die suggestive Beschwörung eines absolut „Guten". Damit wäre aber jeglicher rationale Einwand gegen die Praxis der Masseneinwanderung abgeschmettert.

Der Gläubige will eben glauben, was er glauben will, will das Gefühl seines Gutseins und der Absolution von der Sünde genießen. Auch wenn Lesch einräumt, dass es „weder eine Standardform von Populismus noch ein von allen geteiltes Verständnis von Religion gibt", so wird deutlich, dass er und seine Autoren doch von einem Ideal „einer aufgeklärten, toleranten, weltoffenen und politisch sensiblen Vernunftreligion" ausgehen. Die Kritik an den „rechten" oder „populistischen" Christen dient nicht genuin christlicher oder religiöser Klärung, sondern lediglich dem Ziel, diese auf eine bestimmte ideologische Linie zu bringen. Sie erfüllt im Grunde dieselbe Rolle wie die „aufklärerische Religionskritik", die nach Lesch bei den Kirchen einen „Prozess nachholender Modernisierung" mitsamt dem Bekenntnis zu „Menschenrechten, Demokratie und Pluralismus" ausgelöst habe. Es geht, kurz gefasst, um nichts anderes als den humanitären Universalismus als Messlatte für die Rechtgläubigkeit festzulegen, womit deutlich ist, was die eigentlich zu verteidigende Religion ad maiorem humanitatis gloriam ist.

Sieht man sich nun diese „Repräsentanten" der Kirche an, die sich laut Lesch so vorbildlich politisch exponieren, dann entsteht gerade für den gläubigen Christen ein fragwürdiges Bild.

Ein Paradebeispiel ist der Erzbischof von München und Freising, Reinhard Kardinal Marx. Marx pries das „Kommunistische Manifest" seines berühmten Namensvetters, trat für den Kommunionsempfang nicht-katholischer Ehepartner ein, rief zum „Dialog" mit Muslimen auf („Sie sind zuerst Menschen und dann kommt das Adjektiv") und distanzierte sich „klar vom populistischen Vorgehen und vielen inhaltlichen Haltungen" der AfD, deren Wahl nicht mit dem christlichen Glauben vereinbar sei. Es war derselbe Kardinal Marx, der sich zusammen mit seinem evangelischen Amtsbruder, dem EKD-Chef Heinrich Bedford-Strohm, beflissen in der von Michel Houellebecq geschilderten „Unterwerfung" übte, als er im Laufe eines Besuches auf dem Jerusalemer Tempelberg sein Kreuz ablegte, um als christlicher Bischof nicht „konfliktverschärfend zu wirken" (n-tv.de vom 15. Dezember 2016). Derselbe Kardinal Marx warf im April 2018 aufgrund eines Erlasses der bayerischen Staatsregierung, dass ab sofort in jeder Behörde ein Kreuz hängen müsse, dem CSU-Politiker Markus Söder „Spaltung, Unruhe, Gegeneinander" vor. „Wenn das Kreuz nur als kulturelles Symbol gesehen wird, hat man es nicht verstanden", sagte der Erzbischof von München und Freising. „Dann würde das Kreuz im Namen des Staates enteignet." (sueddeutsche.de vom 29. April

2018). Eine Haltung, in der er offenbar keinen Widerspruch zu seinem eigenen, recht ausgeprägten Hang zum Politisieren erkennen kann.

Marx ist symptomatisch für das, was man in den USA „cucked christianity" nennt, eine Form des Christentums, die nicht nur untauglich ist, die Selbstbehauptung einer Kultur, einer Nation oder eines Volkes zu fördern, sondern diese auch noch aktiv unterwandert, ja selbst den eigenen Glauben entkernt, relativiert und preisgibt. Dies wird insbesondere in der Konfrontation mit dem Islam deutlich, dessen politische und religiöse Vertreter in Deutschland die liberal-multikulturelle Sprache zwar gut beherrschen, aber ansonsten von den Zweifeln, Skrupeln und Feigheiten, die heute die Christen heimsuchen, eher unbetroffen sind und somit stetig an politischem und kulturellem Einfluss gewinnen. Es ist in erster Linie linksdrehenden Figuren wie Marx zu verdanken (es gäbe noch viele weitere Beispiele zu nennen), dass sich die konservativen katholischen Christen zunehmend unbehaust und von der Kirche verraten fühlen, und das betrifft nicht nur ihre streng traditionalistischen Teile, die schon seit Jahrzehnten mit den „Progressiven" im Clinch liegen und sich immer mehr an den Rand gedrückt fühlen.

Analog zu den Konservativen, die ins rechtsextreme Eck gerückt werden, weil der Zeitgeist immer weiter nach links gewandert ist, sehen sich heute viele traditionell gesinnte Christen als Häretiker markiert, die der Religion des Globalismus, des humanitären Universalismus, der offenen Grenzen nicht zustimmen wollen – und dies nicht zuletzt aus puren Vernunftgründen, die mit Religion an sich wenig zu tun haben.

Die Vorstellung, dass sich der katholische Glaube nicht mit Vaterlandsliebe und Patriotismus verbinden ließe, wäre dem Großteil der Katholiken noch vor wenigen Generationen reichlich bizarr erschienen. So erinnerte Papst Johannes Paul II. in seinem Rundschreiben „Dilecti Amici" zum „Internationalen Jahr der Jugend" 1985 die Jugend der Völker an ihre vaterländische Verantwortung: Aus dem vierten Gebot folge die Achtung vor den erweiterten Bluts- und Kulturbanden; die Nation oder das Volk, in das man geboren wird, gleiche als Abstammungs-, Sprach- und Kulturgemeinschaft einer erweiterten Familie, für die man Verantwortung trägt: „Durch die Erziehung in eurer Familie nehmt ihr an einer bestimmten Kultur und auch an der Geschichte eures Volkes oder eurer Nation teil. Das familiäre Band bedeutet zugleich die Zugehörigkeit zu einer Gemeinschaft, die größer ist als die Familie, woraus sich eine weitere Basis für die Identität der Person ergibt. Wenn die Familie die erste Erzieherin eines jeden von euch ist, so ist gleichzeitig – durch die Familie – der Stamm euer Erzieher wie auch das Volk oder die

Nation, mit der wir durch die Einheit der Kultur, der Sprache und der Geschichte verbunden sind."

Daraus ergibt sich logischerweise auch die Pflicht, dieses Volk, diesen Stamm oder diese Nation zu schützen und zu bewahren und nicht etwa durch Masseneinwanderung mutwillig zu gefährden, zu zerstören oder in Konflikte und „historisch einzigartige Experimente" mit potenziell blutigem Ausgang zu stürzen. Dies ist auch Konsens im Klerus der osteuropäischen Länder wie Polen, Tschechien, Ungarn oder der Slowakei, die sich der Flüchtlingspolitik der EU und anderer Globalisten verweigern. So fand der ungarische Bischof Laszlo Kiss-Rigo scharfe Worte für Papst Franziskus' laufende Appelle an die angeblich so hartherzige Festung Europa, noch mehr Flüchtlinge aufzunehmen. Der österreichische „Standard" vom 9. September 2015 berichtete: „Der Papst kenne die Situation nicht, erklärte der Bischof laut Washington Post. ‚Das sind keine Flüchtlinge, das ist eine Invasion', so Kiss-Rigo." Die zumeist muslimischen Invasoren seien eine ernste Bedrohung für die „christlichen universellen Werte" Europas. „Sie kommen hierher mit Allahu-Akbar-Schreien. Sie wollen uns erobern." Auch der Budapester Erzbischof, Kardinal Peter Erdö, erklärte, die ungarische Kirche könne keine Flüchtlinge aufnehmen, da sie sich dadurch zu Komplizen der Schlepper machen würde.

Das sind realistische, hellsichtige, gesunde, nachvollziehbare Einschätzungen der Lage. Inwiefern und nach welchen Maßstäben ist nun die Haltung von Bischof Kiss-Rigo weniger christlich als jene von Kardinal Marx? Und was war zum Beispiel an der Haltung des berühmten antikommunistischen Kardinals József Mindszenty „unchristlich"? Dieser stand firm auf der Seite der ungarischen „Populisten", die sich 1956 gegen das kommunistische Regime erhoben, und richtete nach seiner Befreiung aus der Bastille eine Rede an „die Söhne der ungarischen Nation", den „bewundernswerten Heroismus" der „Armee, Arbeiter und Bauern" im Kampf um „die Befreiung des Vaterlandes" preisend. Die ungarischen Bischöfe stehen auch heute noch in dieser patriotischen Tradition und halten es für unsinnig, ihr Land à la Merkel zu destabilisieren und auch noch einer fremden, häretischen Religion preiszugeben. Der Grund ist wohl, dass sie tatsächlich an ihre Religion und nicht deren globalistische Persiflage glauben.

Nicht nur das: Die Haltung der ungarischen Bischöfe war über Jahrhunderte hinweg in ganz Europa selbstverständliche Norm unter Klerikern und Gläubigen. Gerade in Zeiten, in denen die Europäer das Christentum tatsächlich ernst nahmen, an Schöpfung, Sünde, Menschwerdung Gottes in Christo, Auferstehung, Erlösung, Jüngstes Gericht,

Himmel und Hölle glaubten, in denen sie um ihr Seelenheil bangten, büßten, beteten, entsagten, sich für den wahren Glauben töten ließen und bereit waren, andere zu töten, in denen sie zur Ehre Gottes Klöster, Kathedralen und gewaltige Kunstwerke schufen und in Philosophie und Theologie um die Erkenntnis des Wahren, Absoluten und Heiligsten rangen, da betrachteten sie die auch gewaltsame Abwehr unwillkommener Eindringlinge und Invasoren als durchaus mit der christlichen Moral vereinbar, ja durch sie geboten.

Christen wie Kardinal Marx haben nichts mehr zu verteidigen, nicht einmal mehr ihren eigenen Glauben. Sie üben sich stattdessen in Hypermoral, Konformismus auf der Seite der Mächtigen und „interreligiöser und interkultureller Verständigung", auch bekannt als zaghafte Selbstrelativierung, synkretistische Beliebigkeit und feiges Kriechen vor dem Islam, den man um Gottes Willen nicht provozieren oder beleidigen will.

Das spätabendländische Christentum, aufgeklärt, demokratisch und liberal, dabei senil und kindisch geworden, hechelt heute seinen säkularen Kindern Liberalismus, Egalitarismus und Sozialismus hinterher, die von ihm den messianischen Eifer und den Erlösungsgedanken geerbt haben.

Niemand hat diese Zusammenhänge eindrucksvoller und schärfer dargestellt als der traditionalistische Katholik Jean Raspail in seinem bereits 1973 erschienenen satirischen Roman „Das Heerlager der Heiligen" (Schnellroda 2015). Er schildert die Invasion Frankreichs durch eine Million hungernder Inder, die mit einer Elendsflotte, der „Armada der letzten Chance", an der Côte d'Azur landen, als farcenhafte Apokalypse, in der pervertierte christliche Motive eine entscheidende Rolle spielen.

Beide Kirchen erscheinen als philanthropische, linksgedreht-antikolonialistische NGOs, die sich gegenseitig darin überbieten, das von Schuldgefühlen zerfressene und von der Menschheitsverbrüderung träumende Abendland an die fremden Völker der Dritten Welt zu übergeben. Die Aussicht auf die Migranteninvasion löst in der westlichen Welt einen humanitären, psychotischen Rausch aus, eine Art chiliastischer „Willkommenskultur". Ekstatische Priester verkünden die Ankunft von „einer Million Christusse", Politiker schwärmen vom humanistischen Genius Frankreichs, das immer schon an der Spitze des Fortschritts marschiert sei, während linksradikale Gruppen und Journalisten eine Chance sehen, der verhassten westlichen Zivilisation endgültig den Garaus zu machen. Die nach Europa aufbrechenden Massen werden von einem „falschen Propheten" angeführt, einem Antichristophorus, der eine satanische „Missgeburt" auf seinen Schultern trägt.

In einer Schlüsselszene erzählt er eine Parabel, in der die Götter des Orients „den kleinen Gott der Christen" vom Kreuz holen, der ihnen dafür zum Dank „sein Reich", das Abendland, schenkt. Mit dem Holz des Kreuzes bauen sie ein Boot, das sie in dieses paradiesische Reich bringen soll. Der „kleine Gott" bleibt am Strand zurück.

„Als das Schiff die offene See erreicht hatte, gefolgt von Tausenden von weiteren Schiffen, lief der kleine Gott der Christen auf seinen weißen, ungeschickten Beinchen am Ufer entlang und rief: ,Und ich? Was wird aus mir? Warum habt ihr mich verlassen?' Buddha und Allah antworteten ihm durch einen Lautsprecher: ,Du hast uns doch dein Königreich geschenkt. Die Zeit ist vorbei, in der du gabst und nahmst, wie es dir gefiel. Aber wenn du Gottes Sohn bist, dann laufe über das Wasser und komme zu uns.' Mutig betrat der kleine Gott das Wasser. Als es ihm bis zum Mund und dann zu den Augen stieg, ertrank er."

Christus erscheint in dieser blasphemischen Darstellung als der kindliche, dekadente, zur Selbstverteidigung unfähige, physiologisch degenerierte „Idiot", als den ihn Nietzsche in seiner Polemik „Der Antichrist" dargestellt hat. Seine Anhänger werden entweder als wahnhaft-fanatisch oder „krankhaft und altersschwach" gezeichnet, immer noch nach Nietzsche voller „Instinkt-Hass gegen jede Realität", gegen „alles, was fest, Sitte, Institution, Kirche ist".

Aus dem Satz des Hl. Paulus: „Es gibt nicht mehr Juden und Griechen, nicht Sklaven und Freie, nicht männlich und weiblich; denn ihr alle seid einer in Jesus Christus" (Galater 3,28), wird in der infantilen, von Massenwahn und Massenmedien beherrschten Gesellschaft des „Heerlagers der Heiligen" die preisgekrönte Weisheit des Stéphane-Patrice Poupas, eines Friseurs aus Saint-Tropez: „Es gibt keine Hindus mehr, es gibt keine Franzosen mehr, es gibt nur noch den Menschen, und er allein zählt!" Ähnlich äußert sich zu Beginn des Buches ein atheistischer Philosoph, der davon besessen ist, den Moses der notleidenden Inder zu spielen, und der bald darauf von einer Menschenmenge zerquetscht werden wird: „Pässe, Nationen, Religionen, Ideale, Rassen, Grenzen und Meere – alles Quatsch!"

Es bedarf eines großen Geschichtenerzählers wie Jean Raspail, um die Abgründe auszuloten, die der Verlust und die Metamorphosen des christlichen Glaubens im „Abendland" aufgerissen haben. Die Vorstellung, das Christentum sei durch die Anerkennung der Würde eines jeglichen Menschen der noch etwas abergläubische Vorläufer der Aufklärung, der Demokratie, des Liberalismus, der allgemeinen Menschenrechte und anderer Ableger gewesen, die sich von den mythischen und irrationalen Schlacken gereinigt haben, ist allzu idyllisch. Weit entfernt davon, als „Vernunftreligionen" vernünftig zu wirken, verbinden sie sich heute mit einem pathologischen, selbstmörderischen Altruismus, einem neurotischen kulturellen Selbsthass, mit der Tyrannei der Hypermoral und tiefsitzenden Schuldgefühlen gegenüber der eigenen Kultur, Rasse oder Religion, aber auch mit moralischen Selbsterhöhungen und grandiosen Welterlösungsfantasien.

Da im Zentrum der Misere ein wahnhafter Egalitarismus – *credo, quia absurdum est* – und eine universalistische, „monotheistische" Moral stehen, ist es ein leichtes Spiel, das Christentum insgesamt für die Dekadenz des Abendlandes verantwortlich zu machen. In der Tat gibt es eine lange und reiche Tradition der rechten Kritik am Christentum, deren Ahnherr Nietzsche oder vielleicht sogar ein antiker Autor wie Celsus oder Julian Apostata ist. Das Christentum fungiert hier als antiheroisches Gift, das zur Weltflucht und Selbstaufgabe verleitet, als Rache der Ressentimentgeladenen oder als „Sklavenmoral".

Hier ein aktuelles Beispiel des einwanderungskritischen Autors Jürgen Fritz: „Den stolzen Geist versucht die Christenmoral, die von Anfang an vor allem eine solche für Sklaven, Knechte und Untertanen war, den Menschen seit fast zweitausend Jahren auszutreiben, indem sie deren thymotische Seelenkräfte (Stolz, Ehrgeiz, Ehrgefühl, Selbstbehauptungswille, Zorn, Wunsch/Begehren nach Anerkennung …) klein- beziehungsweise ganz wegzustutzen sucht." (journalistenwatch. com vom 4. Juni 2018)

Mehr noch als das: Die rechte Christentumkritik sieht in der katholischen Kirche zuweilen so etwas wie die erste globalistische Organisation und im frühen Christentum gar einen „Bolschewismus der Antike" (Alain de Benoist). Ungeachtet seines Standes, seiner Herkunft, seiner Nationalität und seines Geschlechts kann jeder Mensch an der *civitas dei* teilhaben, die potenziell die ganze Menschheit umfassen kann, wenn auch ein erklecklicher Teil der Verdammnis anheimfallen wird.

Das Christentum habe, so manche seiner Apologeten, die alten „völkischen" Stammesgötter überwunden, die Tyrannei der Blutsbande gelöst und den wahren, universalen Gott für alle Völker offenbart. Doch jeder Monotheismus ist intolerant, wie Jan Assmann erinnert, und duldet keine anderen Götter neben sich. Ist hier nicht der Keim der Moderne, der globalistischen Gleichschaltung und Homogenisierung, der Vernichtung des „Pluriversums" der „polytheistischen" Welt zu suchen?

Auf diesen Themenkomplex kann an dieser Stelle nicht näher eingegangen werden, und ich möchte hier auf mein Buch „Kann nur ein Gott uns retten?" (Schnellroda 2014) verweisen, das sich dieser Frage ausführlich widmet, dabei aber für das Christentum Partei ergreift. Sie wird letztlich durch Glauben und Unglauben entschieden. In jedem Fall ist das Christentum über zwei Jahrtausende hinweg unwiderruflich zum Bestandteil der geistigen DNA der europäischen Völker geworden.

Legitim ist allerdings auch die Frage, ob das Christentum den Europäern noch als „identitäre" Religion dienen kann, wie es etwa das Judentum, der Islam oder der Hinduismus für ihre jeweiligen Völker vermögen. Der Historiker Dominique Venner, der sich 2013 aus Protest gegen die Dekadenz Europas in Notre-Dame de Paris erschoss, betonte mit einigem Recht, „dass sich eine universalistische, antirassistische und gewaltlose Religion, in deren Zentrum das Bewusstsein der eigenen Schuld steht, angesichts der Bedrohungen unserer Zeit wie der afro-moslemischen Einwanderung als schwacher Halt erweist."

Welchen Geist, welche „Mystik" haben wir noch, die wir den Religionen des Globalismus und des Islam entgegensetzen können? Wo glüht unsere Seele noch so stark, dass unsere Kultur weiterleben kann? Können wir eine solche Religion einfach erfinden, nachdem wir erkannt haben, dass wir sie brauchen, dass die bloße Vernunft uns nicht weiterhelfen kann? Venner selbst meinte, in den Homerischen Epen, nicht in der Bibel, die wahren metaphysischen Fundamente der europäischen Kultur zu finden: „Ebenso wie andere sich als Söhne von Shiva, von Mohammed, von Abraham oder von Buddha wiedererkennen, ist es nicht verkehrt, sich als Söhne und Töchter von Homer, von Odysseus und von Penelope zu wissen."

Dass eine solche Haltung kaum konsensfähig ist, versteht sich von selbst. Wenn sich das Christentum auch in seiner heutigen Form kaum als „identitäre" Religion eignet, so war die Loyalität zu „Volk, Nation, Stamm, Kultur" (um es in den Begriffen zu sagen, die Johannes Paul II. verwendete) historisch gesehen ohne Weiteres mit dem christlichen Glauben vereinbar, der durch seinen ausbalancierenden, universalen Anspruch, durch das Postulat der Einheit der Menschheit in Christo humanisierend und zivilisierend wirkte, ohne das Dasein der Völker aufzulösen. Umgekehrt ist es ein heikles und wohl aussichtsloses Unterfangen, das Christentum aus dem zu verteidigenden Eigenen gleich einem Fremdkörper entfernen zu wollen, wie es manche Rechte versuchen.

Die Auseinandersetzungen um Kreuze in Klassenzimmern oder Behörden, die Frage, ob die religiöse Neutralität des Staates und die

Gleichbehandlung aller Religionen noch sinnvoll und dem Gesamtgefüge der Gesellschaft zuträglich sind, wenn eine raumfremde, unaufgeklärte Religion wie der Islam eine signifikante politische und kulturelle Stellung erreicht hat, spielen sich in erster Linie auf einer „kulturchristlichen" Ebene ab, die auch für viele säkulare, atheistische oder agnostische Europäer noch eine große Bedeutung hat.

Gegen die bloß „kulturelle", „ästhetische" Auffassung von Religion oder gar ihre Indienstnahme als politische Ordnungsmacht, haben religiöse, auf das Absolute gerichtete Naturen immer wieder leidenschaftlich protestiert, und wenn man so will, kann man diesen Protest bis ins Neue Testament zurückverfolgen, etwa in den Konfrontationen Christi mit den Pharisäern oder mit Pontius Pilatus.

So schrieb der französische Dichter, Patriot und Sozialist Charles Péguy in Richtung Charles Maurras' und anderer Intellektueller, die ein „instrumentelles" Verhältnis zur Religion propagierten, ohne wahrhaft zu glauben, was sie glaubten: „Dass eine Religion für das Volk notwendig ist – das ist in einem gewissen Sinne die tiefste Beleidigung, die man jemals unserem Glauben zugefügt hat." Von dieser Warte aus betrachtet, macht es allerdings keinen Unterschied, wenn Liberalismus und Menschenrechte mit dem Verweis auf ihre christliche Ahnenschaft legitimiert werden oder wenn das Christentum als Kulturgut zur Verteidigung der eigenen Nation in Stellung gebracht wird. Der Internationalist beruft sich ideengeschichtlich-moralisch auf das Christentum, der (nicht gläubige, agnostische, aufgeklärte) Patriot historisch-kulturell, und beide mit Berechtigung.

Wenn nun Internationalisten (wie z. B. Kardinal Marx) Patrioten (wie z. B. Markus Söder) vorwerfen, das Christentum „zu instrumentalisieren", etwa durch den Slogan vom „christlichen Abendland", das es gegen den Islam oder den Multikulturalismus zu verteidigen gelte, dann fällt dieser Vorwurf vollständig auf sie selbst zurück. Ein Beispiel dafür ist auch der Beitrag des Professors für Christliche Philosophie Hans Schelkshorn in dem erwähnten Sammelband „Christentum und Populismus" mit dem Titel „Wider die Instrumentalisierung des Christentums – Zur Unvereinbarkeit von neorechter Ideologie und christlicher Moral". Schelkshorn konzentriert dabei vor allem auf die Politik Viktor Orbáns, die in der Tat im neurechten, identitären und patriotischen Spektrum hohes Ansehen genießt und über weite Strecken als vorbildlich betrachtet wird.

Dabei lässt Schelkshorn einen üblichen, hartnäckigen Buhmann auftreten, wenn er wahrheitswidrig behauptet, die „Rechtspopulisten" (er benutzt den Begriff synonym mit „neorechten Bewegungen" bzw. „Parteien") würden die „rechtsstaatliche Demokratie" abschaffen wollen. Auch Orbáns Ungarn ist eine liberale, „rechtsstaatliche Demokratie", die allerdings starkes Gewicht auf ihre nationale Verortung legt. Alle liberalen Staatsformen müssen illiberale oder nicht-liberale Elemente enthalten, sofern sie sich nicht selbst abschaffen wollen. Das gilt auch für das heutige „bunte" Deutschland, das etliche Mittel kennt, politische Oppositionelle und Dissidenten unter Umgehung der garantierten Grundrechte zu schikanieren, zu marginalisieren und zu kriminalisieren.

Orbán äußerte 2014, das neue Ungarn sei in in einem gewissen Sinne ein „illiberaler" oder „nicht-liberaler" Staat. Er lehne die fundamentalen Prinzipien des Liberalismus keineswegs ab, stelle sie aber nicht in den Mittelpunkt der staatlichen Organisation, die auf einem „anderen, besonderen, nationalen Ansatz" gegründet werden müsse. Ungarn sei eben nicht einfach eine „Gruppe aus Individuen, sondern eine Gemeinschaft, die organisiert, verstärkt und in der Tat konstruiert werden muss." („Prime Minister Viktor Orbán's Speech at the 25th Bálványos Summer Free University and Student Camp",kormany.hu vom 30. Juli 2014). Die unter seiner Regierung 2012 in Kraft getretene Verfassung Ungarns enthält dementsprechend eine Präambel, die den Erhalt und das Gedeihen der ungarischen Nation und des ungarischen Volkes als absolute Priorität setzt. Hier ein paar Kernsätze:

„Wir sind stolz darauf, dass unser König, der Heilige Stephan I., den ungarischen Staat vor tausend Jahren auf festen Fundamenten errichtete und unsere Heimat zu einem Bestandteil des christlichen Europas machte. Wir sind stolz auf unsere Vorfahren, die für das Bestehen, die Freiheit und Unabhängigkeit unseres Landes gekämpft haben. Wir erkennen die Rolle des Christentums bei der Erhaltung der Nation an. Wir leisten das Versprechen, dass wir die geistige und seelische Einheit unserer in den Stürmen des vergangenen Jahrhunderts in Stücke gerissenen Nation bewahren. Wir verpflichten uns, unser Erbe, unsere einzigartige Sprache, die ungarische Kultur, die Sprache und Kultur der in Ungarn lebenden Nationalitäten, die durch den Menschen geschaffenen und von der Natur gegebenen Werte des Karpatenbeckens zu pflegen und zu bewahren."

Schutz und Einbettung ethnischer Minderheiten in die ungarische „Leitkultur" werden garantiert: „Die mit uns zusammenlebenden Nationalitäten sind staatsbildender Teil der ungarischen politischen Gemeinschaft." Der Konzept der Menschenwürde, der Kern der Menschenrechte, wird bekräftigt: „Wir bekennen uns dazu, dass die Würde des Menschen die Grundlage des menschlichen Seins ist." Dem liberalen Individualismus wird im völligen Einklang mit dem Solidaritätsprinzip der katholischen Soziallehre eine Schranke gesetzt: „Wir bekennen uns dazu, dass sich die individuelle Freiheit nur im Zusammenwirken mit Anderen entfalten kann."

Damit versucht die ungarische Verfassung einen entschiedenen Riegel vor jene Entwicklungen zu schieben, die die westlichen Nationalstaaten an den Rand ihrer Selbstauflösung gebracht haben. Sie statuiert explizit wesentliche nationalstaatliche Grundlagen, die vor der schleichenden Umwandlung und Umdeutung der westlichen Demokratien in reine Ideen- und Prinzipienstaaten teilweise als so selbstverständlich galten, dass man sie nicht noch extra in die Verfassungen einschreiben musste. Das Ethos des ungarischen Grundgesetzes unterscheidet sich allenfalls durch die stärkere nationale Emphase von dem Beginn des deutschen Amtseides: „Ich schwöre, dass ich meine Kraft dem Wohle des deutschen Volkes widmen, seinen Nutzen mehren, Schaden von ihm wenden …"

Schelkshorn schreibt: „Das Ziel einer neorechten Politik", wie er sie am Beispiel Orbáns exemplifiziert sieht, sei „der Rückbau der menschenrechtlich fundierten, pluralen Demokratie in eine ethnische Bürgergemeinschaft". Letztere beschreibt er wunderlicherweise als eine Art Erfindung des Vordenkers der Neuen Rechten, Alain de Benoist, ganz so, als habe es das *ius sanguinis*, das Abstammungsprinzip als klassische Grundlage der Staatsbürgerschaft, niemals gegeben.

Dabei ignoriert er die in diesem Zusammenhang weitaus bedeutenderen Texte, nämlich Carl Schmitts Schriften „Die geistesgeschichtliche Lage des heutigen Parlamentarismus" (1923) und „Der Gegensatz von Parlamentarismus und moderner Massendemokratie" (1926). Demokratie und Liberalismus sind nach Schmitt zwei wesentlich verschiedene Dinge. Zur Demokratie gehöre notwendig die relative „Homogenität" des *demos*: „Jede wirkliche Demokratie beruht darauf, daß nicht nur Gleiches gleich, sondern, mit unvermeidlicher Konsequenz, das Nichtgleiche nicht gleich behandelt wird." Die Vorstellung hingegen, dass „jeder erwachsene Mensch, bloß als Mensch […] eo ipso jedem anderen Menschen politisch gleichberechtigt sein" solle, sei „ein liberaler, kein demokratischer Gedanke; er setzt eine Menschheitsdemokratie an die Stelle der bisher bestehenden, auf der Vorstellung substantieller Gleichheit und Homogenität beruhenden Demokratie."

Die homogene „ethnische Bürgergemeinschaft" ist also die Grundlage der Demokratie schlechthin, was indirekt auch vom oben zitierten Yascha Mounk bestätigt wird. Für den Multikulturalisten ist die ethnokulturelle Homogenität einer Nation die historische Ausgangsbasis, die abgeräumt, aufgelöst, „transformiert" werden soll. Die Apologeten des „Remplacismus" drehen die Reihenfolge um, wenn sie behaupten, die „völkischen" Rechten würden diese Homogenität erst künstlich herstellen wollen, etwa durch ethnische Säuberungen oder ausgefuchste, willkürliche Definitionen, wer dazu gehören darf und wer nicht. Dabei heben sie gerne die Tatsache hervor, dass die ethnokulturelle Einheit der westeuropäischen Nationen durch jahrzehntelange Masseneinwanderung ohnehin bereits jetzt erheblich geschwächt und fragmentiert sei und es kein Zurück mehr gebe. Da diese „Homogenität" immer nur eine relative ist, ist das „Experiment" allerdings nicht beendet, solange die angestammten Völker weiterhin die Bevölkerungsmehrheit stellen und man immer noch von relativ homogenen Gesellschaften sprechen kann.

Die von dieser Entwicklung noch weitgehend unberührten osteuropäischen Nationen sind somit Fenster in die nicht allzu ferne Vergangenheit des über weite Strecken „umgevolkten" Westens. Wie Orbáns Ungarn versuchen sie zunehmend, sich verfassungsmäßig gegen dieses drohende Schicksal abzusichern. Indem das ungarische Grundgesetz die nationale Identität und Besonderheit an die erste Stelle, also über die Menschenrechte und etwaige „liberale Prinzipien" setzt und etwa die Bedeutung des Christentums für die ungarische Nation hervorhebt, schafft es der ungarischen Regierung eine Handhabe, zum Beispiel die Aufnahme großer Kontingente muslimischer Einwanderer abzulehnen, zu der „die Menschenrechte" angeblich verpflichten würden. Jeder Versuch einer Multikulturalisierung Ungarns wäre also verfassungsfeindlich.

Schelkshorn spricht hier völlig richtig von einem „Rückbau". Es handelt sich um die Korrektur einer fatalen liberalen Fehlentwicklung in einem Land, in dem eine Umkehr noch möglich ist. Vom Osten aus betrachtet, kann man nur zu deutlich sehen, was aus den Nationen geworden ist, die ihr nationales Fundament zugunsten eines Systems, das sie „menschenrechtlich fundierte, plurale Demokratie" nennen, preisgegeben haben: Bevölkerungsaustausch und Landnahme durch außereuropäische, kulturfremde Einwanderer, Islamisierung, nationalmasochistische Dekonstruktion der eigenen Kultur, Verlust der inneren Sicherheit, Anstieg der Kriminalität, ethnische Spannungen und innenpolitische Polarisierungen, Entfremdung zwischen Eliten und breiten Bevölkerungsschichten. Die „Menschenrechte" als inzwischen einzig verbliebenes Legitimitätsprinzip des Westens schnüren der Freiheit des Geistes die Luft ab und unterminieren die staatliche Handlungsfähigkeit. Im Westen gibt es kein „Vaterland" mehr, auf das man stolz sein kann und für dessen Freiheit man kämpft, sondern nur noch Standorte, an denen „Menschenrechte" und „Grundwerte" verwirklicht werden sollen, keine „Völker" mehr, sondern nur mehr „Bevölkerungen", zusammengesetzt aus Individuen, die zufällig denselben Pass besitzen, aus einem angeblich „bunten" Gemisch von Menschen, „die schon länger hier leben" und Menschen, „die neu dazugekommen sind" (Angela Merkel), währenddessen eine Re-Tribalisierung der Gesellschaft durch konkurrierende ethnische Gruppen stattfindet.

Die osteuropäischen Staaten sind heute Zaungäste eines makabren Schauspiels, das demonstriert, was geschieht, wenn die Menschenrechte von Abwehr- in Zugriffsrechte umgewandelt werden und ihnen die Priorität vor dem Dasein der gewachsenen ethnokulturellen Gemeinschaft eingeräumt wird: Selbstzerfleischung, Selbstzerstörung, Selbstmord.

Auch Schelkshorn scheint der Ansicht zu sein, dass die „menschenrechtlich fundierte", liberale Demokratie Selbstzweck und nicht hintergehbarer Endpunkt der Geschichte sei. Dementsprechend nennt er „rechtstaatliche Demokratie und Menschenrechte" als „die zentralen Errungenschaften europäischer Kultur". Sie dienen ihm als oberste Götter, denen gegenüber alle anderen untergeordnet oder zu Götzen degradiert werden müssen – mit anderen Worten: als *Religion*.

Er teilt uns auch seine Auffassung von „christlich orientierter politischer Ethik" mit: Diese dürfe nicht in eine „ethnische Ideologie zurückfallen", sondern werde „in den säkularen Menschenrechtskonventionen" angeblich „zentrale", gewiss aber dekontextualisierte „Gehalte ihrer eigenen Moral wiedererkennen und weiterentwickeln." Während er also die ideologische Synthese zwischen Christentum und Globalismus als zwingend befürwortet, unterstellt er der „ideologischen Synthese zwischen Christentum und neorechter Ideologie" eine „Pervertierung christlicher Moral". Um diese These zu stützen, greift er zu etlichen Textmanipulationen. Die Präambel der Orbán'schen Verfassung beschreibe Ungarn „nicht mehr als eine Republik, sondern als eine christliche Nation", während die beiden Originalformulierungen in Wahrheit so lauten: Ungarn sei von König Stephan als „Bestandteil des christlichen Europas" errichtet worden, „wir erkennen die Rolle des Christentums bei der Erhaltung der Nation an." Das ist eine sachliche, kulturell-historische Bestimmung, ähnlich Charles de Gaulles Definition der Franzosen: „Wir sind vor allem ein europäisches Volk von weißer Rasse,

griechischer und römischer Kultur und christlicher Religion."
Um die Legitimation einer solchen Feststellung zu entkräften, muss
Schelkshorn behaupten, dass es sich hierbei um mehr oder weniger
willkürliche, „einseitige" Festlegungen und Definitionen handele; indes zeigt die breite Zustimmung der Ungarn zu Orbán, dass er hier auf
einen erheblichen identitären Konsens bauen kann. Im Folgetext wird
Ungarn schließlich durchaus als Republik bestimmt. Artikel B des Ab-
schnittes „Grundlegendes" hält fest: „(1) Ungarn ist ein unabhängiger,
demokratischer Rechtsstaat. (2) Die Staatsform Ungarns ist die Republik. (3) Alle Macht geht vom Volk aus. (4) Das Volk übt seine Macht
über seine gewählten Vertreter, im Ausnahmefall unmittelbar aus."

Bleibt noch offen, inwiefern die Orbán'sche Bezugnahme auf das Christentum als Teil (!) der nationalen Identität Ungarns eine „Pervertierung" oder „Instrumentalisierung" sei oder der „christlichen Moral"
widerspreche. Dies wird von Schelkshorn insinuiert, aber nur flüchtig
und wenig überzeugend begründet. Er identifiziert „die von Orbán atta-
ckierte ,liberale Identität', die dem Menschen eine kosmopolitische Verantwortungsethik zumutet", als „geschichtlich betrachtet […] christliche Idee", wobei er sich auf den Moraltheologen Francisco de Vitoria
(gest. 1546) als Kronzeugen beruft (ein anderer ist der linkskatholische
Theologe Jacques Maritain).
De Vitorias Völkerrechtstheorie kenne „ein globales Reise-, Han-
dels-, Niederlassungs- und Einbürgerungsrecht", enthalte also „Elemente", die Orbán heute „in nationalistischer Verblendung als liberale
Ideologie brandmarkt". Nun, wenn diese genannten Punkte nicht den
Liberalismus und den aus ihm erwachsenen Globalismus vorwegneh-
men, was dann? Zumal de Vitoria diese Vorstellungen „mit einem liberalen Handelsrecht (ius commercii)" koppelte, wie kathpedia.com
ergänzt. Letztere Seite fügt außerdem hinzu, dass de Vitorias „Plädoyer
für freie Migration, freie Nutzung der Ressourcen und eine Einbür-
gerungsregelung nach dem ius soli-Prinzip" „selbstverständlich" die
Überlegung miteinschließe, „dass dies alles nicht zum Nachteil der Einheimischen, im Fall der Conquista also der Indios, geschehen soll", was
wiederum ein schlagendes Argument gegen Masseneinwanderung auf
Ersetzungs- und Landnahmeniveau wäre.
Schelkshorn kritisiert, dass Orbán diesem „liberalen Kosmopolitismus" die Lehre von den „Pflichtenkreisen" gegenüberstellt. Diese be-
sagt, dass wir „zuerst für unsere Familienmitglieder verantwortlich"
seien, „dann für die Mitglieder unseres Dorfes, unseres Landes" und
erst „zuletzt eventuell noch für andere". Dies sei jedoch, so Schelkshorn,

keine christliche, sondern „eine heidnische Lehre, die sich sowohl bei Cicero als auch beim Konfuzianer Menzius findet." Nun, sie findet sich allerdings auch, wie bereits zitiert, bei Papst Johannes Paul II. und vor allem beim Hl. Thomas von Aquin, der in seiner „Summa Theologica" lehrte, dass es die Pflicht des Christen sei, die Tugend der „Hingebung" oder „Pietät" analog zu blutsverwandten Banden auch auf das eigene Vaterland zu erstrecken. Dies folge aus der Anerkennung unserer Abhängigkeit, der Voraussetzungen unseres Seins. Wenn Gott „die höchste Vollendung und das erste Princip unseres Seins und Tuns" ist, dann kommen in zweiter Linie

„die Eltern und das Vaterland, von denen wir erzeugt und genährt sind worden. Also nach Gott ist der Mensch am meisten Schuldner den Eltern und dem Vaterlande. Wie somit es zur Gottesverehrung gehört, an erster Stelle Gott einen Kult darzubringen; so geht es die Hingebung oder Pietät an, an zweiter Stelle die Eltern und das Vaterland zu ehren. In der den Eltern erwiesenen Ehre ist nun eingeschlossen die den Blutsverwandten gegenüber; denn blutsverwandt sind eben Personen deshalb, weil sie von den nämlichen Eltern abstammen. Und in der dem Vaterlande erwiesenen Hingebung ist eingeschlossen die allen Mitbürgern gegenüber und allen Freunden des Vaterlandes. [...] Die Pietät erstreckt sich auf das Vaterland, weil dieses für uns gewisses Princip des Seins ist; die gesetzliche Gerechtigkeit geht auf das Vaterland, weil dieses ein Gut und somit das Gemeinbeste ein allgemeiner Zweck ist."

Daraus folgt, dass es tugendhaft ist, auch in der praktischen Nächstenliebe (die eben nicht „Fernstenliebe" ist) Prioritäten zu setzen und Rangfolgen zu beachten:

„So nun müssen wir sagen, die Blutsverwandtschaft beruhe auf der Verbindungskraft des natürlichen Ursprunges; die Freundschaft unter Mitbürgern auf der bürgerlichen Gemeinschaftlichkeit; die Freundschaft unter Soldaten auf der Kriegskameradschaft. Was also die Verbindung auf Grund der Natur angeht, so müssen wir mehr lieben die Blutsverwandten; im Bereiche des bürgerlichen Lebens mehr die eigenen Mitbürger; und im Bereiche des Militärischen mehr die Kriegskameraden." („Summa Theologica", 2. Teil des 2. Buches, Quaestio 101, Artikel 1–4 und Quaestio 26, Artikel 8.)

Wir verfügen hiermit also über eine volle christliche Deckung und Ausformulierung der Lehre von den Pflichtenkreisen durch einen der bedeutendsten Kirchenlehrer.

Schelkshorn räumt nun ein, dass diese Lehre dem ethischen Universalismus nicht eigentlich widerspreche, allerdings gemäß der christlichen Theologie die „schrittweise Ausweitung moralischer Verantwortung" auf „letztlich die gesamte Menschheit" gefordert sei. Dies ist richtig und hat sich auch im katholischen Katechismus niedergeschlagen:

„Das vierte Gebot erhellt auch die anderen Beziehungen innerhalb der Gesellschaft. In unseren Geschwistern sehen wir Kinder unserer Eltern; in unseren Vettern und Basen Nachkommen unserer Ahnen; in unseren Mitbürgern Söhne und Töchter unseres Heimatlandes; in allen Getauften Kinder unserer Mutter, der Kirche; in jedem Menschen einen Sohn oder eine Tochter dessen, der ‚unser Vater' genannt werden will."

Auch dieser globalen Erweiterungsebene trägt das ungarische Grundgesetz Rechnung, indem es formuliert: „Wir achten die Freiheit und die Kultur anderer Völker und streben eine Zusammenarbeit mit allen Nationen der Welt an."

Bedeutet diese „Ausdehnung" aber auch, dass man verpflichtet sei, die „gesamte Menschheit" in seinem Heimatland aufzunehmen und damit sein Wohl, sein Dasein, seine Existenz zu gefährden? Die Antwort kann nur „Nein" sein, andernfalls sich die Pflichtenkreislehre ad absurdum führen würde.

Am Ende seines Artikels lässt Schelkshorn endgültig erkennen, wessen Geistes Kind er ist, wenn er den linken, zum Marxismus neigenden Populismus der „lateinamerikanischen Theologien der Befreiung" als wegweisendes Vorbild „im Kampf gegen die antidemokratischen Mächte" der „Neuen Rechten" preist.

Nach diesem Muster laufen die meisten Angriffe gegen die vermeintliche „Instrumentalisierung" des Christentums durch „Rechtspopulisten" oder „Neue Rechte" ab: Der Verweis auf die „christliche Moral" dient lediglich einer Legitimierung der säkularen Religion des Globalismus, die Europa, seine Völker, seine Kultur und am Ende die christliche Religion selbst zerstören wird, wenn ihr nicht Einhalt geboten wird.

Nicht zuletzt droht hier eine nicht zu unterschätzende totalitäre Gefährdung. Die „zwei Reiche" lauten in der *One World* nicht mehr „Heimatland" und „Rom" als Option der doppelten Landeskindschaft einer physischen und geistig-symbolischen Heimat. Die globalistische Politik will das Imperium und fordert: Es soll keine Vater- und Heimatländer mehr geben, ihr habt keinen König außer Cäsar. Bald sollt ihr auch keinen Papst mehr haben außer den „allgemeinen Menschenrechten" und keinen Gott außer der „Menschheit".

Wie es aussieht, hat sich die nachkonziliare Kirche zum Wegbereiter und Steigbügelhalter dieser Politik gemacht, wo doch gerade sie berufen wäre, ihr schärfster und unversöhnlichster Kritiker – also: „Populist" – zu sein.

Das katholische Abenteuer

Ein Bekenntnis

Von Matthias Matussek

Kein Vorzeigekatholik

Die Welt, in die ich mein Bekenntnisbuch „Das katholische Abenteuer" hineingeschrieben hatte, war eine andere. Besonders die katholische Welt. Sie litt 2012 unter den Missbrauchsfällen, diesem „Abgrund von Schmutz", dem der damalige Papst Benedikt XVI. nach strengsten Untersuchungen administrativ mit Suspendierungen, ja mit Exkommunikationen der Betroffenen entgegengetreten war.

Diese Welt wusste noch nichts von den schwarzen Söldnern des IS, die Christen im Heimatland des Christentums die Kehlen durchschnitten und deren erklärtes Ziel die Eroberung Roms war.

Dass sich die *una sancta* unter einem neuen Papst, Franziskus I., in eine groß angelegte NGO zur Flüchtlingshilfe verwandeln würde, stand noch nicht in den Sternen. Dass er die europäischen Staaten verpflichten will, ohne Rücksicht auf zusammenbrechende Sozialordnungen und Suspendierung von Recht und Ordnung alle Flüchtlinge der Welt aufzunehmen, mag bibeltreue Katholiken verwundern, die die katholische Soziallehre ganz im Sinne von Thomas von Aquin deuten, der warnte: „Gerechtigkeit ohne Barmherzigkeit ist grausam; aber Barmherzigkeit ohne Gerechtigkeit führt zur Auflösung." Und wie schrecklich der Zustand der Auflösung ist, konnte gerade eben in den Gedächtnisartikeln zu den Verwüstungen des 30-jährigen Krieges vor Augen geführt werden.

Dass die *una sancta* mit ausgebreiteten Armen auf den Islam zugeht – von seiner Reise in den Nahen Osten brachte Papst Franziskus keine christliche, sondern eine islamische Familie zurück – und dass sie in ihren dogmatischen Lockerungsbemühungen auch auf die Reformer in der Kirche so entschieden zugeht, während in Sachen Missbrauch eine eher laxe Politik zu verzeichnen ist, hat mich enttäuscht. Denn: Ich bin katholisch, und das ist auch gut so.

Wie will man Jesusworte reformieren? Was ist so schlimm an Dogmen, also letzten Wahrheiten, ohne die kein Glaube auskommt? Für mein jüngstes Buch „White Rabbit oder Die Abschaffung des gesunden Menschenverstandes" habe ich mir den großen englischen Konvertiten Gilbert K. Chesterton zum Vorbild genommen, einen Kämpfer und Polemiker und Apologeten der Kirche, einen *fidei defensor*, der über Dogmen zu sagen wusste: „Dogmen sind weder düster noch mysteriös;

ein Dogma ist vielmehr ein Lichtblitz – eine augenblickliche Klarheit, die sich über einer ganzen Landschaft ausbreitet."

Ich habe mir meine Katholizität nicht ausgesucht. Sie ist mir in mein Gemüt gelegt, von Kindheit an, so sehr, dass sie mir vorkommt wie angeboren. Eine Veranlagung. Vielleicht ist sie das auch. Tief in mir verwurzelt.

Für dieses Bekenntnis den gleichen Beifall zu kassieren wie, sagen wir, Berlins Party-Bürgermeister Klaus Wowereit, alias „der Wowi", für jenes zu seiner sexuellen Orientierung erhalten hat, erwarte ich gar nicht – aber ich will ja auch keine Wahlen gewinnen. Katholizismus, ganz besonders in diesen Tagen, ist nicht mehrheitsfähig. Er ist nicht in Partylaune. Er ist im Verteidigungsmodus. Begeben wir Katholiken uns auf den Marktplatz, müssen wir zickzack rennen, denn es wird aus allen Rohren gefeuert. Doch natürlich bleibe ich katholisch. Geht gar nicht anders. Jetzt erst recht.

Die bequemere der christlichen Konfessionen ist derzeit eindeutig die protestantische. Ihre Bekenntnisse tropfen in homöopathischen und jederzeit gut verträglichen Verdünnungen ins gesellschaftliche Gewebe, ihre Pastoren sind wie alle, sie lassen sich scheiden, sie leben in schwulen Lebensgemeinschaften, sie fahren ab und zu betrunken Auto, nichts, was irgendeinen groß aufregen würde, im Gegenteil, sie werden geliebt dafür, dass sie sind wie alle. Ach was, sie werden wegen ihrer allzu menschlichen Schwächen sogar für Preise vorgeschlagen. Man kann sich in ihnen wiedererkennen. Sie holen die Menschen da ab, wo sie stehen, wie man so sagt.

Und passiert mal so was wie diese dumme mutmaßliche Vergewaltigung in der Hamburger St.-Petri-Kirche spätnachts in der Kirchenbank durch einen Pfarrer nach einer Feier, dann beten die Gläubigen für ihren Pastor. „Herr gib uns die Kraft zu verzeihen", titelte die „Hamburger Morgenpost". Die Öffentlichkeit nimmt bei denen irgendwie anders Anteil. Bei uns ist das schwieriger. Uns wird die Mitgliedschaft als solche um die Ohren gehauen.

Ich bin kein Vorzeigekatholik, aber dennoch bin ich so leidenschaftlich katholisch, wie ich vor vierzig Jahren Marxist war. Darüber hinaus bedeutet Katholischsein einfach, ein spannendes Verhältnis zur Welt zu haben. Mein Katholizismus kennt keine ruhige Mittellage. Er besteht aus Zorn und Liebe, Glaube und Zweifel und bisweilen Verzweiflung über den eigenen Verein. Er ist auch die Religion der Schwärmer und Sünder, der gefallenen Geistlichen und aufopferungsvollen Heiligen, des Säuferpriesters bei Graham Greene und des Märtyrer-Landpfarrers von Georges Bernanos.

Mein Katholizismus ist übrigens nicht demokratisch. Er ist nicht konsensabhängig. Glaubenswahrheiten sind keine Abstimmungssache. Mein Katholizismus ist auf dunkle Art monarchistisch. Als Jesus von Pilatus gefragt wird: „Bist du der König der Juden?", verweigert er stolz die Antwort. Er sagt: „Mein Reich ist nicht von dieser Welt." Das ist so anders, dass wir es gar nicht ermessen können.

Aber dann gibt es seine Botschaft, von der ich spüre, dass sie an mich gerichtet ist. Zum Beispiel das Gleichnis vom guten Hirten, der seine Herde zurücklässt, um das verlorene Schaf zu finden. Das ist die frohe Botschaft für uns Leute auf der Klippe. Katholizismus, der besonders, ist eine Religion für diejenigen, die hinfallen und aufstehen.

Meine Frau übrigens kann sich mit dem Gleichnis überhaupt nicht anfreunden.

„Was ist mit den übrigen 99 Schafen? Die lässt der gute Hirte einfach im Stich, nur weil ein einziges sich in die Büsche schlagen musste?"

„Um die macht er sich keine Sorgen, weil sie es auch so schaffen. Gott liebt eben besonders diejenigen, die sich verirrt haben."

„Und die anderen, die sich an die Vorschriften, an den geraden Weg halten, sind nichts wert?"

„Aber die hat er doch sicher, es kommt ihm auf das schwarze Schaf an."

„Kein Wunder, dass du die Geschichte magst", sagt sie.

Zum Katholischsein gehört außer der Zustimmung zum Credo (und ein bisschen Bekenntnismut für den Fall, dass man beim „Spiegel" arbeitet) nicht viel: morgens und abends beten und bei Tisch, sonntags in die Messe, mindestens einmal im Jahr zur Beichte. Das kann doch nicht so schwer sein, Leute! Ach so, die Zehn Gebote einhalten wäre prima. Die Eltern respektieren und umsorgen, was zunehmend wichtiger wird in unserer alternden Gesellschaft. Nicht stehlen, nicht töten, aber das verbietet ja schon das StGB. Und was das Lügen angeht: So nützlich ist es nämlich gar nicht.

Ich habe das katholische Abenteuer in nahezu allen Erdteilen erfahren, über Priester und Gemeinden, die sich mutig dem Elend und den Gangstern in den brasilianischen Favelas entgegenstellen, über Franziskanerbrüder in New York, die den Armen zu essen geben, über Ordensleute in Thailand, die mit Reisbauern und Kellnern den Weihnachtsgottesdienst mit Krippenspiel feiern, über singende Nonnen in Goa an Mariä Himmelfahrt.

Lauter Menschen wie weiße Elefanten. Sie sprechen von Gott. Sie sind skandalöserweise nicht von Eigennutz getrieben, sondern von der

Liebe zu den Menschen und von der Mission, die frohe Botschaft weiterzugeben. Und sie werden im öffentlichen Gerede behandelt wie Idioten oder Verbrecher. Zumindest bei uns. Christopher Hitchens schrieb über Mutter Teresa ein Buch mit dem gehässigen Titel „Die Missionarsstellung". Das ist so in etwa das Schwachsinns-Kichern, mit dem Frömmigkeit heutzutage zu rechnen hat.

Dabei geschieht nicht nur in Kalkutta im Namen der Kirche viel Gutes, sondern auch bei uns, in den Schulen, in den Krankenhäusern, in den Pflegeheimen. Ganze gesellschaftliche Räume würden ohne die Kirchen veröden, den Einsamen, den Schwachen und Vergessenen kämen der Trost und das Mitgefühl abhanden. Früher habe ich Heilige und Drachentöter bewundert, heute bin ich stolz auf diese stillen Glaubenshelden.

All das ist schon fast Routine. Dass die Kirchen darüber hinaus große Wohlfahrtsinstitutionen gebildet haben, ist allerdings eine zweischneidige Sache, denn gleichzeitig bleiben die Messbesucher aus. Die Kirchen helfen, aber sie schaffen es nicht, ihr Kernthema bei uns zu verbreiten, obwohl im Großangriff des Islam auf den Westen jede Notwendigkeit bestünde, unseren christlichen Glauben zu verteidigen und zu stärken. Und nicht das Kreuz zu verstecken, um die islamischen Gastgeber auf dem Tempelberg in Jerusalem nicht zu verstören, während ein paar Kilometer weiter östlich Christen wegen ihres Glaubens gemordet werden.

Und es gab sie doch, die anderen, immer schon, die für ihren Glauben und das, was sie für richtig hielten, in den Tod gingen, nicht nur unter römischen Soldaten, auch in der Neuzeit. Katholische Bekenner wie den Journalisten Fritz Gerlich, der von den Nazis erschossen wurde. Oder die Lübecker Märtyrer, die im Sommer 2011 seliggesprochen worden sind – drei junge Kapläne, die mit einem protestantischen Pfarrer wegen „Zersetzung der Wehrkraft" am 10. November 1943 von den Nazis enthauptet wurden.

Katholische Priester. Heutzutage beginnt das Spaßpublikum, zu hyperventilieren, wenn es in einer Talkshow einen schwarzen Talar sieht und einen Mann, der zölibatär lebt. Die Debattenbeiträge zum Thema katholische Kirche sind eine geradezu beleidigende Unterforderung der Intelligenz, denn sie kreisen um die immer gleichen Reizthemen: Zölibat, Papst, Priester. Gleich drei Verstörungen, nämlich kein Sex, keine Demokratie, keine Gleichberechtigung. Völlig verquer, der Haufen!

Ja, es gibt für einen debattenfreudigen Journalisten in diesen Tagen keine sportlichere Rolle als die des Katholiken, nicht erst seit den Missbrauchsskandalen, aber seit diesen besonders.

„Die katholische Kirche ist voller Päderasten", rief „Stern"-Chefredakteur Hans-Ulrich Jörges, der mir in einer Talkshow gegenübersaß. Anschließend, die Sendung war vorüber und das Publikum weg, meinte er versöhnlich, er leide doch genauso wie ich unter dem schlechten Image der Kirche, weil sie die einzige Institution in unserer Gesellschaft sei, die sich noch für Werte zuständig fühle. Wo sollten die denn sonst herkommen, die Werte?

Aber lieber Herr Jörges, zunächst mal ist die Kirche kein Pumpwerk für das Gute, wie es sich die Sozialingenieure so gern einbuchen in ihren Masterplänen für eine ethisch ausgelaugte Gesellschaft, sondern eine Glaubensgemeinschaft. Durchaus mit Werten, unter denen übrigens die Nächstenliebe und die Wahrheitsliebe weit oben stehen, aber auch so unbequeme Sachen wie die Achtung vor dem Leben, schon dem ungeborenen gegenüber, und die Achtung vor Liebe und Treue, die durchaus Keuschheit bedeuten kann.

Das sind lauter Verstörungen des gehobenen bürgerlichen Gourmet-Gewissens, lauter antibürgerliche Tumulte im behaglichen Alltag.

Der Katholizismus zielt auf die Gegenwelt. Ja, eigentlich sind wir die Sex Pistols unter den Konfessionen.

Ohne dass jetzt der Sex im Vordergrund steht.

Oder die Pistols.

Und wir machen nicht so einen Lärm.

Also, auch die Klamotten sind ein bisschen schöner.

Auf alle Fälle kann man es sicher bequemer haben als Publizist. Es gibt aus dem Justemilieu heraus eine sprungbereite Feindseligkeit dem Katholizismus gegenüber. Er wird als groß angelegte Spielverderberei in der Feier des Lebens betrachtet, wo er doch eine der fröhlichsten, der kunstsinnigsten und sinnenfreudigsten Religionen ist, die es gibt – wenn man die ästhetischen Avantgarde-Katastrophen für einen Moment außer Acht lässt, die seit dem Zweiten Vatikanum über Kirchen und Andachtsräume geschwappt sind und nur kahle protestantische Innenwelten hinterlassen haben.

Der Katholizismus hat eine ausdrucksfrohe, geheimnisvolle und formbewusste Tradition, und man müsste vom Hahn gehackt sein, da erneut die Abrissbirne anzulegen. Der Katholizismus ist eine 2000 Jahre alte Bastion. Ein Kulturspeicher, ein Gedächtnisspeicher der Menschheit. Ist sie fehlbar, die katholische Kirche? Und ob. Jesus hat seine Kirche auf fehlbare Menschen gebaut, auf Apostel, die ihn verkauft (Judas) und verraten haben (Petrus). Und doch hat sie die Zeiten überdauert.

Und sie wird weiterdauern. Schon Lenin hat prophezeit: „Ich glaube jedoch, dass unter den Trümmern der gegenwärtigen Institutionen noch die katholische Hierarchie weiterleben wird." Sie muss.

Die größte Kirchenfeindlichkeit scheint bisweilen aus den eigenen Reihen zu kommen. Ja, wahrscheinlich sind die katholischen Betriebsnudeln und Vereinsmeier noch schlimmer als die Spötter von außen. Da ist der Vorschlag, verheiratete Männer, sogenannte *viri probati*, zum Priesteramt zuzulassen, womit eine teilweise Aufhebung des Zölibats gefordert wird. „Aus Sorge" über den zunehmenden Priestermangel.

Allerdings nimmt die Zahl der Gottesdienstbesucher noch rapider ab als die der Priesteranwärter. Hier liegt das Drama, auf das mit keinem Wort eingegangen wird. Kann es sein, dass sie wegbleiben, weil den Kirchen im Reformeifer der letzten Jahrzehnte zunehmend das Geheimnis, die Liturgie, die Andacht abhandengekommen sind, dass einfach zu viel gewöhnliches Tageslicht auf dieser Gegenwelt liegt?

Kurz nach den Politikern meldeten sich 144 Theologieprofessoren zu Wort. Ebenfalls „aus Sorge", diesmal über die Kirchenkrise, die der Missbrauchsskandal ausgelöst habe. Sie empfahlen unter anderem eine Lockerung des „moralischen Rigorismus". Wie das? Sollte nicht der Rigorismus eher verschärft werden? Würde sich die winzige pädophile Minderheit unter den Priestern bei Lockerung der Moral eher dem Briefmarkensammeln zuwenden, statt sich über die Schutzbefohlenen herzumachen? Die Odenwaldschule hat wohl zur Genüge bewiesen, wie wenig eine lockere Moral geeignet ist, den Missbrauch zu verhindern!

Des Weiteren fordern die Theologen (die immerhin den Nachwuchs der deutschen katholischen Kirche ausbilden!) den üblichen, sattsam bekannten Reformkatalog ein, also eine Aufhebung des Zölibats, Priesterweihe für Frauen, den Segen für schwule Lebensgemeinschaften und die Basisdemokratie bei der Bestallung von Bischöfen und Pfarrern. Eigentlich verlangen sie den Protestantismus.

Auch von den Theologen kein Wort darüber, dass die „Kirchenkrise" in Wahrheit eine „Gotteskrise" ist, wie Kardinal Kasper zu Recht ausführte, also ein alarmierendes Verdunsten des Glaubens, dem dann doch nicht mit Verfassungsfragen begegnet werden kann, sondern nur mit einem erneuerten Bekenntniseifer.

Mit galvanisierenden Beispielen wie dem, das Johannes Paul II. gegeben hat. Ach, ganz vergessen: Auch gegen ihn, den verkündungsstarken Mystiker-Papst, der das System der Gottlosigkeit, den Kommunismus, mit Kirche und Gebet bezwungen hatte, hatten Theologen ja protestiert, bereits 1989 in einem Memorandum, wegen undemokratischer Strukturen und so weiter. Gleichzeitig wird darin dem Marxismus eine befreiende Kraft zugestanden. Und das ein halbes Jahr vor dem Mauerfall. Ja, deutsche Theologen haben sich schon immer durch ihren Weitblick ausgezeichnet. Wahrscheinlich ist es einfach so unter deutschen Theologieprofessoren, dass es mittlerweile als uncool gilt, von Gott zu reden statt von Memoranden.

Zurück zur Kirchenverfassung. Nehmen wir nur den Zölibat, der den katholischen Priester am augenfälligsten von seinem protestantischen Kollegen unterscheidet. Man wendet gegen ihn ein, dass ein katholischer Priester Eheleuten keinen Rat geben könne, weil ihm die Erfahrung fehle. Kann es der geschiedene evangelische Pfarrer denn besser? Die Scheidungsrate in evangelischen Pfarrhäusern ist hoch. Gibt es bei denen dann nicht viel eher das Glaubwürdigkeitsproblem, wenn sie zur Eheschließung die Formel sprechen: „Was Gott zusammengefügt hat, soll der Mensch nicht lösen"?

Der Zölibat ist offenbar eine Provokation. Warum, frage ich mich? Merkwürdigerweise respektieren wir Mahatma Gandhi, der ein dem Zölibat entsprechendes Gelübde abgegeben hat, über alle Maßen. Ebenso den ehelosen Dalai Lama. Aber den katholischen Priester will das Saalpublikum unserer Partydemokratie immer wieder mit rhythmischem Klatschen zur regelmäßigen Triebabfuhr ermuntern, weil alles andere unnatürlich sei?! Wie eigenartig, denn gleichzeitig beklagt der „Stern" in einer Titelgeschichte, dass in deutschen Betten nichts mehr los sei. Der Zölibat ist offenbar im ermüdeten Ehe-Alltag angekommen – vielleicht, weil ihm unter dem durchsexualisierten Dauerbeschuss ganz einfach die Lust vergangen ist?

Aber noch einmal: Da ignorieren hochgesinnte Einzelne nicht nur Karrieren und Wohlstand, sondern auch die geschlechtliche Vereinigung in zeichenhafter Enthaltsamkeit mit Verweis auf eine andere Welt, und wir können es nicht dulden? Hat denn nicht jede Religion ihre spirituellen Höchstleistungssportler? Wir sollten um unserer Kirche willen, die ja auch in ihrem antimodernen Mysterium besteht, diese Frömmigkeitsartisten und Entsagungskünstler stützen, wo es nur geht – statt ihnen ständig die Ohren vollzublöken damit, was sie alles verpassen.

Die geistliche Anstrengung und Askese, die uns unsere Priester vorleben, wird nicht mit Goldmedaillen oder Schlagzeilen belohnt, obwohl sie doch für unser Heil um einiges bedeutsamer ist als eine neue Rekordzeit im 800-Meter-Lauf. Wir sollten ihnen wenigstens mit unserem Respekt danken, weil sie uns allen mitten im Alltag eine Ahnung davon geben, dass es im Leben um mehr gehen kann als darum, seine Bedürfnisse – und zwar subito – zu befriedigen.

Nicht katholische Sexualfeindlichkeit spricht aus der Tradition des Zölibats, wie immer wieder in einem groben Missverständnis behauptet wird. Den Zölibat gab es bereits im Hellenismus. Für die Kirchengeschichte lässt er sich bis in die Spätantike zurückverfolgen, ja bis zu den Briefen des Paulus, der vom „Unverheiratetsein um des Herren willen" spricht. Nach Max Weber zeichnete es die Träger des prophetischen oder künstlerischen Charismas schon seit je geradezu aus, dass sie ehelos sind.

Selbst wenn, liebe Theologen und Politiker und aufgeregte Reformaktivisten, selbst wenn der Zölibat biblisch nicht zwingend verankert sein sollte, so ist er doch tief in der katholischen Tradition eingewoben. Auch der Kölner Dom ist nicht biblisch belegt, und trotzdem machen wir kein ökumenisches Parkhaus daraus.

Von außen wird der Katholizismus samt Zölibat und Papsttum als „überwältigender Kontrastreiz" empfunden. „Auf keinen Fall darf es sich auf die altbekannte Reformagenda katholischer Kirchenkritiker einlassen", schreibt der evangelische Probst Johann Hinrich Claussen in seinem bemerkenswerten Buch „Zurück zur Religion". Demokratisierung, Abschleifung der Hierarchie, Aufhebung des Zölibats, Priesterweihe für Frauen, das mag für gelangweilte Betriebszugehörige mit umstürzlerischem Erlebnishunger spannend klingen. „Doch wer nur von ferne zuschaut, dem müssen solche Reformen herzlich gleichgültig sein", schreibt Claussen. „Denn er möchte ein Gegenbild zur eigenen Lebenswirklichkeit betrachten."

Noch einmal: Zu diesem Gegenbild gehört der Zölibat für uns Katholiken ganz zentral. Ich weiß, dass er oft missglückt. Dass er umgangen wird, dass er zu Doppelbödigkeiten, zu versteckten Familien, zu falschen Fassaden führen kann. Aber dort, wo er gelingt, hat er für mich etwas Strahlendes.

Ja, der zölibatäre Priester ist eine auratische Glaubensfigur. Er lebt im Vorhof des Heiligen. Er lebt eine radikale Frömmigkeit, dient mit Einsatz seines Lebens und verweist auf die zukünftige Welt. Franz von Assisi und Mutter Teresa sind zölibatäre Figuren, denen weltweite Bewunderung entgegengebracht wird. Mit welchem spirituellen Heroismus die Mönche des Klosters Notre-Dame de l'Atlas ihre zölibatäre Liebe zu den Menschen der Umgebung leben und zu Gott, und wie fasziniert das Kinopublikum des Films „Von Menschen und Göttern" davon war! Doch auch für weniger entrückte Gottesdiener, für Männer, die monastisch leben und mitten in der Welt stehen wie der Jesuitenpater Breulmann, mit dem ich mich kurz nach seiner Amtseinführung als Leiter der Katholischen Akademie in Hamburg traf, ist der Zölibat nichts Geringeres als ein „Abenteuer". Er fühle sich, so der Pater, ungebundener und freier, als er es könnte, wenn er für eine Familie zu sorgen hätte. Der Zölibat ist neben allem anderen eine antibürgerliche Lebensform.

Und was meine Vorbehalte gegen die Ordinierung von Frauen zum Priesteramt angeht, gibt es für mich keinen anderen Grund als wiederum den einer ehrwürdigen Tradition, in deren Urgrund das Bild von Jesus und seinen Jüngern liegt. Es waren Fischer, die ihre Netze liegen ließen und sich diesem wandernden Endzeitprediger anschlossen, der nach den Rekrutierungspassagen der Evangelien keinen Zweifel daran ließ, dass er bindungslose einzelne Männer bevorzugte und sich in einer durchaus antifamiliären Rhetorik gefiel.

Dass der Vatikan des Weiteren keine basisdemokratische Veranstaltung ist, sondern eine grandiose, feudale Zuspitzung auf den obersten Kirchenfürsten, kann doch im Ernst keinen verstören, der noch ein Sensorium für Geschichte und Glaubensfragen hat. Welche rhetorische Brillanz und menschenkluge Tiefe in einer Enzyklika wie „Deus caritas est" (Gott ist die Liebe) steckt, der ersten Enzyklika von Papst em. Benedikt XVI. während seiner Zeit auf dem Thron Petri!

Wer einmal mit Zigtausenden anderen aus der Umarmung der Bernini-Kolonaden rund um den Obelisken hinaufgeschaut hat zur Balustrade des päpstlichen Palastes, den Mann in Weiß den Segen „Urbi et orbi" spenden sah und den Ostergruß in Dutzenden von Sprachen sowie die Freudenrufe aus buchstäblich allen Teilen des Erdkreises gehört hat, diese polyphone Glaubenssinfonie aus Stimmen und Gebeten, der weiß, dass die katholische Kirche tatsächlich Weltkirche ist und nur durch den Einzelnen an der Spitze sicher durch die Zeiten geführt werden kann. Und nicht durch eine proporzbesetzte Kommission mit Klarsichthüllen und Aktenordnern.

Die Mitgliederzahlen der katholischen Kirche schrumpfen, das ist richtig. Allerdings nehmen sie bei den demokratischen, liberalen, zeitgeistigen Protestanten noch dramatischer ab als bei uns, was eindeutig gegen all jene Modernisierungen spricht, die der katholischen Kirche immer wieder vorgeschlagen werden – von Werbe-Fachleuten, die sich ansonsten selten in ein Gotteshaus verirren. Soeben hat eine evangelische Pastorin Alarm geschlagen und die Dürftigkeit der Predigten beklagt, die oft jede Gotteszentrierung vermissen ließen. Leere Kirchen sieht sie dabei nicht als Übergangsstadium, sondern als das Zeichen des Endes: „Leere Kirchen stehen für nichts anderes."

Ein paradoxes Bild: Die Kirchen bluten aus, gleichzeitig steigt die Sehnsucht nach Orientierung, nach Standpunkten, nach Glaubwürdigkeit. Über die eigene religiöse Position redet man – anders als in den USA – in unseren Breiten nicht gerne, das scheint sich nicht zu gehören. In seinem Bestseller „Wofür stehst Du?" bekennt Giovanni di Lorenzo im vorletzten Kapitel, dass er Katholik sei, das aber als Privatsache behandelt sehen möchte. Warum?

Sicher, die fröhliche, unkomplizierte religiöse Raufbold-Welt von Don Camillo und Peppone ist endgültig dahin. Zwar gibt es Peppones ungläubige KP mit den Stalinporträts nicht mehr, aber auch Don Camillos Glaubenswelt existiert nicht länger, in der er vor dem Gekreuzigten steht und zu ihm aufschaut wie zu einem guten Freund und immer mal wieder von dessen sanfter Stimme auf den Weg der Tugend zurückgeholt wird. Denn Don Camillo stürzt sich für seinen Glauben gern in eine Prügelei. Allerdings gibt es auch das nicht mehr. Glaubensstreit mündet heutzutage gleich in Dynamit, Terror und globale Vernichtungsfantasien.

Dennoch, wenn ich mir die Verzerrungen und Gehässigkeiten gegen die Kirche in unserem Medienzirkus anschaue, kann ich mir vorstellen, wie Don Camillo in seiner Dorfkirche vor dem Kreuz zu beten:

„Lieber Herr, Du bist groß und allmächtig und allwissend, können wir nicht bitte dem oder dem mal aufs Maul hauen, ab und zu mal Tische umstürzen in den Tempeln unserer Tage, den Fernsehstudios, natürlich NUR IN WORTEN!, Händler hinausjagen, dem Zerstreuungsschwachsinn unserer Tage genauso den Kampf ansagen wie der alles überlagernden Geldgier?

Haben wir nicht gebüßt für unsere Schuld? Die schrecklichen Missbrauchsfälle der 1950er, 1970er und 1980er Jahre werden gesühnt, langsam zwar, aber stetig und konsequent. Sie sind nicht die einzigen, aber in unserem Laden, da hat der Papst recht, ist es besonders verwerflich, denn wir sollten mit leuchtendem Beispiel vorangehen.

Doch das andere, das uns in jeder zweiten Talkshow von blondierten Kabarettnudeln, sozial engagierten Tatort-Kommissaren und grünen KirchenkritikerInnen zur Neuvorlage präsentiert wird, die Kreuzzüge nämlich, die liegen tausend Jahre zurück. Und jetzt mal unter uns, Herr, im Ernst, es waren doch zuerst die Muslime, die Jerusalem und die heiligen Stätten erobert hatten mit ihren Krummsäbeln, Du bist Zeuge, und im Übrigen, warum wird den Protestanten dieser Vorwurf nie gemacht? Nur weil es sie noch nicht gab?

Und gibt es nicht derzeit eher Kreuzzüge gegen uns, auf der ganzen Welt? Mit Bomben und Gewehren in Ägypten, im Sudan, in Pakistan? Doch die werden von unseren demokratischen Dauertalkrunden übersehen, denn dass Christen Opfer sein könnten, passt nicht auf die Platte, die in unserer Gesellschaft am liebsten aufgelegt wird und die beim Täter-Christen einen Sprung hat.

Kommen wir zu den Hexenverbrennungen. Mittelalterlich? Nein, die Kirche hatte den Hexenglauben verboten. Hexenverbrennungen sind eine Erfindung der frühen Neuzeit, und sie blühten besonders prächtig auf in protestantischen, später puritanischen Gegenden wie in Salem. In Spanien hat die katholische Inquisition die Hexenverfolgung verhindert.

Allerdings kümmert man sich in unseren Talkshows auch eher wenig um die jüngsten Exzesse der Hexenverfolgung im Kongo, in Tansania, in Südafrika, wo es zu hunderten, ja tausenden Hexenmorden gekommen ist. Es waren die Kolonialmächte, insbesondere die christlichen Missionare, die die Hexenverfolgung untersagt hatten. Nun, mit Erkämpfung der Unabhängigkeit und Vertreibung der Missionen, wird nachgeholt, was liegen geblieben ist.

Fazit, Herr: Deine Kirche ist zahm und zivil und aufgeklärt, und Dein Stellvertreter auf Erden, Papst Benedikt XVI., sprach mit so sanfter Stimme (wenn auch nicht ohne imponierende Konsequenz und Unerschütterlichkeit), und der antikirchliche Lärmpegel ist so gewaltig, dass ich durchaus Lust hätte auf eine lautstarke katholische Konterrevolution.

Und dann warte ich, bis der Anfall vorüber ist."

Schlimme Sache, aber es ist nun mal so: Ich denke katholisch, ich fühle und lache und wüte katholisch, ich sündige, ich beichte, ich schaue katholisch auf die Welt.

Die lutherische Schreckenstheologie war mir immer fremd. Der Gedanke daran, dass ich selber gar nichts tun kann, um in den Himmel zu kommen, sondern vollständig von der Gnade Gottes abhänge, ließ mich von jeher schaudern. Meine Schuld wäre nie abzutragen. Es ist der finsterste Teil der Augustinischen Erbsünden-Theologie, den Luther übernommen hat.

Deswegen bin ich gerne katholisch, und da diese Welt so überraschend religiös aufgeladen ist, werde ich ständig daran erinnert, dass ich katholisch bin und nicht, sagen wir, moslemisch. Ich habe im Koran gelesen und war weniger beeindruckt als Goethe. Ich fand die Beschreibung der Höllenqualen für die Ungläubigen auf Dauer ermüdend und die Himmelsekstasen für die Gerechten übersüßt.

Ferner stört mich ganz erheblich, dass der Islam eine politische Eroberer-Ideologie ist, die sich in einem asymmetrischen Weltkrieg gegen das Christentum befindet. Und ich befürchte, dass wir in unserem erloschenen Glaubensinteresse nicht die Kraft zur Gegenwehr aufbringen.

Der große englische Konvertit Gilbert K. Chesterton bekannte, er sei sein Leben lang auf der Suche nach einer Häresie gewesen, die zu ihm passe; „so landete ich bei der katholischen Orthodoxie."

Da ist zum Beispiel die Debatte über den Plan, in Manhattan, New York, 250 Meter von Ground Zero entfernt, eine 100-Millionen-Dollar-Supermoschee samt islamischem Kulturzentrum zu errichten. Und rums – ich reagiere in meinen Vereinsfarben: katholisch.

Sicher hat die betreffende Moslembruderschaft das Recht auf einen Moscheebau. Dennoch halte ich diesen Plan für, um es vorsichtig auszudrücken, emotional nicht sehr intelligent. Um nicht zu sagen: unsensibel. Um nicht zu sagen: provokativ. Andere denken ebenso. Widerstand bildet sich. Worauf der für den Plan verantwortliche Imam prompt meint, dass es die moslemischen Gläubigen in allen Teilen der Welt sehr erzürnen würde, wenn es den Gegnern der Moschee gelingen würde, sich mit einer Baublockade durchzusetzen. Und wir wissen, wie furchteinflößend es sein kann, wenn der Islam sich ärgert. Und das wiederum ärgert mich. Doch nicht nur mich.

Hani Shukrallah, Chef der englischsprachigen Internetseite „Ahram Online" in Kairo, schrieb nach dem Anschlag auf die christlichen Kopten in Ägypten: „Ich klage jene unter uns an, die sich lautstark über die Entscheidung empört haben, dass der Bau eines muslimischen Zentrums in der Nähe des Ground Zero in New York gestoppt werden sollte, und auf der anderen Seite applaudieren, wenn die ägyptische Polizei den Bau eines Treppenhauses in einer koptischen Kirche im Kairoer Omranya-Bezirk zum Stillstand bringt."

Was den Terrorangriff von 9/11 angeht, der rund 3000 Todesopfer gefordert hat, vergaß der New Yorker Imam übrigens nicht, hinzuzufügen, dass dieser Massenmord auch mit der „amerikanischen Politik" zu tun gehabt habe. Gut, dass das mal klargestellt wurde und damit jeder Zweifel daran ausgeräumt, dass er als Hausherr der Moschee eventuell das mörderische Attentat vom 11. September gutheißen könnte.

Aber zurück zu mir und meinem katholischen Gemüt. Zurück in die 1950er Jahre, als der Katholizismus eine Volksreligion war.

Eine katholische *education sentimentale*

Ich war das Jesuskind. Ich lag in einem Korb. Ich spürte Stroh. In jenen Tagen lag ein Glanz über uns, denn Deutschland war Fußballweltmeister gewonnen. Ich lag nicht in einem Stall, sondern einer schon ganz properen Zwei-Zimmer-Nachkriegswohnung in Münster, der rabenschwarzen Bistumsstadt. Der Katholizismus war Leitkultur, die Auflage des „Rheinischen Merkur" lag bei 200.000, und ich war einige Monate alt und bekam von all dem nichts mit. Aber vom Lichterglanz, von Wärme, von Feierlichkeit.

Zurück zum Kind in der Krippe. Denn das war meine Rolle als Neuankömmling in unserer an Kindern gesegneten Familie. Die beiden älteren Brüder waren Josef und Maria, der dritte spielte einen Hirten und hatte mit Ochs und Esel und offensichtlich Hunderten von Schafen alle Hände voll zu tun. Zwei Jahre später war ich eines der Schafe, weil mein jüngerer Bruder die Titelrolle erhalten hatte – völlig unverdient, denn er hatte bis dahin nichts weiter geleistet, als blöde herumzuliegen. Hätte er nicht wenigstens die nächste Weltmeisterschaft schon mal vorbereiten können?

Unsere Kindheit war vom Kirchenkalender bestimmt und vom Fußball. Und vom Gebet. Wir beteten zu Tisch. Wir beteten abends den Rosenkranz. Dabei knieten wir vor unserem Hausaltar, der aus Kreuz, Madonna, Kerze und einem Triptychon des Niederländers Dieric Bouts bestand: eine Anbetungsszene in der Mitte, links Johannes der Täufer mit einem Lamm, rechts Christophorus, der durch einen reißenden Strom schreitet, den kleinen Jesus auf den Schultern, segnend. Ich fand es waghalsig. Dann wiederum machte Christophorus einen vertrauenerweckend robusten Eindruck.

In der Zeit zwischen den Gebeten spielten wir Fußball in unserem Garten, jetzt in Oberhausen-Osterfeld. Er lag in der Nähe einer Zeche, was an Tagen, an denen der Wind schlecht stand, dazu führte, dass meine Mutter die zum Trocknen aufgehängte Wäsche noch einmal waschen musste, und zwar mithilfe eines großen anzuheizenden Bottichs und eines Rührprügels. Wenn sie nicht gerade von der Anstrengung erhitzt den Knüppel in der Hand hielt, sah sie der heiligen Maria sehr ähnlich.

Ich half ihr beim Aufwickeln der Wolle, nachdem wir zuvor alte Pullover aufgeribbelt hatten. Daraus wurden dann neue gestrickt, auf einer dieser praktischen Nachkriegs-Wiederaufbau-Strickmaschinen. Der Ehrgeiz war, alle fünf Söhne zu Weihnachten mit einer jeweils neuen Pulloverkreation zu beschenken. Wobei das jeweils Neue dadurch auftrumpfte, dass es gleich in fünffacher Ausführung vorlag, also wiederum zur Uniform wurde. Das, so lernte ich später, soll durchaus praktisch sein bei Katastrophen: Der Clan findet sich schneller wieder, und nur wenn er zusammenbleibt, hat er Chancen, durchzukommen.

Frank Schirrmacher hat ein überzeugendes Buch mit dem Titel „Minimum" darüber geschrieben. Ich stellte es im „Spiegel" in einer Titelgeschichte vor, und in der redaktionellen Hausmitteilung zeigte die

Redaktion ein Foto aus den Tagen unseres Rudels mit identischen Pullovern. Der Zeitschrift „Emma" genügte ein Blick darauf, um sich sofort zu einem mitfühlenden Editorial aufgerufen zu sehen: Der arme Kleine da, der Zweite von rechts. Was musste er ertragen!

Ach nee, „Emma", eigentlich war es schön. Es gab zwar immer nur Eintopf und Rote Beete, aber meine Mutter war eine wunderbare Vorleserin. Und überhaupt: Freitags gab es Fisch und an manchen Feiertagen Schweinebraten mit Klößen. Vor allem aber gab es viel Liebe und Anregung und Spiel, und wenn wir uns zwischendurch die Köpfe einschlugen, hieß das noch lange nicht, dass wir uns nicht liebten.

Ich kann nicht garantieren, dass ich beim Beten des Rosenkranzes kniend vor dem Hausaltar immer voll bei der Sache war, besonders bei „HeiljeMariamuttergottes bittefürunsSünder jetzuninnerStundeunseresTodes Amen" schwenkte ich weg, denn klar war ich Sünder, aber die Stunde meines Todes schien mir noch lange hin. Zunächst galt es, für das Nahziel zu beten, für die nächste WM oder Spiele von Rot-Weiß Oberhausen.

Wir beteten zu allen möglichen Anlässen. Vor Reisen zum heiligen Christophorus. Beim Verlust von Schlüsseln oder Portemonnaies zum heiligen Antonius. Einst verlor mein Vater im Urlaub die Brille im Meer. Wir versammelten uns zum Antonius-Gebet am Strand. Danach ging er wieder in die Wellen, griff in die braune Brühe und hielt die Brille in der Hand. Ein Wunder, und ich war dabei!

Natürlich holten wir uns den Blasius-Segen ab, der gegen Fischgräten im Hals gut war, ein äußerst spannender Segen, denn dabei wurden zwei Kerzen vor dem Hals gekreuzt. Wenn dann in den Heiligenlitaneien Hundertschaften an meistens obskuren lateinischen und altdeutschen Namen Revue passierten, gab es doch immer auch großes Hallo und Wiedersehensfreude mit Heiligen-Bekannten aus unserem Alltag.

Der Besuch der Sonntagsmesse wurde vorbereitet wie ein feierlicher Opernbesuch. Eigentlich begann es schon am Samstag, mit der Badewanne und der Beichte. Sonntags dann die Galakleidung. Lange Hose, weißes Hemd, spannend, man sah darin aus wie die Großen. Die Sonntagsmesse war so selbstverständlich Pflicht wie die zahlreichen Marienandachten. Natürlich nahmen wir an den Fronleichnamsprozessionen teil, streuten Blumen vor den Altären aus und trugen das Kreuz durch Straßen und Wege und Fluren und Auen, sofern der Termin in die Ferienzeit fiel.

Die Osternächte waren im Kerzenlicht erstrahlende festliche Höhepunkte. Wie geheimnisvoll das *Lumen Christi* in der noch dunklen Kirche, dann weitere Kerzen, schließlich ein funkelndes Kerzenmeer. In

Mexiko habe ich Jahrzehnte später die Osternacht mit Feuerwerk und Krachern in der Kirche erlebt: Die Gläubigen freuten sich lärmend, dass Christus erstanden war, sie freuten sich über ihr eigenes Leben wie Kinder, wie ich mich freute, und die Kracher dienten auch dazu, die finsteren Geister und Dämonen zu vertreiben, die sich in den Schatten der Gewölbe verborgen hielten, denn Glaube und Aberglaube sind oft nicht weit voneinander entfernt.

Am Ostersonntag, nach dem Hochamt, segneten wir unsere Wohnung ein. Wir Kinder trugen Kerzen, Vater marschierte mit einer Weihwasser-Amphore hinterher. Später, als wir einen Fernseher hatten, knieten wir uns davor, um den Papst-Segen „Urbi et orbi" zu empfangen, der einen kompletten Erlass der Sündenstrafe bewirkte, auch vor dem Fernseher!

Versunkene Welt. Man kann sie nur mit Verwunderung schildern. Was sie einem Psychologen womöglich erzählt, ist: Religionsvergiftung erschwerten Grades. Was sie mir erzählt, ist, dass ich eine glückliche und beschirmte Kindheit hatte. Es gab tatsächlich einen lieben Gott, aber auch einen strengen, der alles sieht. (Was später in der Pubertät irgendwann lästig war, denn man wollte ja auch mal allein sein.) Es gab Schutzengel, die auf mich aufpassten. Es gab Gut und Böse, es gab die Madonna, die der Schlange den Kopf zertritt. Dieser Kinderglaube hat ein Reservoir angelegt wie einen unterirdischen See. Der mochte im Laufe des Lebens teilweise verschüttet werden, doch er war stets da.

Kürzlich wurde ich auf einem Seminar gefragt, ob sich mein Gottesbild im Laufe der Jahre gewandelt habe. Einer der anwesenden evangelischen Pastoren hatte das Buch „Gott 9.0" in der Hand gehabt, in dem den Gottesbildern Farben und Stufen zugeordnet werden, von Beige über Blau bis hin zu Türkis, von der Mutterbrust über den Schöpfergott (mit Jesus als Gottessohn) bis hin zu Gott als „Geist" und „pulsierender Prozess" samt einem „kosmischen Christus", der ein „musterbildendes Fraktal im Universum" ist. Ich musste mir (und den anderen) eingestehen, dass ich bei Blau, also ziemlich weit unten, hängen geblieben bin. Bei meinem Kindheitsglauben. Aber ich bin in guter Gesellschaft. Es ist wohl so, wie der große katholische Philosoph Spaemann sagte: Für ihn war da der Glaube der Kindheit, und all das spätere Nachdenken bedeutete nur, dass dieser Glaube vertieft und befestigt wurde.

Meine religiöse Kindheit war anregend, abenteuerlich, theaterhaft. Unsere Rollenmodelle waren die Heiligen. Ich war stolz auf meinen Namenspatron, den Apostel Matthias, der für den Verräter Judas aufgenommen wurde. Matthias wurde später, in Trier, von einem römischen Legionär enthauptet. Wie romantisch. „Du wirst später entweder

Verbrecher oder Heiliger", sagte mein Vater zu mir. Ich konnte mich lange nicht entscheiden, beides schien reizvoll zu sein. Im Übrigen gab es genug Verbrecher (und Christenverfolger), die zu Heiligen wurden. Abenteurer waren sie alle.

Da war zum Beispiel Johannes der Täufer, der bekanntermaßen in der Wüste von wildem Honig lebte. Also organisierte ich mir mit meinem jüngeren Bruder ein Glas Blütenhonig aus dem Küchenschrank, dann setzten wir uns konspirativ in unsere „Laubhütte", die wir mit ein paar Blätterzweigen im Sandkasten markiert hatten. Die Heuschrecken ließen wir aus. Ich hatte das Gefühl, ich müsse etwas Bedeutendes, etwas Aufrüttelndes verkünden, aber mir fiel nichts ein, was sich auch nur entfernt anhörte wie: „Es wird aber einer nach mir kommen" oder „Kehret um". Wir brachen den Versuch dann vorzeitig ab, weil man uns und das Honigglas entdeckte und uns wie gewöhnliche Kriminelle behandelte. Unschön.

Unsere Kindheit war gleichzeitig frommer Hokuspokus und von hoher religiöser Innigkeit, sie bot eine lebenslustige katholische Sinn-Folklore. Meine Seele war eine dramatisch beleuchtete barocke Landschaft, die aus Sonne und Wolken bestand, dem lieben Gott, gerüsteten Erzengeln mit Flammenschwertern und eben den Heiligen mit ihren abenteuerlichen Lebensläufen, die schon Goethe faszinierten. „Man möchte doch wohl gut heißen, daß es so viele Heilige gibt", schrieb er.

Der Katholizismus, mit dem ich groß wurde, war in eine faszinierende Formensprache gehüllt. Heute ringt er um Form und Fassung. Und er versucht zaghaft wieder, die alten Quellen anzugraben, weil er spürt, dass die Form auch gleichzeitig Inhalt ist und Riten ihre eigene innere Wahrheit haben. Ich glaube, dass Martin Mosebach recht hat mit seiner Warnung vor einer „Häresie der Formlosigkeit". Der Katholizismus besitzt in seiner gewordenen Formensprache ein grandioses kulturelles Gedächtnis, und bei allen notwendigen Reformen des Zweiten Vatikanischen Konzils kann es für mich keinen Zweifel geben, dass man in der Zeit danach in der Zertrümmerung der Form zu weit gegangen ist. Dass Papst Benedikt XVI. die tridentinische Messe wieder zuließ, halte ich für eine wichtige Korrektur, da sie das Bekenntnis zu einer kirchengeschichtlichen Kontinuität enthält.

Bei dieser Gelegenheit: „Heiliger Vater" – was ist das allein für eine wunderbare Anrede in einer vaterlosen Gesellschaft, wie altmodisch würdevoll auf diesem ordinären Rummelplatz, auf dem wir heute unser Leben einrichten.

Messdiener sein, das war mein erster Berufswunsch. Meine älteren Brüder waren Messdiener, da wollte ich hin. Raus aus der Bank, hinein in den Altarraum, hinauf auf die Altarstufen, dorthin, wo das Allerheiligste ist, das Geheimnis schlechthin. Ich wollte mitwirken, auf welche Art auch immer. Bis es so weit war, übte ich, damals, in den späten 1950er Jahren. Meine Mutter hatte uns Kutten genäht, in denen spielten wir Messe, mein jüngerer Bruder und ich. Einer der älteren machte den Priester. Wir sprachen die Stufengebete auf Lateinisch, und derjenige, der den Priester darstellte, beschränkte sich auf effektvolles Murmeln, während er sich über das Gesangsbuch beugte, denn er hatte ganz sicher kein römisches Missale.

Es war die Zeit vor dem Zweiten Vatikanum, die Priester wandten den Messdienern und der Gemeinde den Rücken zu, und alle schauten hin zum Tabernakel, der im Hochaltar untergebracht war. Wie geheimnisvoll und wie heilig das war. Messdiener zu sein, bedeutete, teilzuhaben, viel näher, als es von der Bank aus möglich war. Ich konnte die lateinischen Stufengebete – die man so nannte, weil sie zu Beginn der Messe mit dem Priester kniend auf den Altarstufen gesprochen wurden, schnell auswendig, konnte sie wie im Schlaf, denn ich hatte genug Gelegenheit, sie zu üben. Messdiener zu sein, war abenteuerlich und gefährlich: Während eines Hochamtes durfte ich zum ersten Mal das Weihrauchfass schwenken. Ich war stolz. Weihrauchschwenken ist die womöglich älteste und heiligste aller sakralen Verrichtungen, ganz sicher älter als das Christentum. Es hat mit Schauer und frühgeschichtlicher Ergriffenheit und Ekstasetechnik zu tun.

Das Weihrauchfass hing schwer und silbern an den drei Kettenführungen, die in einem Griffring rund einen Meter oberhalb des durchbrochenen Deckels endeten. Aus dem silbernen Deckel stiegen mit jedem Schwenken zarte weiße Wolken auf, hinauf zu Gott. Vorbei an meiner Nase. Ich nehme an, dass dies der Moment war, in dem ich zum ersten Mal mit einem Zustand von Trance und Bewusstseinsveränderung zu tun hatte, was einst sicher der Sinn von Weihrauch war. Augenzeugen berichten, wie ich kalkweiß wurde, aber noch die (schwindende) Konzentration besessen hatte, das Fass abzustellen. Danach ging ich puddingweich in die Knie.

Natürlich half uns mein Vater beim Ausfüllen unserer Beichtzettel, was für ihn den praktischen Nebeneffekt hatte, dass er sich über unsere Verfehlungen auf dem Laufenden halten konnte. Allerdings haben wir schnell Überlistungstechniken entwickelt, das heißt, wir beichteten erst später im schützenden Beichtstuhl zusätzlich alles das, was wir in der Vorbereitung mit dem Vater ausgelassen hatten. Trotz dieser kleineren Manipulationen war mir das Beichten als schönes und ernstes Ritual der Selbstbegegnung, Gewissenerforschung und Entlastung merkwürdig lieb.

Tatsächlich fühlte ich mich erleichtert, wenn ich den Beichtstuhl verlassen und meine drei Vaterunser zur Buße gebetet hatte. Und so viel und schwer hatte ich nun wirklich nicht gesündigt. Das Ruchloseste war der Diebstahl von zehn Pfennig aus Mutters Portemonnaie, die in Kaugummi umgesetzt wurden, also streng genommen straffreier Mundraub. Oder?

Heutzutage gibt es Beichtzimmer. Man sitzt sich gegenüber und führt ein Gespräch. Aber ich will meinem Beichtvater nicht ins Gesicht schauen. Ich will meine Last loswerden, durchs Holzgitter, ich will die Stimme hören und in mich hineinschauen, ich will die Ohrenbeichte.

Der Katholizismus damals, in den frühen 1960er Jahren, war eine machtvolle und allumfassende Lebenswelt. Katholisch war überall. Die Christmetten feierten wir im Skiurlaub in dem kleinen Tiroler Kaff Fiss, das heute eine mondäne alpine Wellness- und Pistenlandschaft ist. Damals hingegen: ein paar Dutzend Familien, im Stall beim Bauern das Krippenspiel, und in der ungeheizten Dorfkirche war das Weihwasser im Becken gefroren.

Die Spaziergänge führten an unzähligen Wegrandkreuzen vorbei. Unsere Wanderungen waren religiöses *Trainspotting*, nur dass die Kreuze feststanden und wir uns bewegten. Die Regel war, dass Christus unter einem kleinen Bretterdächlein hing, die Mutter Gottes dagegen in ummauerten Vitrinen stand, was meine Zustimmung fand – schöne Frauen sollten es besser haben.

Jesuitenpater Leppich, das „Maschinengewehr Gottes", ging bei uns ein und aus. Der Mann füllte mit seinen Predigten in jenen Jahren Fußballstadien. Mein Vater predigte ebenfalls gern, auch als Politiker. In Oberhausen war er, als CDU-Mitglied, unter der legendären SPD-Bürgermeisterin Luise Albertz Stadtrat für Familie, Gesundheit und Soziales. Er war also der Verantwortliche für „Gedöns", würde Gerhard Schröder sagen. Doch das Gedöns war in den 1950er Jahren ein Kernressort. So viel Familienpolitik war nie, und mein Vater war Aktivist.

Der Vater

Er war, was die soziale Frage anging, eindeutig im linken Flügel der CDU angesiedelt, und er lebte die christliche Soziallehre tatsächlich konkret. Häufig saßen Gäste aus dem „Lager Zementwerk", einer städtischen Obdachloseneinrichtung, bei uns am Mittagstisch. Allerdings hatte die Sache für sie ihren Preis. Sie mussten ein längeres Tischgebet und eine regelrechte Predigt über sich ergehen lassen, aber mein Vater war in ihren Augen absolut einer der Ihren, seit er mal eine Nacht dort bei ihnen im Lager in einem Doppelstockbett geschlafen hatte. Die

Schuhe, so hatten ihm Veteranen erklärt, band man an den Pfosten fest, damit sie nicht geklaut würden. Mein Vater brachte uns Kindern vor allem bei, keinen Dünkel zu haben.

Ich denke mit Liebe und Respekt an meinen Vater zurück. Oh ja, er war streng, bisweilen sogar jähzornig, es gab tatsächlich auch Hiebe auf den Allerwertesten, wenn wir was angestellt hatten, und das kam bei fünf Jungen oft vor. Er kannte es nicht besser, kannte es nicht anders, wie er mir einige Zeit vor seinem Tod gestand. Es tat ihm aus tiefstem Herzen leid. Ich habe ihm verziehen. Auch er war nach dieser Maxime erzogen worden: „Vater schon die Rute nicht, sonst wird dein Kind ein Bösewicht." Heute nennt man das Misshandlung.

Mein Vater. Seine Jugend war die eines armen Schneiderkindes unter sieben weiteren Geschwistern im Berlin der 1920er Jahre. Natürlich waren er und seine Brüder in der Pfarrjugend von St. Ansgar in der Altonaer Straße aktiv. Eine große Gemeinde mit rund 2000 Gläubigen. Unter seinen Hinterlassenschaften habe ich in einer alten Aktentasche Belege aus dem Gemeindeleben gefunden, Vorträge, die er als Halbwüchsiger gehalten hat, auch Pfarrmitteilungen über Rosenkranznachmittage und liturgische Kalendernotizen.

Da sind beschwörende Appelle wie der aus dem Jahre 1938, das Weihnachtsfest nicht als Marzipan- und Geschenke-Orgie zu verstehen, sondern als den tatsächlich „dramatischen Einbruch in die Geschichte". Dann das trotzige Bekenntnis: „Diese Weihnacht kann uns niemand rauben", kein Nazi-Blockwart, kein Parteiaufmarsch.

Dramatische Zeiten. Mein Vater und seine Brüder lieferten sich Saalschlachten mit der Hitlerjugend. Sie verachteten sie. Und die Schwestern hatten Angst, besonders als die jüdische Nachbarfamilie abgeholt wurde. Sie hörten die Schreie ihrer Spielgefährtinnen, nächtelang weinten sie. Wo war Gott in diesen Zeiten? Die Kirche bot Halt, sie bot einen religiösen Alltag in finsterer, gottferner, bestialisierter Zeit, sie bot der Seele Raum.

Die Mutter war früh gestorben. Mein Vater hatte ihr vor ihrem Tod das Versprechen gegeben, Priester zu werden, und er schien sich schon früh auf eine Karriere als Prediger und Zeitkritiker vorbereitet zu haben. Ich habe einen in Sütterlin abgefassten Aufsatz vor mir, in dem er zwei Frauenfiguren miteinander vergleicht: die heilige Maria Ward, die englische Ordensgründerin aus der Zeit des Dreißigjährigen Krieges, und die Filmdiva Zarah Leander.

Er spricht in dieser Arbeit von Menschen, denen „das Leben mehr bedeutet als Essen, Trinken und Schlafen, und mehr als Ruhmhascherei und Ehrgeizbefriedigung, denen vielmehr das Leben die Erfüllung einer

Sendung vorschreibt". Er hat darin sein eigenes Lebensprogramm niedergelegt, und das hat er – mit wechselndem Erfolg – versucht, an seine Söhne weiterzutragen.

Ja, er war streng. Aber er las auch vor, liebte Streitgespräche. Er war der Mannschaftskapitän beim Fußballspiel gegen die weitverzweigte Verwandtschaft. Er lief mit uns im nahen Stadtpark. Er ging morgens mit uns in die Badeanstalt. Im Sommer begaben wir uns auf ausgedehnte Radtouren, im Winter wurde Ski gefahren. Sport war Teil der Erziehung von frühster Kindheit an.

Das und Bücher. Wir liehen in der Stadtbücherei alles aus, was im weitesten Sinne als pädagogisch einwandfrei durchgehen konnte, das waren die „Fünf-Freunde"-Romane von Enid Blyton, das konnte auch Karl May sein, den er selber als Junge gelesen hatte und der voll auf der Linie lag, denn irgendwann in „Winnetou III" lernt die edle Rothaut, dass es neben dem Großen Manitou noch einen Größeren gibt.

Mit seinem Willen zur Volkserziehung trieb er es weit. Er rief die Aktion „Wertvolles Buch" ins Leben, in der man die „bunten Heftchen" eintauschen konnte gegen richtige Bücher, also McDonald's gegen eine richtige Mahlzeit. Unser katholischer Kosmos war so einfach und farbig wie ein Katechismusbildchen, es gab den verdammt schmalen Pfad der Tugend, der sich steinig himmelwärts wand, und es gab die breiten Autobahnen in die Hölle, den *Highway to Hell*, den ich mir für später aufhob.

Himmel und Hölle und das Fegefeuer, das waren unsere Fantasy-Welten. Wer hätte gedacht, dass es diese ein paar Jahrzehnte später im Computer geben würde, mit edlen und durchaus heiligen Helden in Rennaissance-Spielen wie „Assassin's Creed", mit Geschwadern an Drachen und geschupptem Höllengewürm wie aus Bildern von Hieronymus Bosch?

Ich glaube mit Safranski, dass die religiöse Vorstellungskraft in einem ungeheuren Maße von den Ersatzreligionen der Fantasy-Welten geschwächt wird, weit mehr, als wir es uns überhaupt vorstellen können. Unser metaphysisches Talent nimmt ab, weil das „Bewohnen virtuell anderer Räume so ein trivialer Massensport" geworden ist. Wir, besonders aber unsere Kinder, sind mittlerweile anthropologisch umgebaut. Wir leben in einem Schwebezustand zwischen Realität und künstlich erzeugten Bildern. Wir sind gleichzeitig weit mehr ins Fantastische hinausgelehnt und weit weniger in den Himmel. Wir sind abergläubischer, aber weit weniger glaubensfähig.

Die 1950er Jahre und die frühen 1960er gründeten in einer Glaubenswelt, die sich mit dem allergrößten Selbstbewusstsein auf Traditionen berief. Namen, die bei uns zu Hause fielen, waren Karl Rahner,

Luise Rinser, Romano Guardini. Der Letztere war den Nazis und ihren Mythisierungsversuchen des Christentums mit der Schrift „Der Heiland" mutig entgegen getreten, während Luise Rinsers Widerstandsvita, wie sich jetzt herausstellte, doch eher ein nachträgliches Konstrukt war.

Romano Guardini wurde uns oft vorgelesen. Immer wieder forderte er, das Christentum zu leben, es praktisch werden zu lassen. Er war unter den Vorbereitern des Zweiten Vatikanischen Konzils. Er schrieb Sätze wie „Was das Leben des Glaubens müde macht, ist das beständige Hören und Sagen und Lesen der heiligen Worte. Darin werden sie staubig und alt; so muß der, dem an ihnen liegt, sie immer wieder blank und neu machen."

Das mögen notwendige Sätze in Zeiten der Katechismus-Sicherheit und Glaubensfülle gewesen sein. Heute geht es vielleicht doch eher wieder um das beständige Hören und Einprägen und neue Lernen.

Die Internatswelt

Als in den frühen 1960er Jahren die ersten Hammerschläge hörbar wurden, die ersten Abbrucharbeiten an einer Epoche, tauchte ich noch einmal zurück und ein in die Welt eines Jesuiteninternates, die der alten Ordnung verpflichtet war. Diplomaten, Politiker und Grafen schickten ihre Kinder hierher, um sie schleifen zu lassen, oder auch einfach, um sie sich vom Halse zu schaffen. Oft zum Glück der Kinder.

Das hieß: Schlafsäle mit vierzig Jungen, Batterien von Waschbecken auf dem Flur, aus denen nur kaltes Wasser kam, und vor dem Frühstück wurden die Messdienste für die Kapellen der Krypta verteilt. Vom Zweiten Vatikanischen Konzil bekam ich hier nichts mit, die Messe wurde weiterhin auf Latein gehalten.

Jeden Morgen hatten wir vier Kapellen in der Krypta zu bespielen. Wir rissen uns um den Messdienst bei Pater Peireira, der schon alt war, aber ein enormes Tempo vorlegen konnte. Mittlerweile hatten auch wir die lateinischen Gebete im häufigen Gebrauch abgeschliffen wie Ziegelsteine, sodass das Stufengebet („Introibo ad altare Dei, ad Deum qui laetificat juventutem meam") etwa so klang: „Introibodalta quiklaeficatuemeam pohahhhhh". Das „pohahhh" war lautlos, aber es war – strukturell – das Geräusch eines Hundertmetersprinters nach dem Zieleinlauf. Natürlich gab es viele profane Momente, selbst mit Kutte, übrigens auch für Pater Peireira, der im Sommer öfter mit seiner Stola auf brummende Fliegen zielte, die über dem Kelch mit dem süßen Wein die heilige Andacht stören wollten.

Unsere Kutten waren entweder rot oder schwarz. Über sie wurde ein weißes Leinenhemd geworfen, das an den Ärmelstulpen und am

Rocksaum aus Spitze bestand. Es war weder männlich noch weiblich, sondern anders. Ich war Messdiener, bis ich vierzehn Jahre alt war. In meiner Erinnerung war der Messdienst immer eine Mischung aus heiligem Ernst und Pflichterfüllung und Lust an der Kostümierung und am Schauspiel. Er war eben das Andere.

Es gab in meinem Leben damals Fußball und Lernen und Prügeleien und Reisen und dann eben dieses Andere, diesen heiligen Bezirk, den ich als Messdiener mit erhöhter Wachsamkeit und Andacht betrat. Und als mein Sohn Messdiener wurde, glaubte ich, diese erhöhte Wachsamkeit für das Andere auch in seinem Gesicht lesen zu können.

Doch zurück in meine eigene religiöse *education sentimentale*. Wir lernten, „Großer Gott, wir loben dich" so laut zu singen, dass es Gott auf alle Fälle hören konnte. Wir trieben Sport bis zum Umfallen, vor allem, als wir in die Pubertät kamen. Da wurde kalt geduscht. Wir lasen viel, wir studierten in Stille an einer langen Reihe von Pulten, und unter meinem Pultdeckel hatte ich trotz aller jesuitischen Abhärtungsversuche ein Foto von Vivi Bach kleben, das einen Ansatz von Dekolleté zeigte. Meine erste große Liebe.

Nie in meinen Jahren im Aloisiuskolleg war ich Zeuge irgendwelcher sexuellen Übergriffe seitens der Patres, geschweige denn selber Opfer. Als ich nun kürzlich von einem ehemaligen Ako-Schüler informiert wurde, dass ein Schuldirektor lange nach meiner Zeit Schüler nicht nur fotografiert, sondern auch sexuell behelligt haben soll, mochte ich das zunächst nicht glauben, denn es widersprach völlig meinem eigenen Erleben. Doch es war so. Der Schuldirektor war ganz offensichtlich ein kranker Mann, der seine Neigungen nicht kontrollieren konnte. Er war der falsche Mann in der falschen Institution mit der falschen Funktion. Das gibt es.

Das gibt es nicht nur in der katholischen Kirche. Die hat Schuld auf sich geladen, weil sie aus falsch verstandener Loyalität geschwiegen und Problemfälle lediglich versetzt hat, statt sie ganz aus dem Verkehr zu ziehen. Doch nun tut sie, Gott sei Dank, alles, um den Opfern zu helfen und nachträglich Genugtuung zu geben, allem voran: sich zu verneigen und um Verzeihung zu bitten.

Von all dem wusste ich, ahnte ich damals nichts. Meine Welt war eine andere. Ich war tief erschüttert von Pier Paolo Pasolinis Film „Das 1. Evangelium – Matthäus" und wollte diesem wilden und langlockigen und zornigen und sanften Jesus nacheifern, ja ich wollte für ihn sterben. Wenigstens als Missionar. Wenigstens in einem gefährlichen Land. In Afrika oder im Dschungel.

Was das Missionieren angeht: Ich kann nicht ausschließen, dass das

Interesse daran sich hielt. Nur nannte man es einige Jahre später „Agitieren". Und wieder ein paar Jahre später engagierten Journalismus.

Natürlich drangen auch ins Internat die Sirenengesänge der neuen Zeiten, die Disharmonien des Epochenbruchs, die sich eigentlich erst mal in Engelschören in Dur ankündigten, den Beatles oder den Beach Boys, und in der Aula gab es einen Auftritt der unbotmäßig langhaarigen Internatsband, die „Wild Thing" von den Troggs spielte, und bei „You make my heart sing" war die Show vorbei, weil einer der Patres den Stecker aus dem Verstärker gezogen hatte. Immerhin wurde so deutlich, dass hier zwei Welten miteinander rangen und die interessantere der beiden nur mit Brachialgewalt und wohl auch nur vorläufig am Sieg gehindert werden konnte.

Während draußen Oswalt Kolles Softpornos aufgeregt die Aufklärung in deutsche Schlafzimmer brachten und sich das Bahn brach, was man die „sexuelle Befreiung" nannte, wurden wir im Internat behutsam auf die Mysterien der Liebe vorbereitet. In Form von Exerzitien, die ich als ungewollt komisch erlebte, einer dreitägigen Schweigephase, in der wir mit Vorträgen und Gebeten auf die Geschlechtlichkeit vorbereitet wurden, mit Geschichten von Bienen und Blüten und den Eltern, die sich sehr lieb haben, aber anders als uns. Dann wurde gebetet. Im Ernst.

Aber da war es eigentlich auch schon zu spät, denn mittlerweile waren bei uns im Schlafsaal Hefte mit halbnackten Frauen konfisziert worden, die von den Externen erworben worden waren, und die Patres dachten, es sei an der Zeit, ein paar Worte über den respektvollen Umgang mit der Sexualität zu verlieren. Im Nachhinein finde ich diese Anstrengung ehrenwert. Es wurde sehr viel über Liebe gesprochen und eher weniger über Körperfunktionen, aber das war völlig in Ordnung. Es wäre prima, wenn auch heute mehr über Liebe gesprochen würde als über „Shoppen und Ficken", wie es ein bekanntes Theaterstück schon im Titel auf den Punkt bringt.

Die Internatszeit war eine glückliche Zeit. Sie war erfüllt von Gemeinschaftserlebnissen und Rudelkämpfen, von Pauken und neugierigem Lernen und musischen Olympiaden und Theateraufführungen, von Geländeläufen und griechischen Dramen und Zeichenwettbewerben in der „Stella", einem kleinen Schlösschen oberhalb der Sportplätze. Doch plötzlich wusste ich, dass ich nicht mehr dazugehörte. Ich fiel aus der Ordnung, weil ich bei meinen Heimatbesuchen in den Ferien mitbekam, dass draußen etwas im Gang war, das ich nicht verpassen wollte. 1967 kehrte ich dem Internat den Rücken. Ich verließ eine für mich heile Welt, die nur einen tragischen Tiefpunkt erlebt hatte: Die

Niederlage von Wembley war lange nicht aus meinem Gemüt zu tilgen. Gab es Gott?

Wilde Jahre

Mein Vater war Bürgermeister in Stuttgart, wo er seinem Hang zum Predigen bei jeder zweiten politischen Grundsatzrede nachgehen konnte. Ich muss in diesen Tagen oft an ihn denken, wenn ich die Schlichtungsgespräche im Stuttgarter Rathaus um das Bahnprojekt 21 verfolge. Er wäre auf der Seite der Gegner gewesen. Was hatte er getobt über die banale Kaputtmodernisierung Stuttgarts in den 1960er Jahren, als das Ziel die „autogerechte Stadt" hieß. Alles war damals den Bedürfnissen des Sindelfinger Autokonzerns Daimler-Benz untergeordnet.

Mein Vater war ein früher Grüner. Er warb fürs Fahrradfahren. Er plädierte fürs klassenlose Krankenhaus. Er war ein Überzeugungstäter. Mein Gott, er zitierte in seinen Reden Lenin! Klar, dass er sich nicht halten konnte in der Stadt der Auto-Lobbyisten. Wir diskutierten. Wir veranstalteten Schriftlesungen im Kreise der Familie, abends, in denen mein Vater von Martin Buber über Romano Guardini bis Marx oder Dostojewski alles vortrug, was kontrovers klang und was die Seele beschäftigen und zur Diskussion reizen könnte.

Meinem Kinderglauben war ich längst entwachsen, doch nicht dem Interesse an einer anderen Welt. Das blieb. In unserer Kirche in Stuttgart hatte das Zweite Vatikanische Konzil ganze Arbeit geleistet. Sie war weitgehend schmucklos. Der Hochaltar verschwunden, der Marmor-Messtisch ein archaischer Opferblock. Der Priester verrichtete die heiligen Handlungen der Gemeinde zugewandt. Die Predigten beschäftigten sich mit dem Krieg in Vietnam, sie waren vorsichtig pazifistisch, aber sicher nicht auf Seiten des Vietcong. Sie beschäftigten sich mit dem Einmarsch der Sowjets in die Tschechoslowakei. Die Misereor-Kollekten dienten den Landlosen in Brasilien und den Hungernden in Biafra.

Die Kirche hatte sich weit geöffnet. Sie hatte sich den Armen und Entrechteten und Kämpfenden zugewandt. Sie war sozial, sie war politisiert, aber sie verlor auch ihr Geheimnis, ihre Gegenweltlichkeit.

Engagiert war ich selber. Ich hatte im Marxismus-Leninismus eine neue Religion entdeckt, eine, die ebenfalls begeisterte, die ebenfalls Märtyrer bot, die Opfer verlangte und die eine geschlossene Welterklärung vermittelte. Eines Tages würde sie den Himmel auf Erden aufschließen, und alle Menschen wären Brüder. Das alles war gar nicht weit entfernt von Pasolinis Film. Pasolinis Jesus, der im Übrigen sehr genau der Vorlage des Matthäus folgt, spricht seine Rätselworte und Gleichnisse wie Vorgriffe auf ein nahes Paradies. Es ist ein endzeitlicher Jesus, ein revolutionärer Jesus, ein poetisch-kämpferischer Jesus.

Die Kirche und ich, wir verloren uns aus den Augen. Das Gleiche galt für mich und meine Eltern. Ich zog in eine maoistische Wohngemeinschaft ein, aber die Madonna, die in unserem Wohnzimmer hing, nahm ich mit. Jesus war sozialrevolutionär. Er war Umstürzler. Er kämpfte für Gerechtigkeit, und die Madonna, die in meinem Zimmer in der WG neben einem Marx-Poster hing, zertrat mit zartem Fuß die Schlange, die sich um die Weltkugel schlängelte. Und natürlich war die Schlange das Kapital. Das war meine private Befreiungstheologie.

Selbstverständlich habe ich „Das Kapital" gelesen und das „Monopolkapital" von Baran/Sweezy, Letzteres mit dem aufgeregten kabbalistischen Interesse, das man einer Geheimschrift entgegenbringt, in der Begriffe wie „Surplusvernichtung" erläutert werden. Sicher, ich habe auch die in revolutionärem Kauderwelsch und primitivstem Aufmarsch-Pathos verfassten Flugblätter vor Werkstoren und auf Demonstrationen verteilt, aber ich habe mich nicht wirklich ernsthaft für das neue Betriebsverfassungsgesetz interessiert, gegen das die revolutionären Daimler-Benz-Lehrlinge in ihrem Zentralorgan, dem „Rebell", agitierten.

Die Gegenkultur hat mich immer dann entzündet, wenn sie poetische oder romantische Funken schlug und das ganz andere Leben fest im Blick hatte – und oft genug die ganz andere Wirklichkeit, die sich jetzt eher auf LSD-Trips besichtigen ließ. Die Beatles, die zum Maharishi pilgerten, interessierten mich mehr als die, die „Yeah, yeah, yeah" sangen, ich war mit den Byrds „Eight miles high", Jim Morrison sang vom „Lizard King", dem Eidechsenkönig, und göttlichen Visionen, und Eric Burdon erklärte „War". Wir interessierten uns für Schamanismus und psychedelische Pilze und für fernöstliche Weisheitslehren.

Meinen jüngeren Bruder zog es nach Indien (wie übrigens auch Peter Sloterdijk), er ging, um sich zu lockern, die „Repressionen", den Katholizismus, diesen Komplex aus Schuld und Gewissen, abzuschütteln und das Leben zu tanzen und lachen zu lernen. Auch er suchte dann neuen Halt und fand ihn in der Meditation und dem Studium der buddhistischen Philosophie. Es waren harmlose, spirituelle Lockerungsübungen in jenen Tagen, es herrschte eine schöne Sanftheit, die wirksamer und nachhaltiger und vor allem nächstenliebender war als die mörderische und mörderisch dumme Ballerei der RAF-Killer um Andreas Baader.

Ich hatte Erlebnisse mit meinen Freunden, wie sie von Mystikern beschrieben wurden. Sie liefen allesamt auf die platonische Erkenntnis hinaus, dass es jenseits unserer erfahrbaren Welt noch eine andere gab.

Da wollten wir hin. Da ging es um eine andere Form des Betens. Um Versenkung und Meditation. Um Ausschaltung der diskursiven Vernunft und ein Hineinhören ins eigene Ich. Allerdings nahmen wir dann doch die banale Abkürzung – mit Joints.

Ich habe kürzlich bei den Dominikanern in Hamburg eine „Mystische Nacht" besucht, die mich an den Seelenzustand von damals, an diese andere Frömmigkeit erinnerte. Der Mittelgang der dunklen Kirche war von Hunderten von Teelichtern erleuchtet, die das Wort JETZT bildeten. Darüber hinweg schwang ein großes Weihrauchfass. Ein Chor sang mittelalterliche Kirchenmusik. Ein Dominikanerpater meditierte über einen Text von Meister Eckhart. Das alles kam einer religiösen Hippie-Erfahrung sehr nah. Doch diesmal war ich, wie Hölderlin sagen würde, „heilig-nüchtern".

Was mich angeht, ich war ebenfalls nach Indien gefahren und hatte gekifft und kiffte weiter, aber weder die innere Erleuchtung noch der innere Friede stellten sich noch ein. (Mehr habe ich darüber in meinem Buch „Als wir jung und schön waren" geschrieben.)

Ich träumte von einer neuen Weltordnung, in der es keinen Besitz gab und keinen Neid und keinen Hass, und in der natürlich jeder mit jedem schlief und Spaß hatte. Die maoistische WG war längst eingetauscht gegen eine anarchistisch-hedonistische, in der es viele Joints gab und desertierte US-Soldaten und ausgerissene Halbwüchsige, ein Tollhaus, in dem ich allmählich den Überblick verlor und mich nach Berlin absetzte, um ernsthaft zu studieren.

In die Kirche ging ich nun gar nicht mehr. Ich hatte mich nicht nur von meinen Eltern und meinen Brüdern abgewendet, sondern auch von Gott. Eine frühe Liebe brach mir das Herz, und irgendwann hatte ich keinen Lebensmut mehr und wollte nur noch ausruhen, und zwar ewig. Nach zwei Tagen und zwei Nächten stöberte mich eine Freundin auf und brachte mich in eine Klinik. Dort blieb ich und wurde körperlich wiederhergestellt.

Für mein seelisches Gleichgewicht sorgte ein anderer. Es waren die Tage vor Ostern. Mein Vater kam mich besuchen. Er war voller Mitgefühl. Auf langen Spaziergängen redete er mit mir, ernst und sanft und liebevoll. Wir beteten. Und in diesen Tagen der Passion spürte ich, dass es tatsächlich auch für mich die Hoffnung auf eine Auferstehung geben konnte.

Von nun an konzentrierte ich mich auf das, was mir am meisten Befriedigung verschaffte: zu schreiben. Ich war hungrig auf Menschen, auf Schicksale, auf ferne Länder, auf Extremsituationen. Ein Journalist kann viele Leben in einem einzigen haben. Wie sonst kommt man an die Chance, mit einer japanischen Bhuto-Gruppe auf einem Friedhof in Kyoto die Geister der Ahnen zu beschwören oder mit einem Unberührbaren in seinem Slum in Bombay der Göttin Shiva zu opfern?

Wie sonst kann man mit dem Zentralkomitee-Mitglied Hans-Peter Minetti die Auflösung des ZK erleben und damit die marxistische Heilslehre in Scherben zerfallen sehen, mit dem russischen Dichter Jewtuschenko über die Toten von Babi Jar reden oder mit dem amerikanischen Schriftsteller Harold Brodkey über Engel?

Lauter Jenseitsbezüge. Stets habe ich mich für Randfiguren interessiert, vielleicht weil ich mich selber in ihnen fand. Ob ich mit Allen Ginsberg meditierte oder mit William Burroughs und den Beat-Poeten auf die Zielscheibe an einem Scheunentor ballerte, ob ich mit jüdischen Lubawitschern eine ganze Nacht lang auf den Messias wartete oder mich von einem einhändigen brasilianischen Pianisten in die Geheimnisse von Bach-Sonaten einweihen ließ und seine erneute Hinwendung ins Leben durch die Musik und durch Gott, stets waren es die dramatischen Umbauten auf der inneren Bühne von Menschen, die mich besonders anzogen. Weil in all diesen Biografien Umschwünge und Hoffnungen waren.

Ich habe in den nun vierzig Jahren meiner journalistischen Karriere alle Höhen und Tiefen durchlebt. Ich habe Auszeichnungen erhalten und bin beschimpft worden, habe mich angelegt mit Kollegen, mit Vorgesetzten, aber mir ist immer klar gewesen, wofür ich stehe. Und mir wird immer klarer, dass ein großer Teil meiner Überzeugungen vom Glauben geformt wurde, in und von der Kirche.

Woran ich glaube? Zum Beispiel daran, dass es einen Gott gibt, der alles geschaffen hat. Manchmal bezweifle ich, dass es ein lieber und gerechter Gott ist, aber wer tut das nicht.

Ich glaube, dass Gott durch Jesus Christus in unsere Menschengeschichte eingetreten ist und sich gezeigt hat. Ohne dieses Ereignis, von dem die Menschheit bis heute redet, hätte die Geschichte einen anderen Lauf genommen.

Ich glaube, dass ich eine unsterbliche Seele habe.

Ich glaube an das verdammte Recht, meine Meinung sagen zu dürfen.

Das Recht? Noch mal anders: Ich glaube an die Pflicht, meine Meinung sagen zu müssen.

Ich glaube, dass die ungerechte Verteilung des Reichtums ein Skandal ist, der bekämpft werden muss.

Ich glaube, dass wir den Schwachen helfen und unsere Politik danach ausrichten sollten.

Ich glaube, dass wir mit der Natur sorgsam umgehen sollten.

Ich glaube, dass die katholische Kirche trotz ihrer zahlreichen Verschattungen und Fehler jedes Recht hat, stolz auf ihre Geschichte zu sein und auf all das, was sie an Gutem bewirkt.

Ich glaube, dass mir meine Sünden in der Beichte verziehen werden.

Ich glaube, ich hoffe, dass Jesus auferstanden ist. Und ich glaube, dass jeder Mensch nach diesem österlichen Wunder der Auferstehung die Chance auf einen Neuanfang hat.

Ich glaube, dass Gott jeden Einzelnen von uns meint und uns in den Mittelpunkt der Schöpfung rückt.

Ich wünsche mir, dass es ein Leben nach dem Tode gibt und dass ich meinen Vater wiedersehe.

Das ist doch schon eine ganze Menge.

Der Untergang des Abendlandes, der Aufstieg des Islams und die Zukunft des Christentums

Kulturmorphologische Überlegungen

Von David Engels

1. Einleitung

Europa befindet sich, ein Jahrhundert nach dem unbestrittenen Höhepunkt seiner äußeren Macht kurz vor dem Ersten Weltkrieg, in einer tiefen inneren Krise, welche nicht etwa nur über seine wirtschaftliche oder politische Zukunft entscheiden wird, sondern auch über die Frage, inwieweit „Europa" überhaupt weiterhin Synonym einer eigenständigen, in seiner kulturellen Identität klar umrissenen Zivilisation bleiben oder aber zu einem rein geografischen Begriff verkommen wird, hinter dem sich bloß die statistische Summe der zufälligerweise auf diesem Gebiet anwesenden, unverbunden neben- und gegeneinander lebenden kulturellen Splittergruppen aus aller Welt verbirgt. Daher ist kaum erstaunlich, dass sich nicht nur in Deutschland, sondern in nahezu allen westlichen Ländern tiefe politische Risse auftun zwischen denen, die im Namen der (unfreiwillig eurozentrischen) Gleichsetzung „humanistischer" mit „typisch europäischen" Werten den gegenwärtigen Trend zur internationalen multikulturellen Gesellschaft gutheißen und die dabei entstehenden Verwerfungen als bedauerliche Übergangsphänomene in Kauf nehmen, und jenen, die, ebenfalls im Namen der „europäischen Werte", das Abendland in seiner Gesamtheit in Gefahr sehen und sich gegen eine Relativierung und Verwässerung der eigenen Identität wehren; einer Identität, hinter der freilich für die einen die liberalen Werte der Nachkriegsgesellschaft stehen, für die anderen aber vielmehr jene einer christlichen Leitkultur. Dabei lässt sich diese Entwicklung wohl an nichts anderem so augenfällig ablesen wie an der religionsgeschichtlichen Evolution der letzten Jahrzehnte, welche ganz unter den Vorzeichen der insgesamt etwa gleichzeitig einsetzenden massiven Entchristianisierung Europas, der überhasteten „Reform" des Katholizismus durch das Zweite Vaticanum und schließlich der zunehmenden Islamisierung Europas steht.

Die Islamisierung des Abendlandes: Selten wohl hat ein Thema in der Nachkriegsgeschichte Europas unsere Gesellschaft so sehr bewegt und gespalten. Die einen sehen unseren Erdteil in den nächsten Jahren von einer islamischen Völkerwanderung überrannt und fürchten den baldigen Zusammenbruch seiner Zivilisation; die anderen sehen Zuwanderungsfragen als bloße Import-Export-Gleichung und betrachten eine mögliche Islamisierung Europas je nach ideologischer Verortung als statistisch unrealistische, politisch irrelevante oder gar multikulturell begrüßenswerte Perspektive. Selten jedenfalls wird das Thema jenseits von Panikmache oder sträflicher Verharmlosung in jener langfristigen Perspektive und kühlen Sachlichkeit behandelt, welche allen wirklich wichtigen Fragen gegenüber angebracht sind, und die einfache Frage gestellt: Was würde eine Islamisierung Europas für die Geschichte der nächsten Generationen überhaupt konkret bedeuten?

Hierbei ist zunächst anzumerken, dass die zahlreichen statistischen Projektionen, wie sie in immer größerer Zahl kursieren, nur bedingt relevant für das Thema sind und hier auch nicht diskutiert werden sollen, denn oft genug schon hat in der Geschichte auch eine Minderheit der Mehrheit ihre Sitten und Gebräuche aufprägen können, sei es willentlich, sei es unwillentlich. Freilich ist kaum zu übersehen, dass im künftigen Europa die bisherigen „Minderheiten" in wenig mehr als einer Generation schon die Mehrheit ausmachen werden: Schon jetzt hat zumindest in den meisten westeuropäischen Großstädten etwa die Hälfte aller Kinder einen (nicht immer, aber doch meist islamischen) Migrationshintergrund. Relevanter aber als eine Analyse dieser Zahlen scheint mir der Blick in die Geschichte, wo sich Ablösung und Auflösung verschiedenster Religionen oft genug ereignet haben und dementsprechend einen gewissen Vergleichsmaßstab für verschiedene Zukunftsszenarien bieten.

In der Folge wollen wir daher zunächst einige allgemeine Überlegungen zur gegenwärtigen Situation der abendländischen Zivilisation anstellen, dann auf Grundlage einer komparatistischen Geschichtsbetrachtung verschiedene Szenarien durchspielen, wie sich das Verhältnis zwischen Christentum und Islam in den nächsten Jahrhunderten gestalten könnte, und uns schließlich der Frage stellen, welche Weichen kurz- bis mittelfristig gestellt werden müssen (bzw. überhaupt noch gestellt werden könnten), um das langfristige Überleben des Christentums als eines zentralen Identitätsfaktors der europäischen Gesellschaft zu sichern.

2. Der Untergang des Abendlandes

Dass der „alte" Kontinent zunehmend von bedrückenden Ermüdungserscheinungen geprägt ist und einer unsicheren Zukunft entgegengeht, dürfte wohl kaum zu bestreiten sein, ebenso wenig wie die Tatsache, dass seine noch ganz in den Anfängen steckende politische Vereinigung in Gestalt der EU keineswegs eine Überwindung, sondern vielmehr nur ein Symptom dieser Schwäche darstellt.

In der Tat hat sich das Abendland seit vielen Jahrhunderten nicht mehr einem solchen Ausmaß an Herausforderungen stellen müssen: Ob es nun der demografische Selbstmord in Form des unheimlichen Bevölkerungsrückgangs ist, der Zerfall der traditionellen Familie zugunsten von hedonistischem Egoismus und „Ehe für Alle", die kaum noch zu steuernden Verflechtungen der Globalisierung, die seit Jahrzehnten andauernde Masseneinwanderung von Menschen aller Kulturkreise ins Herz des alten Europas, die weltweit zunehmenden Ressentiments gegenüber dem einstigen europäischen Kolonialherrn, die seit dem 19. Jahrhundert wohl einzigartige gesellschaftliche Polarisierung, die Selbstabschaffung des Menschen durch die Maschine, die Verdrängung pluralistischer Entscheidungsfindungen durch die „Elitendemokratie", der Aufstieg extremistischer und demagogischer Parteien aller Couleur, die Diktatur der Finanzmärkte, die arrogante Selbstgleichsetzung des modernen Liberalismus westlicher Prägung mit der „menschlichen Zivilisation" an sich, die auch symbolisch bemerkenswerte „Überalterung" unserer Gesellschaft, der unaufhaltsame Bruch des intergenerationellen Konsenses aufgrund des bevorstehenden Kollapses des Renten- und Sozialsystems, der rasante Werteverfall, die Verstetigung der Gewalt in Form polizeistaatlicher Maßnahmen nach innen und „asymmetrischer" Kriege nach außen oder schließlich die Zerstörung der Umwelt durch gnadenlosen Raubbau – die Liste wird von Tag zu Tag länger, und mit ihr die Einsicht in die Tatsache, dass es im Rahmen unseres gegenwärtigen politischen Systems vollkommen unmöglich sein wird, auch nur ansatzweise Abhilfe zu schaffen.

Selbst die Europäische Union, ursprünglich als ein Organ gepriesen, das gerade in einer solchen Lage eine effiziente Bündelung aller reformwilligen Kräfte ermögliche, erweist sich zunehmend nicht als Lösung, sondern vielmehr als Teil des Problems. Denn tatsächlich hat sich die politische Spitze der EU mitsamt ihrer Bürokratie schrittweise nicht als Bekämpfer, sondern vielmehr als Förderer jener Ursachen herausgestellt, denen die Krise zu verdanken ist: die zunehmende Dominanz jener unter dem Stichwort „political correctness" zusammengefassten Dogmen, die etwa in der Liste der „Leitwerte" der Europäischen Union im Lissaboner Vertrag nachzulesen sind und deren konsequente, durch keinerlei Augenmaß gebändigte Durchsetzung in nahezu dialektischem Überschlag das Gegenteil dessen hervorbringt, was ursprünglich intendiert wurde. Die „Achtung der Menschenwürde" ebnete eben auch den

Weg zur massenhaften Abtreibung ungeborener Kinder, die „Freiheit"
zu Fiskalflucht und Betriebsauslagerung, die „Demokratie" zum gegenwärtigen Parteienkartell, die „Gleichheit von Frauen und Männern" zum
Zusammenbruch der traditionellen Familie und zu den Verirrungen
der Gender-Theorie, die „Rechtsstaatlichkeit" zur Lähmung der Justiz,
der „Minderheitenschutz" zu einer absurden ethnischen und sexuellen
Quotenpolitik, die „Toleranz" zur Relativierung des Christentums und
zum Import fundamentalistischer Religionsformen, die „Solidarität" zu
einer nahezu erdrückenden Schulden- und Umverteilungspolitik, der
„Frieden" zu einer völligen außenpolitischen Lähmung des Kontinents
etc.

Doch freilich darf das Kind auch nicht mit dem Badewasser aus-
geschüttet werden: So sehr die politisch korrekte Lesart humanistischer
Ideale die Abwärtsspirale des europäischen Kontinents befeuert, so verkehrt wäre es auch, aus einer Ablehnung dieser Entwicklung gleich eine
Ablehnung der europäischen Einigung abzuleiten, denn es ist nicht die
Institution, sondern vielmehr der Geist, in dem sie agiert, den es zu bekämpfen gilt, will man dem Kontinent ein Minimum an außenpoliti-
schem Handelsspielraum gegenüber den großen asiatischen Weltmäch-
ten der Zukunft sichern. Dass eine solche, nach längerer Krisenzeit
ideologisch gewandelte und grundlegend reformierte EU zumindest
in Kernbereichen politischen, sozialen und wirtschaftlichen Handelns
noch zentralistischer sein wird, ja sein muss, als die gegenwärtigen
europäischen Institutionen, scheint dabei unvermeidbar, sind doch die
inneren wie äußeren Anforderungen an unsere Zivilisation solchermaßen drängend, dass nur rasches, geeintes und weit vorausplanendes
Handeln noch Hoffnung birgt.

Nun ist diese Dialektik zwischen Zivilisationskrise einerseits und
Errichtung eines Universalstaats andererseits alles andere als neu in der
Weltgeschichte, sehen wir doch auch im chinesischen Han-Reich, im
römischen Imperium, im sasanidischen Iran, im fatimidischen Kalifat
oder im japanischen Tokugawa-Shogunat eine ganz ähnliche morpho-
logische Entwicklung, wo ein universalistisches, autoritäres und polizei-
staatliches Imperium die Probleme einer multikulturellen, entwurzel-
ten, materialistischen und von starker sozialer Polarisierung geprägten
Gesellschaft um den Preis langfristiger politischer Entmündigung und
auf Grundlage eines künstlichen Konservatismus stabilisiert.

Typisch ist dabei überall, dass jene Entwicklung gleichzeitig auch
vom Bedeutungsniedergang der altererbten Glaubensvorstellungen geprägt war, welche durch rationalistische Aufklärung, gesellschaftskri-
tischen Antiklerikalismus und politischen Zynismus aufgelöst worden

waren und so sehr an Glaubwürdigkeit verloren hatten, dass sie den von außen hereinströmenden fremden Religionsformen wie auch dem Aufkommen individualistischer und sektiererischer Reformbewegungen von innen nur wenig entgegenzusetzen hatten: Ob es nun der Ritualismus des traditionellen chinesischen Ahnen- und Himmelskultes war, der in der Zeit der „Kämpfenden Staaten" durch die Spekulationen der „Hundert Schulen" und später den Buddhismus in Gefahr gebracht wurde, oder die stark formalisierte Religion der späten römischen Republik, welche von atheistischen und materialistischen Strömungen der hellenistischen Philosophie ebenso in Frage gestellt wurde wie von der Popularität „orientalischer Kulte", oder der Mazdaismus des mittelsasanidischen Iran, der von verschiedensten Sekten wie etwa dem Manichäismus und Mazdakismus von innen aufgelöst wurde, oder die sunnitische Orthodoxie der späten Abbasidenzeit, welche durch vielfältigste esoterische und eschatologische Sekten bedroht wurde, oder schließlich das japanische Religionssystem, welches in der Zeit der „Kämpfenden Staaten" durch den zunehmenden Einfluss der christlichen Mission an Boden verlor – überall sehen wir eine ähnliche Entwicklung, und es wäre grundverfehlt, die christliche Religion, zumindest in der Form, wie sie sich im modernen Abendland ausgeprägt hat, von dieser inneren Dynamik auszunehmen.

Und so scheinen wir auch heute wieder eine religionsgeschichtliche Phase zu erleben, in der eine große Religion, in diesem Falle die etablierten christlichen Konfessionen, sich im freiem Fall befindet und nicht nur Boden an charismatische Sekten verschiedenster Art verliert (vom zunehmend dominierenden Atheismus ganz zu schweigen), sondern sich auch nur schwer gegen die Neubesetzung des religiösen Feldes durch den Islam zu behaupten vermag.

Die Gründe hierfür sind vielfältig und innerer wie äußerer Art und reichen, wie in den oben zitierten Fällen, auch weit in die historische Vergangenheit des Abendlandes zurück. So hat der letzlich bis ins Mittelalter reichende, seit der Französischen Revolution auch weitgehend verwirklichte Aufruf zur Trennung von Kirche und Staat zu einer Aufteilung in eine „laizistische" und eine „christliche" Staatslehre geführt, während die ebenfalls schon bis auf die mittelalterlichen monastischen Bewegungen und später die Reformation zurückgehende Kritik an den kirchlichen Hierarchien heutzutage durch die genüssliche Verbreitung verschiedenster sexueller oder finanzieller Skandale einen neuen Höhepunkt erreicht hat. Dazu kommt noch der ungeschickte Umgang der Kirche mit dem Phänomen von Liberalismus und Modernismus, die zunächst allzu simplizistisch entweder verdammt oder ignoriert wurden, bis sie in überhasteter Weise durch Reformen wie das Zweite Vaticanum aufgefangen werden sollten, aber nur zur zunehmenden inneren Diskreditierung der Kirche geführt haben, welche aus einer außer- und überzeitlichen Einrichtung in einen wandelnden Anachronismus verwandelt wurde, der ganz im mittlerweile antiquierten Lebensgefühl der 1960er festgefroren scheint. Hinzu kommt dann noch seitens der Gläubigen das nahezu metaphysische Trauma der Erfahrung der verschiedenen Totalitarismen, welche die Frage nach der Theodizee zumindest quantitativ auf eine gänzlich neue Ebene geführt hat, und die unerwarteten Spätfolgen des Kolonialismus in Form einer zunehmend massiven Immigration nicht-christlicher Menschen nach Europa, wo ihre nicht nur ungestörte, sondern staatlicherseits schon fast aufdringlich geförderte Religionsausübung zu einer bedenklichen unterbewussten Relativierung des Absolutheitsanspruchs des Christentums auf europäischem Boden geführt hat.

3. Der Aufstieg des Islams

Wie wird unter diesen Voraussetzungen die Zukunft von Islam und Christentum in Europa aussehen? Die Verschiebung der religiösen Gemengelage wird sich wohl in den nächsten Jahren massiv fortsetzen, ist die Zahl der Muslime in Europa doch zu Beginn des 21. Jahrhunderts bereits so bedeutsam, dass an ein völliges Verbot der Ausübung des Islams, wie es heute seitens extremistischer Politiker gefordert wird und wie es etwa in analoger Situation vom japanischen Staat des 17. Jahrhunderts gegenüber dem (freilich numerisch erheblich schwächeren) Christentum durchgeführt wurde, nicht zu denken ist, wenn man dem Kontinent einen neuen, diesmal europaweiten Dreißigjährigen Krieg mit äußerst ungewissem Ausgang ersparen will. Der Islam und das, was vom Christentum noch übrig ist, werden also in den nächsten Jahren und Jahrzehnten auch weiterhin koexistieren müssen, und zwar auf Grundlage eines unausweichlichen Bedeutungsverlustes des letzteren zugunsten des ersten. Diese Verschiebung wird sich nicht nur auf den rein religiösen Bereich beschränken, sondern in Anbetracht der maghrebinisch-nahöstlichen kulturellen Verankerung der meisten Muslime auch die damit für uns alle einhergehende Lebenswelt betreffen und teils drastische Transformationen vieler lieb gewonnener Gewohnheiten und altbewährter Einrichtungen mit sich bringen, allen voran im Bereich der Handhabung des Rechtes und der Gleichstellung der Geschlechter.

Dies wird natürlich nicht nur gelegentliche fruchtbare Momente interkulturellen Dialogs ermöglichen, sondern auch reichlich Konfliktstoff bieten. Breite Gewaltwellen gegen Muslime, wie wir sie etwa in den Feindseligkeiten gegenüber den Buddhisten im kaiserzeitlichen China oder gegenüber den frühen Christen im römischen Reich kennen, sind allerdings in Anbetracht der Säkularisierung Europas ebenso wie der recht großen theologischen Konvergenz zwischen Christentum und Islam kaum zu erwarten und dürften auf vereinzelte Demonstrationen des Unwillens begrenzt bleiben, wenn auch in Anbetracht der Gewaltspirale des Terrorismus mit steigender Tendenz und Härte. Hierzu kommt dann noch die kuriose ideologische Frontenstellung der Gegenwart: Gerade die im linken und grünen Spektrum verorteten Befürworter der Säkularisierung und Entchristianisierung der Gesellschaft machen sich ungewollt zu Fürsprechern ihrer zunehmenden Islamisierung, während andererseits traditionalistische Muslime erheblich größere Sympathien für das Menschen- und Gottesbild konservativer Christen hegen als für den Materialismus ihrer säkularisierten politischen Förderer. Ein überparteilicher Schulterschluss der einheimischen Europäer gegen den Islam ist daher erheblich unwahrscheinlicher als vielmehr die Vertiefung des heute schon quer durch alle Gruppen laufenden Risses.

Die doppelte Kluft zwischen Islam und Abendland auf der einen Seite, Konservatismus und Liberalismus auf der anderen wird dann unausweichlich zur Sollbruchstelle einer wohl die nächsten 20 Jahre charakterisierenden schweren inneren Krisenphase der europäischen Gesellschaft werden, welche analog zu den letzten Jahren der römischen Republik im 1. Jahrhundert v.Chr. von massiven Bürgerunruhen, wirtschaftlichem Niedergang und einem Kontrollverlust des Staates über viele Bereiche des alltäglichen Lebens gezeichnet sein wird und früher oder später in eine allseits mit Resignation begrüßte autoritäre Reform münden dürfte. Diese Reformbewegung wird ihre Legitimation aus einem gewissen Wertekonservatismus beziehen und auch eine Stärkung religiöser Institutionen mit sich bringen, sodass das heute eher selten gewordene persönliche Bekenntnis einzelner Politiker zu spezifischen Religionsformen zunehmend geläufig werden wird.

Von diesem neuen Wertekonservatismus, der sich bereits heute in vielen „populistischen" Bewegungen abzeichnet und als Resultat der bevorstehenden Krisenzeit Europas gesamtgesellschaftliche Tragweite erhalten wird, wird freilich nicht nur das Christentum Nutzen ziehen, sondern auch andere Religionsformen, allen voran der Islam. Dieser wird allerdings in einer oder zwei Generationen im Gegensatz zu heute nur noch bedingt Indikator für eine spezifische, der abendländischen mehr oder weniger klar entgegengesetzte Alltagskultur sein. Jetzt schon werden wir ja, vor allem in Frankreich, zum Zeugen einer beginnenden

Bekehrung vieler autochthoner Europäer zum Islam, sei es, um dem sozialen Druck ihres Umfelds zu begegnen, sei es, um ihrem inneren Widerstand gegen den grassierenden Materialismus und ihrem Willen zu einem ganzheitlichen Lebensmodell Ausdruck zu verleihen. Es ist daher nur eine Frage der Zeit, bis der erste hochrangige Politiker europäischen Ursprungs sich aus Kalkül oder Überzeugung zum Islam bekehrt und die daraus zwangsläufig entstehende Lawine die bisherige Gleichsetzung zwischen religiösem Bekenntnis und ethnisch-kulturellem Hintergrund allmählich aushebeln wird. Paradoxerweise dürften es gerade die bislang linken und grünen politischen Milieus sein, welche in dieser Hinsicht in den nächsten Jahrzehnten am prägnantesten hervortreten werden und durch die Konversion eben nicht nur den Islam stärken, sondern ihn auch ungewollt verändern werden, indem sie ihn einerseits durch den Import ihrer eigenen Vorstellungen zu verwestlichen suchen, andererseits in einen Gegensatz zum ungeliebten christlichen Modell bringen wollen, nicht unähnlich jenen gesellschafts- und religionskritischen Strömungen des antiken Heidentums, welche im frühen Christentum ein temporäres Zuhause fanden.

An dieser Stelle stellt sich daher die freilich nur schwer zu beantwortende Frage nach dem Charakter der solchermaßen entstehenden, religiös zunehmend binär ausgerichteten abendländischen Spätzivilisation. Auf den ersten Blick könnte man als Vergleichsmaßstab etwa das chinesische Beispiel anführen, das bis heute ein nach anfänglichen Friktionen recht ausgeglichenes Zusammenleben buddhistischer, taoistischer und konfuzianistischer Gruppen kennt. Doch wäre ein solcher Vergleich insoweit irreführend, als es sich hierbei eben nicht um konkurrierende Religionen mit Ausschließlichkeitsanspruch wie Christentum und Islam handelt, sondern vielmehr um komplementäre Geisteshaltungen, welche sich meist auf jeweils andere Lebens- und Tätigkeitsfelder beziehen und einander daher trotz diverser Rivalitäten keineswegs gegenseitig ausschließen.

Eine solche Komplementarität scheint im Falle des Christentums und des Islams nur schwer vorstellbar. Alternativ könnten wir daher für unser Gedankenspiel das bereits mehrfach erwähnte Modell des Zusammenlebens von Heiden- und Christentum in der Spätantike heranziehen. Wir sehen hier eine zunehmende wechselseitige Durchdringung heidnischen und christlichen Gedankenguts, welche im 4. Jahrhundert dann in die paradoxe Situation münden sollte, dass die christliche Theologie sich mit genuin heidnischer Symbolik und neoplatonischer Philosophie anreicherte, während andererseits das Heidentum sich dem Glauben wie den Einrichtungen nach zunehmend am christlichen Konkurrenten orientierte, sodass die tatsächlichen Schranken zwischen beiden Glaubenswelten sehr niedrig wurden. So ließe sich daher auf den ersten Blick vermuten, dass auch in Europa in zwei oder drei Jahrhunderten als Resultat von Konflikt, Koexistenz und Bekehrungen ein stark von christlich-abendländischen Grundlagen umgeprägter „Euro-Islam" entstehen könnte, dem freilich ein nicht unwesentlich islamisch umgeprägtes europäisches Christentum entgegenstehen würde.

Doch wäre eine solche Erwartung insoweit zu kurzsichtig, als nicht vergessen werden darf, dass das antike Christentum als eine trotz seiner jüdischen Wurzeln zutiefst neuartige, überall im Mittelmeer in der Minderheit befindliche Gemeinschaft ohne jeden sicheren Rückzugsort gar keine andere Wahl hatte, als sich bei seiner weiteren Entwicklung der gedanklichen Kategorien der heidnischen Mehrheit zu bedienen. Die islamischen Minderheiten Europas hingegen können nicht nur auf eine jahrhundertealte Vergangenheit und einen reichen Erfahrungsschatz in der Wahrung eigener Identität zurückblicken, sondern sind auch in ihrer kulturellen Seinsweise weiterhin stark von derjenigen der großen Zahl außereuropäischer, rein muslimischer Staaten bestimmt. Das Ausmaß der „Europäisierung" des Islams wird also erheblich begrenzter oder doch langwieriger sein als das der Anpassung des frühen Christentums an sein griechisch-römisches Umfeld, sodass wir anstatt einer gegenseitigen Durchdringung eher eine Neuauflage des zumindest der muslimischen Welt lange geläufigen Modells eines ethnisch-religiösen Neben- anstatt Miteinanders zu erwarten haben. Dies schließt dabei keineswegs eine oberflächliche gegenseitige Angleichung in Dingen des praktischen Lebens aus, sodass wir möglicherweise in zwei oder drei Jahrhunderten ein Europa wiederfinden könnten, in welchem etwa Verwaltung, Lebensweise und technologischer Stand weiterhin stark abendländisch geprägt wären, während das gesellschaftliche Zusammenleben, allem voran Vorstellungen über Sitte, Recht und Geschlecht, zunehmend von islamischem Geist dominiert wäre und vonseiten des konservativen Christentums durchaus nicht immer ganz unfreiwillig mitgetragen würde.

4. Die Zukunft des Christentums

Ob eine solche Zukunft, die wohl nur wenig mit der Lebenswelt zu tun hat, in der die meisten der Leser dieses Textes aufgewachsen sind, nun wünschenswert ist oder nicht, ist im Vergleich zu der Frage, inwieweit sie überhaupt noch aufgehalten werden kann, eher unerheblich. Es sei allerdings nicht verhehlt, dass sowohl das historische Vergleichsmaterial als auch die gegenwärtige Ausgangslage kaum den Eindruck unbegrenzter politischer Handlungsspielräume erwecken. Es steht außer Debatte, dass das Europa der Zukunft zunehmend muslimisch geprägt sein wird, dass sich die Auseinandersetzungen zwischen den verschiedenen Gruppen zumindest kurzfristig, also während der nächsten beiden Jahrzehnte, noch erheblich verschärfen werden, dass es mittelfristig, also im nächsten halben Jahrhundert, durch den Einfluss von Demografie wie Konversion zu einer zunehmenden Präsenz des Islams auch auf politischer Ebene kommen wird und dass langfristig, also während des nächsten Jahrhunderts, gewisse Angleichungserscheinungen christlicher und muslimischer Überzeugungen kaum zu vermeiden sein werden. Wir mögen dies bedauern; ändern lässt es sich aber nicht. Offen ist nur die Frage, inwieweit diese Entwicklung letztendlich zum Ab- oder gar Aussterben des Christentums in seinem europäischen Mutterland führen wird, wie dies etwa mit dem Buddhismus im Indien der Post-Gupta-Zeit oder dem Zoroastrismus im islamischen Iran der Fall gewesen ist.

Hierauf lässt sich freilich keine definitive Antwort geben, aber es ist klar, dass diese Frage, soweit sie noch in der Zukunft liegt, zu nicht unbeträchtlichen Teilen von Entscheidungen abhängt, die in der Gegenwart zu treffen sind. Sollten die zu erwartenden gesellschaftlichen Verfallserscheinungen, politischen Umbrüche und demografischen Verwerfungen der nächsten Jahre solcherart sein, dass die daraus hervorgehende Gesellschaft bereits von Anfang an nicht auf einer Restitution christlicher, sondern bereits einer massiven Inklusion islamischer Vorstellungen beruht, könnte dies der Zukunft eine deutliche, vielleicht fatale Schräglage geben, was die langfristige kulturelle Prägung Europas betrifft. Sollte der Geist kultureller Selbsterhaltung aber noch stark genug sein, nach der kommenden Niedergangsphase den Wiederaufbau wesentlich mitzuprägen, könnte dies weit in die Zukunft wirkende, positive Konsequenzen für den Status des Christentums haben.

Dies erfordert schon heute eine ebenso mutige wie nuancierende Stellungnahme seitens all jener, denen der Geist des Abendlands am Herzen liegt. Wer pauschal von Ausweisen oder gar Verfolgen spricht, muss damit rechnen, mit jedem Martyrium die sittliche Glaubwürdigkeit und innere Kohärenz der verfolgten Gruppe zu stärken; wer aber die religiösen Überzeugungen des Anderen im Namen einer rein humanistischen Säkularisierung zu brechen sucht, nimmt in Kauf, gleichzeitig im selben Maße die Wurzeln der eigenen, bereits arg bedrängten Religion zu untergraben. Nur das positive Bekenntnis zur eigenen Kultur mit all ihren Höhen und Tiefen und insbesondere zum historisch begründeten Ehrenvorrang des abendländischen Christentums als des seelischen *basso continuo* der europäischen Geschichte könnte es vermögen, der Ausbreitung des Fremden nicht etwa sterile Opposition, sondern vielmehr die Vorbildhaftigkeit der eigenen Überzeugung entgegenzusetzen. Selbst wer verneint, definiert sich doch nur durch den Anderen; allein die unbeirrte, positive Pflege des Eigenen und das Denken in selbst geschaffenen und nicht fremdbestimmten Kategorien ermöglichen es, Identität unverfälscht zu bewahren und kreativ weiterzuentwickeln.

Dies ist allerdings einfacher gesagt als getan, denn es stellt sich mehr denn je jenseits aller Konfessionen die dringende Frage, welches Christentum denn überhaupt verteidigt werden soll – dasjenige der dogmatischen Spekulation oder vielmehr des pastoralen Aktivismus, der individualistischen Bezugnahme auf Gott oder vielmehr des sozialen Engagements, der Wertschätzung der Tradition oder vielmehr der resoluten Modernität, des Formbewusstseins oder vielmehr der Spontaneität? –; eine Frage, die durch die Nähe der letzteren Variante zu Wortschatz und Zielsetzung der politisch korrekten Eliten wie auch durch die hieraus folgende zunehmende Nähe der ersten, traditionalistischen Variante zu diversen Spielarten des revolutionären Konservatismus politisch immens verschärft wird und zumindest die katholische Kirche infolge des kirchenpolitischen Gegensatzes zwischen Benedikt XVI. und Franziskus, der freilich tiefe historische Wurzeln vorzuweisen hat, in eine ernst zu nehmende Krise gebracht hat.

Einmal mehr mag hier die Rückbesinnung auf den historischen Komparatismus helfen, eine gewisse Orientierung zu gewinnen, was zumindest das „Machbare" jenseits allen, das vielleicht „wünschenswert" wäre, betrifft. So stellen wir fest, dass nahezu in jeder vergangenen Hochkultur die Errichtung eines spätzeitlichen universalen Staates nach einer Zeit der Wirren mit einer gewissen kreativen Rückbesinnung auf traditionalistische Glaubensformen verbunden war; eine auf den ersten Blick paradoxe Zusammenstellung, die aber eine große und zumindest kurzfristig überaus erfolgreiche Sprengkraft besaß.

Schon die ersten chinesischen Kaiser sowohl der kurzlebigen Qin- als auch der erfolgreicheren Han-Dynastie bemühten sich um eine mögliche Zurückdrängung der als bedrohlich empfundenen geistigen Vielfalt der „Hundert Schulen" durch Bücherverbrennung und Zensur und setzten an ihre Stelle mithilfe der Gründung verbindlicher Lehrinstitutionen die Wiederbelebung halb vergessener, archaischer Traditionen sowie die Festlegung zunächst des Daoismus, dann des Konfuzianismus als neuer leitender Ideologie, die eben auch die Stellung des Kaisers als eines modernen Avatars archaischer Weltenherrscher legitimieren sollte. Auch in Rom bemühten sich zunächst Caesar, dann Augustus um die Reform der republikanischen Religion durch massive Wiederbelebung halb vergessener Bräuche und Institutionen, eine gezielte Wissenschaftspolitik und die Beseitigung ungewollter Kulte oder Orakeltexte, wobei der Kaiser in die direkte Nähe vorzeitlicher, halb göttlicher Staatengründer wie Aeneas oder Romulus gerückt werden sollte. Ähnlich gelang es den spätsasanidischen Großkönigen Chosroes I. und II., die als Häresie disqualifizierte religiöse Bewegung des Mazdakismus zu vernichten, Judentum und Christentum zurückzudrängen und mit erheblichem Aufwand eine bislang nie dagewesene Festigung und Kanonisierung des Mazdaismus zu betreiben, die sich tatsächlich bemühte, die verschiedenen, bislang oft widersprüchlichen Richtungen des Zoroastrismus durch theologische und dogmatische Kodifizierung unter Berufung auf längst vergangene, oft wohl frei erfundene Traditionen zusammenzuzwingen und zu einem Werkzeug der politischen Legitimation des Herrschers zu machen. Auch die Fatimiden begründeten ihre Machtergreifung mit der Notwendigkeit einer Befreiung des Islams von den nicht nur dynastischen, sondern auch dogmatischen Verirrungen der Umayyaden- und Abbasidenzeit, präsentierten den von ihnen vertretenen Ismailismus als die eigentliche abrahamitische, von der Sunna verschüttete Urreligion und betrieben durch Gründung religiöser Schulen wie auch die zunehmende Verfolgung des Christentums eine größtmögliche Beeinflussung der religiösen Gemengelage in ihrem Sinne. Selbst das Tokugawa-Shogunat zeichnete sich durch das radikale Bemühen aus, das Christentum als kulturfremde Religion ebenso wie die sozialrevolutionären Formen des Ikko-Ikki-Buddhismus von japanischem Boden zu verbannen, den altehrwürdigen Ritus wiederherzustellen und gleichzeitig den neuen Shogun durch eine sowohl neuartige wie in die tiefsten Grundlagen des Shintoismus zurückreichende Divinisierung dauerhaft zu legitimieren.

In diesem Sinne wäre zu erwarten, dass eine christliche Reform, welche der gegenwärtigen Islamisierung und Säkularisierung immer weiterer Teile der abendländischen Gesellschaft Widerstand leisten möchte, gut damit beraten wäre, ein ganz analoges Vorgehen zu betreiben bzw. zumindest einer solchen Reform, deren tatsächliche Verwirklichung wesentlich von den zu erwartenden politischen Umwälzungen abhinge, intellektuell wie emotional den Boden zu bereiten. Wagen wir es, den ungefähren Grundgehalt der vergangenen Hochkulturen zu synthetisieren und in die Zukunft des Christentums zu projizieren, stünde somit auf der einen Seite dieser Reform die radikale Rückbesinnung der Kirche auf Form wie Inhalt der kulturell als verbindlich betrachteten religiösen

Frühzeit der abendländischen Kultur zur Zeit des christlichen Mittelalters und dessen Traditionen und Glaubenswelt; auf der anderen Seite der Versuch einer neuen, radikalen Verbindung von Religion und Politik, von Kirche und Staat, mittels eines Zurückdrängens des politischen Laizismus durch eine neue Generation offen zu ihren christlichen Überzeugungen stehender Politiker. Es würde also zu einer zunehmenden Zurückdrängung des angeblich „fortschrittlichen" Flügels der gegenwärtigen christlichen Kirchen durch den revolutionären Konservatismus einer jungen traditionalistischen Bewegung kommen, deren Anfänge in der gegenwärtigen Widerstandsbewegung gegenüber einer säkularisierten, politisch korrekten, nur auf den sozialen Aspekt reduzierten Kirche lägen. Diese Bewegung würde – immer gesetzt den Fall, dass der Vergleich der abendländischen Zivilisation mit den anderen Hochkulturen Schlüsse auf zukünftige Entwicklungen ermöglicht – ihre zunehmende Dominanz über die abendländische Gesellschaft nach den zu erwartenden politischen und gesellschaftlichen Umbrüchen der nächsten Jahrzehnte durch Errichtung eines gemäßigten autoritären Regimes sichern, dessen Legitimation zu einem wesentlichen Teil der Unterstützung christlicher Institutionen zu verdanken wäre und in gewisser Weise, wenn auch freilich unter modernistischen Bedingungen, die ideologische Situation der karolingisch-ottonischen Zeit wiedererstehen lassen würde.

Natürlich dürfen wir uns hier nur bedingt Illusionen von einer Wiedergeburt des Christentums hingeben, steht die tatsächliche Langlebigkeit eines solchen Unterfangens doch auf einem ganz anderen Blatt geschrieben, wie auch die Religionsgeschichte der oben erwähnten Parallelfälle zeigt, von denen es nur wenigen gelungen ist, mehr als eine nur vorübergehende, größtenteils rein formalistische und gewissermaßen „religionspatriotische" Atempause zu gewinnen, deren echte spirituelle Breitenwirkung wohl eher gering war. Ob daher eine echte Re-Christianisierung des „heidnisch" gewordenen Abendlandes angesichts der offensichtlichen Erscheinungen von Zweifel, Ermattung und Selbsthass unserer alternden Kultur nicht nur mittel-, sondern auch langfristig möglich sein kann, oder ob sie letztlich zunehmend nur Sache einer kleinen Elite sein wird, welche eines Tages wie der spätrömische Senatsadel inmitten einer ihm fremd gewordenen Gesellschaft nur noch die Reste vergangener Größe konserviert – das steht auf einem anderen Blatt geschrieben …

Weiterführende eigene Arbeiten zur Kulturkomparatistik:

Ducunt fata volentem, nolentem trahunt. Spengler, Hegel und das Problem der Willensfreiheit im Geschichtsdeterminismus, in: Saeculum 59 (2009): 269–298.

Weltgeschichte ist der Fortschritt im Bewusstsein der Freiheit. Hegel und der „Fortschritt" der Weltgeschichte. Überlegungen zur Verbindung von Dialektik und Kulturmorphologie, in: Breidbach, Olaf / Neuser, Wolfgang (Hg.): Hegels Naturphilosophie in der Dritten Moderne. Bestimmungen, Probleme und Perspektiven, Berlin 2010: 21–40.

Auf dem Weg ins Imperium. Die Krise der Europäischen Union und der Untergang der römischen Republik. Historische Parallelen, Berlin 2014.

Polis et res publica. Esquisse d'une histoire constitutionnelle comparée du monde gréco-romain, in: Latomus 74.1 (2015): 1–29.

Biologistische und zyklische Geschichtsphilosophie. Ein struktureller Annäherungsversuch, in: ders. (Hg.): Von Platon bis Fukuyama. Biologistische und zyklische Konzepte in der Geschichtsphilosophie der Antike und des Abendlandes, Bruxelles 2015: 8–46.

Construction de normes et morphologie culturelle. Empire romain, chinois, sasanide et fatimide – une comparaison historique, in: Itgenshorst, Tanja / LeDoze, Philippe (Hg.): La norme sous la République romaine et le Haut Empire. Élaboration, diffusion et contournements, Bordeaux 2017: 53–73.

Is there a «Persian» Culture? Critical Reflections on the Place of Ancient Iran in Oswald Spengler's Philosophy of History, in: Strootman, Rudolf / Versluys, Miguel John (Hg.): Persianism in Antiquity, Stuttgart 2017: 21–44.

The European Union and the Decline of the West, or: Determinism or Determination?, in: Erträge 5, Berlin 2017: 93–124.

„The Man Who Would Be King". 19th Century Colonialism and the Construction of the Hellenistic Empires. An (Im)possible Comparison?, in: ders.: Benefactors, Kings, Rulers. Studies on the Seleukid Empire between East and West, Leuven 2017: 485–515.

Spengler im 21. Jahrhundert. Überlegungen und Perspektiven zu einer Überarbeitung der Spengler'schen Kulturmorphologie, in: Fink, Sebastian / Rollinger, Robert (Hg.): Oswald Spenglers Kulturmorphologie. Eine multiperspektivische Annäherung, Wiesbaden 2018: 451–486.

Kulturmorphologie und Willensfreiheit. Überlegungen zu einer neuen komparatistischen Geschichtsphilosophie, in: ders. / Otte, Max / Thöndl, Michael (Hg.): Der lange Schatten Oswald Spenglers. Einhundert Jahre Untergang des Abendlandes, Lüdinghausen u. Berlin 2018: 79–101.

Historical Necessity or Biographical Singularity? C. Iulius Caesar and Qin Shi Huang Di, in: Beck, Hans / Vankeerberghen, Griet (Hg.): Global Antiquities, 2018.

Zwischenstaatlichkeit und Herrscherideal in militärischpolitischen Sachbüchern. Ein komparatistischer Versuch über Sūn Zǐ, Kauṭilya, Aeneas Tacticus und Machiavelli, in: Electrum, Kraków 2018.

The Peach Blossom Land and the Sacred Isles: Utopias and Ideal States in Classical Antiquity and Ancient China – a Comparison, in: Destrée, Pierre / Opsomer, Jan / Roskam, Geert (Hg.): Ancient Utopias, Berlin 2018.

„Reinheit" als Herrscherqualität im ideologischen Narrativ der großen Universalherrscher der alten Welt: Rom, China, Indien und Iran, in: Zimmermann, Klaus et al. (Hg.): Reinheit und Autorität, 2018.

Hellenisierung, Arabisierung und Sinisierung – Überlegungen zum Konzept des Kulturtransfers in den Kulturen der Vormoderne, in: Hoffmann-Salz, Julia (Hg.): The

Middle East as Middle Ground? Cultural Interaction in the Ancient Near East Revisited, Stuttgart 2018.

The October Revolution from the Point of View of Cultural Morphology, in: Committee of National Remembrance (Hg.): Memory and Heritage. Perception of Communism in the West, Budapest 2018.

„Impenetrable, Physical, Tall, Powerful, Beautiful?" Komparatistische Überlegungen zu den Grenzwällen in der Alten Welt, in: Tamer, Georges / Wannenmacher, Julia Eva (Hg.): Gog und Magog, 2019.

Die Bundesvereinigung „Christen in der AfD" und ihre Bedeutung innerhalb der Partei

Von Volker Münz

1. Christen gehören zu den Gründern der AfD

Die Gründung der Partei „Alternative für Deutschland" (AfD) zu Beginn des Jahres 2013 stand im Zeichen der Euro-Krise und der „Griechenland-Rettung". Aber schon länger gab es von den etablierten Parteien enttäuschte Mitglieder und Wähler, die sich eine Alternative zu den Altparteien wünschten. Insbesondere die CDU unter dem Vorsitz von Bundeskanzlerin Angela Merkel stieß nicht nur mit der von ihr als alternativlos bezeichneten Euro-Rettungspolitik, sondern auch mit ihrem ohne großen innerparteilichen Widerstand durchgeführten Linksruck in gesellschaftspolitischen Fragen viele Anhänger vor den Kopf.

Neben euroskeptischen Wirtschaftsliberalen waren es Wertkonservative, die sich in der neuen Partei zusammenfanden. Denn neben der Ablehnung des Euros standen bereits am Anfang auch die Stärkung der Familie, eine Begrenzung und Neuordnung der Zuwanderung sowie eine gerechtere Steuer- und Rentenpolitik im Mittelpunkt des Programms.

Viele bekennende Christen gehörten zu den Gründern und Mitgliedern der ersten Tage. Etliche von ihnen waren enttäuschte CDU-Mitglieder (wie der Verfasser), andere kamen aus christlichen Kleinparteien. In der Mehrheit waren jedoch Menschen ohne bisherige Parteibindung. Sie alle spürten, dass es höchste Zeit war, sich für einen grundlegenden Politikwechsel zu engagieren.

Denn eine Rückbesinnung von Politik und Gesellschaft auf konservative Werte war und ist nötiger denn je. In einer sich immer schneller verändernden Welt braucht der Mensch einen Halt und Konstanten im Leben. Eine Gesellschaft bedarf für den Zusammenhalt gemeinsamer Werte, Traditionen und Institutionen. Doch woran soll man sich halten? Vieles ist scheinbar beliebig geworden. Nation, Staatsvolk, Ehe und Familie – Institutionen, die bis vor Kurzem als unumstößlich und notwendig galten – werden als entbehrlich betrachtet oder radikal umgedeutet. Selbst das Geschlecht gilt nicht mehr als gegeben. Auch das menschliche Leben ist nicht mehr tabu. Die Tötung vorgeburtlichen Lebens und Sterbe-„Hilfe" sind von großen Teilen der Gesellschaft bereits akzeptiert.

Der wissenschaftlich-technische Fortschritt kennt keine Grenzen. Auch gesellschaftlich scheint den „Sozialingenieuren" alles möglich. Der Mensch ist zum Schöpfer seiner selbst geworden. Gott scheint entbehrlich zu sein. In dieser Situation, in der sich die Menschheit heute befindet, ist ein Innehalten notwendig. Wie sollen wir uns verhalten? Was soll der Staat tun? Was hält eine Gesellschaft zusammen? Das sind Fragen, die wohl zu allen Zeiten gestellt worden sind. Doch heute sind sie wichtiger denn je.

Es ist höchste Zeit für eine geistig-moralische Wende, die schon Helmut Kohl versprochen, aber nicht umgesetzt hatte. Die linken Ideologen und Utopisten der 68er-Bewegung haben den Marsch durch die Institutionen in Politik, Verwaltung, Bildung, Justiz, Kirchen und gesellschaftlichen Gruppen geschafft, insbesondere nachdem sie Anfang der 1980er Jahre mit der grünen Partei die ursprünglich konservative Umweltbewegung erfolgreich gekapert hatten. Der links-grüne Zeitgeist konnte sich so bis weit in das bürgerliche Lager ausbreiten. Den konservativen Resten in der CDU machte dann Angela Merkel vollends den Garaus.

Für viele war und ist die Gründung der AfD im Jahr 2013 die späte Antwort auf 1968 und die letzte Chance für Deutschland, die Auswirkungen einer fast zwei Generationen lang andauernden Entwicklung zu korrigieren.

So fanden sich auch viele Christen aller Konfessionen zur Mitarbeit an einer so dringend ersehnten, neuen wertkonservativen Partei zusammen. Schon bald nach der Gründung gab es die ersten regionalen Treffen von Christen in der AfD, um sich miteinander auszutauschen. In Baden-Württemberg kam es bereits im Juli 2013 zur Gründung eines Arbeitskreises Christen in der AfD, aus dem im Oktober 2013 der „Pforzheimer Kreis" – gegründet in einem evangelisch-freikirchlichen Gemeindehaus – hervorging. Auch in anderen Teilen Deutschlands gründeten sich christliche Arbeitskreise. Am 10. Oktober 2015 trafen sich in Darmstadt christliche Mitglieder der AfD aus allen Teilen Deutschlands und gründeten die Bundesvereinigung „Christen in der AfD" (ChrAfD).

2. Das Selbstverständnis und die Bedeutung der Bundesvereinigung „Christen in der AfD"

Ein Grund für den Zusammenschluss von Christen in der AfD ist die gegenseitige Stärkung. Nahezu jedes AfD-Mitglied kann von Verunglimpfungen und Anfeindungen wegen der Parteizugehörigkeit im beruflichen und privaten Umfeld oder in der Öffentlichkeit berichten. Da hilft es, sich mit Gleichgesinnten zu treffen und sich insbesondere im Gebet gegenseitig zu stärken.

Darüber hinaus ist es das Ziel der Bundesvereinigung „Christen in der AfD", in die Partei hineinzuwirken und das Parteiprogramm nach christlich-konservativen Vorstellungen mitzugestalten, um eine entsprechende Politik umzusetzen. Dazu heißt es in der Präambel der Satzung der Bundesvereinigung: „Die Bundesvereinigung ‚Christen in der Alternative für Deutschland – BV ChrAfD' vertritt die politischen Interessen der Christen in der Partei AfD. Sie hat das Ziel, eine christliche konservative Politik entsprechend der biblischen Ethik in unsere Gesellschaft und Politik hineinzutragen, insbesondere in den Bereichen Gesellschafts- und Sozialpolitik, Familienpolitik und Lebensschutz. Sie bildet einen Gegenpol zu den derzeit herrschenden Kräften der gesellschaftlichen Beliebigkeit."

Die Christen in der AfD sind sich bewusst, dass die AfD keine christliche Partei im engeren Sinne ist. Denn man kann mit der Bibel nicht unmittelbar Politik machen. Glaube und Politik bzw. Kirche und Staat wirken jeweils in verschiedenen Bereichen. Darauf wird weiter unten noch eingegangen.

Gemessen an den Mitgliederzahlen ist die Bundesvereinigung ChrAfD mit rund 500 Mitgliedern nur eine kleine Gruppe innerhalb von circa 30.000 Parteimitgliedern. Es gibt keine Erfassung der Religionszugehörigkeit der Parteimitglieder. Der Verfasser geht ganz grob von 60 % Christen unter den Parteimitgliedern aus. Nur wenige Christen unter den Parteimitgliedern sind auch Mitglied der Bundesvereinigung ChrAfD. Das liegt daran, dass die einen bewusst trennen wollen zwischen Glauben und Politik. Andere wiederum scheuen eine weitere Mitgliedschaft in einer Vereinigung, was wiederum mit dem Bezahlen eines Mitgliedsbeitrages und mit einer grundsätzlichen Aufforderung zur Mitarbeit verbunden ist. Die ChrAfD-Mitglieder zählen zu den aktivsten „Parteiarbeitern" und haben überproportional viele politische Mandate und Parteiämter inne.

Trotz ihrer geringen Anzahl konnten die in der ChrAfD organisierten Christen die Programmatik der AfD maßgeblich prägen. Auf den Einfluss der Christen in der AfD geht insbesondere das Bekenntnis der AfD zur christlich-abendländischen Kultur, zum Schutz des ungeborenen menschlichen Lebens und zur Willkommenskultur für Kinder, zur Bewahrung des Leitbilds der traditionellen Ehe und der Familie sowie die Ablehnung der Gender-Ideologie zurück, um hier nur die wichtigsten Punkte zu nennen.

3. Bekenntnis zum christlichen Menschenbild und zur Leitkultur
Maßgeblich durch den Einfluss der Christen in der AfD und ihre Mitarbeit bei der Programmarbeit begründet, bekennt sich die AfD in ihrem

Grundsatzprogramm zur christlich-abendländischen Kultur unseres Landes, die es zu bewahren gilt. Die europäische Kultur fußt im Wesentlichen auf drei Säulen: der Antike mit ihrer griechischen Philosophie und römischem Recht, dem Christentum und dem Humanismus der Aufklärung.

Die AfD bekennt sich damit zum christlichen Menschenbild, welches mit dem jüdischen Menschenbild identisch ist. Zum einen bedeutet das, dass die menschliche Vernunft nicht die letzte Instanz ist. Der Mensch ist nicht allmächtig und darf nicht alles tun, was er könnte. Es gibt eine höhere Instanz. Vor Gott wird jeder einst Rechenschaft ablegen müssen für sein Handeln und Nichthandeln. Dies gilt nicht nur für das Verhalten des einzelnen Menschen in seinem privaten Leben und in der Gemeinschaft, sondern auch für die Entscheidungen der für den Staat Verantwortung Tragenden.

Zum anderen resultiert aus dem christlichen Menschenbild die Menschenwürde, mit der jeder Mensch in gleicher Weise ausgestattet ist. Denn Gott schuf den Menschen als sein Ebenbild (1. Mo 1,27). Der Mensch kann gleichsam auf Augenhöhe eine Beziehung mit Gott aufnehmen. Er ist kein unterwürfiges Geschöpf. Wenn also jeder Mensch mit Gott auf einer Ebene kommunizieren kann, dann stehen auch alle Menschen untereinander auf einer Stufe. Jeder Mensch ist gleich viel wert, er besitzt die gleiche Menschenwürde. Dieses christliche Menschenbild hat im Prinzip der Menschenwürde seinen säkularen Niederschlag gefunden (in Deutschland in Art. 1 des Grundgesetzes). Dieses Menschenbild ist nicht in allen Kulturen vorhanden. Und darum wird die Allgemeine Erklärung der Menschenrechte mit ihrem zentralen Begriff der Menschenwürde auch nicht von allen Staaten anerkannt. So lehnen islamische Staaten diese ab und haben stattdessen die „Kairoer Erklärung der Menschenrechte im Islam" beschlossen. Diese stellt die Scharia, das islamische Gesetz, das in vielen Punkten mit der Menschenwürde unvereinbar ist, unverrückbar und absolut an die erste Stelle.

Die Abhängigkeit des Rechts von der Kultur hat der Staatsrechtler Ernst-Wolfgang Böckenförde in seinem nach ihm benannten Theorem wie folgt beschrieben: „Der freiheitliche, säkularisierte Staat lebt von Voraussetzungen, die er selbst nicht garantieren kann." Ein freiheitlicher Staat könne nur bestehen, „wenn sich die Freiheit, die er seinen Bürgern gewährt, von innen her, aus der moralischen Substanz des einzelnen und der Homogenität der Gesellschaft, reguliert."[1]

Nach Böckenförde braucht die freiheitliche Ordnung „ein verbindendes Ethos, eine Art ‚Gemeinsinn' bei denen, die in diesem Staat leben". Das gemeinsame Ethos speise sich „zunächst von der gelebten

Kultur [...]. Da sind wir dann in der Tat bei Quellen wie Christentum, Aufklärung und Humanismus."[2]

Die Kultur mit einem gemeinsamen Werteverständnis geht also dem vom Staat gesetzten Recht voraus. Daher ist es illusorisch und geradezu unverantwortlich, wenn Vertreter anderer Parteien behaupten, es reiche aus, wenn man zugewanderten Menschen aus anderen Kulturen nur das Grundgesetz austeilen müsse – gegebenenfalls auch auf Arabisch –,dann wüssten sie, wie man sich in Deutschland zu verhalten habe. Die erlernte kulturelle Prägung ist ohne intrinsische Bereitschaft des Zuwanderers von außen – z. B. durch staatliche Aufklärungs- und Bildungsmaßnahmen – nicht veränderbar.

Die AfD lehnt deshalb die Ideologie des Multikulturalismus, die importierte Werte, Lebensweisen und andere kulturelle Ausprägungen auf geschichtsblinde Weise der einheimischen Kultur gleichstellt und deren Werte damit relativiert, ab.

Durch das Zulassen von wachsenden Parallelgesellschaften erodieren der soziale Zusammenhalt, das gegenseitige Vertrauen und die öffentliche Sicherheit als unverzichtbare Elemente eines stabilen Gemeinwesens. Letztlich entsteht eine Art Vielvölkerstaat, der genauso wie die allermeisten vergangenen und gegenwärtigen Vielvölkerstaaten eines Tages zu explodieren droht. Beispiele gibt es zuhauf: Jugoslawien, Libanon, Irak, die meisten afrikanischen Staaten u. a. Spätestens, wenn einmal wieder schwere und anhaltende wirtschaftliche Krisen auftreten, werden soziale, ethnische und religiöse Konflikte ausbrechen. Warum sollte Deutschland das schaffen, was andere multiethnische und multikulturelle Staaten nicht geschafft haben – nämlich ein friedliches Nebeneinander von Parallelgesellschaften zu realisieren?

Die AfD setzt der Utopie der multikulturellen Gesellschaft das Konzept der Leitkultur entgegen, wie es der deutsche Politikwissenschaftler syrischer Herkunft Bassam Tibi entwickelt hat. Nach Tibi basiert die europäische Leitkultur auf Wertevorstellungen, die „der kulturellen Moderne entspringen, und sie heißen: Demokratie, Laizismus, Aufklärung, Menschenrechte und Zivilgesellschaft."[3]

Die Wertevorstellungen der christlich-abendländischen Leitkultur sind das einigende Band, das die Gesellschaft – einschließlich der eingewanderten Menschen – zusammenhält. Ein Verfassungspatriotismus reicht dafür nicht aus.

Dabei sieht die AfD den Begriff des deutschen Volkes, des Staatsvolkes, nicht als ethnischen Begriff. Auch jemand mit Migrationshintergrund kann und soll Deutscher im Sinne des Grundgesetzes werden können, wenn er sich rechtmäßig in Deutschland aufhält, sich rechtstreu verhält und die Deutschland prägende Kultur sowie die Rechtsordnung vorbehaltlos akzeptiert. Den Wertekonsens und unsere freiheitlich-demokratische Grundordnung will die AfD bewahren und für den Erhalt und die Weiterentwicklung unserer Kultur und unserer Lebensart in Frieden, Freiheit und Sicherheit kämpfen. Ein solches Ziel steht nicht im Widerspruch zu Weltoffenheit und Toleranz, weil es bei aller Betonung der eigenen Identität nicht mit einer Abwertung oder gar Geringschätzung anderer Kulturen und Religionen verbunden ist.

Es ist das legitime Recht jedes Volkes, seine Traditionen und spezifischen Eigenarten zu verteidigen und zu bewahren und sich deren Auflösung in einer multikulturellen Gesellschaft zu verweigern. Gerade angesichts der vielfältigen Herausforderungen der Gegenwart sieht die AfD in der Rückbesinnung auf unsere Wurzeln und die Bewahrung unserer Identität die notwendige Voraussetzung für den Zusammenhalt der Gesellschaft und für die Gestaltung einer menschenwürdigen Zukunft in unserem Land. In diesem Sinne heißt es in der Präambel des Grundsatzprogramms der AfD: „Wir sind offen gegenüber der Welt, wollen aber Deutsche sein und bleiben. Wir wollen die Würde des Menschen, die Familie mit Kindern, unsere abendländische christliche Kultur, unsere Sprache und Tradition in einem friedlichen, demokratischen und souveränen Nationalstaat des deutschen Volkes dauerhaft erhalten." Die AfD setzt sich dafür ein, dass Deutschland christlich geprägt bleibt.

4. Programmatik der AfD aus christlichem Ethos

Über das Bekenntnis zur christlich-abendländischen Kultur hinaus haben die Christen in der AfD viele Programmpunkte im Sinne der christlichen Sozialethik mitgestaltet. Ziel der christlichen Sozialethik ist es, aus dem Glauben heraus Grundsätze für ein gerechtes und friedliches Zusammenleben aller Menschen zu entwickeln. Personalität, Subsidiarität, Solidarität und Gemeinwohl sind dabei die Prinzipien, die die Basis einer vernünftigen Gesellschaftsordnung und sozialer Gerechtigkeit bilden. Diesen Prinzipien ist auch die AfD verpflichtet.

Die AfD steht für eine Politik von Vernunft und Verantwortung und damit für eine Politik aus dem Geist des Christentums. Als Christen ist es unsere Aufgabe, mit Hilfe der von Gott geschenkten Vernunft die Dinge dieser Welt zu regeln. Und wir sind verpflichtet, dabei Verantwortung zu übernehmen: für uns und unser Handeln, vor allem aber für das Wohl der uns anvertrauten Menschen.

In diesem Sinne enthält das Wahlprogramm der AfD für die Bundestagswahl 2017 zahlreiche Inhalte, die den Grundprinzipien der christlichen Sozialethik Rechnung tragen. Hierzu gehören beispielsweise

- die Bewahrung des vom Grundgesetz geschützten Leitbilds der Ehe und der traditionellen Familie,
- der Schutz ungeborener Kinder und der Widerstand gegen alle Bestrebungen, die Abtreibung zu einem Menschenrecht zu erklären,
- die Ablehnung der Gender-Ideologie (die Papst Franziskus als „dämonisch" bezeichnet hat[4]),
- die Beendigung der die Sparer enteignenden und die Altersvorsorge gefährdenden Nullzinspolitik der EZB, die Kritik am Euro, der Europa spaltet und mitverantwortlich ist für eine hohe Jugendarbeitslosigkeit in den südlichen Ländern unseres Kontinents,
- die Forderung nach einer gerechteren Behandlung der Entwicklungsländer im internationalen Handelssystem und einer Erleichterung ihrer Exporte in die Industrieländer,
- die Anerkennung der elterlichen Erziehungsleistung für Kinder und der familiären Fürsorge für pflegebedürftige Angehörige,
- die Einführung eines Familiensplittings für mehr Steuergerechtigkeit, die Senkung der Mehrwertsteuer und die damit verbundene Entlastung vor allem der „kleinen Leute",
- der Widerspruch gegen eine weitere Verschuldung zulasten kommender Generationen,
- die Feststellung, dass die Wirtschaft für die Menschen da ist und nicht die Menschen für die Wirtschaft, die Unterstützung eines gesetzlichen Mindestlohns, die Forderung nach einer Obergrenze für Leiharbeit und der Begrenzung von Zeitarbeitsverträgen, die Kritik an den negativen Auswirkungen eines weltweiten Preisdumpings zulasten von Umwelt, Mensch und Tier.

Alle diese Punkte sind Ausdruck einer Politik aus christlichem Ethos, wie sie sich im Wahlprogramm der AfD findet.

Die AfD steht für christliche Werte – mehr als andere Parteien in ihrer praktischen Politik der letzten Jahre bewiesen haben. Dass sie in der konkreten Umsetzung zu anderen Schlussfolgerungen gelangt als die übrigen Parteien und sonstige gesellschaftliche Gruppen, ist nicht nur erlaubt, sondern in einer pluralistischen und demokratischen Gesellschaft normal.

5. Zur Kritik an der AfD

Die AfD erhält einerseits großen Zuspruch von konservativen, bibeltreuen Kreisen aus evangelischen Landeskirchen, Freikirchen und der katholischen Kirche. Andererseits gibt es scharfe Ablehnung von Vertretern der Amtskirchen und sich als „fortschrittlich" verstehenden Christen.

Bezeichnenderweise blieb die Kritik der Kirchen an den inhaltlichen Positionen der AfD zumeist sehr vage und allgemein. „Populismus, Fremdenfeindlichkeit, Vereinfachung, Verbreitung von Fake News und Hatespeech": Diese und ähnliche Vorwürfe orientieren sich eher an verbreiteten medialen Klischees und der Polemik politischer Mitbewerber als an einer sachlich fundierten Auseinandersetzung mit der Programmatik der Partei.

Die Ablehnung geht teilweise so weit, dass AfD-Mitgliedern der christliche Glaube abgesprochen wird. Woran liegt das? Das liegt sicherlich zum Teil an einigen abzulehnenden Äußerungen einzelner Parteivertreter. Aber eine ganze Organisation von 30.000 Mitgliedern kann nicht für Äußerungen Einzelner haftbar gemacht werden. Im Mittelpunkt einer kritischen Diskussion sollte die Programmatik einer Partei stehen. Die heftige Kritik an der AfD aus kirchlichen Kreisen entzündet sich hauptsächlich an der Frage, ob das Gebot der christlichen Nächstenliebe eine grenzenlose Aufnahme von Menschen aus aller Welt erfordere. Die AfD sagt dazu: Nein! Wir würden damit mehr Probleme im eigenen Land schaffen, als wir anderswo lösen.

In klarem Gegensatz zur kirchlichen Kritik an der AfD steht die offensichtliche Zurückhaltung bei aus christlicher Sicht fragwürdigen Positionen anderer Parteien. Obwohl Grüne und Linke zu den Themen Abtreibung, Gender, Ehe und Familie alles andere als christliche Werte vertreten, ist von einer diesbezüglichen Distanzierung der Kirchen wenig zu hören. Selbst nach dem von der Bundeskanzlerin initiierten Beschluss einer „Ehe für alle", der auch von einem nicht kleinen Teil der CDU/CSU-Fraktion unterstützt wurde, war der Protest ausgesprochen verhalten. Im Gegensatz dazu hat die AfD als einzige politisch relevante Kraft energisch Einspruch erhoben. Auch im Hinblick auf das Lebensrecht ungeborener Kinder vertritt inzwischen allein die AfD noch christliche Positionen. Während die CDU dieses Thema in ihrem Bundestagswahlprogramm 2017 nur noch ganz am Rande sehr allgemein behandelt („Schutz menschlichen Lebens" als Unterpunkt eines Unterpunktes im Kapitel „Chancen im digitalen Zeitalter") und es im Koalitionsvertrag überhaupt keine Erwähnung findet, bekennt sich die AfD klar zum Lebensrecht Ungeborener, fordert eine Beratung, die wirklich dem Schutz des Kindes dient, eine Überprüfung der Wirksamkeit der sogenannten „Beratungsregelung" und gegebenenfalls gesetzliche Korrekturen für einen besseren Lebensschutz. Die Zahl von über 100.000 Abtreibungen jährlich in Deutschland, von denen 96 % weder auf eine medizinische noch auf eine kriminologische Indikation (nach einer Vergewaltigung) zurückzuführen sind, zeigt die dramatische Situation.[5]

Zudem wendet sich die AfD ausdrücklich gegen Bestrebungen in der EU, die Tötung Ungeborener zu einem Menschenrecht zu erklären. Warum das alles keine Würdigung der Kirchen erfährt, während man gleichzeitig den Mantel des Schweigens über die wenig christliche Agenda der Altparteien bei den genannten Themen hüllt, gehört zu den vielen Ungereimtheiten der aktuellen Debatte. Vielleicht könnte eine größere Distanz der katholischen und evangelischen Kirche zum Staat dazu beitragen, ökonomische und politische Abhängigkeiten zu verringern und damit mehr Freiheit des Denkens und Handelns zu ermöglichen.

Die harsche Kritik an der AfD aus kirchlichen Kreisen ist ungerechtfertigt. Sie krankt aus Sicht der AfD an der Vermischung von Aufgaben von Staat und Kirche, an der Beurteilung einer Handlung primär nach der guten Absicht und weniger nach den Folgen sowie an der Vermischung von Individual- und Sozialethik. Auf diese Aspekte soll im Folgenden eingegangen werden.

6. Die Begrenztheit des christlichen Handelns in der Politik

Die Trennung von Kirche und Staat ist eine wesentliche Grundlage einer freiheitlichen, säkularen und pluralistischen Gesellschaft. Auch wenn christliche Prinzipien die Werte und Normen unserer Gesellschaft prägen, viele politisch Verantwortliche aus christlichem Ethos heraus handeln und sich die Kirchen in Debatten zu wichtigen Grundsatzfragen zu Wort melden, so ist doch klar, dass Politik niemals die direkte Umsetzung von Glaube und Religion sein kann. So heißt es schon in der Bibel: „Gebt dem Kaiser, was des Kaisers ist, und Gott, was Gottes ist" (Mk 12,17) und „Mein Reich ist nicht von dieser Welt" (Joh 18,36).

Zweifellos ist es das Recht, ja die Pflicht der Kirchen, für Menschenwürde, Gerechtigkeit, Frieden und Bewahrung der Schöpfung einzutreten.

Die Aufgaben des Staates und die der Kirche sind jedoch zu unterscheiden, wie es in der 5. These der Barmer Theologischen Erklärung der Bekennenden Kirche im Jahr 1934 – auch heute noch zutreffend – formuliert wurde: „Die Schrift sagt uns, daß der Staat nach göttlicher Anordnung die Aufgabe hat, in der noch nicht erlösten Welt, in der auch die Kirche steht, nach dem Maß menschlicher Einsicht und menschlichen Vermögens unter Androhung und Ausübung von Gewalt für Recht und Frieden zu sorgen." Auf der anderen Seite sei die Ansicht falsch, „als solle und könne sich die Kirche über ihren besonderen Auftrag hinaus staatliche Art, staatliche Aufgaben und staatliche Würde aneignen und damit selbst zu einem Organ des Staates werden."[6]

Die Bibel ist somit keine Handlungsanweisung für die Politik, und sie eignet sich erst recht nicht zur religiösen Legitimation einer zeitgeistkonformen Mainstream-Politik. Vielmehr gehört es zur Freiheit eines Christenmenschen, das biblische Menschenbild und andere Grundüberzeugungen des christlichen Glaubens mit Hilfe der praktischen Vernunft in konkrete Politik zu überführen. Dies schließt eine Engführung auf eine bestimmte politische Richtung oder gar die Reduktion auf alternativlose Entscheidungen im Namen des Christentums geradezu aus. Es gibt – von wenigen Ausnahmen wie beispielsweise der konsequenten Ablehnung der Abtreibung als der Tötung eines unschuldigen Menschen abgesehen - keine politischen Optionen, die aus christlicher Sicht die einzig denkbaren oder richtigen wären. Wenn sich die Kirchen also in einer Art und Weise in das politische Tagesgeschäft einmischen, die eine Entscheidungsvariante unter vielen quasi zum Dogma erhebt und Kritiker daran als unchristliche Ketzer diffamieren, wenn sie politische Ziele religiös überhöhen und mit großem moralischen Pathos vertreten, dann ist das Ausdruck eines fundamentalistischen Denkens, das mit einem modernen Christentum nicht kompatibel ist. Eurorettung um jeden Preis, Energiewende zur Rettung des Weltklimas, Masseneinwanderung und Willkommenskultur, Multikulti-Gesellschaft, Gender-Mainstreaming und links-grüne Familienpolitik sind keine Glaubenssätze, die nicht angezweifelt werden dürfen, sondern lediglich bestimmte Positionen in einer politischen Debatte. Es ist daher nicht zulässig, Mitgliedern und Wählern der AfD, die hierzu andere Überzeugungen vertreten als das politisch-mediale Establishment, eine christliche Grundhaltung abzusprechen. Christen in der AfD verdienen keine Ausgrenzung durch die Kirchen, sondern den gleichen Respekt für ihre Gewissensentscheidung und ihr Engagement wie alle anderen Akteure des politischen Spektrums auch.

Eine Gesinnungsethik, die sich ausschließlich auf die gute Intention und abstrakte, vom konkreten Problem losgelöste Grundsätze stützt, dabei aber die tatsächlichen Folgen ihres Tuns ausblendet, taugt nicht für die Politik. Wer politisch verantwortlich handeln will, muss es nicht nur gut meinen, sondern unter Berücksichtigung aller Faktoren eines komplexen Geschehens auch gut machen. Viel zu oft schon war eine hehre Motivation die Ursache katastrophaler Folgen, unter denen aber weniger die für die falschen Entscheidungen Verantwortlichen als vielmehr die einfachen Bürger zu leiden hatten. Nach Karl Popper führt die alleinige Orientierung an der Gesinnungsethik ins Unglück: „Der Versuch, den Himmel auf Erden einzurichten, erzeugt stets die Hölle."[7]

Gerade die Asylkrise hat gezeigt, dass eine ausschließlich oder überwiegend gesinnungsethisch agierende Politik langfristig verheerende Auswirkungen haben kann. Die von der Bundeskanzlerin quasi im Alleingang beschlossene Öffnung der Grenzen für mehr als eine Million tatsächlicher oder vermeintlicher Bürgerkriegsflüchtlinge wird bis heute als angeblich alternativloser Akt christlicher Nächstenliebe gefeiert. Dass bei dieser Entscheidung andere Optionen – wie die Unterbringung und Versorgung in den Heimatregionen dieser Menschen – genauso außer Acht gelassen wurden wie die politischen, sozialen und ökonomischen Konsequenzen einer solchen Masseneinwanderung aus fremden, teilweise archaischen Kulturen, zeigt das vollkommene Fehlen eines verantwortungsethischen Bewusstseins. Hier hat die AfD von Anfang an darauf hingewiesen, dass die Frage nach geeigneten Hilfsmaßnahmen für Menschen in Not nicht allein mit Blick auf eine isolierte, dazu noch emotional aufgeheizte Situation zu messen ist, sondern sämtliche Folgen möglicher Entscheidungen und insbesondere auch deren langfristige Auswirkungen zu berücksichtigen sind. Nur so nämlich lässt sich verantwortliche Politik gestalten, die über den Augenblick und das gute, aber vielleicht trügerische Gefühl einer moralisch richtigen Handlung hinaus dem Wohl aller Betroffenen dient. Die Politik muss vorrangig verantwortungsethisch handeln, nicht gesinnungsethisch. Nach Auffassung der AfD sollte der deutsche Staat deswegen helfen, die Ursachen von Flucht und Vertreibung zu bekämpfen und vorrangig die hilfsbedürftigen Menschen in den Herkunftsregionen unterstützen. So könnte wesentlich mehr Menschen geholfen werden als durch eine Aufnahme in Deutschland.

Ein weiteres Defizit der Asyldebatte war und ist die unzulässige Vermischung von Individual- und Sozialethik. Es ist ein erheblicher Unterschied, ob Bundeskanzlerin Angela Merkel und ihre Minister als Privatpersonen einzelne „Flüchtlinge" in ihren eigenen Häusern beherbergen oder ob sie im Namen Deutschlands eine Einladung an alle Mühseligen und Beladenen dieser Welt („Refugees welcome!") aussprechen. Denn während sie im ersten Fall – wenn sie es wirklich täten – für die individuelle Entscheidung auch alleine die Folgen zu tragen hätten, bürden sie im zweiten Falle den Deutschen und wegen der Auswirkungen auf Europa auch noch vielen anderen darüber hinaus völlig ungefragt eine Last auf, die sie auf Jahrzehnte hinaus beschäftigen wird. Deshalb kann und darf eine für das ganze Land verantwortliche Kanzlerin noch lange nicht einfach das tun, was für sie als Bürgerin nicht nur erlaubt, sondern vielleicht sogar aus ihrem Glauben heraus moralisch verpflichtend wäre. Was individualethisch gesehen richtig ist, muss eben aus sozialethischer Perspektive keineswegs das Beste für alle Betroffenen sein.

Theologisch gesehen, richten sich die biblischen Gebote wie das der Nächstenliebe an den einzelnen Menschen – der Staat muss sich an Recht und Gesetz halten. Oder, wie es der frühere SPD-Politiker und evangelische Theologe Richard Schröder einmal formuliert hat: „Die Kirchen können von ihren Mitgliedern mehr Barmherzigkeit verlangen. Von Barmherzigkeit, vom Herz für die Elenden kann es nicht genug geben. Der Staat aber darf nicht barmherzig sein. Der Staat muss gerecht sein. Er hat nach Regeln zu handeln, und er hat die Folgen zu bedenken."8 Auch hier hat die AfD immer wieder darauf bestanden, dass es die erste Pflicht der Regierenden sei, für das Wohl jener Menschen zu sorgen, für die sie unmittelbar verantwortlich sind. Kanzlerin und Bundesregierung können also nicht so handeln, wie es vielleicht ihrer persönlichen Stimmungslage oder ihrer individuellen Perspektive entspricht, sondern müssen bei aller Solidarität mit den Notleidenden dieser Welt zunächst einmal und primär Politik für das eigene Volk machen – getreu ihrem Amtseid, den sie feierlich geschworen haben.

7. Fazit

Viele bekennende Christen gehören zu den Gründern und Mitgliedern der AfD. Gerade Christen setzen große Hoffnungen in die AfD als wertkonservative Partei, nachdem sich die CDU ihres konservativen Profils weitgehend entledigt hat.

Die in der Bundesvereinigung „Christen in der AfD" organisierten Mitglieder der AfD gehören zu den aktivsten Parteimitgliedern. Sie haben die Programmatik der AfD maßgeblich geprägt. Auf den Einfluss der Christen in der AfD gehen insbesondere das Bekenntnis der AfD zur christlich-abendländischen Kultur, zum Schutz des ungeborenen menschlichen Lebens und zur Willkommenskultur für Kinder, zur Bewahrung des Leitbilds der traditionellen Ehe und der Familie sowie die Ablehnung der Gender-Ideologie zurück.

Die AfD steht für eine Politik aus christlichem Ethos – mehr als alle anderen Parteien (auch die mit dem C im Namen) in ihrer praktischen Politik der letzten Jahre bewiesen haben.

Obwohl die AfD erst seit fünf Jahren existiert und sich unverkennbar noch in der Phase des Aufbaus befindet, ist ihr Einfluss auf die Politik bemerkenswert. Die Etablierung einer neuen konservativen Kraft zeigt zum einen die bisherige jahrelange Lücke im Parteienspektrum in Deutschland und beweist andererseits, dass in der Demokratie beachtenswerte Selbstheilungskräfte am Werke sind. Oder, um mit Friedrich Hölderlin zu sprechen: „Wo aber Gefahr ist, wächst das Rettende auch."

Literatur:

Böckenförde, Ernst-Wolfgang: Die Entstehung des Staates als Vorgang der Säkularisation, in: Säkularisation und Utopie. Ebracher Studien. Ernst Forsthoff zum 65. Geburtstag, Stuttgart, Berlin, Köln u. Mainz 1967, S. 65–94.

Popper, Karl: Die offene Gesellschaft und ihre Feinde, Band II: Falsche Propheten. Hegel, Marx und die Folgen, 7., verb. Aufl., Tübingen 1992.

Tibi, Bassam: Europa ohne Identität? Die Krise der multikulturellen Gesellschaft, erw. Taschenbuchausg., München 2000.

1   Böckenförde 1967: 75.
2   Böckenförde, Ernst-Wolfgang: Interview in der Frankfurter Rundschau online vom 4. November 2010. Online: http://www.fr-online.de/kultur/debatte/-freiheit-ist-ansteckend-/-/1473340/4795176/-/index.html.
3   Tibi 2000: 154.
4   Vgl. http://www.katholisch.de/aktuelles/aktuelle-artikel/gleichstellungsgarantie-oder-ideologie.
5   Zahlen für 2017. Quelle: destatis (Statistisches Bundesamt). Online: https://www.destatis.de/DE/ZahlenFakten/GesellschaftStaat/Gesundheit/Schwangerschaftsabbrueche/Tabellen/Rechtliche-Begruendung.html.
6   Theologische Erklärung der Bekenntnissynode von Barmen (1934), hier zitiert nach: Evangelisches Gesangbuch. Antworten finden in alten und neuen Liedern, in Texten und Bildern, Stuttgart 1996, S. 1508 f.
7   Popper 1992: 277.
8   Schröder, Richard: Interview in der Welt vom 26. April 2016. Online: https://www.welt.de/politik/deutschland/ article154741851/Ohne-Strenge-bei-Migranten-machen-wir-uns-zum-Affen.html.

Christ sein und rechts sein

Versuch einer biblisch-theologischen Grundlegung

Von Thomas Wawerka

Problemanzeige

Die Überschrift ist zunächst als Problemanzeige zu verstehen. Das Problem resultiert aus der Beiordnung der Bereiche des Glaubens und der Politik: Beides ist weder vom gleichen Rang noch von der gleichen Art. Aus theologischer Perspektive sind hier deshalb zum einen eine Abstufung und zum anderen die Markierung eines spezifischen Unterschieds geboten. Man kann nicht Christ sein und rechts sein, wie man Christ und Jude, Grieche oder Deutscher, wie man Christ und Mann oder Frau sein kann – zu diesen Beispielen später mehr. „Rechts sein" ist demgegenüber eine Positionierung, die als politische Willensbekundung das Christsein in Frage stellt.

„Da rief Jesus sie zu sich und sprach zu ihnen: Ihr wisst, die als Herrscher gelten, halten ihre Völker nieder, und ihre Mächtigen tun ihnen Gewalt an. Aber so ist es unter euch nicht; sondern wer groß sein will unter euch, der soll euer Diener sein; und wer unter euch der Erste sein will, der soll aller Knecht sein. Denn auch der Menschensohn ist nicht gekommen, dass er sich dienen lasse, sondern dass er diene und sein Leben gebe als Lösegeld für viele."[1]

Dieses Diktum Christi aus dem Markusevangelium (10, 42–45) kann man als Merksatz für die Unterscheidung beider Sphären begreifen: In der Politik geht es um die Durchsetzung, in der Gefolgschaft Christi um die Zurücknahme von Ansprüchen, Forderungen, Interessen. Der Jünger Jesu soll sich dem Reich Gottes ein- und unterordnen, was eine grundlegende Distanz zu den Reichen der Welt impliziert, ganz gleich welcher politischen Couleur. Jegliche politische Positionierung reibt sich also mit dem Christsein und stellt es in Frage, findet darin andererseits aber auch heilvolle Begrenzung. Aus theologischer Perspektive muss die Priorität beim Glauben liegen, die politische Willensbekundung kann ihm nur nachgeordnet sein.

Schon bei Christus selbst war es jedoch so, dass nur der geringere Teil derer, die an ihn glaubten, ihm auch folgten. Die radikale Ethik der Nachfolge war für jene nicht vollumfänglich anwendbar, die im Rahmen der bürgerlichen Existenz weiterlebten (stellvertretend: Mk 10,17-

27). Ähnlich auch heute: Wenn wir als Christen nicht im Kloster leben und den „evangelischen Räten" folgen, oder wenn wir nicht in abgeschotteten Gemeinschaften leben wie die Amischen, sind wir gezwungen, unseren Glauben in irgendein produktives Verhältnis zur Welt zu setzen – also auch zur Politik. Die Reformation vollzog in dieser Hinsicht eine Wende um 180 Grad, als Luther gerade den Weltbezug zum „besseren Gottesdienst" erklärte. Nicht zur klösterlichen Distanz zur Welt, sondern zur tätigen Mitarbeit habe Gott den Christen berufen: gewissermaßen zum Mitarbeiter seines Schöpfungswerks, zum Mitschöpfer in der *creatio continua*.

Die Frage nach dem Verhältnis des Christlichen zum Politischen ist also eine Konkretisierung der Frage nach dem Verhältnis des Glaubens zur Welt überhaupt. Die Spannung, die sich daraus ergibt, lässt sich nicht grundsätzlich auflösen und fordert das Christentum – vor allem angesichts geschichtlicher Umwälzungen – immer wieder von Neuem heraus, im Rahmen der theologischen Ethik Schnittmengen und Grenzen zu den gegebenen politischen Diskursen zu markieren. Das kann nicht aus der Laune des Zeitgeists heraus geschehen, nicht aus der Befolgung einer aktuell gesellschaftlich gegebenen Moral und genauso wenig aus einer rein formalen Opposition dazu. Die Teilnahme an politischen Diskursen muss theologisch verantwortet sein, muss vom Evangelium her gedacht und begrenzt werden, damit das Christliche seine Priorität über das Politische, mithin der Glaube seine Priorität über die Welt bewahre.

Die Spannung aus dem Verhältnis zwischen Glauben und Welt lässt sich nicht grundsätzlich lösen, sodass man den ein für alle Mal gültigen Punkt der gebotenen Zuwendung und Abgrenzung gleichermaßen einnehmen könnte – vielmehr muss dieser Punkt in jeder geschichtlichen Situation neu gefunden werden. Dennoch gibt es Leitmotive, die dem Prozess des Ein- und Mitgehens Ziel und Richtung weisen. Zwei solche Leitmotive seien im Folgenden ausgeführt, wobei die Hauptfrage – die nach dem Politischen – immer mitzudenken ist.

Leitmotive

Werner Elert konstruiert in der Einleitung seiner Untersuchung über das Verhältnis des europäischen Christentums zu seiner geschichtlichen Situation im 18. Jahrhundert mit ein paar wenigen groben, gleichwohl kräftigen Strichen eine Lehre vom Lebenszyklus des Organismus Christenheit:

„Der vollendete Abschluß einer Synthese von Christentum und Nichtchristentum wäre der Tod des ersten. Aber auch von einer vollkommenen Diastase kann nicht die Rede sein. Denn wie alles Lebendige nur inmitten des Unlebendigen, das Organische nur inmitten des Anorganischen, in den anorganischen Fluten der umgebenden Atmosphäre gedeiht, so gehört auch zum Leben der Christenheit das Umgebensein von einer nichtchristlichen Welt. Und wie bei der Pflanze das Einatmen und Ausatmen den Rhythmus der Lebensbewegung ausmacht, so auch bei der Christenheit. Auch sie kann das Einatmen der umgebenden nichtchristlichen Luft nicht vermeiden, ja sie muss sich diese Freiheit des Einatmens bewahren, wenn sie nicht ersticken will. Da sie aber auch ausatmet, so schafft sie in ihrer Umgebung auch umgekehrt die gereinigte Atmosphäre blätterreicher Wälder. Diesem Rhythmus des Atmens der Christenheit lauschen, das heißt in Wahrheit ihren Lebensprozeß verfolgen und begreifen. Bald sucht sie alle Motive, alle Sehnsucht, alle Erkenntnisse der nichtchristlichen Umwelt sich zu assimilieren. Ihr Ideal ist die vollkommene Synthese mit der Umwelt. Bis in die kleinsten Gefäße ihres Organismus ist sie angefüllt mit Weltlichkeit. Bald aber setzt aus einer inneren Notwendigkeit die Gegenwirkung ein, denn die Fassungskraft der Gefäße hat ihre Grenzen. Jetzt preßt der Organismus unter mächtigen Kontraktionen die eingeatmete Luft wieder aus, bis er wieder ganz frei und nur er selbst ist. Das Ideal ist jetzt die reinliche Scheidung, die Diastase von Christentum und Nichtchristentum. Diese Pendelbewegung von Pol zu Pol, von der Synthese zur Diastase und umgekehrt macht den charakteristischen Rhythmus aller christlichen Geschichte aus.“[2]

Ausgehend von diesem Leitmotiv einer im Spengler'schen Sinn schicksalhaft und zyklisch begriffenen Prozessgeschichte des Christentums wendet sich Elert auf den folgenden 500 Seiten der Untersuchung des 18. und beginnenden 19. Jahrhunderts zu – alles eine Explikation des kurzen zitierten Abschnitts und eine Beweisführung dazu.

Zentraler Begriff ist der des „Lebens" bzw. der „Lebensbewegung". Elert fasst die Christenheit nicht im Sinne eines institutionellen Gebäudes auf – der „Kirche" also; schon Luther hatte ja mit diesem Begriff seine Schwierigkeiten –, sondern als organisches Gewächs lebender, glaubender Glieder (vgl. Joh 15,5). Als solches nimmt sie Anteil am Auf- und Eingehen aller lebendigen Kreatur, als solches ist sie den gleichen Bedingungen und Grenzen unterworfen.

Ebenso bemerkenswert wie konsistent ist es, dass Elert auf Grundlage dieses Leitmotivs keine Verfallsrhetorik bedient, wie sie etwa in der Apokalyptik vorherrscht. Elert bewertet nicht: In seiner Anschauung gibt es kein „goldenes Zeitalter" und kein „Zeitalter des Verfalls", alles sind Stadien in einer notwendigen Entwicklung – die harsche Abgrenzung zur Welt ebenso wie die fast schon vollzogene Verschmelzung. Bei der Aufnahme der Welt in den Leib der Christenheit vollzieht sich zugleich Integration, man könnte vielleicht sogar sagen: Verwandlung der Welt in den Leib Christi. Wo aber das Aufnahmevermögen erschöpft ist und die Christenheit der Welt annähernd gleichgeworden ist, sich kaum noch zu unterscheiden vermag, setzt notwendiger- und natürlicherweise das Gegenteil ein: strengste Unterscheidung, Absage bis hin zur Ablehnung, heilvolle Selbstverschließung im Arkanum, Heiligung – bis sie wieder „ganz frei und bei sich selbst ist".

Ergänzend ist vielleicht noch festzustellen, dass keiner der „Pole" in der Lebensbewegung der Christenheit jemals vollends erreicht werden kann: „Der vollendete Abschluss einer Synthese von Christentum und Nichtchristentum wäre der Tod des ersten. Aber auch von einer vollkommenen Diastase kann nicht die Rede sein." Letztere ist von vornherein ein Ding der Unmöglichkeit, da die Christenheit in eine Um- und Mitwelt eingebettet ist und bis zur Entrückung durch den wiederkehrenden Christus darin verbleibt.

Die Antwort auf die Frage, in welchem Stadium die Christenheit in Deutschland, im sogenannten „Westen" und weltweit heute zu verorten ist, ist abhängig von objektiver Kenntnis und persönlicher Beurteilung der Lage. Folgt man jedoch Elerts Leitmotiv, gibt es vielleicht zwar vielfältigen Grund zur Klage und zur Kritik über den gegenwärtigen Zustand der Christenheit, gibt es gewiss auch genug Grund zum Widerspruch und Widerstreben, aber all das ist Teil eines notwendigen und unaufhebbaren Prozesses, der so lange währt, bis Gott selbst ihm ein Ende bereitet.

Im Unterschied zu Elert, der die Christenheit als organisches Kollektiv in einer beständig sich wandelnden nichtchristlichen Umgebung auffasst, geht Dietrich Bonhoeffer von der Freiheit und Verantwortung des einzelnen Christen aus.

Die Frage nach dem Verhältnis des Glaubens zur Welt, mithin auch zum Politischen, zieht sich durch die gesamte „Ethik" und bündelt sich im Kapitel von den „letzten und vorletzten Dingen" zum Leitmotiv der „Wegbereitung":

„In allem, was die Kirche zu den Ordnungen der Welt zu sagen hat, kann sie nur *wegbereitend* für das Kommen Jesu Christi wirken, wobei das wirkliche Kommen Jesu Christi selbst in dessen eigenster Freiheit und Gnade liegt. Weil Jesus Christus gekommen ist und wieder kommt, darum muß ihm überall in der Welt der Weg bereitet werden, darum allein hat also die Kirche auch mit den weltlichen Ordnungen zu tun. Also allein aus der Christuspredigt folgt das Wort der Kirche über weltliche Ordnungen […].“[3]

Christus kommt in seinem Wort, um seine Gnade mitzuteilen, aber:

„Es gibt Zustände des Herzens, des Lebens und der Welt, die das Empfangen der Gnade in besonderer Weise hindern, d.h. die das Glaubenkönnen endlich erschweren. […] Wir können es uns unter anderem schwer machen, zum Glauben zu kommen. Schwer ist es dem in äußerste Schande, Verlassenheit, Armut, Hilflosigkeit Gestoßenen, an Gottes Gerechtigkeit und Güte zu glauben; schwer wird es dem, dessen Leben in Unordnung und Zuchtlosigkeit geraten ist, die Gebote Gottes im Glauben zu hören; schwer ist es dem Satten und Mächtigen, Gottes Gericht und Gottes Gnade zu fassen; schwerlich findet ein durch Irrglauben Enttäuschter und innerlich zum Zuchtlosen Gewordener zu der Einfalt der Herzenshingabe an Jesus Christus.“[4]

Wegbereitung für Christus ist jedoch „nicht nur ein inneres Geschehen, sondern ein gestaltendes Handeln in sichtbar größtem Ausmaß“. Denn: „Der Hungrige braucht Brot, der Obdachlose Wohnung, der Entrechtete Recht, der Vereinsamte Gemeinschaft, der Zuchtlose Ordnung, der Sklave Freiheit.“ Wenn „ein menschliches Leben der Bedingungen, die zum Menschsein gehören, beraubt wird, so wird die Rechtfertigung eines solchen Lebens durch Gnade und Glauben, wenn nicht unmöglich gemacht, so doch ernstlich behindert.“

„Aus dieser Tatsache ergibt sich die Notwendigkeit, mit der Verkündigung des letzten Wortes Gottes, der Rechtfertigung des Sünders aus Gnaden allein, auch für das Vorletzte Sorge zu tragen, in dem Sinne, daß nicht das Letzte durch Zerstörung des Vorletzten behindert werde. […] Es muß dem Wort der Weg bereitet werden. Das verlangt das Wort selbst. Wegbereitung für das Wort, darum geht es in allem über die vorletzten Dinge Gesagten.“[5]

Dennoch:

„Es kann sich […] bei der Wegbereitung für Christus nicht einfach um die Schaffung bestimmter erwünschter und zweckmäßiger Zustände handeln, also um die Verwirklichung eines sozialen Reformprogramms.

So gewiß es vielmehr bei der Wegbereitung um konkrete Eingriffe in die sichtbare Welt geht, so konkret und so sichtbar wie Hunger und Sättigung sind, so liegt doch alles daran, daß dieses Handeln eine geistliche Wirklichkeit ist, eben weil es ja zuletzt nicht um eine Reform der weltlichen Zustände, sondern um das Kommen Christi geht."[6]

Hinwendung zu den und Abgrenzung von den „vorletzten Dingen" – den Dingen dieser Welt – ist für Bonhoeffer kein zyklischer Prozess des Organismus der Christenheit, sondern die freie und verantwortliche Entscheidung jedes Christen. (Auch wenn Bonhoeffer oft die Kirche nennt, können doch nur Individuen entscheiden und handeln.) Was Elert mit den „beiden Polen" beschreibt, die Synthese von und die Diastase zwischen dem Bereich des Glaubens und dem Bereich der Welt, nennt Bonhoeffer „Kompromiß" und „Radikalismus": „Beide Lösungen sind in gleicher Weise extrem und enthalten in gleicher Weise Wahres und Falsches."[7] Das Vorletzte – unsere Welt – darf um des Letzten willen weder von uns verworfen werden (das darf nur Gott selbst), noch dürfen wir dem Letzten ausweichen und uns im Vorletzten einrichten.

Dies gilt für alle Erscheinungen der Welt, also auch für das Politische. Es ist nicht abzulehnen, es ist auch nicht christlich zu usurpieren, es ist jedoch auch keine Sache, an der man als Christ teilnehmen könnte, ohne Gottes Reich und Gottes Wort im Blick zu haben: Bonhoeffer räumt damit dem Theologischen die Priorität vor dem Politischen ein.

Die wesentliche Tugend der christlichen Ethik ist die der Unterscheidung. Luther meinte: „Wer das Evangelium recht vom Gesetz zu unterscheiden weiß, der danke Gott und darf wissen, dass er ein Theologe ist." Rechte Theologie ist nicht die Identifikation – nicht von Gesetz und Evangelium, nicht von göttlicher und menschlicher Natur Christi, ebenso auch nicht von Glaube und Welt –, auch nicht die Separation, sondern die Unterscheidung. Die Identifikation (bei Elert „Synthese", bei Bonhoeffer „Kompromiß") setzt in eins, was nicht eins ist, die Separation (bei Elert „Diastase", bei Bonhoeffer „Radikalismus") teilt, was dennoch zusammengehört – die rechte Unterscheidung jedoch wird beidem gerecht und setzt beides in das rechte Verhältnis zueinander.

Aus theologischer Perspektive – ich komme damit zum Anfang zurück – verbietet sich die bloße Beiordnung der Bereiche des Glaubens und des Politischen: Zum einen muss eine Abstufung deutlich gemacht werden, bei der die Priorität des Glaubens gewahrt wird, zum anderen müssen beide Bereiche voneinander unterschieden werden, um beiden gerecht zu werden. Zusammengefasst: Ich bin Christ und kann es nur ganz sein, nicht ein bisschen und auch nicht mit bestimmten Einschränkungen. Meine Priorität kann nur Christus sein. Ich bin als Christ aber auch zugleich Bürger eines Landes, und es obliegt meiner christlichen Verantwortung, als solcher nach bestem Wissen und Gewissen zu entscheiden und nach meinen Möglichkeiten zu handeln. Das Politische soll ich weder zu ignorieren noch zu dominieren, sondern im Hinblick auf die Priorität mitzugestalten versuchen.

Ordnungen

In seiner „Ethik" formuliert Bonhoeffer, dass die Obrigkeit eine „regulative, aber nicht konstitutive Bedeutung" für das Gemeinwesen habe[8] – eine wesentliche Einsicht. Anders gesagt: Der Bereich des Politischen ist kein schöpferischer Bereich, er erzeugt weder die menschliche Lebenswelt insgesamt noch irgendeinen ihrer Teile. Er steht ihr lediglich ordnend, verwaltend, vermittelnd gegenüber. Darin hat das Politische sein Recht; dieses endet jedoch, wo es die schöpferischen Bereiche der Lebenswelt dominiert oder versucht, ihren Verantwortungsbereich zu übernehmen oder gar zu ersetzen.

Diese schöpferischen Bereiche diskutiert die Theologie unter dem Begriff der „Schöpfungsordnungen", der „Erhaltungsordnungen" oder – so Bonhoeffer – der „Mandate Gottes". Welcher Begriff nun der richtige ist, ob in diesen Bereichen ein schöpfungsunmittelbarer weltgestaltender Wille Gottes zum Ausdruck kommt oder ob sie reine Schutzvorkehrungen angesichts der in Sünde gefallenen Menschheit sind, wie viele es sind und in welcher Beziehung sie zueinander stehen: All das kann an dieser Stelle nicht thematisiert werden und ist für die Fragestellung nicht von Belang.

Schöpfungsordnungen sind Keimzellen, sind zerbrechliche Hülsen, die produktive Kraft in sich bergen. Vermutlich ist es immer eine Versuchung für den Staat, die Obrigkeit oder Politiker, in diese Bereiche einzugreifen, sich einzumischen, sich ihrer zu bedienen, sie für politische Zwecke zu benutzen oder sie nach den eigenen politischen Interessen umzugestalten, und vermutlich ist das weitgehend unabhängig von der konkreten politischen Positionierung der Fall. Auch hier lehrt die Grundtugend der christlichen Ethik das Unterscheiden. Wenn Christus sagt: „Mein Reich ist nicht von dieser Welt" (Joh 18,36), oder: „Gebt dem Kaiser, was des Kaisers ist, Gott aber, was Gottes ist" (Mt 22,21), impliziert das eine Priorität und einen Unterschied zwischen dem Glauben und dem Politischen, aber eben auch eine Anerkennung des Politischen als eines Zuständigkeitsbereiches in der Welt. Christliche Ethik erkennt das Politische jedoch keineswegs als alleinigen oder absoluten Zuständigkeitsbereich für die Welt an, vielmehr räumt sie den anderen

Bereichen Schutz und Bewahrung vor solchem Zugriff des Politischen ein.

Zwei Beispiele mögen dies deutlich machen: Die Familie als Verbindung zwischen Mann und Frau ist der Bereich, in dem menschliches Leben geschaffen wird. Das Christentum kennt den asketischen Verzicht auf ein Leben in familiärer Ordnung um des Reiches Gottes willen – denn auch die Familie ist nicht das „Letzte", sondern gehört noch zum „Vorletzten", um es mit Bonhoeffer zu sagen –, erkennt jedoch nicht eine wie auch immer geartete Zurichtung dieser Ordnung zu einem Instrument des Politischen an. Das gilt selbstverständlich auch, wenn sich das Politische mit dem Mäntelchen des Moralischen überkleidet. Aufgabe der Eltern ist es, ihre Kinder zu erziehen. Aufgabe der Politik ist es, diese Erziehung in den rechtlichen Rahmen des Gemeinwesens einzubinden. Die Politik kann und soll Gesetze z. B. zum Schutz von Kindern beschließen, aber jede Art politischer Instrumentalisierung ist aus der Perspektive christlicher Ethik zu verwerfen. Die Einführung einer „sexuellen Früherziehung" beispielsweise ist als eine solche zu werten – damit greift die Politik massiv ins Hoheitsrecht der Eltern ein, in ihren Erziehungsauftrag. Ein ähnlicher Eingriff in die familiäre Ordnung ist mit der Einführung der „Ehe für alle" geschehen, vorgeblich um einer „Gleichberechtigung" von Homosexuellen willen – selbstverständlich hatte jedoch schon vorher jeder Mann, ob schwul oder nicht, das Recht dazu, eine Frau zu heiraten, und jede Frau, ob lesbisch oder nicht, das Recht dazu, einen Mann zu heiraten oder es genauso gut auch zu lassen, oder in einem wie auch immer gearteten privaten Beziehungsgeflecht zu leben und zu lieben: Exakt das *ist* Gleichberechtigung – ein für alle gleichermaßen gültiger rechtlicher Rahmen, unabhängig von privater Neigung, Interesse oder Geschmack. Christliche Ethik hat in diesem Zusammenhang den Vorrang der familiären Ordnung von Mann und Frau als Keimzelle neuen Lebens vor jeder anderen „Bindung" oder „Partnerschaft" deutlich zu machen und darauf zu bestehen.

Ein anderer Bereich ist das Volk. Man muss nicht den nationalromantischen Sinn von Herders Diktum bemühen, dass die Völker „Gedanken Gottes" seien, aber sie sind eben auch keine Gegebenheiten, die sich mit irgendeiner Rechtfertigung je nach politischem Gusto beliebig modellieren ließen. Das Volk ist der Bereich, in dem Kultur geschaffen wird – grundlegend durch die Sprache, die eine Verständigung ermöglicht und damit auch ein spezifisches Selbstverständnis, darauf aufbauend durch Bildung und Werte wie eine Rechtsvorstellung, eine Vorstellung von der Art und Weise des Zusammenlebens etc. Nach biblischer Auskunft hat Gott die ursprünglich geeinte Menschheit aufgrund der Anmaßung des

Turmbaus von Babel in Völker unterteilt – eine gleichnishafte Erzählung, die die Vielfalt der Völker als Reichtum und deren Vereinigung zur „einen Welt" oder zur totalen „Menschheit" als Gefahr der Hybris darstellt. Gott verheißt Abraham, dass in ihm „alle Völker" gesegnet sein werden, Christus sendet seine Apostel ausdrücklich zu „allen Völkern" – die Völker sind als Adressaten der Gnade Gottes also positive Bezugsgrößen. Auch das Volk ist freilich nicht das „Letzte", sondern gehört zum Bereich des „Vorletzten", dennoch ist aus biblisch-theologischer Perspektive die Ordnung des Menschengeschlechts in Völker kein Zufall. Die Vorstellung einer zu vereinigenden „Menschheit" wird vielmehr verworfen und die Vielfalt der Völker als konstitutiv anerkannt. Daraus folgt für die christliche Ethik die Verpflichtung, auch für das Volk Bewahrung vor einem unzulässigen Zugriff des Politischen zu reklamieren. Der Eingriff ins ethnische Fundament und der systematisch betriebene Umbau der Völker zu multikulturellen Gesellschaften[9] ist eine Anmaßung des Politischen und ist von der christlichen Ethik her in die Schranken zu weisen, auch wenn er wiederum im Mäntelchen des Moralischen vorgenommen wird.

Werte

Das „Mäntelchen des Moralischen" ist das Mäntelchen der Werte. Wenn Ordnungen, die aufgrund der ihnen innewohnenden schöpferischen Kraft für den Fortbestand der menschlichen Lebenswelt konstitutiv sind, im Namen von Werten unterminiert werden können, sagt das zum einen etwas über den aus, der diese Werte vertritt. Es sagt aber noch viel mehr über die Idee der Werte selbst aus.

Werte sind ein zweischneidiges Schwert, und Politik im Namen von Werten ist ein grundsätzlich gefährliches Unterfangen. Klar erkannt und formuliert hat diesen Sachverhalt der Soziologe Theodor Geiger. Geiger bestreitet, dass eine werteorientierte Politik sinnvoll ist, und er bezweifelt, dass sie überhaupt möglich ist:

„Einen Vorstellungsgehalt als Wert erheben heißt notwendig ihn mit dem Unwert seines Gegensatzes konfrontieren. Die Vorstellung des ‚Guten' ist nur denkbar als Gegensatz des ‚Schlechten'. Das ‚Schöne' hat nur Sinn als Verneinung des ‚Hässlichen'. Der Sinn der Begriffe selbst setzt ihre Gegensätze als gedachte Möglichkeiten voraus. Nichts könnte gut genannt werden, vergliche man es in der Vorstellung nicht mit etwas, das als böse oder schlecht vorschwebt. Wertbegriffe sind polare Begriffe, d.h. nur in Gegensatzpaaren sinnvoll.

Die unmittelbare Folge davon ist, dass jede Einung in kollektivem Pathos für ein Gut, einen Wert, denen feindlich gegenübersteht, die entgegengesetzten Wertvorstellungen huldigen und darum etwas anderes für ein Gut, einen Wert halten. Man kann sich nicht für die Demokratie begeistern ohne den Fascismus und seine Anhänger zu hassen, nicht der sozialistischen Gesellschaftsordnung huldigen ohne die kapitalistische zu verdammen – was nun ein Jeder sich bei diesen Nebelworten denken mag. Sammlung um ein mit Pathos umfangenes Gut ist die einmütige Verneinung all dessen, was diesem Gute widerspricht.

Die tragende Wertidee selbst birgt in sich das Motiv des Gegensatzes, die streitbare Ablehnung anderer Wertvorstellungen. Darum werden die Voraussetzungen gesellschaftlichen Daseins untergraben, wenn eine auf gleichem Gebiet siedelnde Bevölkerung in Wertfronten sich spaltet. Wert-Toleranz wäre Verrat am Allerheiligsten. Der Wert birgt in sich eine normative Forderung, er heischt im Leben befolgt, in der Umwelt verwirklicht zu werden. [...]

Der Wertzwist ist für die Gesellschaft als Ganze umso verheerender, je mehr er die Form einer Frontenbildung annimmt, je kleiner die Zahl, je breiter die Ausdehnung der Fronten, je größer damit das Massengewicht wird, das hinter den streitenden Wertauffassungen steht."[10]

Werte sind demnach polar, und wenn sie politisch abgerufen werden, rufen sie immer ihr Gegenteil hervor. Je stärker ein Wert in der öffentlichen Diskussion betont wird, mit je größerem Geltungsanspruch er belegt wird, umso stärker bringt er sein eigenes Gegenteil in Stellung. Umso stärker muss aber wiederum auf seine Geltung gedrungen werden, damit der Angriff durch sein Gegenteil abgeschwächt wird.

Dieser Wertstreit ist ein verhängnisvoller Kreislauf. Vermutlich kann jedes Ideal im Hochofen dieses Wertstreits so lange erhitzt werden, bis es totalitären Anspruch gewinnt. Um diesem verhängnisvollen psychopolitischen Prozess zu entgehen, schlägt Geiger vor, dass die Politik sich des Rückgriffs auf Werte gänzlich enthalten solle.

Der totalitäre Anspruch entsteht, wenn einem Ideal oder Wert absolute Gültigkeit beigemessen wird und – zwingend daraus folgend – in seinem Namen die totale Affirmation eingefordert wird. Wie die Entstehung totalitärer Ansprüche historisch zu erklären ist, ob sie mit der Revolution und dem Aufstieg des Bürgertums zusammenhängt und sich möglicherweise sogar als unerwünschtes, aber dennoch zwangsläufiges Nebenprodukt des demokratisch-parlamentarischen Systems ergibt, muss für den Augenblick offen bleiben. Für unsere Fragestellung ist es ebenfalls nachrangig, wie der totalitäre Anspruch politisch konkret ausgefüllt wird – ob er nun in nationalsozialistischen oder kommunistischen Axiomen gründet oder in denen der *One World* und des

Multikulturalismus. Wichtiger ist, ob die sozialen Mechanismen, die im jeweiligen Bezugsrahmen installiert werden, als totalitärer Anspruch wirken: wenn also beispielsweise die Frage nach Gründen obsolet wird, wenn eine bestimmte Positionierung von vornherein als nicht mehr satisfaktionsfähig anerkannt wird, wenn deren Vertreter als Feindbild aufgebaut und ausgegrenzt werden, wenn deren Teilnahme auf Augenhöhe im öffentlichen Diskurs unter moralische Kuratel gestellt wird.

Geiger lehnt die Werteorientierung der Politik ab, weil sie zwangsläufig zum politischen Missionieren führt, zur Überzeugungspolitik. In seinen Augen muss die Politik der Werte durch eine Politik der Interessen und des Interessenausgleichs ersetzt werden: Werte sind nicht verhandelbar, über Interessen aber kann man reden. Politik müsse zu einer speziellen Sozialtechnik werden, müsse reine Sachpolitik sein statt Überzeugungspolitik. Ob beides im politischen Betrieb so fein säuberlich getrennt werden kann, sei dahingestellt. Ob Politik gänzlich ohne einen Kanon von Grundwerten auskommt, ob dies überhaupt wünschenswert ist, darf bezweifelt werden. Geiger ist – halb heimlich, halb offen – ein Jünger Stirners: Für ihn sind Werte immer nur leere Hülsen, die jeder füllt, wie es ihm beliebt. In seiner Analyse der Funktionsweise von Werten und seiner berechtigten Kritik daran neigt er dazu, das Kind mit dem Bade auszuschütten.

Dennoch ist auch jenseits der Sphäre des Politischen die Idee der Werte brisant – das gilt auch (vielleicht ganz besonders) für die vermeintlich „christlichen Werte". Es gibt jedoch keine „christlichen Werte" an sich.

Es gibt keinen Wert, der an sich – d. h. aus Prinzip – gut wäre, denn die christliche Ethik ist im Gegensatz zur jüdischen Ethik keine Prinzipienethik. In der jüdischen Ethik ist das „Gesetz" das Gute: „Es ist dir gesagt, Mensch, was gut ist und was der Herr von dir fordert." (Micha 6,8) Das gilt ein für alle Mal. Sowohl in ihrer apodiktischen als auch in ihrer kasuistischen Ausprägung ist jüdische Ethik genuin Prinzipienethik. Das Christentum hat diese Ethik jedoch verworfen. Es gibt im Christentum nicht „das Gute", sondern nur „den Guten" – den Gottmenschen Jesus Christus, vor dem einerseits alles menschlich gewollte und gelebte Gutsein gerichtet werden wird, von dem andererseits alles Gutsein empfangen werden kann.

Werte haben in der christlichen Ethik keine Gültigkeit an sich oder aus Prinzip, sondern nur im Geflecht der lebendigen Beziehungen – an erster und oberster Stelle in der Beziehung zum Herrn Christus selbst. Jeder Wert, der absolut gesetzt wird, d. h. seine Einbettung in die Vielfalt und das Nebeneinander der Werte verliert, kann kein christlicher Wert sein. Man kann eben auch den „Nächsten" zum Goldenen Kalb machen und die „Barmherzigkeit" zum Götzendienst – umso mehr, wenn sie (oder irgendein anderer Wert) zur Selbstrechtfertigung benutzt wird, also dazu, sich die eigene Gerechtigkeit selbst zuzusprechen (und anderen abzuerkennen). Man findet dieses Phänomen in den Evangelien bei den Auseinandersetzungen Christi mit den Pharisäern, in den neutestamentlichen Briefen bei den Auseinandersetzungen des Paulus mit denen, „die sich selbst rühmen". Wahrscheinlich handelt es sich um ein Phänomen, das von der je gegebenen Zeit und Situation, von geschichtlichen und politischen Umständen völlig unabhängig auftritt – um eine Art anthropologischer Konstante.

Auch Geiger kritisiert die Selbstrechtfertigung im Zusammenhang mit dem Wertabsolutismus als „falsches Spiel": „Leidenschaft für eine Wertidee ist nicht Bruderschaft mit Menschen. Zwischenmenschliche Sympathie ist eine wärmende Glut – Leidenschaft für einen Wert ist eine verzehrend prasselnde Lohe. Wo Menschen im Zeichen des Wertpathos vereint sind, führt nicht Einigkeit nach innen, sondern Haß nach außen das Wort."[11]

Das Ideal darf nicht zum Herrn gemacht werden, sonst wird es zum Idol. Das Christentum erkennt Werte nur in untergeordneter Bedeutung an – untergeordnet unter den Herrn und eingebettet in die Vielfalt der Werte. Christliche Ethik ist sowohl dem Vaterland verpflichtet als auch universal. Sie ist sowohl dem Frieden verpflichtet als auch wehrhaft. Was außerhalb des Christentums als Widerspruch erscheint, ist im Rahmen der christlichen Ethik keiner.

Gilbert Keith Chesterton nennt das in seiner Auseinandersetzung mit den Skeptikern seiner Zeit die „Paradoxa des Christentums":

„Einerseits warf man dem Christentum vor, mit seinem häßlichen Heulen und Zähneklappern hindere es die Menschen, am Busen der Natur Freude und Freiheit zu suchen. Andererseits warf man ihm vor, mit seiner frei erfundenen Vorsehung lulle es die Menschen nur ein und verbanne sie in eine rosa-weiße Kinderwelt. Der eine Agnostiker monierte die christliche Ansicht, die Natur sei von sich aus nicht schön und es falle so schwer, frei zu sein. Ein anderer wandte sich gegen den christlichen Optimismus (,das von frommen Händen gewobene Kleid der Heuchelei'), der uns die Tatsache verberge, daß die Natur häßlich und es unmöglich ist, frei zu sein. […]

Als schlagendes Argument gegen das Christentum empfand ich den Vorwurf, alles ,Christliche' habe etwas Ängstliches, Schwächliches und Unmännliches an sich, besonders in seiner Einstellung zum Sich-Wehren und Kämpfen. […] Aber plötzlich las ich etwas anderes. […] Da erfuhr ich nämlich, ich müsse das Christentum hassen, nicht weil es zu wenig, sondern weil es zu viel kämpfe. Die christliche Religion, so hieß es nun, sei die Mutter aller Kriege. Sie habe die Welt mit Blut überschwemmt. […] Dieselben, die dem Christentum vorwarfen, daß seine Klöster auf Gewalt und Widerstand verzichteten, hielten ihm zugleich vor, daß seine Kreuzzüge Gewalttätigkeit und Heldenmut forderten. […] Wie mochte etwas beschaffen sein, wenn man ihm einerseits vorhalten kann, es kämpfe nicht, und andererseits, es kämpfe unaufhörlich? […]

So schrieben etwa die einen Skeptiker, das große Verbrechen des Christentums sei sein Angriff auf die Familie gewesen; es habe die Frauen weggelockt von Haus und Kindern, weg in die Einsamkeit und das kontemplative Leben des Klosters. Andere (kaum klügere) Skeptiker hingegen meinten, das große Verbrechen des Christentums bestehe darin, daß es uns Familie und Ehe aufzwingt; es verurteile die Frauen dazu, sich mit Haus und Kindern abzuplacken, und untersage ihnen Einsamkeit und Kontemplation. […]

Oder man rügte das Christentum wegen seiner kargen und dürftigen Lebensweise, wegen seines Sackleinens und seiner getrockneten Erbsen. Im nächsten Augenblick rügte man es wegen seines Pomps und Zeremoniells; wegen seiner Porphyrschreine und goldenen Roben. […]

Ein alter Vorwurf gegen das Christentum lautet, es lege der Sexualität zu viele Fesseln an; der Malthusianer Bradlaugh hingegen entdeckte, es lege ihr zu wenige Fesseln an. Oft kritisiert man im selben Atemzug steife Wohlanständigkeit und religiöse Ausschweifung. In ein und derselben Streitschrift fand ich den Glauben gleich doppelt getadelt: sowohl wegen Uneinigkeit (‚Der eine denkt so, der andere so‘), als auch wegen Einigkeit (‚Nur Meinungsvielfalt kann die Welt vor dem Niedergang bewahren‘).“[12]

Das Christentum vermag durchaus, unterschiedliche Werte zu tragen und als einigendes Band zu umschließen, es begrenzt sie zugleich, bewahrt sie vor dem Absolutheitsanspruch und vor dem Umkippen ins Totalitäre, es schafft eine Wert-Perspektive und gibt den Werten Platz und Sinn. Werte werden deshalb aber auch nicht relativ – für das Christentum sind Werte jenseits von absolut und relativ: Sie sind relational.

Ein Kennzeichen der Moderne ist der Verlust dieser Integrationskraft des Christlichen. Durchs Christentum waren die Werte eingebettet und gegeneinander abgewogen. Keiner dieser Werte konnte aus dem Gefüge gelöst und bis zum totalitären Anspruch aufgeheizt werden; jeder der Werte hatte seinen Platz in einem Netzwerk. Nun, da dieses Netzwerk weitgehend aufgelöst ist, taumeln die Werte frei und chaotisch durch den geistigen Kosmos wie Meteoriten, wie Irrläufer im Weltall ohne die feste Bahn, die ihnen ein Zentralgestirn zuweist. Werte stehen nun zur freien Verfügung. Sie werden benutzt. Kein Wert an sich ist gefährlich, sondern seine Loskettung vom wohlgeordneten, abgewogenen Gesamtzusammenhang, seine schamlose Ausbeutung und Vernutzung.

Einen Wert gibt es nicht „an sich". Er fällt nicht vom Himmel und ist keine Gabe aus den Gefilden der Ewigkeit, sondern er entsteht, wenn einer Idee ein Wert zugemessen wird. Ein Wert wird Wert im Geflecht der Beziehungen. Freilich könnte man einwenden, „Gerechtigkeit" sei ein Wert an sich – aber „Gerechtigkeit" ist erst mal nur ein Wort. Ein Wort ist aber noch kein Wert. Werte, die nur Worte sind, gleichen ungedeckten Schecks. Sie müssen bewiesen werden, erprobt, im Vollzug des Lebens bestätigt.

Aus der Perspektive theologischer Ethik muss den konkreten Ordnungen der Vorrang vor den Werten eingeräumt werden. Werte sind immer nur so gut, wie sie den schöpferischen Ordnungen dienen. Ordnungen dagegen sind da – weder als etwas Gutes noch als etwas Schlechtes, sondern als etwas notwendig Gegebenes, hinter das man als Mensch nicht zurück kann, ohne das Menschliche zu verlieren. Da der Fluss der Geschichte, der sozialen Konstellationen, des geistigen und materiellen Lebens der Menschen usw. höchst windungsreich ist, da „alle Dinge im Fluss sind" und sich andauernd verändern, taugt weder die starre Mauer der Prinzipienethik noch das Mitschwimmen im Sinne eines ethischen Relativismus, um die konkreten Ordnungen zu bewahren und zu erhalten – hier braucht es den freien und verantwortlichen Menschen, der das Schiff der Werte vom einen Hafen zum nächsten lenkt.

Schnittmengen und Grenzen

In der aktuellen politischen Situation ist das herkömmliche „Rechts-links"-Schema kaum mehr sinnvoll anwendbar. Die Globalisierung mag die Ursache dafür sein oder auch die zunehmende Aufspaltung der „postmodernen Gesellschaft" in soziokulturelle Milieus – viel mehr als populistische Parolen trägt der Rückgriff auf jene parlamentarischen Konstanten, die lange Zeit Orientierung vermittelten, jedenfalls kaum aus. „Rechts" und „links" sind zu relativ beliebigen Etiketten geworden, die immer wahlloser verteilt werden. Gleichzeitig mit diesem Ordnungsverlust ist die Bedeutung des Politischen gewachsen, fast möchte ich sagen: gewuchert.

In der Sphäre des Politischen ist das Bekenntnis zu bestimmten Werten nachgerade zum Maßstab jeglichen Urteilens geworden und erhebt Anspruch auf alleinige Gültigkeit. Das Politische verschmilzt mit dem Moralischen, es erhebt Anspruch im Namen der Werte. Kennzeichen dieses Anspruchs ist, dass es keinen Bereich des Lebens gibt, auf den er nicht zu- und übergreift. Das Politische, das doch genuin in die Sphäre der Öffentlichkeit gehört, dringt so ins Private ein und fordert in allen Bezügen und Belangen Affirmation. An der Frage der politisch-moralischen Gesinnung gehen mittlerweile Familien zu Bruch, langjährige und fest gegründete Freundschaften entzweien sich, Anstellungsverhältnisse werden aufgelöst. Fragen sind zu stellen: Wann und wodurch hat der Anspruch auf politisch-moralische Affirmation eine derartige Macht gewonnen? Ist es aus der Perspektive christlicher Ethik zu rechtfertigen, dass das Politische einen derart gravierenden Einfluss auf alle Lebensbereiche ausübt?

Dazu kommt eine weitere Beobachtung: Werte werden immer abstrakter, je stärker sie in den Wertstreit eingepflegt werden. Der Bezug zur Wirklichkeit, der Sitz im Leben geht verloren. Absolute Werte wirken immer seltsam hohl, denn in der Lebenspraxis können sie ja doch nie absolut umgesetzt werden. Werte taugen aber nichts, wenn sie nicht in sittliches Verhalten umgesetzt werden. Um es mit Kierkegaard zu sagen: Es ist ein großer Unterschied, ob man Schilder mit der Aufschrift aufstellt, Wäsche werde gewaschen – oder ob man Wäsche wäscht. Es sind doch nicht zuerst diejenigen rechenschaftspflichtig, die im Namen von Werten wie z. B. „Nächstenliebe" oder „Barmherzigkeit" angegangen werden bzw. denen diese Werte abgesprochen werden, sondern diejenigen, die sie beschwören: Sie müssen doch zuallererst beweisen, dass ihre private Praktik mit dem übereinstimmt, was sie öffentlich verkünden! Wer von denen, die z. B. am lautstärksten die Aufnahme von „Flüchtlingen" fordern, hat denn selbst welche aufgenommen? In der Regel kann man feststellen, dass hinter den hohen Ansprüchen wenig persönlicher Einsatz steht. Stattdessen führen solche Leute gern das „wir" im Munde, meinen aber damit doch meistens nicht sich selbst. Wenn jemand sagt: „Wir müssen barmherziger sein!", dann sollte es genügen, zu antworten: „Dann reden Sie nicht weiter darüber, seien Sie es!" Wer Barmherzigkeit fordert, hat sie zuerst von sich selbst zu fordern. Erst wenn er mit gutem Beispiel vorangeht, hat er das Recht, sie auch von anderen zu fordern. Über Werte soll man nicht diskutieren, man soll nach ihnen handeln.

Es ist höchste Zeit für eine Wende von wertepolitischer hin zu ordnungspolitischer Ethik, für eine Dekonstruktion der Werte und eine Rekonstruktion der Ordnungen.

Wie immer man nun die Begriffe „links" und „rechts" auch definiert – es ist festzustellen, dass heute diejenigen, die ihre Ethik im Wertabsolutismus begründen und zum totalitären Anspruch neigen, sich unter dem Etikett „links" versammeln, während diejenigen, die konkrete Ordnungen zu bewahren und erhalten suchen, eher unter dem Etikett „rechts" auftreten. Von daher ergeben sich nun doch Schnittmengen mit dem Christentum.

Gewiss: Auch die „Neue Rechte" schielt immer wieder gar zu begehrlich auf Werte und ist schnell bereit, viel Wind darum zu machen und in ihrem Namen Empörungswellen zu erzeugen. Dennoch ist hier ein Bewusstsein für die konkreten Ordnungen teils noch vorhanden, teils wiedererwacht – dieses gilt es zu unterstützen und zu fördern. Abzuraten wäre dagegen davon, sich im politischen Diskurs hinter Werten zu verstecken oder Werte vorzuschieben, wie es ansonsten üblich geworden ist. Das entschlossene und selbstsichere Eintreten für die eigenen Interessen, die gar nicht unbedingt moralisch begründet werden müssen, sondern durchaus für sich selbst stehen dürfen, sollte genügen.

Und gewiss: Es gibt gerade von Seiten der atheistischen oder neuheidnischen Neurechten ein tiefes Misstrauen gegenüber rechtskonservativ orientierten Christen und die Frage, ob sie denn, falls es zum Schwure käme, wirklich hundertprozentig verlässliche Bundesgenossen seien – ein berechtigtes Misstrauen, denn natürlich können sie das gar nicht sein. Auch in diesem Zusammenhang muss Mt 6,33 Priorität haben, auch hier gilt die Loyalität des Christen nicht dem Vorletzten, sondern dem Letzten.

Aber, um noch einmal an Bonhoeffer zu erinnern: Gerade um dieses Letzten willen sorgen wir uns ums Vorletzte – und das heißt: sorgen wir uns um die Bewahrung und Erhaltung der konkreten Ordnungen.

Literatur:

Bonhoeffer, Dietrich: Ethik, 12. Aufl., München 1988.

Chesterton, Gilbert Keith: Orthodoxie. Eine Handreichung für die Ungläubigen, Kißlegg 2011.

Elert, Werner: Der Kampf um das Christentum. Geschichte der Beziehungen zwischen dem evangelischen Christentum in Deutschland und dem allgemeinen Denken seit Schleiermacher und Hegel, Hildesheim, Zürich u. New York 2005.

Geiger, Theodor: Die Gesellschaft zwischen Pathos und Nüchternheit, Kopenhagen 1960.

1   Zitiert nach Luther 2017.
2   Elert 2005: 3.
3   Bonhoeffer 1988: 382–383.
4   Bonhoeffer 1988: 145.
5   Bonhoeffer 1988: 143–145.
6   Bonhoeffer 1988: 147.
7   Bonhoeffer 1988: 136.
8   Bonhoeffer 1988: 367.
9   Vgl. https://sezession.de/58501/new-yorker-erklaerung-fuer-fluechtlinge-und-migranten.
10 Geiger 1960: 137.
11 Geiger 1960: 138.
12 Chesterton 2011: 168–176.

„Gegen *Allahu akbar* hilft nur *Deus vult*!"

Christentum und Identitäre Bewegung

Von Caroline Sommerfeld

Why don't you come on back to the war, don't be a tourist,
Why don't you come on back to the war, before it hurts us,
Why don't you come on back to the war, let's all get nervous.
You cannot stand what I've become,
You much prefer the gentleman I was before.
I was so easy to defeat, I was so easy to control,
I didn't even know there was a war.
(Leonard Cohen, The War)

Vor dem Altarraum der katholischen Pfarrkirche St. Ulrich in Wien, die ich mit meiner Familie besuche, hängt links das Gnadenbild der zweiten Patronanz, „Maria Trost" (die erste hat natürlich der Hl. Ulrich inne, dessen Bild hängt rechts). Es wurde im Jahre 1698 zum Dank an die Muttergottes für die Befreiung Wiens der Kirche gestiftet.

Während der Türkenbelagerung waren die Osmanen bis weit in das heutige Stadtgebiet von Wien vorgedrungen, das damals außerhalb der Stadtmauern lag und zahlreiche Dörfer umfasste. In der Ulrichskirche hatten die moslemischen Belagerer ein Munitionsdepot eingerichtet, und ihr Turm wurde von Heerführer Kara Mustafa als Aussichtswarte verwendet. Graf Starhemberg ließ bei der Verteidigung die in Richtung der Türken gelegenen Orte in Brand stecken, dem auch die Ulrichskirche zum Opfer fiel, welche aber 1694 wiederhergestellt wurde. Sie war zwar dem heiligen Ulrich geweiht, doch – nachdem der Steirer Franz von Conduzi dem Gotteshaus eine Kopie des berühmten Grazer Gnadenbilds „Maria Trost" geschenkt hatte – unter den besonderen Schutz Mariens gestellt.

Das Original dieses Bildes befindet sich in der Grazer Basilika Maria Trost, deren wundertätige Marienstatue 1694 als Dank für die Befreiung von den Türken mit einem Schutzmantel versehen wurde. In einem Fresko in derselben Kirche wird an den entscheidenden Sieg Österreichs erinnert. Der Kaiser blickt mit seinen Feldherren dankend gen Himmel. Engel halten den Namen Mariä in ihren Händen. Denn in ihrem Namen wurde am 12. September 1683 die osmanische Eroberung Westeuropas aufgehalten. Das Heer folgte dem Banner mit der Schutzmantelmuttergottcs. Der Festtag „Mariä Namen" wurde von Papst Innozenz XI. festgelegt, nachdem die vereinigten christlichen Heere unter dem Oberbefehl des polnischen Königs Johann III. Sobieski die Zweite Wiener Türkenbelagerung durch die siegreiche Schlacht am Kahlenberg vor Wien beendet hatten.

Am 12. September 2017 fand auf dem Kahlenberg ein Fackelzug der Identitären Bewegung Österreichs (IBÖ) statt, bewusst nicht als politische Demonstration organisiert. Der Gedenkzug, auf dem ein Meer von Wien- und Österreich-Flaggen, Abbildungen der Heerführer sowie ein großes Banner mit der Aufschrift „Schlacht am Kahlenberg 1683" mitgeführt wurden, aber keine individuellen Transparente, ging gemessenen Schrittes den Weg zur St.-Josefs-Kirche am Kahlenberg hinauf. Zwischendurch wurden historische Reden und Zeitdokumente verlesen; der Zug hielt an, setzte seinen Weg wieder fort, bis sich am Ziel alle ins Rund stellten. Martin Sellner, Co-Leiter der IBÖ, hielt eine flammende Rede, in der er an einer Stelle sagte:

„Haben wir das Recht, uns in die Reihe unserer Vorfahren, die Wien verteidigten, zu stellen? Wir müssen heute die Heimat verteidigen, und dazu bedarf es des Wissens und der Verehrung der Verteidiger von 1683. Wer von euch hat Kinder? Wer von euch möchte Kinder haben? Ich sehe alle Hände. Deswegen haben wir das Recht, hier zu stehen."

Im Identitären-Shop „Phalanx Europa" gibt es ein kleidsames T-Shirt zu bestellen. Daneben liest man die Produktbeschreibung:

„Europas Kathedralen, Klöster, Wehrkirchen und Ordensburgen gehören zu den eindrucksvollsten Zeugnissen seiner Kultur. Das Christentum ist die religiöse Tradition, der es gelang in entscheidenden Stunden, in denen das Schicksal alle Europäer zusammenfügte, ihnen diese Einheit auch bewusst zu machen."

Auf dem Leiberl steht neben den Schauplätzen der großen Verteidigungsschlachten von Poitiers, Wien, Granada und Lepanto auch „Deus vult" („Gott will es"), das Motto des Ersten Kreuzzugs, „Fidei defensor" („Verteidiger des Glaubens") sowie „A.M.D.G." („Ad maiorem Dei gloriam", „zur größeren Ehre Gottes", der Wahlspruch vieler Jesuiten).Das alles zusammen geht kaum auf ein Hemdchen, stellt aber die Identitäre Bewegung in die Reihe der christlichen Verteidiger Europas.

2012 hisste die französische Génération Identitaire in Poitiers eine Lambda-Flagge auf der Kuppel der dortigen Moschee. Dieser medial perfekt aufbereitete Funke zündete in Österreich, und von Martin Sellner und einer kleinen Gruppe wurde die Identitäre Bewegung im deutschsprachigen Raum ins Leben gerufen. Die Grundidee war und ist bis heute: Alle Völker haben ein Recht auf ihre Heimat und ihre ethnokulturelle Identität, ihr „Eigenes". Die Identitäre Bewegung versteht sich selbst als metapolitisch, also weder als politische Partei noch als subkulturelle intellektuelle Aussteigerbewegung. Die „Verteidigung des Eigenen" (Martin Lichtmesz) nimmt in der Gegenwart die Form der Abwehr des Multikulturalismus als linker hegemonialer Ideologie, der stetig fortschreitenden Islamisierung des Okzidents und des darunter liegenden globalistischen Liberalismus an. Dadurch gerät die Identitäre Bewegung in offenen Konflikt mit der herrschenden Ideologie und den von ihr beherrschten Institutionen und bewegt sich – obschon vollkommen gewaltfrei und der staatlichen und sozialen Ordnung gegenüber ausgesprochen affirmativ eingestellt – immer am Rande der Kriminalisierung – bis dahin, dass sie vom Verfassungsschutz beobachtet wird.

Die Identitäre Bewegung zehrt in ihrer Rhetorik vom Kampf des christlichen Abendlandes gegen den Islam. Um herauszufinden, ob diese Rhetorik bloß ein Anfall von jugendlicher Selbstüberhöhung ist, ob also das „Christliche" lediglich oberflächlich oder vielmehr tiefgründig angelegt ist, lohnt es sich, zwei Fragen nachzugehen:

1.) Ist unsere Identität eine christliche Identität, und wenn ja, in einem wie starken Sinne des Wortes?
2.) Kann der Gedanke eines wehrhaften Christentums überhaupt noch gedacht werden, und steht er der Identitären Bewegung an?

1.)
Robert Spaemann hat in seinem zweiten Band der „Meditationen eines Christen"[1] geschrieben, die europäische Identität begründe sich durch den tausendjährigen Abwehrkampf der christlichen Zivilisation gegen den islamischen Imperialismus. Identität werde immer durch „große Erzählungen" gestiftet und weitergegeben.

„Was begründet die Identität eines Volkes? Die Gemeinsamkeit der Erinnerung. Die Gemeinsamkeit einer ‚großen Erzählung'. Und das gilt erst recht für das Volk Gottes. Es lebt von der Tradition, vom Empfangen und von der Weitergabe des Empfangenen."

Die weiterzugebenden „heiligen Geschichten" umfassten dabei nicht nur Inhalte der Bibel, sondern auch die Traditionsbestände der ersten zwei Jahrtausende christlicher Geschichte. Dies gelte vor allem für die Geschichten der christlichen Heiligen und Märtyrer, von denen man lernen könne, was die Nachfolge Christi bedeute und wie diese Nachfolge aussehen könnte.

„In diese Geschichte gehört der tausendjährige Abwehrkampf der christlichen Zivilisation gegen den islamischen Imperialismus, die Erzählung von Karl Martell und der Schlacht von Tours und Poitiers, vom Sieg der Christen in der Seeschlacht von Lepanto mit Don Juan d'Austria, begleitet vom Rosenkranzgebet der ganzen Christenheit. Schließlich die Rettung Wiens durch den Prinzen Eugen und den König von Polen. Und so geht es weiter […]."

Joachim Gauck, damaliger deutscher Bundespräsident, sagte 2013 das gerade Gegenteil von Spaemann:

„Wir Europäer haben keinen Gründungsmythos nach Art einer Entscheidungsschlacht, in der Europa einem Feind gegenübertreten, siegen oder verlieren, aber jedenfalls seine Identität bewahren konnte. [Das Verbindende der Europäer sei aber der gemeinsame Wertekanon.] Unsere europäische Wertegemeinschaft will ein Raum von Freiheit und Toleranz sein."[2]

Spaemanns Verständnis europäischer Identität ist ein christliches, Gaucks ist, obschon er evangelischer Pfarrer gewesen ist, ein allenfalls kulturchristliches.

Mit letzterem Begriff wird allgemein eine Haltung beschrieben, in der zwar die kulturellen, moralischen und politischen Errungenschaften und Elemente des Christentums geteilt werden, aber die eigentlichen Glaubensinhalte nicht mehr geglaubt werden. Das Allensbacher Institut für Demoskopie hat 2012[3] eine Reihe von Belegen dafür gesammelt, dass die Mehrheit der Deutschen sich mit der christlichen Tradition Deutschlands identifiziert und eine vom Christentum geprägte politische Kultur schätzt. Das Christliche wird als Ordnungsrahmen, als Stoff, der „die Gesellschaft zusammenhält", d. h. in seiner Funktionalität ausdrücklich gutgeheißen. Es ist mehrheitlich als Mittel gewünscht, aber nicht mehr als Zweck.

Mario Müller formuliert in seinem identitären Handbuch „Kontrakultur":

„Man kann den kulturellen Wert des Katholizismus für das Abendland daher kaum überschätzen. Darüber hinaus war der christliche

Glaube lange Zeit das verbindende Element der europäischen Völker, wenn es um die Verteidigung gegen äußere Feinde ging, in der spanischen Reconquista ebenso wie in den Kreuzzügen oder den Türkenkriegen".[4]

Eine so verstandene christliche Identität ist im Wesentlichen eine Herkunftsidentität. Die gemeinsame Herkunft, die gemeinsame Tradition ist über Jahrhunderte christlich geprägt. Aus ihr als Quelle speist sich unser Selbstverständnis als Europäer. Herkunftsidentität kann sich an und für sich auf Kulturchristentum beschränken, das heißt: Identitäre müssen nicht gläubig sein, die IB ist keine christliche Bewegung und hätte wahrscheinlich auch kaum ein so breites Sympathisantenspektrum, wenn sie es wäre. Das liegt keineswegs daran, dass ein Teil der Sympathisanten und Mitglieder eher neuheidnischen Ideen zugetan ist, wie sie etwa Alain de Benoist in „Heide sein"[5] propagiert hat. Der Grund dafür hat etwas mit dem zu tun, das ich weiter unten als Existenzverständnis von Identität beschreibe.

Denn wäre – hypothetisch – die IB eine christliche Jugendbewegung, würde ungefähr das passieren, was uns nach einer Lesung des Buches „Mit Linken leben"[6] ein Zuhörer entgegnete. Der junge Mann führte aus, dass unsere Thesen ja schön und gut seien, das tiefere Problem dahinter jedoch darin liege, dass das Abendland von Gott abgefallen sei, den Glauben verloren habe und nur mehr auf der liberalen Oberfläche nach „Werten" suche, aber niemals fündig würde. Deshalb die tiefen Gräben zwischen Linken und Rechten, zwischen Volk und Elite, unter Freunden und Verwandten. Käme nun die Argumentationsgrundlage der IB aus dem Glauben, würden wir ähnlich reden und eine kollektive Umkehr der Europäer zum Evangelium anstreben. Und bis dies geschehen wäre, wäre aller politischer Aktivismus ein Kratzen an der Oberfläche. Die fundamentalistische Identitätsvorstellung des jungen Mannes hat den größten Fehler dort, wo er irgendwann feststellen muss, dass die innerchristlichen Aktionsformen der Mission, der Predigt und der rituellen Glaubensstärkung gegenüber völlig kirchen- und glaubensfernen Leuten absolut müßig sind und das Gegenteil von dem bewirken, was sie sollen: Abstoßung statt Bekehrung. Christentum kann nicht mehr kollektiv binden, Novalis' „Christenheit oder Europa" ist ein verlorenes Gut.

Was unterscheidet nun aber den Bezug der Identitären Bewegung zum Christentum von jenem Gaucks? Reicht uns ein Kulturchristentum aus? „Heimat, Freiheit, Tradition", diese Parole ließe sich kulturchristlich verstehen, als kleinster gemeinsamer Nenner auch mit den atheistischen, heidnischen oder rein werteorientierten Leuten, für die beispielsweise der Islam nicht mit unseren Grundwerten in Einklang zu bringen ist. Doch Gaucks These, es habe nie „einen Gründungsmythos nach Art einer Entscheidungsschlacht, in der Europa einem Feind gegenübertreten, siegen oder verlieren, aber jedenfalls seine Identität bewahren konnte", gegeben, bestreiten Identitäre entschieden. Es gab nicht die eine singuläre Entscheidungsschlacht, allerdings einen permanenten Abwehrkampf gegen den Islam: Der „Gründungsmythos" Europas ist sehr wohl einer der Verteidigung gegen den äußeren Feind. Gauck glaubt, seinen ohnehin schon äußerst schwachen Identitätsbegriff der „Wertegemeinschaft" auch noch ohne historische Erzählung in den Seelen der Europäer verankern zu können, ganz ähnlich Sternbergers leidigem „Verfassungspatriotismus". Auf die historischen Großerzählungen, die „grands récits" (Jean-François Lyotard), kommt es den Identitären an. Und diese Großerzählungen handeln nun einmal von Krieg, Verteidigung, Feindschaft, Sieg, Niederlage und Helden. Identität kommt nicht ohne Feindschaft aus.

Wir sind keine Monaden. Individuelle Identität im einfachsten Sinne von a=a erzeugt notwendig Abgrenzung von dem, womit Individuum a nicht identisch ist, z. B. von Individuum b. Verschiedene Individuen haben notwendigerweise verschiedene Werte, in welchen Hinsichten und Intensitäten auch immer. Prallen a und b aufeinander, entstehen Konflikte, kaum merkliche ebenso wie hochexplosive. „Symbolisch generalisierte Kommunikationsmedien" (Niklas Luhmann) wie Recht, Moral, Religion oder Erziehung sind dazu da, diese elementaren Konflikte aufzuheben. Wir krachen nicht dauernd feindlich zusammen, sondern kennen erprobte Mittel und Wege des Ausgleichs für ein normales soziales Zusammenleben. Dies darf uns jedoch nicht darüber hinwegtäuschen, daß Identität grundsätzlich polemogen ist, konfliktbasiert, widersprucherzeugend. Immer und ausnahmslos. Kein Wunder: Luhmann spricht von „Unwahrscheinlichkeit", wenn eine soziale Ordnung länger hält.

Der Politologe Yasha Mounk fiel heuer durch seinen entwaffnenden Klartext auf, Europa sei gegenwärtig Gegenstand eines großen „Experiments" des Umbaus von einer monoethnischen zu einer multiethnischen Gesellschaft.[7] Im Vorjahr konnte man von ihm in der „Zeit"[8] lesen, dass eine rein kritische Pädagogik in Deutschland verabsäumt habe, das Positive des Patriotismus zu lehren. Den Inhalt desselben findet er – wenig erstaunlich – in der „Demokratie seit 1945", auf die die Deutschen stolz sein sollten. Mounk versucht mit dieser Überlegung, uns einen schwachen Identitätsbegriff zu verkaufen, weil er erkennt, dass Identitätsstiftung und Patriotismus notwendige Existenzgrundlagen einer Gesellschaft sind, seine Versuchsanordnung jedoch echten Patriotismus ausschließt. Schwach ist Identität nämlich sowohl begrifflich als auch in der Sache genau dann, wenn sie verkennt, dass sie polemogen ist. Wenn sie so tut, als ob nur die Freund-Seite des Zweiseitencodes Freund/Feind ausreiche, so tut, als ob „Frieden, Freiheit und Demokratie" ihrerseits einpolige Konzepte ohne notwendiges Gegenteil seien, so tut, als sei soziale Ordnung das Normalste auf der Welt.

Douglas Murray fragt in „Der Selbstmord Europas"[9]:

„Denn wie lange kann eine Gesellschaft überleben, wenn sie sich von ihren Gründungsquellen und ihrem ursprünglichen Antrieb getrennt hat? Möglicherweise sind wir dabei, es herauszufinden."

Europäer würden sich angesichts der gegenwärtigen Konfrontation mit dem Islam wieder mehr für ihre eigene religiöse Tradition interessieren und erkennen, dass auch scheinbar säkulare Errungenschaften tatsächlich Teil dieser Tradition seien. Der Dschihad gebiert äquivalente Reconquista-Impulse. Ein Gutteil der identitären Aktion ist Reaktion auf den multikulturalistischen, gewalttätigen und remplazistischen[10] Angriff auf Europa.

„Im 21. Jahrhundert – dem Jahrhundert der Identität – kündigt sich offenbar ein Erstarken jener Fraktionen an, die sich wieder der Eigentlichkeit, der Tradition und der Ursprünglichkeit verpflichtet fühlen,"

beendet Mario Müller den oben zitierten Eintrag „Katholizismus" in seinem identitären Handbuch.

Matthias Matussek[11] erzählt die Anekdote eines freundlichen, AfD-nahen Sachsen, der ihn anrief und die Frage stellte, ob er wisse, wie man am schnellsten Christ werden könne. Matussek schlug ihm den Kontakt mit der nächsten katholischen Pfarre vor, doch der Mann gestand, dass er ja eigentlich überhaupt nicht an Jesus und an Gott glaube. Warum er denn dann Christ werden wolle, fragte der ehrlich überraschte Matussek. Die Antwort war so schlicht wie ergreifend: „Weil ich dachte, dass ich so am besten den Islam bekämpfen kann."

Das Identitätsverständnis der Identitären Bewegung ist primär als eines der Herkunftsidentität zu verstehen. Diese braucht, ob man will oder nicht, große Erzählungen von Feindschaft. Ein so starker polemischer Sinn des Begriffs ist vermutlich nicht allen Identitären recht, viele sind Anhänger eines eher „soften" Ethnopluralismus der vielfältigen Kulturen nebeneinander. Damit beschönigen sie jedoch ethnische und religiöse Konflikte, die sich in Zukunft noch verstärken werden bzw. die nicht rein „humanitär" zu bewältigen sind. Glaubwürdiger ist es, uns in einer Ahnenreihe christlicher Streiter zu sehen. Viele Identitäre verspüren – vermutlich ohne es zu wissen oder sich explizit dazu zu bekennen – einen christlichen Grundimpuls.

Wie kommt aber der Gedanke eines wehrhaften Christentums in die identitäre Generation hinein? Wie kommt jemand dazu, sich nicht bloß postmodern-popkulturelle oder romantische Sprüche aufs Shirt zu drucken, sondern selber ein *milites christiani* sein zu wollen, ein *fidei defensor*?

Im Kommentarbereich der „Sezession im Netz" stellte ein Leser die hierfür entscheidende Frage:

„Wofür sind Sie bereit, ihr irdisches Leben zu lassen, wofür sind Sie bereit, buchstäblich durchs Feuer zu gehen, Schimpf und Schande, Elend und Verbannung zu ertragen?"

Noch allen seinen Gesprächspartnern verschlug es bei dieser Frage die Sprache, zu ungewohnt, zu unbeantwortbar, zu sehr der Gegenwart entrückt schien sie ihnen. Solange wir diese Frage nicht einmal verstehen, sind wir keine tauglichen Verteidiger des Abendlandes, sondern Nietzsches „letzte Menschen".

„Identitär sein" im emphatischen Sinne muss mehr sein als das historisch gut informierte Bewusstsein einer Herkunftsidentität, weit mehr als Kulturchristentum, unweit mehr als irgendein sekundärer Demokratiestolz. Es hat eine existenzielle Dimension und in genau diesem Sinne auch eine ursprünglich religiöse. Vielleicht kommt man diesem Phänomen, das ich den existenziellen Identitätsbegriff nennen will, mit Heidegger und Kierkegaard näher. Es ist keineswegs verwunderlich, dass Martin Sellner den Identitären intensive Heideggerlektüre beizubringen versucht hat, da dieser den existenziellen Punkt trifft: als Einzelner mit einem Handlungsauftrag hineingestellt zu sein in die Geschichte.

In einer Vorlesung Heideggers aus dem Jahre 1928 findet sich der Begriff der „Existierkunst". Er spannt die radikale Akzeptanz menschlicher Endlichkeit mit der Radikalität des Handelns zusammen.
„Nur wer diese Existierkunst versteht, das jeweilig Ergriffene als das schlechthin Einzige in seinem Handeln zu behandeln und sich dabei gleichwohl über die Endlichkeit dieses Tuns klar zu sein, nur der versteht endliche Existenz und kann hoffen, in dieser etwas zu vollbringen. Diese Existierkunst ist nicht die Selbstreflexion, die eine unbeteiligte Jagd ist, um Motive und Komplexe aufzustöbern, aus denen man sich

eine Beruhigung und einen Dispens vom Handeln verschafft, sondern sie ist einzig die Klarheit des Handelnden selbst, die Jagd nach echten Möglichkeiten."[12]

Wer sich historisch Rechenschaft über seine Herkunftsidentität geben kann, jagt nur „unbeteiligt" nach „Motiven und Komplexen", aus denen sich sein Deutschsein, sein Europäertum oder seine Identität als Weißer zusammensetzt. „Ergriffen" ist er davon noch nicht.

Wenn Identitäre selber Christen sind, dann ergreifen sie das Christentum auf ebendiese Weise, bzw. es ergreift sie:

„Das Christentum ist keine Lehre, sondern […] eine Existenz-Mitteilung. […] Das Christentum geht die Existenz, das Existieren an. […] Wenn der Glaubende im Glauben existiert, hat seine Existenz ungeheuren Inhalt, aber nicht in der Bedeutung von Paragraphen-Ausbeute."[13]

Kierkegaards Vorstellung der „Existenz-Mitteilung" ist ein Zugang zum Christentum, der hochsubjektiv ist und in weiterer Folge harte Kritik an der Amtskirche nach sich zieht. Damals wehrte er sich gegen Pfaffentum, Staatsdienerei und Buchstabenfrömmigkeit der dänischen Protestanten, sein Impuls lässt sich in der Gegenwart allerdings hervorragend aufgreifen. Rechte Christen haben aktuell ein massives Problem mit beiden Amtskirchen und ihren Protagonisten, einige Katholiken sprechen gar von einer Sedisvakanz, da der amtierende Papst nicht das Verhalten von Gottes Stellvertreter auf Erden, sondern das eines kommunistischen NGO-Propagandisten an den Tag lege.

Nach dem Zweiten Vatikanischen Konzil (1962–1965) stürzte der Katholizismus in eine schwere Krise, als „progressive" Kräfte das Ruder übernahmen und die Institution von innen auf links umkrempelten. Seither wird christliche Nächstenliebe zur universellen Fremdenliebe umgedeutet, Masseneinwanderung und Islamisierung werden begeistert begrüßt. Papst Franziskus sprach im Oktober 2017 nicht etwa seinem eigenen Kirchenvolk Kampfesmut zu, sondern davon, dass die Migrantenheere die „Krieger der Hoffnung" („warriors of hope")[14] seien.

2.)

„In einer Zeit, in der die Männer das Schwert trugen, wurde auch der Bischofsstab zum Schwert geschärft" (Johann Gottfried Herder). Von dieser Zeit sind wir augenscheinlich Äonen entfernt. Schulkinder lernen dieser Tage, dass es „gegen Gottes Gebote" gewesen sei, dass ihre christlichen Vorfahren Kriege im Namen des Kreuzes führten, während es im Islam ja schon immer legitim gewesen sei, Länder zu erobern und Ungläubige zu bekämpfen, das stehe so im Koran. In der Bibel hingegen stehe: „Du sollst nicht töten!" Im Geschichtsunterricht wird Papst Urban II. kritisch hinterfragt; sein Aufruf zum Kreuzzug sei „unchristlich" gewesen, denn wir sollen unsere Feinde ja lieben. Carl Schmitt hat diese tölpelhafte Selbstentwaffnung prominent widerlegt:

> „Auch ist in dem tausendjährigen Kampf zwischen Christentum und Islam niemals ein Christ auf den Gedanken gekommen, man müsse aus Liebe zu den Sarazenen oder den Türken Europa, statt es zu verteidigen, dem Islam ausliefern. […] Jene Bibelstelle […] besagt vor allem nicht, daß man die politischen Feinde seines Volkes lieben und gegen sein eigenes Volk unterstützen soll."[15]

Mit Schmitts Unterscheidung zwischen privatem Feind und politischem Feind (*inimicus* und *hostis*) kann man gleichermaßen das immer wieder von Gegenwartschristen vorgetragene Argument entkräften, vielleicht sei ja der „politische Islam" der Feind des Christentums, aber doch nicht die vielen friedlichen muslimischen Individuen; man dürfe nicht „pauschalisieren" und „zum Hass aufhetzen" gegen „den" Islam. Sich mit privaten Feinden eines Tages wieder zu versöhnen, ist ein kluges Gebot christlicher Nächstenliebe. Mit einem politischen Feind ist Versöhnung prinzipiell möglich (sonst wäre er kein Feind; Schmitt hielt aus diesem Grund auch die Vorstellung einer feindlosen Weltgesellschaft für hochgefährlich, denn der Friedensschluss wird darin prinzipiell negiert), nur ist diese kein Gebot, das sich an den Einzelnen richten kann.

Ein politischer Feind berechtigt auch nicht zu individueller Gewalt. Das hat die Identitäre Bewegung verstanden und übt sich daher bei ihren Aktionen in konsequenter Gewaltlosigkeit. Den Islam als Feind Europas zu erkennen, zieht mithin weder die immer wieder von linker Seite heraufbeschworenen „Angriffe auf Flüchtlingsunterkünfte" noch den tribalen Straßenkampf in ghettoisierten Stadtvierteln nach sich.

Können Identitäre Christen sein und gleichzeitig „Menschen" als Feinde sehen? Wer diese Frage stellt, hat verlernt, in politischen Zusammenhängen zu denken. „Wir sind doch alle Menschen" ist eine Art universell verallgemeinerter Intimbeziehung, und selbst für eine solche gilt Feindschaft als anthropologische Konstante. Keine Ehe, keine Familie, keine Freundschaft ohne temporäre Verfeindung. „Alles hat seine Stunde", heißt es im Prediger Salomo (3,8), „eine Zeit zum Lieben und eine Zeit zum Hassen, eine Zeit für den Krieg und eine Zeit für den Frieden". Gäbe es nur die eine Seite voller Frieden, Liebe und Freundschaft, ginge

Jesu Botschaft voll am Menschen vorbei und bliebe für die himmlischen Heerscharen reserviert.

Politisch zu denken bedeutet, die fiktive Intimbeziehung zu jedem Mitmenschen zu überschreiten und in Völkern, Staaten und Großkonflikten zu denken. Und solange Gott noch nicht der „Gott der Völker", also aller Völker ist, können sich Christen in Gottes Namen gegen andere Völker oder gegen eine satanische Weltregierung erheben.

„Don Juan wollte sich, bevor der Pulverqualm alles verhüllte, seinen Soldaten noch einmal zeigen, sie für sich entflammen und zur selben Zeit gleichsam Abschied nehmen, um dem Gebet der Mönche, dem kirchlichen Segen und der dadurch gekräftigten Tapferkeit seiner Soldaten das Feld zu überlassen. ‚Was mir aufgegeben war, habe ich getan. Jetzt ist es an euch!' So werden seine Worte übereinstimmend berichtet. Er erinnerte an die Gebete des Papstes, an die Erwartung der gesamten katholischen Christenheit. Sie sollten tapfer kämpfen, damit der Feind, wenn er Sieger bliebe, sie nicht höhnisch frage: wo ist euer Gott?"[16]

In der Schlacht von Lepanto stand unser Gott gegen deren Gott, die Wahlsprüche „Deus vult" und „Allahu akbar" gegeneinander. Gegen uns steht heute – quasi als innere zweite Frontlinie – das Zweite Vatikanische Konzil. Die Dogmatische Konstitution über die Kirche „Lumen gentium" (21. November 1964) lässt verlauten, dass die Moslems „mit uns den einen Gott anbeten", und anerkennt feierlich Allah als „den einen Gott der Schöpfung als Basis für jeden künftigen christlich-islamischen Dialog"[17]. Der ist gegenwärtig weit gediehen, nur ein Beispiel für die damit eigentlich gemeinte christliche Unterwerfung unter den Islam ist die Verleihung eines hoch dotierten Buchpreises des iranischen Regimes an den katholischen Theologen Klaus von Stosch, der es schafft, noch die Scharia für Christen attraktiv zu machen, suggestiv in die Feiglingschristenrunde fragt: „Der Koran – ein Wort Gottes auch für Christen? Muhammad – ein Prophet auch für Christen?", und dafür auf Kardinal Woelkis Internetplattform gelobt wird.[18] Ein zweites Beispiel: Wenn christliche Politiker den symbolischen Vorstoß machen, wieder Kreuze in öffentliche Gebäude zu hängen, werden sie nicht etwa von sich diskriminiert fühlenden Moslems oder aufgebrachten Atheisten kritisiert, sondern vom eigenen Erzbischof Marx, der befand, das Kreuz sei eine „Provokation", sorge für „Spaltung, Unruhe und Gegeneinander" und sei „kein Zeichen gegen andere Menschen".[19] Ja, was denn sonst?

Die Kirchen machen den Fehler aller Utopisten: das Himmelreich auf Erden vorwegzunehmen. Ewigen Friede und die Gleichheit aller Menschen gibt es nur vor Gott, was heißen kann: aus der Perspektive Gottes, die wir uns nicht anmaßen dürfen, oder am Ende aller Tage. Solange die Welt sündig ist, und es „keinen gibt, der gerecht ist, auch nicht einen" (Römer 3,10), gibt es Krieg. Wer hier und jetzt das Himmelreich auf Erden antizipiert und wähnt, „ein wehrloses Volk habe nur noch Freunde", unterliegt der „krapulose[n] Berechnung, der Feind könnte vielleicht durch Widerstandslosigkeit gerührt werden"[20], und wird ihm unterliegen. Das Himmelreich vorwegzunehmen hat im Zweifelsfalle einen hohen weltlichen Preis.

Der russisch-orthodoxe Philosoph Iwan Iljin gewinnt angesichts der realen Bedrohung ungeheure Aktualität für uns. In seiner in diesem Jahr erstmals deutschsprachig herausgegebenen Schrift „Über den gewaltsamen Widerstand gegen das Böse" (1925)[21] konstatiert er: Das Christentum ist keine Religion des Friedens, sondern des unabweislichen und dauernden, persönlichen und kollektiven „Kampfes, und zwar eines dramatischen, zwischen Gut und Böse, Licht und Finsternis" (Vatikanum II, Gaudium et spes, n. 16, 1965).

Indem die linke pazifistische Umdeutung des Christentums – Iljin sieht diese Verkehrung seit Tolstoi, seitdem habe sie sich nur noch verstärkt – sich selber

„den listigen Anschein der einzig richtigen Deutung der christlichen Offenbarung verlieh, hat diese Lehre sehr lange den Menschen eingeflößt, dass die Liebe humane Anteilnahme sei; dass die Liebe das Schwert ausschließe; dass jeder Widerstand gegen einen Übeltäter mittels der Kraft (Anm.: des Schwertes) bösartige und verbrecherische Gewalt sei; dass nicht derjenige liebe, der kämpft, sondern derjenige, der den Kampf flieht; dass lebendige und heilige Desertion die Manifestation der Heiligkeit sei; dass man das Werk Gottes um der eigenen moralischen Gerechtigkeit willen verraten könne und solle."

Es ist nicht unchristlich, *fidei defensor* sein zu wollen, im Gegenteil. Unser ungeheures inneres Hadern mit dem moralischen Problem der Wehrhaftigkeit, das bisweilen so weit greift, dass selbst die Tugend des Mutes schwächelt, liegt genau an der von Iljin markierten Wehrkraftzersetzung durch Umdeutung des christlichen Liebesbegriffs. Die Liebe zum Eigenen setzt Abwehrkräfte frei; ist sie tot, werden die Abwehrkräfte selbst perhorresziert.

Vier Thesen ergeben sich aus dem Gesagten:

„Verteidiger Europas" zu sein setzt einen starken Identitätsbegriff voraus, der über Herkunftsidentität und Kulturchristentum hinausgeht.

Der starke Identitätsbegriff speist sich aus einem existenziell verstandenen Christentum, selbst wenn nicht jeder einzelne Identitäre diese „Existierkunst" aus dem Glauben begründet. Die Form der „Ergriffenheit" und der „romantische Dünger" (Götz Kubitschek) entstammen jedenfalls dem christlichen Formenvorrat.

Die Gewaltfreiheit der Identitären Bewegung steht nicht im Widerspruch dazu, Verteidiger Europas zu sein. Die „großen Erzählungen" künden vom Abwehrkampf gegen den Islam. Die Identitäre Bewegung kämpft selbst ausschließlich metapolitisch-symbolisch, weiß aber: Bei Angriff gilt es, sich verteidigen zu können, im Kleinen wie im Großen. Europa braucht starke Armeen und muss seine Grenzen halten können wie ehedem.

Auch Identitäre sind Kinder der Postmoderne. Ohne die Gebrochenheit des knapp dem Posthistoire entronnenen Europäers ist Identität nicht mehr denkbar, also auch nicht ohne Ironie, um den Leib schlackernde Pathosformeln und eine trotzige zweite Naivität. Von den großen Bildern bröckelt der Putz – wir müssen sie restaurieren, um sie uns wieder aneignen zu können.

Literatur:

Baur, Patrick: Heideggers Schweigen zur Lebenskunst. Überlegungen zu Existierkunst und Gelassenheit, in: Sommerfeld-Lethen, Caroline (Hg.): Lebenskunst und Moral. Gegensätze und konvergierende Ziele, Berlin 2004, S. 85–100.

Benoist, Alain de: Heide sein. Zu einem neuen Anfang. Die europäische Glaubensalternative, Tübingen 1982.

Hartlaub, Felix: Don Juan d'Austria und die Schlacht bei Lepanto, Neckargemünd und Wien 2017.

Iljin, Iwan: Über den gewaltsamen Widerstand gegen das Böse, Wachtendonk 2018.

Kierkegaard, Sören: Abschließende unwissenschaftliche Nachschrift zu den Philosophischen Brocken, Gütersloh 1982.

Lichtmesz, Martin / Sommerfeld, Caroline: Mit Linken leben, Schnellroda 2017.

Matussek, Matthias: White Rabbit oder der Abschied vom gesunden Menschenverstand, München 2018.

Müller, Mario: Kontrakultur, Schnellroda 2017.

Murray, Douglas: Der Selbstmord Europas. Immigration, Identität, Islam, München 2018.

Sacramentum Mundi. Theologisches Lexikon für die Praxis, hg. von Karl Rahner SJ et al., München, Basel u. Wien 1967.

Schmitt, Carl: Der Begriff des Politischen. Text von 1932 mit einem Vorwort und drei Corollarien, Berlin 1963.

Spaemann, Robert: Meditationen eines Christen. Eine Auswahl aus den Psalmen 52–150, Stuttgart 2016.

1 Spaemann 2016: 21.
2 http://www.faz.net/aktuell/politik/europaeische-union/gaucks-grundsatzrede-nicht-deut-sches-europa-sondern-europaeisches-deutschland-12090390.html.
3 https://www.ifd-allensbach.de/uploads/tx_reportsndocs/September12_Christentum_01.pdf.
4 Müller 2017: 150.
5 Benoist 1982.
6 Lichtmesz/Sommerfeld 2017.
7 https://youtu.be/eFLY0rcsBGQ.
8 https://www.zeit.de/2017/29/rechtspopulismus-bildung-neue-rechte.
9 Murray 2018: 14.
10 Renaud Camus' französischer Begriff „le grand remplacement" ist im Deutschen als „der Große Austausch" bekannt. Die Ideologie dahinter, der „remplacisme", kann nicht sauber eingedeutscht werden, auch das Adjektiv muß ein Fremdwort bleiben: „remplazistisch".
11 Matussek 2018.
12 Heidegger 2004: 86 f.
13 Kierkegaard 1982: 550.
14 https://www.youtube.com/watch?v=r-dRIS2SePE.
15 Schmitt 1963: 29 f.
16 Hartlaub 2017: 120.
17 Sacramentum Mundi 1964: 887.
18 https://www.domradio.de/themen/interreligi%C3%B6ser-dialog/2018-02-08/theolo-ge-von-stosch-erhaelt-hoechsten-buchpreis-des-iran.
19 http://www.sueddeutsche.de/bayern/kreuz-erlass-kardinal-marx-wirft-soeder-spaltung-vor-1.3962223.
20 Schmitt 1963: 53.
21 Iljin 2018: 322.

Untergang und Neuanfang nach dem Dritten Reich im Spiegel theologisch-politischer Literatur

Stimmen für die aktuelle Diskussion

Von Lothar Mack

„Jeder außen- und innenpolitische Terror erwächst aus dem Unvermögen und der Angst, sich der Brüchigkeit der eigenen Meinung auszusetzen."

Dieses Zitat stammt nicht, wie man meinen könnte, aus unserer Zeit. Es findet sich im Programm der Gesellschaft Imshausen, signiert an Ostern 1948, also vor siebzig Jahren. Es gehört damit einer Generation an, von der ein weiterer Vertreter schreibt, „wir sind der Wahrheit, dem Erkennen der Wirklichkeit, in mancher Hinsicht nie so nahe gewesen wie heute"[1]. In einer Epoche, in der „das Außen […] gewissermaßen überhell belichtet und das Innen scheinbar abgestorben"[2] ist, sah man sich vor die Aufgabe gestellt, „zu Wissen und Gewissen und zu einem Leben der Wahrheit, der Fülle und der Ordnung"[3] zu finden. Es ging um die Fundamente.

Offenbar teilen wir mit jener Generation diese Frage nach dem „Minimum", nach dem „Vergehen und Neuerstehen unserer Gemeinschaft".[4] Die Hoffnung ist nicht unbegründet, dass die erzwungene Klarsicht der unmittelbaren Nachkriegszeit uns wesentliche Antworten oder doch klärende Ansätze liefert für unsere eigene Orientierung.[5]

1. Aktualität – Im Banne des Spiegels

Die Diskussion über die weitreichenden Folgen der Grenzöffnung 2015 wird das Land noch über Jahre beherrschen. Auf ihre Inhalte sei hier nicht weiter eingegangen, aber ihr Stil weist in die Mitte meines Anliegens. Hart und unfair wie selten werden Meinungen und Ansichten, die der offiziellen Linie von Regierung und Kirchenleitungen zuwiderlaufen, in ein Brandzeichen desjenigen umgewandelt, der sie vertritt. Die Äußerungen sind weit davon entfernt, als Beiträge gleichberechtigter Gesprächspartner wahrgenommen zu werden. In Zeiten eines politischen Moralismus triumphiert tatsächlich „die Gesinnung über die Urteilskraft"; Reflexe ersetzen allzu oft die Reflexion.[6]

Man beklagt eine linke Diskurshoheit. Vielleicht ist sie nur die Kehrseite oder auch die Folgerung eines anderen Phänomens: einer jahrzehntelang verschleppten frei-geistigen Neubesinnung über die Grundlagen des Zusammenlebens in Deutschland. Moral definiert sich seitdem als ein Anti: Man ist gegen das, was in unseligen zwölf Jahren Lehre und Auffassung war – oder was man rückblickend dafür hält und an heutigen Themen und Belangen damit assoziieren möchte. Das gute Gefühl eigener Überlegenheit ersetzt die Suche nach Argumenten, und was vielleicht noch schlimmer ist: Man schwimmt mit diesen Versuchen der Abgrenzung in genau dem Fahrwasser, dem man eigentlich meint zu entrinnen oder schon längst entronnen zu sein. Zu nennen wäre beispielsweise die Tendenz einer sogenannten Willkommenskultur, zu einer völkischen Bußübung zu verkommen, wiederum vorauseilend mit kirchlichem Segen bedacht. Anders gesagt: Wer seine Kraft vor allem aus der Negation bezieht, bleibt innerlich auf eben das bezogen, was er abzulehnen vorgibt; es entsteht damit ein Spiegelbild mit den umgekehrten Inhalten, aber denselben Konturen wie das Vor-Bild.[7] Das bedeutet zum Beispiel, dass der Gegner wieder mit seiner Ansicht identifiziert wird. Vielleicht unwillentlich, jedenfalls unreflektiert wandelt sich so die rote „Diskurshoheit" in eine rotbraune und das Gegenüber zum Feind. Ich nenne das moralischen Rassismus.[8]

Der Hamburger Theologie-Professor Helmut Thielicke hielt am 17. Juni 1962 im Plenarsaal des Deutschen Bundestages eine denkwürdige „Rede an die Deutschen". Die „Aufgabe der Freiheit", sagte er, werde sich „vor allem darin zeigen, wie wir von neurotischen Bindungen an unsere jüngste Vergangenheit frei werden und daß wir uns bemühen, die Mißbräuche und Schändungen, die der Nationalsozialismus mit den ehrwürdigen Symbolen und Begriffen der Tradition getrieben hat, nicht zu lähmenden Komplexen werden zu lassen".[9]

Diese Freiheit ergriffen haben vor biblischen siebzig Jahren einzelne Männer und Frauen, von denen hier die Rede sein soll. Die Katastrophe setzte ihnen zu und setzte sie frei. Aber ihre Worte fanden damals nicht den Boden. Heute scheint es umgekehrt zu sein: Der Boden ist überreif, aber wo bleibt die Saat?[10] Sie kann in dem stecken, was sich denkende Menschen von ganz unterschiedlichen politischen und beruflichen Hintergrund damals als Last und Frucht dieser Jahre von der Seele geschrieben haben.[11]

2. Überblick – Ein Regenbogen des Geistes
Im Folgenden referiere ich nur eine höchst bescheidene Auswahl dieser Vorfahren und Vordenker. Mir geht es nicht um einen vollständigen Überblick über diese Literatur, sondern ich will an einzelnen Autoren

und Themen die Bedeutung jener Ansätze für unsere Gegenwart plausibel machen.[12]

Sie haben es sich „vom Herzen heruntergeschrieben".[13] Sie, das sind Menschen jeglicher Couleur. Der schwedische sozialistische Handelsminister und spätere Nobelpreisträger Gunnar Myrdal hat sich ebenso zu Wort gemeldet wie der Kunsthistoriker Herbert Alexander Stützer und der frühere Reichsbankpräsident Hjalmar Schacht; geläuterte Parteimitglieder wie Otto Strasser, Hermann Rauschning und Walter Bargatzky ebenso wie der Bahai-Anhänger Hermann Grossmann und die hugenottische Dichterin Gertrud von le Fort oder der Bestseller-Fotograf Hans Windisch. Die SPD-Reichstagsabgeordnete und Pädagogin Anna Siemsen steht rückblickend neben dem Adligen Werner von Trott zu Solz, dem evangelischen Pastor Ernst zur Nieden und dem katholischen Theologie-Professor Romano Guardini.

Das Bedürfnis nach neuer Orientierung hatte alle Bereiche des Lebens und Forschens ergriffen. Viktor Frankl veröffentlichte 1946 sein berühmt gewordenes Werk „... trotzdem Ja zum Leben sagen", zeitgleich mit „Die Schuldfrage" von Karl Jaspers; der Philosoph und Therapeut Ernst Michel schrieb bis 1951 seine Vorträge der vergangenen Jahre nieder („Rettung und Erneuerung des personalen Leben"), und Eugen Kogon brachte bereits 1946 sein Standard-Werk „Der SS-Staat" heraus. Auffällig ist auch die neue Hinwendung zu den Klassikern der deutschen Literatur und Geistesgeschichte.[14] Abgesehen davon, dass hier für die Zensur nicht viel schiefgehen konnte, versprach sie einen Halt im Bewährten; bezeichnend ist ein Titel wie „Legt das Große in das Leben. Aus Schillers Briefen. Mit einem Nachwort von Reinhold Schneider", herausgekommen bereits 1945.

Christliche Denker und Theologen sahen sich angesichts der Rat- und Hilflosigkeit ihrer Zeit in der Verantwortung. „Das Ende der Neuzeit" (1951) von Romano Guardini, basiert auf Vorlesungen von 1947–1949, ähnlich das Buch „Der Nihilismus. Entstehung, Wesen, Überwindung" (1950) von Helmut Thielicke und seine „Fragen des Christentums an die moderne Welt" von 1947. Den „Aufbruch zu neuen Ufern anzuregen" nennt er im Vorwort als dessen Absicht.[15] In Hamburg machte sich bis 1950 Paul Schütz daran, „Das Mysterium der Geschichte" zu erhellen.

Auch Gedichtbände boten Nahrung für leere Herzen. In dem Heftlein „Wir sind Gäste" von der Pfarrersfrau Lotte Denkhaus aus dem Jahr 1947 finden sich Titel wie „Kindlein im Schnee", „Wiegenlied im Krieg" oder „Deutsches Abendlied". Sie geben, wie Rudolf Alexander Schröder in seinem Vorwort schreibt, „sämtlich Zeugnisse einer immer wieder neu geschehenden Läuterung und Wiedergeburt ‚wie durchs Feuer'.""[16] Mein eigenes Exemplar trägt den handschriftlichen Vermerk: „Einen lieben Weihnachtsgruß! Christel – Weihnachten 1946". Bewegend auch die Kurzbiografien in dem Bändlein „Lob aus der Tiefe" aus dem Jahr 1947.

1946 war auch das erste Erscheinungsjahr der Zeitschrift „Die Neue Ordnung". Ihre Beiträge erheben den Anspruch, „dem Menschen von heute […] auf die vielen drängenden, letzte Entscheidungen abringenden Fragen die *grundsätzlich* richtige und damit *die* wegweisende Antwort zu geben", wie es im Leitartikel zur ersten Nummer vom Oktober 1946 heißt.[17] Ordnung ist dabei nicht restauratives starres Gefüge, sondern das weltliche Gegenüber zum „gottgeschaute[n] und gottgesetzte[n] Ordnungs*bild*". Unter diesem Aspekt sind alle Bereiche des Lebens thematisch vertreten; sie werden „vom *Grundsätzlichen* her gesehen und behandelt".[18] Die Zeitschrift erscheint seit 1946 ununterbrochen und hat an Sinn und Geist nichts eingebüßt. Den Bogen in unsere Gegenwart spannt bereits ebendieser Leitartikel der allerersten Nummer, wenn dort, ausgehend von Flucht und Vertreibung 13 Millionen Deutscher aus den alten Ostgebieten, die Ahnung eines weiteren Ansturms auf Europa auftaucht: „Eine zweite Völkerwanderung, unvergleichlich gewaltiger und furchtbarer als die erste, hat eingesetzt. Niemand vermag vorauszusagen, welches Ausmaß diese ungeheure Bewegung erreichen wird. Niemand kann sich ein Bild von dem machen, was geschehen wird, wenn Völker, zusammengeballt unter der Macht kollektiver Idole, wie Lawinen losbrechen und den Kontinent überrennen sollten."[19]

3. Einschränkung – die Presse-Bestimmungen in der Besatzungszeit
Beim Blick auf die Veröffentlichungen der Nachkriegszeit gilt jedoch eine große Einschränkung: Wir wissen nicht, was nicht gedruckt wurde. Die geistige Lage war mit Sicherheit vielfältiger, als sie sich in den tatsächlich erschienenen Publikationen widerspiegelt. Wie jeder andere Bereich, so lag auch das Pressewesen vollständig in der Hand der Sieger. Zwar waren im Juli 1946 allein in der amerikanischen Zone 237 Buchverlage wieder in Betrieb, doch sie alle unterstanden der Information Control Division (ICD), der Nachfolgeorganisation der Psychological Warfare Division (PWD), beide unter General Robert McClure. Wegleitend für deren Aufgabe war das „Handbook for the Control of German Information Services" vom April 1945. Ob und inwieweit entsprechende Absichten und Bestimmungen von 1949 an auch in das alliierte Kontrollrecht hinübergezogen wurden, entzieht sich meiner Kenntnis.

Einen seltenen Einblick in die damalige Praxis gewährt ein Abschnitt aus dem Buch „Das Abenteuer der Ordnung" von Gerhard Ricker, „Veröffentlicht unter der Zulassungs Nr. US-E 139 der Nachrichtenkontrolle der Militärregierung".[20] Ziemlich zusammenhangslos findet sich dort folgender Absatz: „Wer aus jedem Streit, in dem er sich verwickelt, als Sieger hervorgeht, schreibt die Geschichte des Streits; die Zunge des Besiegten ist ausgerissen oder angebunden. ‚Nothing succeeds better than success.' Aus beidem, Sieg und Geschichtsschreibung, entsteht im Lauf der Zeit ein Nimbus der Unfehlbarkeit und Macht. Man verfügt schließlich über die öffentliche Meinung wie über jedes andere Kapital, auf das man Wechsel ziehen kann. Was niemand weiß, bleibt ungeschehen, und die ‚öffentliche Meinung', jener mit frommen Legenden bemalte Eisenvorhang, senkt sich immer wieder über den Tragödien der Aneignung. Es liegt im provisorischen Charakter der Politik, dass sie, die ihre Vormundschaft herrschgierig gern verlängert sähe, höchst interessiert ist am ‚Prestige' der auserwählten Völker."[21] Dem ist nichts hinzuzufügen.

4. Die Hingabe der Autoren

Zwei Dinge sind allen diesen Autoren gemeinsam: Sie schreiben nur und ganz im eigenen Namen, und sie schreiben aus innerer Notwendigkeit. Nur selten nehmen sie Bezug auf weitere Stimmen. Sie wollen das Gespräch auf einer anderen Ebene eröffnen, nämlich mit ihren Lesern, mit ihrem geschundenen Land. Davon geben die Widmungen ein beredtes Zeugnis: „Der deutschen Jugend als helfendes Wort"[22] – „Allen denen gewidmet, die jetzt nicht müde werden, sondern neue Ziele suchen wollen"[23] – „Gewidmet dem Andenken meines lieben Bruders Gregor Strasser, der für diese Ideen von Hitler ermordet wurde"[24] – „Meiner Frau, in gemeinsamer Erinnerung an die schweren Jahre, die dies Buch entstehen ließen"[25] – „Den Freunden, deren Mund verstummte"[26] – „Für den Frieden der Welt, Gegen der Geist der Masse".[27]

Um vier einander überschneidende Themenbereiche kreist fast jeder von ihnen: um Klarheit über die eigene Lage, um den Versuch, sich und anderen Orientierung zu verschaffen, um die Suche nach einer neuen Moral und Sicht vom Menschen und um die Zukunft von Deutschland und Europa. Jeder dieser Punkte wäre einen eigenen Aufsatz wert. Ich führe an dieser Stelle nur einige wenige Stimmen auf, die mir als repräsentativ erscheinen für die Haltungen und Zugangsweisen jener Jahre.

5. Der Realismus ihrer Sicht

Durchgehend beeindruckend sind die Ernsthaftigkeit des Ringens sowie die Grundsätzlichkeit und Aufrichtigkeit, mit der man den Nöten ins Gesicht schaut und ihnen stellvertretend Sprache gibt.

Nach der „Scheingesundheit einer Euphorie"[28] liegt vor uns „ein Trümmerfeld sondergleichen, ein von allen guten Geistern verlassenes, an seiner Weiterexistenz und Zukunft verzweifelndes Volk! Ein so schmähliches Ende hatte die Welt noch nie gesehen." Mit diesen Worten umschreibt der bereits hochbetagte Militärhistoriker Bernhard Schwertfeger das „Rätsel um Deutschland".[29] Aber „der Wiederaufbau würde der Mühe nicht lohnen, wenn er wieder auf eine falsche Grundlage gestellt und die Anstrengungen in eine falsche Richtung gelenkt würden", erklärt der Gründer des „Rheinischen Merkur", Franz Albert Kramer, bereits im Jahr 1945.[30] Laut dem Psychiater Friedrich Mörchen sei darum dies „unsere Pflicht […]: den Mut haben, das Unechte faul, das Unwahre falsch, das Egozentrische selbstsüchtig, das Unethische schlecht zu nennen".[31] Es geht „um einen neuen Kampf der Grundsätze, der Sitte, des Charakters", konstatiert der Pfarrer Ernst zur Nieden; darum, dass nach vielen „Aufräumungsarbeiten" die Menschen „geistig wieder heimfinden".[32] Doch „bis die Nacht weicht, werden wir tasten müssen".[33] Jedes Programm käme zu früh und würde mehr zerstören als voranbringen.

6. Der Denker Hermann Rauschning

Für den ehemaligen Danziger Senatspräsidenten Hermann Rauschning „verflüchtigen sich die Ideologien und Normen in einem eigentümlichen dialektischen Prozeß der Demaskierung", in dem die jetzige Zeit rückblickend „als eine Art Delirium erscheinen" mag.[34] Wenn die Krise nicht als Ganze überwunden werde, sieht er neben der „Tendenz zum imperium mundi" ebenso unvermeidlich den „Auseinanderbruch der Welt in […] eine Masse-Elite-Struktur der Gesellschaft mit der unabänderlichen Konsequenz des demokratischen Absolutismus".[35] Es geht dahinter um Fragen der Macht, der Regulierung und der Ethik: „*Wer* bildet die Ordnung und begründet die Autorität? […] *Wie* ist diese Ordnung beschaffen? […] *Was* ist der *Inhalt* der Ordnung, ihr ‚Credo'? Erst eine solche dreifache Entscheidung kann das Delirium beenden und zu einem Großen Frieden führen […]." Das Ziel seines Buches sei darum eine „Darstellung der modernen großen Krise", um so „die Perspektiven für einen echten dauerhaften Frieden zu klären".[36] Ich halte Rauschnings Buch für eines der scharfsinnigsten und für heute brisantesten Erbstücke aus den 1940er Jahren. Laut seinem Vorwort hat er es bereits in der ersten Jahreshälfte 1945 im amerikanischen Exil geschrieben. Es muss dringend separat diskutiert werden.

7. Germany first

Mehrere Autoren erkennen zugleich das Symptomatische an der deutschen Lage. So wies die Studiengruppe des britischen Chatham House[37] bereits im Jahr 1943 darauf hin, es scheine „Deutschlands Rolle zu sein, gewisse allgemeine Erscheinungen der modernen Gesellschaft mit besonderer Deutlichkeit und in vergrößertem Maßstab widerzuspiegeln", und brachte dafür geschichtliche Beispiele.[38] Mit derselben Witterung urteilt 1946 Otto Strasser in Argentinien, es sei das „tragische Geschick Deutschlands" gewesen, nun der „Herd der Europäischen Revolution" zu sein.[39] Hitler habe einer „morsch gewordenen Ordnung" den entscheidenden Todesstoß versetzt. Sämtliche „abendländischen Völker […] hatten überhaupt kein Weltbild mehr. […] Das Kennzeichen der Kultur – oder richtiger: der Kulturlosigkeit – […] war ihr Materialismus".[40] Die Lösung sieht Strasser innenpolitisch in einer föderalen Neugliederung Deutschlands, außenpolitisch in einer „Europäischen Föderation"[41], und auf der persönlichen Ebene in einer „Rückkehr zu Gott", ohne dass dies die „Anerkennung eines bestimmten Bekenntnisses oder einer bestimmten Kirche" bedeuten müsse. „Lebendiges Christentum, angewandtes Christentum – das ist die wichtigste Voraussetzung für die seelische Gesundung unserer Zeit und unseres Volkes."[42]

Manche Autoren der damaligen Zeit sehen das ähnlich und bieten ihr eigenes gläubiges Durchdringen als Hilfe an.[43] Andere schreiben in allgemeiner Form davon, dass „die Begriffe Moral, Ethik und Kultur wieder ihre alten Werte"[44] erhalten müssen oder dass der neue „Weg nach innen und oben weisen und führen" müsse.[45]

8. Was ist (noch) Nation?

Die meisten Autoren ringen mit dem und um den Begriff Nation. Er sei „im bisherigen Sinne […] fragwürdig geworden", schreibt Hermann Rauschning. Ähnlich wie heute plädieren einige dafür, ihn als überholten Irrweg der Geschichte beiseitezuräumen. Für kein Volk sei „die Nation, ein Schachzug der politischen Geschichte, die endgültige Daseinsform", meint beispielsweise Gerhard Rickert und prophezeit, dass dieses „historische Kostüm einst den erstaunten Enkeln Gegenstand des Grauens und der Pietät" werden würde.[46] An anderer Stelle spielt er Christentum und Nation gegeneinander aus, wenn er Letzterer als „bewußte[r] Nation" zugesteht, dass sie „die Substanz der Völker"[47] vor einem universalistischen Christentum habe schützen müssen. Das wirkt mir doch recht unausgegoren.

Eine krass gegenteilige Position vertritt der englische Diplomat Harold Butler in seinem Buch aus dem Jahr 1944. Ihm zufolge habe im zu

Ende gehenden Krieg der Nationalsozialismus versucht, den Nationen ihre Freiheit und Selbständigkeit zu nehmen. Dass sie diese wiedergewonnen haben, spreche grade nicht dafür, dass sie diese ihre Lebensform in nächster Zukunft wieder aufgeben würden. Die Welt werde vielmehr „auch weiterhin aus einzelnen Nationen bestehen", auch wenn gleichzeitig „der Isolationismus tot sein" werde.[48]

Ähnlich schätzen das die Autoren des Chatham House ein. Der Nationalbegriff könne zwar „etwas von seiner überragenden Bedeutung verlieren", doch es sei „im Augenblick kein Zeichen dafür zu entdecken, dass Großbritannien und Deutschland aufhören werden, als unabhängige Staaten zu existieren oder in eine föderative Ordnung eingefügt zu werden".[49]

Bei dem sehr gewissenhaft arbeitenden Bernhard Schwertfeger kommt dieses Thema lange gar nicht vor. Deutschland habe „seine Eigenschaft als souveräner Staat verloren"[50], meint er gegen Ende seines umfangreichen Buches und spricht eindringlich von den geistigen Lebensbedingungen des deutschen Volkes, das nur bestehen könne, wenn die Frage nach Schuld, Nichtschuld und Schicksal einigermaßen geklärt sei. „Nur aus dem Wissen um die Dinge, abseits von allen vorgefaßten Meinungen, kann sich für den einzelnen die Beruhigung ergeben, deren jeder Mensch bedarf, um weiter zu leben und zu wirken. Ohne dieses Wissen bleibt nur Verzweiflung."[51] Eine sich über Generationen hinziehende Gesamtschuld-Hypothese ist für ihn unvorstellbar, weil nicht lebbar. „Wir wissen es alle: Verloren ist nur, wer sich selbst aufgibt. Das gilt für den einzelnen wie für den Staat, für die ganze Volksgemeinschaft."[52]

Erst im allerletzten Kapitel seines Buches zitiert er Schiller („Deutsches Reich und deutsche Nation sind zweierlei Dinge") und tastet sich vor zu einem Reichsbegriff der Innerlichkeit, der Verbundenheit mit dem, was als deutsche Kultur geworden ist.[53] Auf die gründlich durchdachten Schriften von Walter Bargatzky und Werner von Trott zu Solz komme ich weiter unten zu sprechen.

9. Was wäre Europa?

Dass ein neuer deutscher Staat (verstanden als überregionale Verwaltungsgröße, weniger als Territorium eines geschichtlich gewordenen Volkes) seine gesamteuropäische Einbettung braucht, ist hingegen jedem der damaligen Autoren klar. Louis Emrich pflichtet dem schwedischen Professor Erik Lindahl bei, der meint, dass „die europäischen Völker und Nationen" bereits zwischen den Jahren 1946 und 1949 „zu einem neuen Werden, Denken und Handeln umgeschmolzen werden", „zu neuen Werten".[54] „Wir müssen nicht nur national, sondern zugleich auch europäisch denken lernen", schrieb er schon 1943.[55] Einen großen

Schritt weiter geht der britische Diplomat Harold Butler ein Jahr später
(wenn auch in der Möglichkeitsform): „Anstelle des nationalsozialistischen Begriffs einer kontinentalen Ordnung zugunsten Deutschlands
würde der Begriff einer kontinentalen Ordnung zugunsten aller Völker
treten. Anstatt beharrlich ihre wechselseitigen nationalen Antipathien
zu pflegen, würden die Nationen unter einer gemeinsamen Idee zu gemeinsamen Aufgaben geeint werden, die unter weiser Führung Groß-
britanniens und der Vereinigten Staaten ein neues und glücklicheres
Kapitel der Geschichte Europas einleiteten."[56] Nun, Bescheidenheit
klingt anders.

Im Chatham House beispielsweise wurde in aller Breite diskutiert,
wie diese Eingliederung Deutschlands zu geschehen habe. Eine langfristige gewaltsame Unterdrückung sei weder aus ethischen noch aus
politischen Gründen wünschbar. Von „aufsehenerregende[n] Maßnahmen der Massenausrottung" möchte man denn doch absehen, und für
eine dauerhafte Unterdrückung Deutschlands „müßten wir die Ueber-
zeugung übernehmen, daß wir das Herrenvolk sind und die Deutschen
Untermenschen, d.h. wir müßten unserem Wesen nach nazistisch werden".[57] Es bleibe also die pragmatische Ausrichtung der Atlantik-Charta[58] übrig, die zusammenfassend besage: „keine Nazis und keine Waffen,
aber im übrigen Zusammenarbeit".[59]

10. Die Gefahr eines geistigen Vakuums

Was also den einen, den Besiegten, Kristallisationspunkt eines neuen
Ethos und mögliche neue Lebensbedingung war – der Überschritt von
der Nation ins Transnationale –, das ist den anderen politisches Kalkül zur freundlichen Fesselung. Hermann Rauschning scheint mir aber
recht zu behalten, wen er die „große geschichtliche Krise" in der Umwandlung der westlichen in eine „Universale Zivilisation" erblickt.[60] Zu
einer solchen Auseinandersetzung ist das Land am ehesten genötigt,
dem bisherige Stützen fraglich geworden sind. Nur: Damit ist in erster
Linie eine Negation vollzogen, aber keine Position bezogen. Was ist es
denn in geläuterter Weise um Begriff und Inhalt der Nation? Es wäre ein
lohnendes Unterfangen, das Schrifttum dieser Zeit unter diesem Aspekt
genauer auszuwerten.

In alldem darf die Warnung von Hans Windisch nicht überhört werden: „Nicht im Kriege gehen Völker zugrunde, aber danach. Der Krieg
hat das deutsche Volk nicht ausgetilgt – aber der Friede könnte es tun,
und es verpflichtet zu den letzten Einsichten, wenn man weiß, dass ein
Volk auch assimiliert werden kann, dass es langsam oder schnell aufge-
saugt, in Lösung aufgehen und verschwinden kann. Ansätze hierzu sind

vorhanden, von außen und von innen her.“[61]

Einer dieser Ansätze besteht darin, jene Katastrophe, die in die berühmte „Stunde null“ geführt hat, zur Flucht in transnationale Machtpolitik zu benutzen. „Nation ist böse, also müssen wir von weiter oben sagen, wie's läuft.“ – „Wisst und könnt ihr es denn besser? Was habt ihr seitdem bedacht, dass ihr das von euch behaupten wolltet und eine entsprechende Autorität meint einfordern zu können?“

An dieser Stelle, gegen diesen Geist, ist entschiedener Widerstand zu leisten, gerade von jener schlimmen Erfahrung herkommend. Die „Stunde null“ muss und kann eine bleibende Inspiration für die Freiheit werden.

11. Die Versuche des Werner von Trott zu Solz[62]

Der Sammelband „Der Untergang des Vaterlandes“ ist das Vermächtnis des Werner von Trott zu Solz. Noch im Jahr seines Erscheinens, 1965, ist dieser verstorben. Er stammte aus altem protestantischem Adel. Sitz seiner Familie war das Gut Imshausen nahe Bebra in Hessen. Werners Bruder Adam von Trott zu Solz war 1944 als Mitverschwörer des 20. Juli hingerichtet worden.

Worum ging es dem Überlebenden? Das Vorwort zu dem erwähnten Band gibt dazu ebenso skizzenhaft wie deutlich Auskunft. Es lohnt sich, diese Gedanken langsam mitzuvollziehen, zeichnet sich in ihnen doch ein Zweifaches ab: die Absichten, Erfahrungen und Hoffnungen des Autors, also sein ganzes Zeitenspektrum, wie auch bereits Ansätze und Mahnungen für unsere heutige Generation und Diskussion.

Dieses Vorwort ist in der dritten Person verfasst und redet wiederholt von „dem Autor“. Da es aber nicht eigens von jemand anderem unterzeichnet ist und sich zudem durch die Diktion Werner von Trotts auszeichnet, gehe ich auch von dessen Autorenschaft aus.

Ganz hinten im Buch informiert der Verlag darüber, dass sich Werner von Trott zu Solz seit 1949 „aus jeder politischen Tätigkeit“ zurückgezogen habe – für ihn bedeutete das jenen „Notstand abseitigen Lebens“[63], wie er zu Beginn des Vorwortes schreibt, resultierend aus den Erfahrungen der ersten Nachkriegsjahre. Zweimal war er damit gescheitert, Christsein und Liebe zum Vaterland auf eine neue Weise miteinander zu verbinden.

Den ersten Anlauf unternahm er bereits im April 1945, unmittelbar nach dem Einmarsch der Amerikaner. Nicht ins Exil abgewanderte Hitlergegner seines Heimatkreises versammelte er auf seinem Gut, um eine

Denkschrift an den amerikanischen Kommandanten zu verfassen. Die wurde zum einen abgewiesen, zum anderen zerbröckelte bald die anfangs wahrgenommene Einheit der Gruppe. Politische Parteien waren inzwischen wieder gegründet worden, und die Gruppenmitglieder verstanden sich nun zunehmend als deren Vertreter. Das einigende Band gemeinsamer Erfahrungen war gelockert und teilweise zerstört. Dem stand Werner von Trott nach eigenem Bekunden ohnmächtig gegenüber.

Daraufhin wandte er sich in einem zweiten Anlauf „an die wichtigsten Vertreter des ‚politischen und kulturellen Lebens‘, von denen er annahm, dass sie noch nicht in den Kategorien der Militärregierungen dachten"[64]. Auch diese Hoffnung wurde enttäuscht. Eine Mehrheit hatte die geistige Neubegründung des eigenen Vaterlandes zugunsten der neuen Machthaber preisgegeben. Die Alternative bestand für Werner von Trott nurmehr in der Einsamkeit, verbunden mit der Hoffnung, „auf solcher langen Reise in die Nacht Deutschen zu begegnen". Die erst im Jahr zuvor gegründete Gesellschaft Imshausen wurde nach dem zweiten Treffen vom Mai 1948 bereits wieder aufgelöst.[65]

Man möchte Lehren aus der Geschichte ziehen. Die hier zutage tretende lautet: Die Not einer offenen Frage gilt es auszuhalten, sie zu teilen und eigenständig weiterzubewegen. Vermeintlich neue Gegebenheiten mit ihrer Verführung zu alter Bedeutsamkeit dürfen nicht bewirken, dass eine als gut erkannte Spur aus dem Blick gerät. Diese Herausforderung ist im „Neuen Deutschland" des 21. Jahrhunderts keineswegs kleiner geworden.

Der Autor bohrt noch tiefer. Was steckte hinter diesem Scheitern? Warum haben Glaube und Vaterland keine neue und gesunde, gesundete Verbindung eingehen können? Von Trott nennt die vorauslaufende Verselbstständigung des Heiligen Reiches zum Deutschen Reich. Als sich die Herrscher nicht mehr als dienstbare Verwalter im Auftrag Christi verstanden, sondern „dieses Reich […] in ein Werkzeug ihres Selbstbehauptungswillens zu verfälschen begannen", war der „Vaterlandsverrat" vollendet, und zwar nun mit betont anti-christlicher Ausrichtung.[66] Können wir uns als Christen also heute noch zu einem Vaterland bekennen, fragt von Trott. Seine Antwort entwickelt er tastend.

Ihm war aufgefallen, dass die Christen viel weniger über die Gegensätzlichkeiten der deutschen Geschichte diskutieren als vielmehr über die Geschichte hinweg. Ihre Kommunikation würde „sie dem Vaterlande […] entziehen, sie ihm abtrünnig […] machen"; ja, dieser „Verrat des

Vaterlandes" sei sogar deren Voraussetzung – was wiederum bedeutet, dass die Christen die verhängnisvolle Trennung zwischen Glaube und „Reichsauftrag" nicht nur nicht überwinden, sondern sie aktiv weiterführen. Die vermeintliche Notwendigkeit dazu qualifiziert von Trott als „eine Zwangsvorstellung des Christlichen, die uns die Abgründe der Tragödie verschließt". Die *conditio sine qua non* eines Gesprächs unter Christen verlängert also gerade das eigentliche Verhängnis. Wenn sie in einer falschen Alternative lieber „ihr Vaterland verraten als Christus verlieren wollen", dann bescheinigt ihnen von Trott, dass sie „nicht wissen, wovon sie reden".[67]

Aber muß das vielleicht sogar so sein? Ist es so, dass „das Vaterland der Deutschen untergehen muß", weil „der Reichsauftrag […] schon längst entzogen worden" ist? Gibt es „nur noch das Kreuz dieser vaterlandslosen Gesellschaft" zu tragen, verbunden mit einer Liebe zu den Menschen, die vor der Leere Schutz suchen, nachdem sie sich „allzu lieblos mit dem Untergange ihres Vaterlandes abgefunden haben"?

Der Rückzug in ein christliches „Sicherheitsgehege" kann nicht die Antwort sein. Es wäre, war, ist im Gegenteil ein Ausweis dessen, dass „sie schlechte Christen und also keine Freunde waren".[68]

Oder, aufs Heute übertragen: Ein pietistischer Abstand von einer als schmutzig empfundenen Politik ist ebenso wenig überzeugend wie ein konfessionalistischer Schutzraum, um vermeintliche eigene Kräfte zu sammeln. Die Kräfte wachsen vielmehr im Ringen um die tatsächlichen Nöte, die ein eigenmächtig gewordener, ein sich als eigenmächtig verstehender Staat erst heraufbeschwört.

Von Trott hegt selber die Hoffnung, „dass die verspielte Reichsgnade einst in die leeren Hände dieser Erniedrigten zurückfallen" und Spätere einmal „dem Mißbrauch gewachsen sein werden". Wie geschieht das? Über eine Freundschaft, die sich als geistliche Gefährtenschaft bewährt und „aus christlicher Unmittelbarkeit der deutschen Tragödie gewachsen ist" – wo sich also einzelne in den Riss stellen, statt ihn zu fliehen. Denn es sind „die Besten einer neuen Jugend […], die ihr Vaterland nicht verlassen wollen, sondern es in seiner Verlassenheit erst lieben lernten".[69]

12. Das Programm der Gesellschaft Imshausen

Das Programm der Gesellschaft Imshausen bezeugt eindrücklich die geistige Offenheit, mit der man damals – zunächst – alle Fragen des gesellschaftlichen Lebens anging. Ich empfinde es als überaus lohnenswert, auch diese Gedankengänge im Einzelnen nachzuzeichnen, lassen sich an ihnen doch Vorgehensweisen und Haltungen ablesen, von denen eine gegenwärtige Politik und die ihr sekundierenden Kirchen meilenweit entfernt sind.

Die kurze Schrift von vier Seiten ist auf „Ostern 1948" datiert und gezeichnet von Carl Spiecker, Walter Dirks, Werner von Trott, Wilhelm Kütemeyer und Artur von Machui.[70] Gegründet wurde die Gesellschaft bereits im Vorjahr, aufgelöst nach ihrer zweiten Tagung im Mai 1948.

Aus der „besten Tradition der europäischen Widerstandsbewegung"[71] sollten „verantwortliche Deutsche und ihre Freunde in anderen Ländern […] die neue Form unseres geistigen, gesellschaftlichen und politischen Lebens" entwickeln. Die Methode spiegelt das wider, was Romano Guardini zur gleichen Zeit eines der Kennzeichen neuen Christseins nennt, nämlich den „Ernst […], der die Wahrheit will".[72] Jede Konzeption der Teilnehmer wird als ein Aspekt ernst genommen und zugleich einer radikalen gegenseitigen Kritik unterworfen, indem man sie auf „die Realität ihrer Argumente" überprüft. Dieses Vorgehen „läßt keine Möglichkeit offen, bei einem Standort zu verharren, der sich in der Auseinandersetzung als unzulänglich erwiesen hat. So bilden diese Gespräche für jeden Beteiligten eine Gefahrenzone, aus der keiner, der sich ihr wirklich aussetzt, unverändert und ohne Wunden wieder herauskommt". Diese „Opferung" von „vorgefaßten Sicherheiten […] vertieft […] das Bewußtsein, daß die Brüchigkeit und Unsicherheit der allgemeinen Lage durch reformerische Scheinmaßnahmen kaum noch verdeckt und sicher nicht überwunden werden kann". Das Ziel ist vielmehr „ein Erhellen und Gestalten der realen Verhältnisse" – jenseits aller politischen Korrektheit, parteilichen Opportunität und kirchlichem Moralismus, möchte man ergänzen.[73]

Ausgeschlossen sind sowohl Kompromisse als auch Verabsolutierungen, und auch „hinter der Scheinsouveränität der Toleranz verbirgt sich eine Übereinkunft auf gegenseitige Schonung der schwachen Punkte", argumentieren die Autoren.[74] Das gewählte Vorgehen mag sich als langwieriger gestalten, „ist aber notwendig, weil in unserem Land der Zugang zu den zentralen Problemen und Aufgaben der Praxis durch deren ideologische Verschalung verschlossen ist. […] Die gegenwärtige Weltlage läßt kein Abriegeln von Teilwahrheiten zu und kann von diesen aus nicht gemeistert werden".[75] Geschrieben im Jahr 1948! Allein hilfreich sei eine „in einer neuen vorurteilsfreien, der wahren Situation aufgeschlossenen und darum auf ihre Meisterung von Grund auf hindrängenden Sachlichkeit".[76] Denn diese ihre Epoche sei nicht nur selbst-

entfremdet und gefährdet, sondern sie habe zugleich eine „Affinität zu
der verlorenen Ordnung, mit der sie gleichsam schwanger geht. So erschließt sich von ferne jener ursprüngliche Boden, von dem aus einfach
und entscheidend gehandelt werden kann".[77]

Das Programm der Gesellschaft Imshausen bietet also nicht weniger als
eine Anleitung zu freiem gemeinschaftlichen Denken und Handeln angesichts existenzieller Nöte. Die siebzig seitdem vergangenen Jahre werden als „der *immer notwendige* unterirdische Abschnitt allen wichtigen
Wissens" zu qualifizieren sein.[78]

13. Walter Bargatzky – tapfer ratlos

„Schöpferischer Friede" lautet die kleine Schrift des späteren Präsidenten des Deutschen Roten Kreuzes und ehemaligen Justizbeamten in
der deutschen Militärverwaltung von Paris Walter Bargatzky aus dem
Jahre 1946. In überaus prägnanter Weise zeichnet er die bedrängende
Lage der unmittelbaren Nachkriegszeit nach. Bargatzky ist wohl zuzustimmen, wenn er schreibt, „es scheint, als kröne uns der Geist nur im
Bettlerhemd".[79]

Aus drei Gründen betrachte ich diese Schrift als ein Saatgut dieses
Geistes: wegen ihres schonungslosen Realismus, ihrer zeitlos gültigen
Anforderungen an gesellschaftliche und politische Leiter und ihrer je-
denfalls stringent entwickelten neuen Staatsidee.

Man lasse das folgende längere Zitat aus der Einleitung auf sich wirken – und bedenke und würdige dann von hier aus den Fortgang seiner
Gedanken:

„Wir erleben heute die apokalyptischen Schrecken des Zusammen-
bruchs: den Verlust unvergeßlichen Bodens, die Trümmer unvergeßli-
cher Städte, den Hunger, die Armut, wohin wir blicken, […] alles über-
ragend noch die Sinnlosigkeit eines millionenfachen Todesopfers und
die Scham ob unseres Sturzes aus scheinbarer Macht und Größe. Aber
wir sind blind für das Schrecklichste: *daß niemand von uns einen Weg
weiß, auf dem ihm die Mehrheit zu folgen vermag.* Während die einen
ängstliche oder jähe Entschlüsse fassen, verschließen sich die anderen
vor der Welt oder erliegen der allgemeinen Müdigkeit des Denkens. Und
nur die wenigsten sind im Begriffe, dieses Unwissen zu bemerken. ‚Welche Kurzsichtigkeit und geräuschvolle Flachheit herrschen hier, was für
provinziale Standpunkte tauchen auf, wenn von den größten Problemen
die Rede ist!' Dieser Satz, *vor* der Katastrophe geschrieben, hat *nach* ihr
nur um so traurigere Gültigkeit erlangt."[80]

Was bedeutet dieses anfängliche Eingeständnis, „es" nicht zu wissen? Nicht mehr und nicht weniger, als dass mitgebrachtes Vor-Wissen nicht weiterbringt. Dies auszuhalten, versetzt in den Stand einer Offenheit für Neues, das sich unterwegs, im weiteren Bedenken, ereignen möge.[81]

Welche Quellen nennt Bargatzky für dieses mögliche Neue? Es sind existenzielle Begegnungen und Gespräche unter Freunden und Kameraden. Bargatzky will den „Mut ihres Zweifels, das Heldentum ihres Glaubens" nicht vergessen, sondern sich im Gegenteil darauf stützen. Sie sind ihm Verpflichtung: „*Was ich hier schreibe, ist ein Protest in ihrem Namen – welches auch immer ihre Ideen waren –, ein Protest gegen die Unwissenden, die Uninteressierten, gegen die Mut- und Ideenlosen unserer Zeit.*" Dieser Zeit ist er selber nicht enthoben. „Wir würden arm sein, so schien es ihnen damals. Jetzt, da das Ende gekommen ist, sind wir *nackt*."[82]

Was hilft in solcher Ratlosigkeit? Der „kühle Kopf" und die Abwendung von jedem, „der uns stört, […] die Neunmalklugen, die uns beschwatzen, die Müden, die uns stören".[83] Man möge sich nicht mit unausgegorenen Ideen in eine Geschäftigkeit stürzen noch sich von Verzweifelten der „Freiheit des Entschlusses" berauben lassen. Auch sei zu beachten, dass „der Deutsche, wie immer, nur schwer begreifen wird, dass eine Sache schlecht sein kann, auch wenn sich ihre Verfechter Patrioten heißen".[84] Auch dies ist ein Signal über siebzig Jahre hinweg, man bedenke nur, wer alles geschworen hat, er oder sie würde seine bzw. ihre Kraft „zum Wohle des deutschen Volkes" einsetzen.

14. Maßstäbe für künftige politische Führer

Wer jetzt zu einer Neubesinnung beitragen will, der braucht weit vor allen politischen Ambitionen und Sätzen selber Charakter. Er ist jemand, der „*als erstes über jene Ruhe und jenen Stolz verfügt, die wir für die Zukunft fordern müssen*". Denn „nur der Stolze wird nachzugeben wissen, wo der Hochmütige auf seiner Meinung beharrt"; er wird „den Mut haben, einsam zu bleiben, und als Einsamer die Gabe zu schweigen".[85] Kurz gesagt: „Menschen müssen es sein, Menschen im eigentlichen Sinne des Wortes."[86] Als solcher hat der „kommende Staatsmann" auch ein „Bewußtsein seiner dienenden, seiner helfenden Rolle".[87]

Mit Verachtung straft Bargatzky hingegen alle, „die heute schon von Verbrüderung reden. […] die Worthelden, […] die Weltverbesserer, die nun tausendfach aus dem Boden schießen", die ernten wollen, bevor sie gesät haben, weil sie „die Tiefe des Prozesses" übersehen, „der die feindlichen Völker zueinander führt".[88] Diesen Halbgebildeten schlägt ihre vor Kurzem noch zur Schau getragene Überheblichkeit um „in eine haltlose Bewunderung und Willfährigkeit, nachdem die Macht des Gegners auch dem Dümmsten klar geworden ist". Eine „angeborene Enge" verwehrt ihnen „den Blick aufs Ganze". „Mit der gleichen Flachheit, mit der sie einst das Völkerverbindende leugneten, gehen sie nun über das Völkertrennende hinweg."[89] Offenbar gibt es auch in diesem Bereich Nachgeborene mit gleicher Erblast.

Immer aber ist es „ein Mangel an Ruhe, an Nüchternheit, an *Maß*",[90] wegen dem der zweite vor dem ersten Schritt getan und jener dann verdorben wird. „Wo aber findet sich noch diese Art Herren [und Damen] in unserem Lande, wie groß ist die Zahl derer, die Herz und Vernunft in jenem seltenen Grade vereinen, dass sie den Mut nach innen bewahren und das Maß nach außen?"[91] Und zu diesem Mut bedarf es „der Demut und der Frömmigkeit". Brutalität hingegen sei „der Mut der Gottlosen".[92]

Das Fehlen rechten Mutes, die Feigheit, lokalisiert Bargatzky in „unserer Untergebenenmoral, unserem Kleinleutetum, unserer Subalternität. Nur der Subalterne überschätzt sich selbst". Seine Analyse mag man auch als einen bitterbösen Weckruf in unserer Zeit verstehen, wenn er konstatiert: „Niemand auf der Welt sieht die Dinge so unbefangen wie der Deutsche, wenn er mit sich allein ist."[93]

Mit solchen unterwürfigen Führern verliere das Land seine allerletzte Glaubwürdigkeit, und Bargatzky mahnt: „[…] ein Volk, das sich in seinem *Unglück* zu einem anderen bekennen muß, steht im Glück nur selten zu seinem Wort".[94]

15. Die Deutschen – ein „Volk ohne Zaun"?

Wie soll, wie kann es aber nach alledem mit Deutschland als Ganzem weitergehen? „Wir messen den Wandel an dem Sichtbaren und Fühlbaren. Aber zu der Tiefe seiner geschichtlichen Bedeutung sind wir noch nicht vorgedrungen", bekennt der Autor.[95] Sichtbar und fühlbar ist, dass „unser gesamter patriotischer Wortschatz" verbraucht ist, dass „wir […] unser Ansehen vor uns selbst und vor der Welt verloren" haben[96] und Europa nicht länger im Mittelpunkt des politischen Geschehens steht. Angesichts der Verbrechen der jüngsten Zeit prophezeit er sogar „eine beispiellose Vereinsamung".[97] Aber ohne eine geschichtliche Ordnung kann „ein Volk nicht weiterleben". Also müssen „wir zunächst Ordnung in unsere eigenen Gedanken bringen". Die Grundsätzlichkeit, mit der das zu geschehen hat, ist aber „nicht eine Bürde, sondern eine Gnade", gilt es doch, „die Grundlagen eines neuen Daseins zu schaffen".[98]

Im hinteren Teil seiner Schrift entwirft Bargatzky eine neue Sicht für

Deutschland und Europa. Er geht von zwei Beobachtungen aus: dass uns neben der wirtschaftlichen und politischen „auch die ideelle Basis der Nation […] genommen" ist[99] und „daß Europa in absehbarer Zeit über einheitliche Wirtschaftsräume von nie gekanntem Ausmaß verfügt"[100]. Sieger und Besiegte rücken also näher aneinander, eine gegenseitige Abgrenzung der Staaten in der Gestalt von Nationen werde es nicht mehr geben. Eine „kleindeutsche Idee"[101] hingegen wäre ein Rückschritt. Die Siegermächte hätten Deutschland vielmehr die Welt-Perspektive eröffnet. Wenn und sofern sie selber den nationalistischen Schub ihres Sieges überwänden und sich auf eine gemeinsame Rolle in der Weltpolitik verständigten,[102] könne auch Deutschland daran Anteil erhalten.[103] Somit stünden wir „nicht am Ende einer staatsrechtlichen Entwicklung […], sondern an deren *Anfang*."[104] Der Autor betont allerdings, dass damit nicht ein zukünftiger Staat umrissen ist, sondern eine Staatsidee,[105] ein Ziel staatlicher Gestaltung und staatlichen Zusammenwirkens. Deutschland habe diese Idee unfreiwillig beschleunigt,[106] möchte für ihre Verwirklichung aber auf „die kühle Weisheit" und „reife Mäßigung" der Sieger hoffen dürfen und so seinen neuen Platz im Weltgeschehen finden.

16. Kritik an Bargatzkys Entwurf

Bargatzkys „Vision" einer imperialen Aufteilung von Deutschland hat sich glücklicherweise nicht verwirklicht, und sei sie auch nur als Staatsidee gemeint gewesen. Von einem eigenen Staatsgebilde Deutschland schien er gar nicht mehr auszugehen, sondern von einer sich verfestigenden staatenbundartigen Aufteilung des Landes nach seinen Besatzungszonen. Er unterschätzte damit die gemeinschaftsbildende und auch -fordernde Kraft eines Volkes, das eben doch mehr sein will als bloßes Staatsvolk, geschweige denn „Bevölkerung", wie das zuletzt der überschwängliche Jubel bei der Wiedervereinigung eindrücklich veranschaulicht hat.

Gleichwohl findet sich bei ihm kein Gedanke einer ethnischen Vermischung auf deutschem Boden. Auch die unter „fremder" Herrschaft dienenden Deutschen würden sich ohne Zögern und ganz selbstverständlich als Deutsche bezeichnen, meint er,[107] und die Unterschiede zwischen den Völkern würden nach einer Zeit nationalistischer Verachtung überhaupt erst zur Kenntnis genommen werden, und zwar wertschätzend. „Wo ist unser Gefühl für den Unterschied der weißen und der farbigen Völker geblieben", fragt er.[108] Der Blick für die *gute Vielfalt* jenseits einer nationalistischen Beschränkung müsse uns erst wieder aufgehen.

17. Das zwischenzeitliche Scheitern

Warum war all diesen Besinnungen kein sichtbarer Erfolg beschieden? Sie trafen doch den Nerv der Zeit! Die Gründe sind so banal wie wirkungsvoll. Verschiedene Andeutungen aus diesen Schriften ergeben summarisch folgendes Bild:

Die Menschen sind erschöpft.
Die „Narkose einer mechanischen Tätigkeit" und „der Schein einer christlichen Liebesgemeinschaft" ermüden den Geist.[109] Die „Phantasie ist ausgeleert".[110]

Es herrscht zu viel Ablenkung.
„Eine Menge irritierender Faktoren" in einer „rein technische[n] Zivilisation" ersticken jeden Glauben. „Jede Behauptung erfährt die sofortige Beleuchtung von allen Seiten: durch Presse, Bücher, Rundfunk, durch Fernspruch, ja Telefon und durch schnelle Beförderungsmittel, kurz durch die Allgegenwart der Kritik."[111] Stress also.

Rasche Veränderungen.
Der Einzelne kann nicht mehr Schritt halten mit allen Veränderungen, die auf ihn einstürmen. Neben dem Verstand hat bald nichts mehr Platz. Herz, Seele, Gefühl werden zurückgedrängt, und die Zivilisation orientiert sich „fast hundertprozentig nach der materiellen Seite hin".[112] „Europa steht vor seiner – Amerikanisierung!", meint der Visionär Louis Emrich schon 1943.[113]

Die Parteipolitik hat Einzug gehalten.
Edmund Heinz erzählt von einem unverständigen Besucher einer tragenden Zusammenkunft: „Der Gast hatte die Frage nicht beantwortet und keine Stellung genommen. Er vertauschte oder verwechselte seine Meinung über die geschichtliche Lage mit der existentiellen Aufgabe der Stunde, ohne ihren politischen Hintergrund."[114] Besser kann man es nicht ausdrücken.

Das neue Blockdenken erstickt die Freiheit.
Einen frühen Hinweis darauf finde ich bei Harold Butler, der 1944 „die Errichtung eines westlichen und eines östlichen Blockes zur Sicherung des europäischen Friedens" vorschlägt.[115] Stützer schreibt 1946 davon, dass „die Völker des Ostens beginnen, eine Blockpolitik zu betreiben, welche die Westmächte zu einer ebensolchen zu zwingen droht".[116] Sie war spätestens 1948 Realität geworden und hatte unter anderem zur

Auflösung der Gesellschaft Imshausen geführt.

Der „Vierteljahresbericht über Deutschland" für Ende 1950 bestätigt die letzten beiden Einschätzungen. Gegen eine aufziehende kommunistische Bedrohung sei dem Westen Deutschlands „seitens des Atlantikpaktrates ein ehrenvoller Anteil an den Maßnahmen zur Gewährleistung der gemeinsamen Sicherheit angeboten" worden, hebt der amerikanische Hochkommissar für Deutschland John McCloy hervor – was „logischerweise mit einem deutschen Verteidigungsbeitrag einhergehen würde".[117] Angesichts der „unaufhörlichen kommunistischen Flut" müsse die Bevölkerung Westdeutschlands nun „alle moralischen Kräfte aufbieten" und jene Propaganda „durchkreuzen".[118] Der ursprüngliche Wunsch nach Erneuerung und Besinnung wird für ein neues Blockdenken kanalisiert und instrumentalisiert. Es geht „um die Rolle der Bundesrepublik in der gegenwärtigen Weltlage"[119], nicht um das grundsätzliche Selbstverständnis eines neu zu fundierenden Deutschland.

Es bewahrheitet sich der Satz Eugen Rosenstock-Huessys: „Existentielle Wahrheit wird erst nach zwei Generationen lehrbar."[120]

18. Abschließende Erörterungen

Wir hören oft davon, dass das Nationale zu Ende sei, dass es nur Krieg und Verderben gebracht habe und wir darum europäische und andere überstaatliche Organisationen fördern, uns ihnen anschließen, „Souveränitätsrechte" an sie abtreten sollten. Bei diesen Gedanken wird immer mehr Menschen, gelinde gesagt, unwohl. In wessen Namen und Autorität werden diese Forderungen erhoben? Es wäre doch reichlich naiv, würde sich dahinter die Vorstellung verbergen, dass eine größere Einheit automatisch für mehr Frieden stehe. Sie mag durch Einschüchterung befrieden, aber das ist eine gänzlich andere Ebene. „Man erwartet von uns, noch größeren Organisationen beizutreten: dem Weltstaat, der klassenlosen Gesellschaft, Ökumene oder gar einem Kartell aller Weltreligionen. Dies sind logische und systematische Gebilde, und ihrer aller Mittelpunkt nimmt eine Schreibmaschine ein."[121] Heute würde man sagen: ein Rechenzentrum.

„Staat" ist eine territoriale Verwaltungseinheit. Er hat keine Geschichte im eigentlichen Sinne, er hat allenfalls Vergangenheit. Gelebt und „Geschichte gemacht" wird in Dimensionen des Lebens. Dazu gehört Familie, dazu gehören auch Bündnisse im Arbeitsleben, dazu gehören Sprachgruppen und Völker. Für deren Lebensraum hatte sich das Modell der Nation herausgebildet, dargeboten und „gemanagt" vom jeweiligen Staat. Es ist vielleicht schon diese kleine Unterscheidung, die aus falschen Engführungen herausführen kann.

Ein zweiter Aspekt aus dem Dargestellten ist mir der Wechsel Werner von Trotts vom Reichsgedanken zu dem der Durchdringung der Gesellschaft, auch und gerade durch Widerstand.[122] Ersterer erscheint mir auf diese Weise im guten Sinne säkularisiert. Er wird von der Schlacke falscher Machtansprüche oder auch nur -assoziationen befreit und mag sich in seine ursprüngliche, geradezu adventliche Bedeutung hinein- und hinausentfalten: als Dienstbarkeit des Christen „an Volk und Vaterland", zugänglich via Gesellschaft.

Schonungslos ehrlich schreibt die Dichterin Gertrud von le Fort 1949 „an meine Schweizer Freunde": „Wir, die wir den letzten, furchtbaren Möglichkeiten des Menschen gegenübergestanden haben, erlauben uns keine Beschönigungsversuche menschlicher Schwachheit mehr, aber auch keine vernichtenden Verurteilungen dieser Schwachheit. […] Unsere Illusionen über dieses Volk, unser Stolz auf dieses Volk sind, was seine zeitgenössische Erscheinung betrifft, gefallen – unsere Liebe zu ihm nicht. Sie ist vielmehr tiefer und mächtiger denn je."[123]

Es darf auch wieder Stolz sein – wenn die Liebe überwiegt.

Literatur:

Amt des Amerikanischen Hochkommissars für Deutschland (Hrsg.): Vierteljahresbericht über Deutschland. 1. Oktober bis 31. Dezember 1950, ohne Ort und Jahr.

Bargatzky, Walter: Schöpferischer Friede, Freiburg i. Br. 1946.

Barth, Karl / Daniélou, Jean / Niebuhr, Reinhold: Amsterdamer Fragen und Antworten, München 1949.

Baeyer-Katte, Wanda von: Das Zerstörende in der Politik. Eine Psychologie der politischen Grundeinstellung, Heidelberg 1958.

Brakelmann, Günter: Helmuth James von Moltke 1907–1945. Eine Biografie, München 2007.

Buchman, Frank N. D.: Wiederaufbau der Welt. Ausgewählte Reden, Caux sur Montreux 1947.

Butler, Harold: Der verlorene Friede. Erinnerungen, Eindrücke, Erwartungen, Zürich u. New York 1944.

Denkhaus, Lotte: Mitte aller Zeit. Geistliche Gedichte, Berlin 1957.

Ders.: Wir sind Gäste. Gedichte, 2., verm. Aufl., Stuttgart 1947.

Deutsche Beiträge. Eine Zweimonatszeitschrift, Jg. 1 H. 5, München 1947, Seiten 391–484.

Die Neue Ordnung. Zeitschrift für Religion, Kultur und Gesellschaft, hrsg. v. Albertus-Magnus-Akademie der Dominikaner, 1. Jg. 1946/47, Heidelberg 1947.

Diem, Hermann: Luthers Predigt in den zwei Reichen, München 1947.

Döblin, Alfred: Die literarische Situation, Baden-Baden 1947.

Ders.: Der unsterbliche Mensch, München 1946.

Ders.: Unsere Sorge, der Mensch, München 1948.

Ders.: Wissen und Verändern! Offene Briefe an einen jungen Menschen, Berlin 1931.

Das Problem Deutschland. Bericht einer Studiengruppe des Chatham-House, hg. v. Royal Institute of International Affairs London, Zürich u. New York 1945 (englisches Original 1943).

Emrich, Louis: Das europäische Chaos und seine Überwindung. Die nihilistische Phase 1946/1949, Zürich u. New York 1945.

Ders.: Europa 1975. Die Welt von morgen. Die politischen, wirtschaftlichen, technischen und kulturellen Perspektiven zwischen 1945 und 1975, Basel 1943.

Grossmann, Hermann: Umbruch zur Einheit. Gott, Mensch und Welt an der Schwelle einer neuen Ordnung, Stuttgart 1947.

Guardini, Romano: Das Ende der Neuzeit. Ein Versuch zur Orientierung, 3. durchges. Aufl., Würzburg 1951.

Heinz, Edmund: Die Krise des Politischen, Nürnberg, Bamberg u. Passau 1947.

Kogon, Eugen: Der SS-Staat. Das System der deutschen Konzentrationslager, München 1946.

Kramer, Franz Albert: Vor den Ruinen Deutschlands. Ein Aufruf zur geschichtlichen Selbstbesinnung, Koblenz 1945.

Langer, Walter C.: The Mind of Adolf Hitler. The Secret Wartime Report, New York u. London 1972.

le Fort, Gertrud von: Gelöschte Kerzen. 2 Erzählungen, München 1953.

Dies.: Unser Weg durch die Nacht. Worte an meine Schweizer Freunde, Wiesbaden 1949.

Legt das Große in das Leben. Aus Schillers Briefen, München 1945.

Lübbe, Hermann: Politischer Moralismus. Der Triumph der Gesinnung über die Urteilskraft, Berlin 1987.

Lüthi, Walter: Deutschland zwischen gestern und morgen. Ein Reisebericht, Basel 1947.

Michel, Ernst: Rettung und Erneuerung des personalen Lebens, Frankfurt a. M. 1951.

Mörchen, Friedrich: Der nervöse Mensch unserer Zeit. Wie hilft man ihm? Wie hilft er sich?, Wiesbaden 1946.

Myrdal, Gunnar: Warnung vor dem Friedensoptimismus, Zürich u. New York 1945.

Niebuhr, Reinhold: Jenseits der Tragödie. Betrachtungen zur christlichen Deutung der Geschichte, München 1947.

Othmer, Ekkehard (Hg.): Deutschland, Demokratie oder Vaterland. Die Rede an die Deutschen von Helmut Thielicke und eine Analyse ihrer Wirkung, Tübingen 1964.

Pötzsch, Arno / Reuber, Kurt: Die Madonna von Stalingrad. Ein Gedenken vor der Weihnachtsmadonna von Stalingrad, Hamburg 1945.

Rauschning, Hermann: Die Zeit des Deliriums, Zürich 1947.

Ders.: Masken und Metamorphosen des Nihilismus. Der Nihilismus im 20. Jahrhundert, Frankfurt a. M. u. Wien 1954.

Rosenstock-Huessy, Eugen: Des Christen Zukunft oder Wir überholen die Moderne, Moers 1985.

Ders.: Heilkraft und Wahrheit. Konkordanz der politischen und der kosmischen Zeit, Moers 1991.

Rothenberg, Friedrich Samuel (Hg.): Lob aus der Tiefe. Junge geistliche Dichtung, Göttingen 1947.

Ricker, Gerhard: Das Abenteuer der Ordnung, München u. Leipzig 1947.

Schacht, Hjalmar: Abrechnung mit Hitler, Berlin u. Frankfurt a. M. 1950.

Schede, Wolfgang Martin: Das gerettete Eiland. Gedichte der Gegenwart, Stuttgart u. Calw 1946.

Schirrmacher, Frank: Minimum. Vom Vergehen und Neuentstehen unserer Gemeinschaft, München 2006.

Schneider, Reinhold: Duldet mutig, Millionen; Mannheim 1946.

Ders.: Macht und Gnade. Gestalten, Bilder und Werte in der Geschichte; Wiesbaden 1946.

Schütz, Paul: Das Mysterium der Geschichte. Eine Meditation der Christusapokalypse, Kassel 1950.

Schwertfeger, Bernhard: Im Kampf um den Lebensraum. 70 Jahre deutschen Ringens 1870–1940, Potsdam 1941.

Ders.: Rätsel um Deutschland, 2. Aufl., Heidelberg 1948.

Schröder, Rolf Alexander: Der Mann und das Jahr. Ein Nachtgespräch Sylvester 1945, Berlin 1946.

Siemsen, Anna: Zehn Jahre Weltkrieg. Eine Chronik in monatlichen Berichten von Januar 1935 bis Mai 1945, Düsseldorf 1947.

Snell, John L.: The Nazi Revolution. Germany's Guilt or Germany's Fate?, Boston 1959.

Strasser, Otto: Deutschlands Erneuerung, Buenos Aires 1946.

Strathmann, Hermann: Adam, wo bist Du? 12 Predigten aus bewegter Zeit. Vortrag: Warum wurde die antike Welt christlich?, Bielefeld 1947.

Stützer, Herbert Alexander: Nation, Abendland, Welt, Bonn 1946.

Thielicke, Helmut: An die Deutschen. Rede im Plenarsaal des Deutschen Bundestags am 17. Juni 1962, Tübingen 1962.

Ders.: Fragen des Christentums an die moderne Welt. Untersuchungen zur geistigen und religiösen Krise des Abendlandes, Tübingen 1947.

Ders.: Der Nihilismus. Entstehung, Wesen, Überwindung, 2. Aufl., Pfullingen 1951.

Ders. / Diem, Hermann: Die Schuld der anderen. Ein Briefwechsel, Göttingen 1948.

Trott zu Solz, Werner von: Der Untergang des Vaterlandes. Dokumente und Aufsätze, Olten u. Freiburg i. Br. 1965.

Ders.: Widerstand heute oder Das Abenteuer der Freiheit, Düsseldorf 1958.

Windisch, Hans: Führer und Verführte. Eine Analyse deutschen Schicksals, Seebruck a. Ch. 1946.

Ders.: Genius und Dämon. Der Fall Deutschland. Ein Manifest, Seebruck a. Ch. 1947.

Zimmermann, Werner: Liebet eure Feinde. Aufbau, Erlebnisse, Vorträge in Deutschland, Thiele 1948.

zur Nieden, Ernst: Heimkehr zu Gott. Predigten aus der Zeit der Kriegsnot, der Besetzung und der Waffenruhe, Darmstadt 1946.

Ders.: Mensch sei Mensch, Berlin 1948.

1 Kramer 1945: 137.

2 Windisch 1946: 256.

3 Heinz 1947: 111. Damit umschreibt der Verlag die Ausrichtung seiner Reihe „Görres-Bibliothek", zu der das erwähnte Heft gehört. Sie erschien 1946–1950. Auf eher akademischem Niveau erschien ebenfalls ab 1946 die Schriftenreihe „Deutsche Beiträge. Eine Zweimonatsschrift".

4 Schirrmacher 2006.

5 „Wir werden die Situation nicht dadurch zwingen und retten, daß wir versuchen, zu früheren Zeiten zurückzufinden und frühere Verhältnisse wieder einzuführen. Dafür haben Menschen und Dinge sich zu stark gewandelt." Die neue Ordnung, Heft 1, Oktober 1946: 1. Es geht hier vielmehr um eine geistige Tuchfühlung, um ein Anerkennen der Tatsache, dass das Denken „zwei Prozesse vereinigt, nämlich das Nachdenken über Gehörtes und Vordenken dessen, das gesagt werden muß". Rosenstock 1991: 151.

6 Lübbe 1987.

7 „Daß die Verwirklichung einer Idee verhindert wird, bedeutet nicht ihre Abtötung. Sie verkriecht sich lediglich, dem Zugriff entzogen glimmt sie unterirdisch weiter, frißt ungestört neue Zonen an", schreibt Hans Windisch in ähnlichem Zusammenhang (Windisch 1946: 10). Spiegelbildliches Verhalten und Denken erkenne ich zudem in autorassistischen Parolen linker Färbung, in der Gewalt gegen Demonstranten, die sich beispielsweise gegen eine Frühsexualisierung von Kindern und eine verfassungswidrige Masseneinwanderung richten, sowie in Aufrufen, Menschen mit nicht regierungskonformen Meinungen zu denunzieren – samt aller persönlichen und beruflichen Konsequenzen.

8 „Überhaupt ist es mit dem Nationalhaß ein eigenes Ding. Auf den untersten Stufen der Kultur werden sie ihn immer am stärksten und heftigsten finden." Goethe zu Eckermann, zitiert bei Bargatzky 1946: Geleitwort, ohne Seitenzahl.

9 Thielicke, 1962: 18.

10 Folgende Bücher bieten sich für Lese- und Diskussionsgruppen an: Rauschning 1947; Baeyer-Katte 1958; Windisch, 1947; Döblin 1946; Trott 1958; Thielicke 1950; Guardini, 1951; Schirrmacher 2006.

11 Eugen Rosenstock-Huessy fasste das in dem Satz zusammen: „Ohne den Zustand der Einsamkeit an der Front werden wahrscheinlich die Gedanken nicht dicht genug."

12 Die von mir verwendeten Hefte und Bücher sind kaum in Bibliotheken aufzufinden. Man bleibt im Wesentlichen auf Antiquariate angewiesen.

13 Mörchen 1946: Vorwort, ohne Seitenzahl.

14 „Wir flüchten uns aus dem Grauen der Gegenwart in die Vergangenheit vor fast 150 Jahren, als Goethe und Schiller noch auf Erden wandelten, als Zierden ihres Volkes und des deutschen Namens." Schwertfeger 1948: 534.

15 Thielicke 1947: X.

16 Denkhaus 1947: 6.

17 Die Neue Ordnung: 1; Hervorhebungen im Original.

18 Die Neue Ordnung: 2 und 4; Hervorhebungen im Original.

19 Die Neue Ordnung: 2.

20 Ricker 1947: Impressum, ohne Seitenzahl.

21 Ricker 1947: 184. Die amerikanische und britische Propaganda hatte während des Krieges offenbar auch Schweden erreicht. Gunnar Myrdal kritisiert darum: „Es ist, als ob wir unseren Sinn für historische Problematik, unser Vermögen, uns ein selbständiges Urteil zu bilden, verloren hätten. […] Der Respekt vor unserem Urteil und unserer Wachsamkeit wird verringert […]". Nötig sei stattdessen „eine […] kundige, selbständige und kritische Meinung. Das Risiko schwerer Rückschläge, wenn die Illusionen am Ende doch platzen, ist ja sonst verständlich." Myrdal 1945: 13.

22 Thielicke 1951: ohne Seitenzahl.

23 zur Nieden 1948: ohne Seitenzahl.

24 Strasser 1946: ohne Seitenzahl.

25 Thielicke 1947: ohne Seitenzahl.

26 Rothenberg 1947: ohne Seitenzahl.

27 Windisch 1946: ohne Seitenzahl.

28 Windisch 1946: 14.

29 So der Titel seines 1947 erschienenen umfangreichen Spätwerkes; ich verwende die fast identische 2. Aufl. aus dem Jahr 1948.

30 Kramer 1945: 139.

31 Mörchen 1946: 83. Windisch schreibt, wir sollten „aus einem verständigen und verstehenden Geiste heraus die verwirrten Fäden zuordnen, sie zueinander gruppieren und dabei prüfen, was sich als haltbar, was sich als fragwürdig und was sich als morsch erwiesen hat". Windisch 1946: 21.

32 zur Nieden 1948: 7 und 9.

33 Bargatzky 1946: 11.

34 Rauschning 1947: 10. Ähnlichkeiten mit Geistern und Vorgängen der Gegenwart sind mehr als zufälliger Natur.

35 Rauschning 1947: 13. Kurz vorher, auf S. 9, schreibt er von einer sich bereits abzeichnenden „Zwangsordnung eines neuen demokratischen Absolutismus". Er widmet diesem Begriff einen 15 Seiten langen Abschnitt in dem Kapitel „Die nihilistische Phase der Großen Krise", 289–303.

36 Rauschning 1947: 10 und 12; Hervorhebungen im Original.

37 Der eigentliche Name lautet „Royal Institute of International Affairs", gegründet 1920.

38 Das Problem Deutschland: 21. Hans Windisch schreibt: „Deutschland war die Warnung an alle. Die Warnung heißt: Geist der Massen." Windisch 1946: 18. Wiederum Rauschning: „Der Deutsche mit seiner ewigen Leidenschaft zum Unbedingten und zum äußersten Extrem hat die Last aufgebürdet bekommen, diese äußerste Konsequenz des großen Prozesses der Demaskierung aller Werte nicht bloß im Abenteuer des Gedankens […], sondern buchstäblich, brutal, real vorzudemonstrieren." Rauschning 1947: 249.

39 Strasser 1946: 16 und 15.

40 Strasser 1946: 167.

41 Strasser 1946: 143.

42 Strasser 1946: 170.

43 Ich verweise insbesondere auf die im Literaturverzeichnis genannten Werke von Eugen Rosenstock-Huessy, Reinhold Schneider, Helmut Thielicke, Reinhold Niebuhr, Gertrud von le Fort, Friedrich Samuel Rothenberg und Alfred Döblin.

44 Emrich 1945: 91.

45 Zimmermann 1948: 7.

46 Ricker 1947: 195.

47 Ricker 1947: 84.

48 Butler 1944: 214.

49 Das Problem Deutschland: 13.

50 Schwertfeger 1948: 530.

51 Schwertfeger 1948: 497.

52 Schwertfeger 1948: 493. Den Begriff Volksgemeinschaft hinterfragt er im weiteren Zusammenhang dieser Stelle.

53 Schwertfeger 1948: 538 f.

54 Emrich 1945: 16 f.

55 Emrich 1964: 31.

56 Butler 1944: 223.

57 Das Problem Deutschland: 25 f.

58 Die sogenannte Atlantik-Charta geht auf ein Treffen zwischen Winston Churchill und Franklin D. Roosevelt vom 14. August 1941 zurück – zu einem Zeitpunkt, da die USA noch gar keine Kriegsteilnehmer waren.

59 Das Problem Deutschland: 28.

60 Rauschning 1947: 8.

61 Windisch 1946: 20. Als Geleitwort zu seinem anderen Werk „Genius und Dämon" schreibt er:

„Wir können uns keinen Illusionen mehr hingeben: Was um uns vorgeht, ist ein Wettlauf mit dem Tode, dem Volkstode. Wir haben nur noch eine Karte in der Hand, die letzte: die junge Generation, die zwischen zwanzig und vierzig. Sie ist noch einer Auslese, einer Elite fähig oder ein ganzes Volk vegetiert sich zu Tod." Windisch 1947: ohne Seitenzahl.

62 Eine hilfreiche Einführung bietet der Artikel von Fritz J. Raddatz: Synthese zwischen Westen und Osten, in: Die Zeit v. 6. September 1991.

63 Trott 1965: 7.

64 Trott 1965: 7.

65 „So fragt man sich bestenfalls, was solche Gespräche noch für einen Sinn und Nutzen haben, wenn sie doch zu keiner die Wirklichkeit bewegenden und verwandelnden Bewegung führen, wenn aus ihnen keine Gemeinsamkeit erwächst und auch nicht die gemeinsame Nötigung, das Notwendige zu tun, wenn sie nicht die Einübungsstätte sind der die Wirklichkeit durchdringenden Tat." Trott 1958: 11 f.

66 Trott 1965: 8

67 Alle Zitate dieses Absatzes aus Trott 1965: 9.

68 Trott 1965: 10.

69 In seinem Buch „Widerstand heute oder Das Abenteuer der Freiheit" umschreibt er diese Gruppe näher: „Es geht nicht um die Sammlung der Mitläufer, sondern der echten Rebellen und Außenseiter der Gesellschaft und auch der Kirchen." Trott 1958: 33.

70 Trott 1965: 45–48.

71 Auch für das Nachkriegsdeutschland wünschte sich von Trott eine Widerstandsbewegung, eine „Gemeinschaft christlicher Souveräne", die aus der Freiheit echter Freundschaft protestiert gegen „das Gefängnis der alltäglichen Zwangsordnung", gegen ein Kirchentum, das „den heiligen Schein mißbraucht zur Verhüllung und Rechtfertigung seines weltlichen Vorteils"; Trott 1958: 17, 16, 14.

72 Guardini 1951, 104. Das Buch geht auf eine Vorlesung in Tübingen im Wintersemester 1947/48 zurück, wie der Autor in seinem Vorwort schreibt. „Der christliche Glaube […] wird eine neue Entschiedenheit gewinnen müssen. Auch er muß aus den Säkularisationen, den Ähnlichkeiten, Halbheiten und Vermengungen heraus." (119)

73 Trott 1965: 46 f.

74 Trott 1965: 45.

75 Trott 1965: 46.

76 Trott 1965: 48.

77 Trott 1965: 47.

78 Rosenstock 1991: 139. „Examensfähig sind Wahrheiten erst in der dritten Generation." Entsprechend konstatiert Rosenstock-Huessy eine „zeitliche Verspätung des Professoralen", was nicht ohne Tragik abgeht: „Wenn aber ganze Völker zu solchen Verspätungen durch ihre Lehrer genötigt werden? Wenn die Todessehnsucht Manie wird?" (140) Oder, anders gefragt: Wenn ein Nationalmasochismus zur Tugendlehre verklärt wird? Dann sind wir wieder bei von Trotts Einsamkeit und einem erneuten Warten auf eine vielleicht erst übernächste Generation.

79 Bargatzky 1946: 18. Einschränkend bemerkt er weiter hinten in seiner Schrift: „Ehrfurcht vor dem Geist hat nur, wer ihn selbst besitzt."

80 Bargatzky 1946: 9; Hervorhebung im Original.

81 „Denn die Weltwährung der Begriffe ist immer ein Menschenalter oder zwei im Rückstand gegenüber dem Wachstum von neuen Früchten der Heilsgeschichte. Der, der begriffen werden kann, während wir leben, ist immer unser alter Adam" Rosenstock 1991: 138.

82 Bargatzky 1946: 10; Hervorhebungen im Original.

83 Bargatzky 1946: 11 und 12.

84 Bargatzky 1946: 12.

85 Bargatzky 1946: 17; Hervorhebungen im Original.

86 Bargatzky 1946: 19. „Was ein rechter Mensch ist, wird zur Zeit nur in der Liebe zu noch unbegreiflichen und wirksamen Menschen bestätigt und ist noch ungeeignet als ‚Systemgrundlage'."

Rosenstock 1991: 141.

87 Bargatzky 1946: 18 und 19.

88 Bargatzky 1946: 13. Gerhard Ricker meint, der in der neuen Zeit geforderte Mensch „hat eher römisches Format und ist ein Gegner fixer Ideen und allgemeiner Weltbeglückung"; Ricker 1947: 11.

89 Bargatzky 1946: 15.

90 Bargatzky 1946: 13;, Hervorhebungen im Original.

91 Bargatzky 1946: 13. „Wer weiß denn heute noch, was für eine Großtat nur darin besteht, Zeit zu gewinnen? Zeit für ein Werk, Zeit für eine Wahrheit?" Rosenstock 1991: 147.

92 Bargatzky 1946: 14. „Der ohne vorhergehende Erfahrung der Gnade erwachende Manneswille wählt die Macht." Rosenstock 1991: 148.

93 Bargatzky 1946: 14.

94 Bargatzky 1946: 15; Hervorhebung im Original.

95 Bargatzky 1946: 20.

96 Bargatzky 1946: 21.

97 Bargatzky 1946: 25.

98 Bargatzky 1946: 26.

99 Bargatzky 1946: 21.

100 Bargatzky 1946: 32.

101 Bargatzky 1946: 35.

102 Bargatzky 1946: 43 und 50.

103 Bargatzky 1946: 34, 38, 45.

104 Bargatzky 1946: 40; Hervorhebung im Original.

105 Bargatzky 1946: 34.

106 Bargatzky 1946: 52.

107 Bargatzky 1946: 43.

108 Bargatzky 1946: 37.

109 Trott 1958: 14.

110 Bargatzky 1946: 39.

111 Windisch 1946: 257.

112 Emrich 1943: 24.

113 Emrich 1943: 19.

114 Heinz 1947: 10. Ähnliches berichtet ja Werner von Trott; s. o.

115 Butler 1944: 235.

116 Stützer 1946: 60.

117 Vierteljahresbericht: I und II.

118 Vierteljahresbericht: VII.

119 Vierteljahresbericht: VII.

120 Rosenstock-Huessy 1991: 138.

121 Rosenstock-Huessy 1985: 164.

122 Diesen Wechsel nehme ich wahr zwischen den beiden Büchern „Untergang" mit seinen Beiträgen aus den 1940ern und „Widerstand" von 1958.

123 le Fort 1949: 18.

Christlicher Glaube und die Krise des Universalismus in Zeiten der Massenmigration

Von Daniel Zöllner

1. Leitfragen

In dem Buch „Die Getriebenen" berichtet Robin Alexander von einer Rede, die Bundeskanzlerin Angela Merkel im Dezember 2015 auf einem CDU-Parteitag hielt, als sie aufgrund ihrer Entscheidung für eine Grenzöffnung innerhalb ihrer Partei bereits in Bedrängnis geraten war. Alexander bezeichnet diese Rede als „die stärkste Rede Angela Merkels als Parteivorsitzende, vielleicht ihre beste Rede überhaupt."[1] Sie sicherte ihr die Zustimmung der Parteibasis. In dieser Rede rechtfertigte Merkel die Grenzöffnung im Kern durch den Hinweis auf das „C" im Parteinamen, auf die christliche Vorstellung der Gotteskindschaft jedes Menschen und die daraus erwachsende gottgegebene Würde jedes Einzelnen. Deshalb seien es keine Menschenmassen, die zu uns kämen, sondern einzelne, hilfsbedürftige Menschen.

Auch verschiedene Vertreter der christlichen Kirchen in Deutschland (auf protestantischer Seite etwa der EKD-Ratsvorsitzende Bedford-Strohm, auf katholischer Seite die Bischöfe Marx und Woelki) haben die Entscheidung der Kanzlerin in diesem Sinne gerechtfertigt oder gar als ein Werk christlicher Liebe gelobt.

Derartige Äußerungen haben den konservativen Blogger Jürgen Fritz dazu gebracht, die Frage zu stellen, ob die Christen-Moral eine Wurzel des Übels der gegenwärtigen deutschen Migrations- und Flüchtlingspolitik sein könnte.[2] Doch lässt sich die Entscheidung der Bundeskanzlerin wirklich aus dem christlichen Glauben heraus begründen, und muss man als Christ diese Entscheidung gutheißen? Und wie kann oder soll sich ein Christ in der generellen Frage des Migrationsproblems positionieren? Was folgt, sind Reflexionen über diese Fragen aus der Perspektive eines evangelischen Christen.

2. Der gegenwärtige Konflikt zwischen Universalisten und Partikularisten

Merkels Grenzöffnung war Bestandteil einer weltweiten Migrationskrise, die gegenwärtig in Europa zwei einander entgegengesetzte politische Einstellungen in Konflikt geraten lässt. Der Politikwissenschaftler Wolfgang Merkel nennt die streitenden Parteien „Kosmopoliten" und „Kommunitaristen"[3]: „Kosmopoliten" befürworten eine weitgehende Öffnung der Staatsgrenzen für den Zuzug von Migranten.[4] Auf der anderen Seite stehen die „Kommunitaristen", die eine weitgehende Schließung der Staatsgrenzen für Migranten befürworten. Es handelt sich dabei um zwei Extrempositionen eines Kontinuums mit fließenden Übergängen und zahlreichen Mischformen. Nur manchmal werden die Extrempositionen in Reinform vertreten.

Der Gegenüberstellung von Wolfgang Merkel kann man zwei weitere idealtypische Gegensätze zur Seite stellen: „Kosmopoliten" sind eher universalistisch, „Kommunitaristen" eher partikularistisch eingestellt. Und während „Kosmopoliten" in der Regel „gesinnungsethisch" denken, neigen „Kommunitaristen" zu einer „verantwortungsethischen" Denkweise.[5] Mit Konrad Ott kann man hier durchaus von einem *„clash of morals"*[6], einem Aufeinanderprallen von zwei miteinander unvereinbaren ethischen und politischen Denkweisen sprechen.

Die Argumentation der „Kommunitaristen" führt zur Forderung nach Abschottung, konsequenten Abschiebungen und Abschaffung von Anreizen zur Immigration. All dies ist nicht möglich ohne Härte und ein gewisses Maß an Gewalt.[7] Die Argumentation der „Kosmopoliten" hingegen führt letztlich zu der Forderung nach offenen Grenzen und grenzenloser Migration: „No borders, no nations!"[8] Dies wird von „Kosmopoliten" häufig als wünschenswertes Ziel dargestellt, könnte aber politische Ordnungen wie den deutschen Rechts- und Sozialstaat sowie die deutsche Demokratie beschädigen oder gar zerstören.

Der Historiker Rolf Peter Sieferle formuliert das Problem in seiner bedeutenden Studie zum Migrationsproblem wie folgt: „Wir haben somit einen grundlegenden Gegensatz von humanitärem Universalismus, wie er in Begriffen von generell geltenden ‚Menschenrechten' ausgedrückt wird, und den Überlebenschancen konkreter politischer Ordnungen vor uns. Wenn die ‚Menschenrechte' als vorbehaltlos geltende Individualrechte wahrgenommen werden, kann dies jede ‚demokratische' Ordnung sprengen, da diese ja immer nur für eine Partikularität, für eine ‚Nation', ein ‚Volk' oder eine ‚Bürgerschaft' gilt."[9]

Die anfangs zitierte Rechtfertigung Angela Merkels und die Positionierung von Repräsentanten der christlichen Kirchen wie Bedford-Strohm, Marx und Woelki lassen den Eindruck entstehen, als Christ müsse man sich in diesem Konflikt zum Universalismus bekennen und partikulare, nationale Interessen hintanstellen, im Extremfall sogar ganz aufgeben. Dann jedoch würde aus konservativer Perspektive auch der Vorwurf von Jürgen Fritz zutreffen, dass die Christen-Moral eine Wurzel des Übels der gegenwärtigen deutschen Migrationspolitik sei.

Um diese Probleme in ihrer Tiefe verstehen zu können, werden zunächst die Verbindungen zwischen Universalismus, Menschenrechten und der christlichen Religion dargestellt. Es stellt sich dann die Frage nach dem Verhältnis zwischen christlichem Glauben und Politik.

3. Christentum, Universalismus und Menschenrechte

Wie der Kirchenhistoriker Arnold Angenendt in seinem Buch Toleranz und Gewalt ausführt,[10] war das vorchristliche Europa geprägt durch eine Ingroup/Outgroup-Moral: Der je eigene Stamm, das je eigene Volk steht im Zentrum, ist allen anderen Stämmen und Völkern überlegen. Im Innern des Stammes oder Volkes herrschen enger Zusammenhalt und Solidarität, es gibt jedoch wenig individuelle Freiheit, weil der Einzelne sich für die Gruppe aufopfern muss. Nach außen hin, gegenüber anderen Stämmen und Völkern, herrschen Geringschätzung und Feindschaft, häufig Krieg. Diesen tribalen Ordnungen entsprechen tribale Religionen, in denen die Götter der eigenen Gruppe den Göttern anderer Gruppen überlegen sind.

Mit der zunehmenden Verbreitung des Christentums werden diese tribalen Religionen zumindest in Europa in den Hintergrund gedrängt. Im Unterschied zu den „primären" Stammesreligionen bezeichnet der Theologe und Religionswissenschaftler Theo Sundermeier das Christentum als „sekundäre Religion": „Die Gültigkeit der sekundären Religion ist nicht auf den Raum der Kleingruppe beschränkt. Eines ihrer wichtigsten Kennzeichen ist der Anspruch auf Universalität. Die sekundäre Religion ist missionarisch, die primäre prinzipiell nicht."[11]

Paulus hat mit seinen Worten im Galaterbrief die Basis für den christlichen Universalismus gelegt: „Hier ist nicht Jude noch Grieche, hier ist nicht Sklave noch Freier, hier ist nicht Mann noch Frau; denn ihr seid allesamt einer in Christus Jesus." (Gal 3,28) Im Gegensatz zu den leiblichen Banden der Blutsverwandtschaft (auch der Stamm wurde und wird ja in tribalen Kulturen als erweiterte Verwandtschaft angesehen) steht im Christentum die Gemeinschaft im Heiligen Geist im Vordergrund, die den Einzelnen befreit und zur Verantwortung vor Gott beruft. In den Worten Jesu: „Wer Vater oder Mutter mehr liebt als mich, der ist meiner nicht wert; und wer Sohn oder Tochter mehr liebt als mich, der ist meiner nicht wert." (Mt 10,37)

Die Lösung aus den Bindungen an die Peergroup führt jedoch nicht in die Bindungslosigkeit, sondern in die neue Bindung an Jesus als den Christus, an Gott-Vater und an die im Heiligen Geist vereinte Gemeinschaft aller Christen. Das bringt Jesus in folgenden Worten zum Ausdruck: „Wer ist meine Mutter und wer sind meine Brüder?

Und er streckte die Hand aus über seine Jünger und sprach: Siehe da, das ist meine Mutter und das sind meine Brüder! Denn wer den Willen tut meines Vaters im Himmel, der ist mir Bruder und Schwester und Mutter." (Mt 12,48–50)

In dem Maße, in dem der Anspruch auf Universalität in „sekundären Religionen" zunimmt, besitzen diese die Macht, den Einzelnen aus den Bindungen an seine Gruppe und deren Ordnungen zu lösen und seine individuelle Freiheit zu stärken. Damit sind in der Geschichte Europas weitere soziale und geistige Umwälzungen verbunden, die hier nicht behandelt werden können.

Der Gedanke universeller Menschenrechte wäre ohne den Umschwung von der „primären" zur „sekundären Religion", also ohne Christianisierung, in Europa nicht aufgekommen. Setzt dieser Gedanke doch voraus, dass der Einzelne unabhängig von ethnischer und kultureller Gruppenzugehörigkeit, unabhängig auch vom Geschlecht, als Individuum mit bestimmten Rechten angesehen wird. Eine solche Abstraktion ist undenkbar im Einflussbereich der Stammesreligionen. Sie kann nur von einer Kultur vollzogen werden, die durch eine „sekundäre", universalistische Religion geprägt ist.[12] Auch das anfängliche Misstrauen der Kirchen und die relativ späte Anerkennung der Idee der Menschenrechte durch sie ändert nichts an dieser Tatsache. Selbst wenn eine säkulare „Aufklärung" für den Gedanken der Menschenrechte verantwortlich gemacht wird, muss doch anerkannt werden, dass diese „Aufklärung" auf den kulturellen Errungenschaften der Christianisierung Europas aufbaut.

4. Das Christentum zwischen Universalismus und Partikularismus

Die Idee universeller Menschenrechte wurzelt also durchaus (auch) in der christlichen Religion, und insofern hat sich Angela Merkel in ihrer anfangs erwähnten Parteitagsrede nicht zu Unrecht auf die Idee der Gotteskindschaft jedes Menschen berufen. Doch die universalistische Moral, die Merkel zur Begründung ihrer Entscheidung in Anspruch nimmt, hat auch christlich geprägte Kulturen nie ganz durchdrungen. Sie hat vielmehr die primäre, partikularistische Ethik nur überlagert. Das ist kaum verwunderlich, denn die universalistische Moral, die sich in den Ideen der Menschenrechte, der Würde und Gleichheit aller Menschen zeigt, ist ein vergleichsweise spätes, elitäres und fragiles Kulturphänomen, das ständig gegen eine tief im Menschen verwurzelte partikularistische Ethik ankämpfen muss.[13]

In der partikularistischen Ethik herrschen das Ingroup/Outgroup-Denken, die Abgrenzung gegenüber dem Fremden und eine klare Freund-Feind-Unterscheidung. Gefordert wird zwar Solidarität gegenüber den Mitgliedern der eigenen Gruppe, jedoch auch eine klare Abgrenzung gegenüber dem Fremden. Diese partikularistische Ethik wird aus der Perspektive des Universalismus meist als etwas Minderwertiges betrachtet, doch sie übt eine kaum zu unterschätzende Wirkung auf den Menschen aus und hat bis heute eine wichtige Funktion für den Zusammenhalt und die Solidarität innerhalb von Familien und größeren Gruppen, etwa Unternehmen und Vereinen, bis hin zu ganzen Völkern. Partikularistische Ethik ist jedoch nicht ohne Abgrenzung nach außen zu haben und impliziert somit stets ein gewisses Maß an „Xenophobie". Es wäre falsch, diese zu verteufeln.

Das Alte Testament ist mit seinen Erzählungen aus der Geschichte des jüdischen Volkes über weite Strecken partikularistisch, an den Schicksalen und Interessen einer Partikularität orientiert. Häufig erscheint Jahwe in diesen Erzählungen eher als Stammesgott denn als Gott aller Menschen. Dennoch gipfelt auch das Alte Testament in einer universalistischen Vision: Das jüdische Volk dient allen anderen Völkern als Vorbild, die nun ebenfalls in Jahwe ihren Gott erkennen, sich seinen Weisungen fügen und auf Gewalt verzichten (vgl. besonders Mi 4,1–4 und die Parallelstelle Jes 2,2–4).

Hinsichtlich der partikularistischen Motive im Alten Testament sind aber auch heute noch die Worte Dietrich Bonhoeffers zu berücksichtigen: „[N]ur wenn der Zorn und die Rache Gottes über seine Feinde als gültige Wirklichkeiten stehen bleiben, kann von Vergebung und von Feindesliebe etwas unser Herz berühren. Wer zu schnell und zu direkt neutestamentlich sein und empfinden will, ist m.E. kein Christ. […] Man kann und darf das letzte Wort nicht vor dem vorletzten sprechen. Wir leben im Vorletzten und glauben das Letzte".[14]

Die christliche Tradition hat im Spannungsfeld zwischen Universalismus und Partikularismus nicht immer den Universalismus gewählt. In der Geschichte Europas lässt sich beobachten, dass das Christentum sich immer wieder durch Abgrenzungen definierte, seinen universalistischen Anspruch durch klare Freund-Feind-Unterscheidungen gewissermaßen konterkarierte oder gerade im Namen des Universalismus Feinde identifizierte und Gewalt gegen diese verübte: Zwangstaufen und Judenpogrome im Namen des Christentums gehören zu den dunkelsten Kapiteln der europäischen Geschichte. Der immer wieder heraufziehenden Gefahr einer Unterwerfung durch islamische Heere konnte Europa nur begegnen, indem es den Zusammenhalt aller Christen gegen den gemeinsamen Feind beschwor und den Einzelnen motivierte, für die christliche Gemeinschaft im schlimmsten Fall sogar sein Leben zu opfern.

Ein zentraler Aspekt des Gegensatzes zwischen Universalismus und Partikularismus ist die Spannung zwischen religiösem Glauben und politischer Macht: Politische Macht ist stets partikularistisch, auf den Bestand einer konkreten Ordnung und konkreter Institutionen hin orientiert. Demgegenüber kann der Glaube eine kritische, korrektive Funktion sowie häufig sogar eine zersetzende Wirkung auf Ordnungen und Institutionen ausüben.[15] Er wird wesentlich durch die Hoffnung auf einen universellen Frieden sowie universelle Gerechtigkeit und Erlösung gespeist. Die Dialektik zwischen politischer Macht und Glauben ist besonders für das Verhältnis des Christentums zur Staatsmacht von zentraler Bedeutung.

5. Christlicher Glaube und Politik

Zu den kulturellen Errungenschaften Europas gehört neben der Idee universeller Menschenrechte ebenso die Trennung von Kirche und Staat, die unter anderem in den Worten Jesu ihren Ursprung hat: „Gebt dem Kaiser, was des Kaisers ist, und Gott, was Gottes ist!" (Mt 22,21) Die Trennung von Kirche und Staat ist dabei nur *ein* Aspekt der *Ausdifferenzierung* verschiedener autonomer Ordnungen, die im neuzeitlichen Europa stattfand: Die Religion verlor ihre übergreifende Ordnungsmacht und entließ Politik, Recht, Kunst, Wissenschaft und andere Ordnungen in ihre Autonomie. In „Politik als Beruf" spricht Max Weber treffend davon, „daß wir in verschiedene, untereinander verschiedenen Gesetzen unterstehende Lebensordnungen hineingestellt sind".[16]

Diese Ausdifferenzierung war im Einflussbereich des Christentums möglich, weil diese Religion „weltliche" Ordnungen nicht sakralisiert. Im Johannesevangelium sagt Jesus vor Pilatus: „Mein Reich ist nicht von dieser Welt." (Joh 18,36) Und im 1. Korintherbrief schreibt Paulus: „Die Zeit ist kurz. Fortan sollen auch die, die Frauen haben, sein, als hätten sie keine; und die weinen, als weinten sie nicht; und die sich freuen, als freuten sie sich nicht; und die kaufen, als behielten sie es nicht; und die diese Welt gebrauchen, als brauchten sie sie nicht." (1. Kor 7,29–31) Norbert Bolz kommentiert: „Der Christ als Christ ist nur ein Fremdling in dieser Welt. Aber gleichzeitig braucht und gebraucht er diese Welt. […] So wie Christus sich nicht um Politik und Wirtschaft kümmert, so hat auch der Christ als Christ *keine Beziehung zum öffentlichen Leben,* obwohl er als Staatsbürger natürlich sehr wohl auf die Gesetze dieser Welt verpflichtet bleibt."[17]

Aus evangelischer Perspektive bildet Luthers Zwei-Reiche-Lehre die Grundlage für die Trennung des Politischen und des Religiösen. Aus dieser Lehre folgt zweierlei: Zum einen ist die Staatsmacht nicht religiös legitimiert, sondern nur aufgrund ihrer wichtigen Funktion, sich dem Chaos der Anarchie entgegenzustellen. Politik und Staatsmacht sollten also nicht religiös aufgeladen und sakralisiert, sondern daran gemessen werden, ob sie ihrer Aufgabe gerecht werden.

Wie die Politik nicht religiös sein sollte, so sollte zum anderen auch die Religion nicht politisch werden. Nach der zutreffenden Beobachtung von Norbert Bolz wird in der Gegenwart die Religion zunehmend politisiert beim Versuch, sogenannte „aktuelle Themen" (wie Klimawandel und „Flüchtlingskrise") aufzugreifen: „Der Pfarrer tritt immer häufiger als Gutmensch auf – und das heißt in der Sprache des Neuen Testaments: als Pharisäer. Dabei missbraucht er seine Predigt für einen sentimentalen Moralismus."[18] Das *widerspricht* jedoch gerade dem Grundgedanken Luthers, dass der Glaube kein Werk ist und dass sich Gottes Gnade nicht durch Werke und eine „richtige Gesinnung" verdienen lässt.

Der Differenzierung zwischen der Sphäre des Religiösen und des Politischen folgend, hat Max Weber in „Politik als Beruf" die oft zitierte Unterscheidung zwischen Gesinnungs- und Verantwortungsethik getroffen: „[E]s ist ein abgrundtiefer Gegensatz, ob man unter der gesinnungsethischen Maxime handelt – religiös geredet –: ‚der Christ tut recht und stellt den Erfolg Gott anheim', *oder* unter der verantwortungsethischen: daß man für die (voraussehbaren) *Folgen* seines Handelns aufzukommen hat."[19] Webers wichtigstes Beispiel für die gesinnungsethische Denkweise bildet die Ethik der Bergpredigt. Er sagt aber zugleich, dass die hohen Ideale der Bergpredigt eine „Ethik der Würdelosigkeit" ergäben – „außer: für einen Heiligen."[20] Nur ein Heiliger könne gemäß dem Grundsatz leben, dem Übel nicht mit Gewalt zu widerstehen.

Die verantwortungsethische Denkweise ist hingegen eine notwendige Voraussetzung für das politische Handeln. Sie rechnet mit den „Defekten der Menschen"[21], ihrer Neigung zu Trägheit, Dummheit und Gewalttätigkeit. Wenn man nun mit Max Weber (durchaus zu Recht) das Wesentliche von Staatsmacht und Politik in einem *„Monopol legitimer physischer Gewaltsamkeit"*[22] sieht, dann ergibt sich daraus, „daß, wer mit der Politik, das heißt: mit Macht und Gewaltsamkeit als Mitteln, sich einläßt, mit diabolischen Mächten einen Pakt schließt".[23]

Es ist also ein Trugschluss zu glauben, man könne sich in der Politik auf die Reinheit der Gesinnung berufen und müsse sich nicht auch manchmal „die Hände schmutzig machen". Ein Politiker, der mit den Defekten der Menschen nicht rechnet und die daraus erwachsenden Übel nicht mit Gewalt einhegt, wird nach Weber seinem Beruf nicht

gerecht. Solch ein Politiker wird schuldig, wenn die Übel überhandneh-
men, für deren Einhegung er verantwortlich wäre.

6. Die Bedrohung durch den islamischen Totalitarismus

Wenn mit den Migrationswellen der letzten Jahre hunderttausende Einwanderer aus islamischen Kulturen des Nahen Ostens und Nordafrikas in
den deutschen Staat geströmt sind,[24] so stellt sich die Frage, ob dadurch
der Pluralismus der Ordnungen nicht durch einen neuen religiösen Totalitarismus bedroht wird. Wenn dies der Fall wäre, dann müsste man das
Handeln Angela Merkels bei der Grenzöffnung ganz anders bewerten als
in ihrer anfangs zitierten Rede. Es wäre dann nicht als ein Werk christlicher Liebe zu betrachten, sondern als ein verantwortungsloses Nieder-
reißen der Schutzmauern einer konkreten politischen Ordnung. Dieses
verantwortungslose Handeln wäre dann lediglich gesinnungsethisch ka-
schiert durch den Verweis auf Menschenrechte und „christliche Werte".

Es herrscht nun aber unter Experten Einigkeit, dass der Islam als
ein allumfassendes politisch-religiöses Ordnungssystem zu betrachten
ist: „Kein ernstzunehmender Islamexperte (und noch weniger die Muslime selbst) würde bestreiten, dass der Islam sich selbst als *umfassende
Lebensordnung* versteht – also nicht etwa als Religion, wie *wir* sie uns
vorstellen, die man auch im stillen Kämmerlein praktizieren könnte,
deren Befolgung Privatsache wäre, und die sich vor allem auf die Got-
tesbeziehung des *Einzelnen* auswirkt. Der Islam durchdringt – seinem
eigenen Anspruch nach – auch Recht, Politik, Kultur, Wissenschaft und
überhaupt jeden Lebensbereich. […] Es gibt keine islamfreie Zone, zumindest *soll* es keine geben."[25]

Nimmt man diese Erkenntnis ernst, dann folgt daraus, dass die Immigration von Muslimen den Pluralismus der Ordnungen in Deutschland bedroht. Denn sobald Muslime relevante Mehrheiten stellen,
werden sie auch Macht ausüben können und ihre Vorstellungen einer
„umfassenden Lebensordnung" im Sinne des Islam durchsetzen und
anderen aufzwingen.

Nicht die europäische Trennung der Sphären ist im Sinne des Islam,
sondern eine Lebensordnung, die man durchaus als „totalitär" bezeichnen kann. Der Islam sakralisiert eine konkrete, „weltliche" Ordnung –
die durch Koran, Hadithen und Scharia vermittelte – und kennt, anders
als das Christentum, *keine* „dialektische Spannung zwischen Glaube
und Religion"[26], also kein kritisches, korrektives Moment in Form einer
Innerlichkeit, die in den religiösen Institutionen nicht aufgeht. Zumindest wird man feststellen müssen, dass dieses Moment im Islam sehr
viel schwächer ausgeprägt ist als im Christentum.

Schon 2007 schrieb der Islamforscher Bernard Lewis, dass die Immigration von Muslimen nach Europa gegenwärtig Teil der Bestrebungen sei, den Islam zu verbreiten, die für diese Religion wesentlich sind[27] – wie für alle universalistischen Religionen. Der islamische Universalismus ist dabei vom Universalismus der Menschenrechte streng zu unterscheiden: „Der Islam ist zwar universalistisch in dem Sinne, dass er Gültigkeit für alle Menschen beansprucht, aber *nicht* in dem Sinne, dass alle Menschen, und zwar unabhängig von ihrer Religionszugehörigkeit, gleiche – zivile und politische – Rechte hätten. *Der Islam lehnt eine universalistische Ethik prinzipiell ab!* Insbesondere ist es mit dem islamischen Denken schlechterdings unvereinbar, zwischen Gläubigen und ‚Ungläubigen‘ eine Reziprozität von Rechten und Pflichten zu postulieren.“[28]

Dies ist eine logische Konsequenz aus dem Bestreben des Islam, „weltliche“ und „geistliche“ Angelegenheiten umfassend zu beherrschen, statt – wie vonseiten des Christentums – eine Ausdifferenzierung und Autonomie verschiedener Ordnungen zuzulassen. Nur *nach* dem Prozess der Ausdifferenzierung kann die Religion zur Privatsache, zur Sache der Innerlichkeit und subjektiver Neigungen werden.

Der deutsche Staat kann seinen Pluralismus und seine Toleranz nur bewahren, wenn er sie gegen den Totalitarismus und die Intoleranz des Islam verteidigt. Hier gilt jenes Paradoxon, das Karl Popper als „*Paradoxon der Toleranz*“ bezeichnet hat: „Uneingeschränkte Toleranz führt mit Notwendigkeit zum Verschwinden der Toleranz. Denn wenn wir die unbeschränkte Toleranz sogar auf die Intoleranten ausdehnen, wenn wir nicht bereit sind, eine tolerante Gesellschaftsordnung gegen die Angriffe der Intoleranz zu verteidigen, dann werden die Toleranten vernichtet werden und die Toleranz mit ihnen.“[29]

Es ist ein sehr ernst zu nehmendes Warnsignal, wenn etwa ein Jahr nach der Grenzöffnung mit Bassam Tibi ein Vertreter eines liberalen „Euro-Islam“ öffentlich seine Kapitulation vor dem „Kopftuch- und Scharia-Islam“ verkündet.[30] Die Kritikerinnen und Kritiker eben jenes „Scharia-Islam“ – wie Hamed Abdel-Samad, Seyran Ateş und Sabatina James – müssen unter Personenschutz gestellt werden, weil über ihren Köpfen ständig das Damoklesschwert möglicher islamischer Vergeltungsaktionen hängt. Und gerade in dieser Situation wird der öffentliche Diskurs in Deutschland durch ein quasi-religiöses, utopistisches Denken von links beherrscht, das Widerstand gegen den Islam nahezu unmöglich zu machen scheint.

7. Die religiöse Dimension des linken Universalismus

Das „kosmopolitische", universalistische und gesinnungsethische Denken der Verfechter der Utopie „No borders, no nations!" ist politisch am äußersten linken Rand zu verorten. Seine Durchschlagskraft gewinnt es vor allem durch seine quasi-religiöse Dimension. In der Ersatzreligion des linken Universalismus gewinnt der (muslimische) Migrant jene sozusagen „heilsgeschichtliche" Bedeutung, die der Proletarier in früheren linken Utopien besaß.[31] Der (muslimische) Migrant soll den schuldbeladenen weißen Europäer von den Sünden seiner Väter und von seinen eigenen Sünden erlösen. Die „Willkommenskultur" wäre dann eine Form der Buße.

In Deutschland kann dieses Denken auf schon länger existierende Formen eines „epigonalen Antifaschismus" zurückgreifen. Diese Bezeichnung stammt von Peter Furth, der in einer Skizze aus dem Jahr 1990 bereits wesentliche Merkmale dieser Weltanschauung dargestellt hat.[32] Sie hat ihren Dreh- und Angelpunkt in der nationalsozialistischen Judenvernichtung und errichtet davon ausgehend einen manichäischen Dualismus: Der deutsche Nazi ist das in der Geschichte erschienene absolute Böse, der ermordete Jude das absolut unschuldige Opfer. Der *Antifaschismus* gewinnt seine Legitimation nun dadurch, dass er sich radikal *gegen* den Nazi und auf die Seite des unschuldigen Ermordeten stellt: „Es ist eine Identifikation mit Märtyrern, durch die man in den Besitz dessen kommt, wofür sie stehen. Es ist eine Identifikation des Mitleids, aber dahinter auch eine der Macht. Denn in dieser Identifikation geht es um die fundamentale Eigenschaft des Opfers, sein absolutes Gutsein."[33]

Die Identifikation des Antifaschisten mit dem absoluten Gutsein des Opfers ermöglicht ihm nun die Verurteilung des absolut Bösen, das in der deutschen Nation in Gestalt des Nazis erschienen sei. Ausreichende Buße wäre nur die Auslöschung dieser Nation. Hier ist nach Furth die Wurzel des gegenwärtigen Internationalismus deutscher Linker zu finden. Sie sind getrieben von der Hoffnung auf die Auslöschung der eigenen Nation. Wo der Antifaschist jedoch „den Zumutungen nationaler Solidarität begegnet, verliert er rasch alle Versöhnlichkeit."[34]

Die Analyse von Furth wurde lange vor den Migrationswellen der letzten Jahre verfasst, doch ermöglicht sie heute ein Verständnis der Mentalität der linken Utopisten. Der Migrant nimmt in deren Weltanschauung die Position des absolut unschuldigen Opfers ein. Die Identifikation mit ihm erlaubt dem Linken, sich selbst in die Position des absolut Guten zu begeben und jeden Kritiker als „Fremdenfeind", „Rassisten" oder gar als wiedererstandenen „Nazi" zu brandmarken.

Der Philosoph Odo Marquard hat die Grundfigur solchen Denkens treffsicher benannt: Die „Dauertribunalisierung" durch die Gesinnungswächter ermögliche diesen eine „Flucht aus dem Gewissenhaben in das Gewissensein: durch sie entkommt man dem Tribunal, indem man es wird."[35] Norbert Bolz verbindet diesen Gedanken mit der lutherischen Einsicht in die Funktion des guten Gewissens: „Der Teufel bietet uns gleichsam die Position des guten Gewissens an, von der aus wir alle anderen Menschen anklagen und verurteilen können. […] Was er [Marquard] Tribunalisierung nennt, ist das teuflische Ritual der Gutmenschen. Sie warnen, mahnen und klagen an, um das Gewissen zu sein, das sie nicht haben."[36]

Hier ist aus christlicher Perspektive natürlich an die Selbstgerechtigkeit der Pharisäer zu denken, die Jesus in den Evangelien immer wieder scharf verurteilt. Besonders ist an den Pharisäer aus Lk 18,9–13 zu denken, der sich im Gedanken seiner moralischen Überlegenheit sonnt: „Ich danke dir, Gott, dass ich nicht bin wie die andern Leute, Räuber, Betrüger, Ehebrecher oder auch wie dieser Zöllner." Der heutige Gutmensch ist ein moderner Pharisäer. Man erkennt ihn besonders daran, dass er sein eigenes Gutsein permanent hervorkehren muss (*virtue signalling*), statt einfach stillschweigend zu tun, was er für richtig hält (zur Kritik daran vgl. Mt 6,1–6).

Als Gegenmittel gegen diese Selbstgerechtigkeit empfehlen die Evangelien Selbstkritik (vgl. besonders Mt 7,1–5). Nach Luther kann man der eigenen Neigung zur Selbsterhöhung und -rechtfertigung nur entgehen, indem man sich als Sünder erkennt und sich von Gott allein aus Gnade *(sola gratia)* rechtfertigen lässt. Diese Rechtfertigung durch Gott befreit den Christen von der drückenden Last der Schuld. Dies ist die christliche, evangelische Antwort auf die „Dauertribunalisierung" durch die Gesinnungswächter.

8. Christlicher Glaube gegen die Totalitarismen

In mehrfacher Hinsicht ist der christliche Glaube ein Mittel gegen die in den beiden letzten Abschnitten beschriebenen Totalitarismen von links und vonseiten des Islam. Wenn von links die Religion für die Utopie vereinnahmt und politisiert werden soll, kann man dem als Christ entgegenhalten, dass das Reich dessen, auf den man hofft, „nicht von dieser Welt" (Joh 18,36) ist. Man kann politische Ideologien also nüchtern auf ihren pragmatischen Nutzen und ihre Unschädlichkeit hin überprüfen (im Sinne der Weber'schen „Verantwortungsethik") und jede Sakralisierung dieser Ideologien zurückweisen.

Was für den Christen zählt, ist nicht die *Utopie* im Sinne eines Endziels einer von Menschen gemachten vollkommenen Welt, sondern eine

Neuschöpfung durch Gott, die der Mensch nicht selbst erzeugen kann. Joseph Ratzinger ist uneingeschränkt zuzustimmen, wenn er schreibt: „Wir sollten die Vorstellung, an der künftigen idealen Gesellschaft zu bauen, endlich als einen Mythos verabschieden und stattdessen mit allem Einsatz daran arbeiten, dass die Kräfte stark werden, die in der Gegenwart dem Bösen wehren und die daher auch eine erste Gewähr für die nächste Zukunft bieten können.“[37] Der Tribunalisierung durch die linken Baumeister einer „künftigen idealen Gesellschaft" entgeht der Christ durch Erkenntnis seiner Unvollkommenheit und indem er sich von Gott rechtfertigen lässt, statt sich permanent vor anderen oder vor sich selbst zu rechtfertigen.

Dem islamischen Totalitarismus ist mit dem Hinweis auf eine Pluralität von Ordnungen zu begegnen. Aus christlicher Perspektive muss man dem Islam kritisch die Vergötzung einer bestimmten „weltlichen" Ordnung vorhalten. Man sollte deshalb alles dafür tun, dass diese Religion nicht immer mehr Einfluss in Europa gewinnt und ihre Lebensordnung anderen aufzwingen kann. Das gebietet auch das oben zitierte „Paradoxon der Toleranz" von Karl Popper. Sein Glaube kann dem Christen die Kraft zum Standhalten und zur Verteidigung des in Europa Erreichten geben – viel eher als ein Relativismus, dem alles gleich-gültig und beliebig erscheint.

Zu dem anfangs zitierten Vorwurf von Jürgen Fritz kann nun gesagt werden, dass er nicht den christlichen Glauben trifft, sondern nur seine missverstandenen Formen, wie seine im letzten Abschnitt beschriebene zivilreligiöse Schwundform. Diese ist geprägt durch die Denkfiguren des Antifaschismus und der Tribunalisierung und durch einen Kult der Menschheit und des Sozialen, der den Kult des Erlösers verdrängt.[38] Diese zivilreligiöse Schwundform des Christentums ist in der Tat eine Wurzel des Übels der gegenwärtigen deutschen Migrationspolitik. Ein richtig verstandener christlicher Glaube könnte jedoch gerade ein Mittel *gegen* dieses Übel sein.

9. Schlussfolgerungen

Der deutsche Staat ist zugleich Rechts- und Sozialstaat und Demokratie. All diese Aspekte sind durch die Immigration erklärter Feinde des Pluralismus und der Demokratie bedroht. Der drohende Zusammenbruch des Sozialstaats aufgrund eines sprunghaften Anstiegs aufzubringender Sozialleistungen[39] scheint dabei sogar noch das geringste Problem zu sein. Die große Gefahr der Masseneinwanderung liegt im wachsenden Einfluss des Islam und in der Möglichkeit, dass weitgehend homogene Staaten wie Deutschland in ein bloßes Nebeneinander oder Gegeneinander verschiedener ethnischer und religiöser Gruppen zerfallen.

Wenn der Staat „Parallelgesellschaften" sich selbst überlässt und sein Gewaltmonopol nicht länger durchsetzen kann, wird er zu einer Bürgerkriegspartei unter anderen. Dann jedoch werden die Mächte des Chaos und der Gewalt, deren Bändigung und Einhegung eigentlich die vordringlichste Aufgabe der Staatsmacht und der Politik ist, überall aus dem Untergrund hervorbrechen.[40]

Nicht zuletzt ist durch die Masseneinwanderung der letzten Jahre auch die deutsche Demokratie bedroht, denn sie setzt ja bereits begrifflich die Einheit eines *demos,* eines Volkes voraus, die durch die Einwanderung zerstört wird. Bedroht sind also all jene Aspekte, die die gegenwärtige politische Ordnung des deutschen Staates ausmachen.

Hier ist an die vielzitierten Sätze des Staatsrechtlers Ernst-Wolfgang Böckenförde zu erinnern: *„Der freiheitliche, säkularisierte Staat lebt von Voraussetzungen, die er selbst nicht garantieren kann.* Das ist das große Wagnis, das er, um der Freiheit willen, eingegangen ist. Als freiheitlicher Staat kann er einerseits nur bestehen, wenn sich die Freiheit, die er seinen Bürgern gewährt, von innen her, aus der moralischen Substanz des einzelnen und der Homogenität [!] der Gesellschaft, reguliert. Anderseits kann er diese inneren Regulierungskräfte nicht von sich aus, das heißt mit den Mitteln des Rechtszwanges und autoritativen Gebots zu garantieren suchen, ohne seine Freiheitlichkeit aufzugeben und – auf säkularisierter Ebene – in jenen Totalitätsanspruch zurückzufallen, aus dem er in den konfessionellen Bürgerkriegen herausgeführt hat."[41]

Der säkularisierte Staat kann seine Voraussetzungen zwar nicht *garantieren,* wohl aber bewusst *zerstören,* wie wir heute leider erkennen müssen. Diese Zerstörung wird von den „Kosmopoliten" in Kauf genommen, um ihre Utopie einer Welt ohne Grenzen und Nationen zu verwirklichen. An der Verwirklichung dieser Utopie mitzuarbeiten, mag auf viele eine große Anziehungskraft ausüben. Es handelt sich dabei um eine schwärmerische Versuchung. Wer jedoch ob der (vermeintlichen) Reinheit seiner Gesinnung und der (vermeintlichen) Richtigkeit seiner Absichten die *Folgen* seines Handelns völlig außer Acht lässt, der taugt vielleicht zum „Heiligen", aber ganz bestimmt nicht zum Politiker, ja eigentlich nicht einmal zum Staatsbürger.

Aus christlicher Perspektive sind politische Utopien zu kritisieren, wenn sie in den Versuch des Menschen münden, sich selbst in die Rolle Gottes zu begeben. In der politischen Utopie der „Kosmopoliten" verliert der Mensch die Geduld und will das Letzte (die Versöhnung und

Einigkeit aller Menschen) schon im Vorletzten (in der Welt) verwirklicht sehen.

Hier ist aus christlich-konservativer Perspektive an die Realitäten der Welt zu erinnern: Eine unbegrenzte Aufnahme von Immigranten in den deutschen Staat ist nicht möglich. Zudem findet auch jetzt schon eine Selektion statt: Nach Deutschland kommt, wer Schlepper bezahlen und anstrengende Wanderungen bewältigen kann. Damit jedoch lassen wir einen inhumanen Mechanismus eine Auswahl treffen, die in unserer Verantwortung läge.

Der Rechtsphilosoph Reinhard Merkel hat darauf hingewiesen, dass die Aufnahme einer großen Anzahl von „Flüchtlingen" in den deutschen Staat die denkbar schlechteste Art ist, die eigene Verantwortung für den Rest der Welt wahrzunehmen. Denn dadurch werden finanzielle Ressourcen verbraucht, die man andernorts mit viel größerer Wirkung einsetzen könnte. So erscheint die „Flüchtlingspolitik" der Kanzlerin selbst unter universalistischen Gesichtspunkten als ein „moralisches Desaster".[42]

Wir müssen uns – tragischerweise – im Vorletzten, in der Welt, mit der Realität und Notwendigkeit der „Triage" abfinden. Dies ist ein Begriff, den Hans Magnus Enzensberger in seinem Essay „Aussichten auf den Bürgerkrieg" eingeführt hat. Das Wort „Triage" stammt aus dem Französischen und bedeutet „Sortierung, Auswahl". Der Begriff wird im militärischen Sanitätswesen verwendet, um die Arbeitsweise der Ärzte nach großen Schlachten zu beschreiben, „bei schwierigen und gefährdeten Transportwegen, begrenzter Kapazität der Lazarette und unzureichenden Behandlungsmöglichkeiten." Das Vorgehen der Ärzte sieht dann folgendermaßen aus: „Leichtverletzte wurden nur notdürftig versorgt und mußten sich selbst bis in die Etappe durchschlagen. Hoffnungslos Verwundete überließ man ihrem Schicksal. Wirksame medizinische Behandlung wurde nur jenen zuteil, bei denen sie einerseits akut notwendig, andererseits aussichtsreich schien."[43]

Das Schlachtfeld ist hier eine Metapher für die Welt, und die Botschaft Enzensbergers lautet, dass jeder gleichsam in der Position eines Kriegsmediziners ist, der bei seinen Hilfeleistungen Prioritäten setzen muss. Das gilt natürlich auch für ganze Staaten: Finanzielle und personelle Ressourcen sind begrenzt, und es gibt Grenzen der Belastbarkeit. Daraus folgt – so tragisch es ist –, dass wir sehr vielen *nicht* helfen können. Aber wäre es da nicht konsequent, primär die nächstliegenden Probleme zu lösen, den notleidenden Angehörigen des eigenen Volkes zu helfen, statt in einen abstrakten Humanitarismus, in „Fernstenliebe" und in den Reiz des Exotischen bei der Hilfe für Menschen aus fremden Kulturkreisen zu fliehen?[44] Der Philosoph Robert Spaemann sagte Ende 2015 in einem Interview: „Wo unserer Hilfe Grenzen gesetzt sind, da ist es auch gerechtfertigt auszuwählen, also zum Beispiel Landsleute, Freunde oder auch Glaubensgenossen zu bevorzugen."[45]

Im Gegeneinander von „Kosmopoliten" und „Kommunitaristen", Universalisten und Partikularisten ist der christliche Glaube dennoch nicht einfach auf einer Seite zu verorten. Er steht zunächst „über" oder „jenseits von" diesen Gegensätzen. Vieles spricht dafür, dass das vorletzte Wort des Christen partikularistisch sein muss, das letzte jedoch universalistisch. Denn der Christ lebt gleichzeitig in zwei Sphären: Hier das unvollkommene, immer fragwürdige und undurchschaubare Jetzt, in dem man gar nicht umhin kann, auch Partikularinteressen zu vertreten; im Letzten aber die eschatologische Hoffnung auf das Reich Gottes, in dem auch dessen Feinde seine Herrlichkeit erkennen und sich ihm beugen, sodass alle Welt den Schöpfer lobt.

Wie die Hoffnung auf eine künftige universelle Versöhnung den Christen befähigen kann, den Fremden, ja sogar den Feind zu lieben (wie gefordert in Mt 5,44), so muss andererseits auch damit gerechnet werden, dass Gott „am Ende der Zeiten" mit seinen Feinden abrechnet und sie bestraft, dass also die Versöhnung nicht alle einschließen wird. Die Drohung der Hölle gehört ebenso zur Botschaft Jesu wie die Ankündigung eines universellen Friedens und der Einigkeit aller Menschen.

Der Universalismus der Hoffnung scheint in unsere partikularen und egoistischen Motive hinein und vermag sie zu erhellen; aber der Partikularismus, für den das Reich Gottes nur den Auserwählten zugänglich ist, schwebt gleichzeitig als nicht zu tilgende Drohung über dem Universalismus der Hoffnung. Nur beides zusammen ergibt den christlichen Glauben. Der christliche Universalismus, der in den bereits zitierten Paulus-Worten aus dem Galaterbrief (3,28) seine Grundlage findet, ist demnach zu unterscheiden vom abstrakten Universalismus und Humanitarismus der heutigen Linken.

In der Praxis der Eucharistiefeier erhält der christliche Universalismus seinen klarsten Ausdruck: Hier findet jene Vereinigung in Christus statt, die Paulus im Galaterbrief anspricht. Es handelt sich um eine Vereinigung einzelner Menschen über die Begrenzungen ihrer jeweiligen Identitäten hinweg, aber auch um eine Vereinigung der einzelnen Gemeinden über die Begrenzungen von Raum und Zeit hinweg. Die Eucharistiefeiernden aller Zeiten und Orte werden in eine gemeinsame Erzählung aufgenommen.[46] Dabei bleiben sie jedoch in ihrer Partikularität erhalten und lösen sich nicht in eine abstrakte Einheit auf.

Literatur:

Alexander, Robin: Die Getriebenen. Merkel und die Flüchtlingspolitik. Report aus dem Innern der Macht, 4. Aufl., München 2017.

Angenendt, Arnold: Toleranz und Gewalt. Das Christentum zwischen Bibel und Schwert, 5., akt. Aufl., Münster 2009.

Böckenförde, Ernst-Wolfgang: Die Entstehung des Staates als Vorgang der Säkularisation, in: ders.: Staat, Gesellschaft, Freiheit. Studien zur Staatstheorie und zum Verfassungsrecht, Frankfurt a. M. 1976, S. 42–64.

Bolz, Norbert: Zurück zu Luther, Paderborn 2016.

Bonhoeffer, Dietrich: Widerstand und Ergebung. Briefe und Aufzeichnungen aus der Haft, 16. Aufl., Gütersloh 1997.

Cavanaugh, William T.: The World in a Wafer. A Geography of the Eucharist as Resistance to Globalization, in: Modern Theology 15:2 (April 1999), S. 181–196.

Enzensberger, Hans Magnus: Aussichten auf den Bürgerkrieg (1993), in: ders.: Versuche über den Unfrieden, Berlin 2015, S. 65–128.

Furth, Peter: Epigonaler Antifaschismus (1990), in: Tumult (Frühjahr 2016), S. 30 ff.

Joas, Hans: Sind die Menschenrechte westlich?, München 2015.

Kleine-Hartlage, Manfred: Das Dschihadsystem. Wie der Islam funktioniert, Gräfelfing 2010.

Marquard, Odo: Tribunalisierung der Lebenswirklichkeit. Erfahrungen mit der Wissenschaftsethik, in: Spiegel der Forschung 10 (1993) H. 1, S. 2–4.

Merkel, Wolfgang: Kosmopolitismus versus Kommunitarismus. Ein neuer Konflikt in der Demokratie, in: Philipp Harfst et al. (Hg.): Parties, Governments and Elites. The Comparative Study of Democracy, Wiesbaden 2017, S. 9–23.

Ott, Konrad: Zuwanderung und Moral, Stuttgart 2016.

Palaver, Wolfgang: Mimesis and Nemesis. The Economy as a Theological Problem, in: Telos 117 (1999), S. 79–112.

Ders.: Populismus – Gefahr oder hilfreiches Korrektiv für die gegenwärtige Demokratie?, in: Jahrbuch für christliche Sozialwissenschaften 54 (2013), S. 131–154.

Popper, Karl R.: Die offene Gesellschaft und ihre Feinde, Bd. I: Der Zauber Platons, 7. Aufl., Tübingen 1992.

Ratzinger, Joseph: Auferstehung und ewiges Leben. Beiträge zur Eschatologie und zur Theologie der Hoffnung, Freiburg i. Br. 2012.

Sieferle, Rolf Peter: Das Migrationsproblem. Über die Unvereinbarkeit von Sozialstaat und Masseneinwanderung, Waltrop 2017.

Ders.: Finis Germania, Schnellroda 2017.

Sundermeier, Theo: Was ist Religion? Religionswissenschaft im theologischen Kontext. Ein Studienbuch, Gütersloh 1999.

Tibi, Bassam: Warum ich kapituliere, in: Cicero (Juni 2016), S. 115–119.

Waldenfels, Bernhard: Grundmotive einer Phänomenologie des Fremden, 5. Aufl., Frankfurt a. M. 2016.

Weber, Max: Politik als Beruf, Stuttgart 1992.

1   Alexander 2017: 178.
2   https://juergenfritz.com/2017/04/06/ist-die-christenmoral-eine-wurzel-des-uebels/.
3   Vgl. Merkel 2017.
4   Hier und im Folgenden bezeichnet der Begriff „Migrant" sowohl Flüchtlinge als auch Wirtschaftsmigranten, steht also allgemein für Menschen, die ihr Land verlassen mit der Absicht, sich dauerhaft in einem anderen Land niederzulassen – aus welchen Gründen und mit welchen Motiven auch immer.
5   Zur Gegenüberstellung von Gesinnungs- und Verantwortungsethik vgl. Abschnitt 5.
6   Ott 2016: 87.
7   Das gilt besonders für Abschiebungen, über die Konrad Ott schreibt: „Rechtszwang ist nicht als solcher ein moralischer Skandal. Wenn wir in jedem Einzelfall vor dem empörten Aufschrei ‚Aber es sind doch Menschen!' moralisch einknicken, dann sollten wir ein Bleiberecht für alle einführen, die es bis in unser Land geschafft haben." (Ott 2016: 62)
8   Vgl. Ott 2016: 44. Offene Grenzen sind „Endpunkt der Argumentation der Gesinnungsethik und ihres slippery slope".
9   Sieferle 2017a: 79 f.
10 Vgl. Angenendt 2009: 24–27.
11 Sundermeier 1999: 36. Eine Sonderstellung innerhalb der „sekundären" Religionen nimmt das Judentum ein, weil es zwar universalistisch orientiert ist, aber an Missionierung nie interessiert war. Vgl. dazu auch die Bemerkungen in Abschnitt 4.
12 Es ist zwar richtig, wenn Hans Joas darauf hinweist, dass der ethische Universalismus der sogenannten „Achsenzeit" nicht nur in Juden- und Christentum und im antiken Griechenland, sondern auch in China, Indien und vielleicht im Iran aufgekommen ist, dass es also weltweit mehrere Ursprungsorte des Universalismus gibt (vgl. Joas 2015: 27 f.). In ihrer europäischen Ausprägung musste die Idee der Menschenrechte jedoch auf einer christlichen Basis aufbauen.
13 Vgl. Sieferle 2017a: 65–70.
14 Bonhoeffer 1997: 88.
15 Joas (2015: 35) spricht für die „achsenzeitlichen" Religionen generell von einem „Wechselspiel zwischen den transzendenzbezogenen Impulsen [hier: Glaube] und den mundanen Wirklichkeiten [hier: politische Ordnungen]".
16 Weber 1992: 74. Aus philosophischer Perspektive formuliert Bernhard Waldenfels den Grundsatz des Pluralismus: „Es gibt Ordnungen, aber es gibt nicht die eine Ordnung." (Waldenfels 2016: 128).
17 Bolz 2016: 70.
18 Bolz 2016: 101.
19 Weber 1992: 70 f.
20 Weber 1992: 69.
21 Weber 1992: 71.
22 Weber 1992: 6. Bei Palaver findet sich in Übereinstimmung damit eine treffende und prägnante Definition politischer Macht: Sie ist „a containing of violence through violence." (Palaver 1999: 88)
23 Weber 1992: 74.
24 Im Jahr 2016 wurden nach den Zahlen des Bundesamts für Migration und Flüchtlinge (BAMF) 75,9 % von insgesamt 722.370 Asyl-Erstanträgen von Muslimen gestellt. Vgl. die BAMF-Broschüre „Das Bundesamt in Zahlen 2016".
25 Kleine-Hartlage 2010: 13.
26 Kleine-Hartlage 2010: 142.
27 „For fanatical muslims, migration is part of ‚third wave' attack on Europe": http://www.digitalnpq.org/articles/global/163/03-26-2007/bernard_lewis.
28 Kleine-Hartlage 2010: 284.
29 Popper 1992: 333. Weil dieses Paradoxon hier gilt, ist es auch falsch, mit dem Girard-Adepten Palaver (2013: 133–139) in der Islamkritik oder in sogenannter „Islamophobie" eine „Jagd auf

Sündenböcke" zu sehen. Die Islamkritik beschuldigt nicht unschuldige Opfer, um dann die Aggressionen der Gruppe an ihnen zu entladen (was nach René Girard der Grundvorgang der Sündenbockjagd ist), sondern weist auf reale Probleme und Gefahren hin. Einer „Jagd auf Sündenböcke" gleicht eher der Umgang des linksliberalen Mainstreams mit den Islamkritikern aus den Reihen der eigenen Gesellschaft.

30 Vgl. Tibi 2016.

31 Das hat beispielsweise Alexander Meschnig sehr gut beschrieben: http://www.achgut.com/artikel/schuld_und_erloesung_zur_religioesen_dimension_der_aktuellen_krise.

32 Vgl. Furth 2016.

33 Furth 2016: 32.

34 Furth 2016: 32. Sieferles Analysen zum „Mythos Vergangenheitsbewältigung" sind denen von Furth an die Seite zu stellen; vgl. besonders Sieferle 2017b: 63–86. Auch Sieferle sieht im Antifaschismus eine Ersatzreligion, so bezeichnet er ihn auf S. 69 als „neue Staatsreligion".

35 Marquard 1993: 4.

36 Bolz 2016: 57.

37 Ratzinger 2012: 462.

38 Vgl. Bolz 2016: 104 f.

39 Vgl. Sieferle 2017a: 23–27.

40 Wir stehen also vor der Alternative: „Rechtsstaat oder multitribale Gesellschaft" (Sieferle 2017a: 104).

41 Böckenförde 1976: 60.

42 Reinhard Merkel: Wir können allen helfen, in: Frankfurter Allgemeine Zeitung vom 22. November 2017.

43 Enzensberger 2015: 122.

44 Vgl. Enzensberger 2015: 123.

45 https://www.ksta.de/kultur/interview-sote-spaemann-fluechtlinge-islam-23378464.

46 „Consumption of the Eucharist consumes one into the narrative of the pilgrim City of God, whose reach extends beyond the global to embrace all times and places." (Cavanaugh 1999: 182).

Die Autoren

Felix Dirsch, geb. 1967; Studium der katholischen Theologie (Dipl. Theol.), Philosophie und neuere Geschichte (M.A.) und der Politikwissenschaft (Dipl.sc.pol.); wissenschaftlicher Mitarbeiter am Romano-Guardini-Lehrstuhl für christliche Weltanschauung (Drittmittelprojekt); über einen längeren Zeitraum im Schuldienst und in der Erwachsenenbildung tätig; Promotion zum Dr. phil., Habilitation über das Thema „Authentischer Konservatismus"; lehrt Politikwissenschaft (mit Schwerpunkt politischer Theorie) in Deutschland und Armenien; zul. veröffentlicht: „München war anders! Das NS-Dokumentationszentrum und die dort ausgeblendeten Dokumente" (mit Konrad Löw), Reinbek 2016.

Harald Seubert, geb. 1967; Studium der Philosophie, Geschichte, Literaturwissenschaft und evangelisch-lutherischen Theologie an den Universitäten Erlangen-Nürnberg, München, Wien, Würzburg, Frankfurt/Main. 1992 Examina, 1998 Promotion, 2003 Habilitation; seit 1. September 2012 ordentlicher Professor und Fachbereichsleiter für Philosophie und Religionswissenschaft an der Staatsunabhängigen Theologischen Hochschule Basel, seit 2009 nebenamtlicher Professor an der Hochschule für Politik München, kooptiert an die IAP Liechtenstein. 2011–2016 Präsident des Studienzentrums Weikersheim, seit 2016 Vorsitzender des Vorstandes der Martin-Heidegger-Gesellschaft.
Jüngste Publikationen:
„Platon. Anfang, Mitte und Ziel der Philosophie", Freiburg/Br., München 2017.
„Der Frühling des Missvergnügens. Eine Intervention", Würzburg 2018.

Stefan Winckler, geb. 1967; Studium der Publizistik, Politikwissenschaft, Mittleren und Neueren Geschichte. Magisterexamen 1995, Promotion 2011. Chefredakteur der Zeitschrift „Das neue Non Nobis". Buchveröffentlichungen: „Gerhard Löwenthal. Ein Beitrag zur politischen Publizistik der Bundesrepublik Deutschland", Berlin 2011; „Die 68er und ihre Gegner. Der Widerstand gegen die Kulturrevolution" (Hg. mit Hartmuth Becker u. Felix Dirsch), Graz 2003; weitere Sammelbände. Schreibt u. a. in der „Jüdischen Rundschau". Website: www.historiker-stefan-winckler.de.
Korrespondenzadresse: winckler67@web.de.

Martin Lichtmesz, geb. 1976; freier Journalist, Buchautor und Übersetzer. Tätigkeit unter anderem für die Zeitschriften „Sezession", „eigentümlich frei", „Neue Ordnung" und das Netzmagazin unzensuriert.at. Publikationen u. a.: „Besetztes Gelände", Schnellroda 2010; „Die Verteidigung des Eigenen", Schnellroda 2011; „Kann nur ein Gott uns retten?", Schnellroda 2014; „Ich bin nicht Charlie", Schnellroda 2015; „Die Hierarchie der Opfer", Schnellroda 2017; „Mit Linken leben" (mit Caroline Sommerfeld), Schnellroda 2017.

Matthias Matussek, geb. 1954; studierte Amerikanistik, Publizistik und Vergleichende Literaturwissenschaften bis zum Zwischendiplom, wechselte dann an die Deutsche Journalistenschule München und arbeitete für den „Berliner Abend", das „tip"-Magazin und den „Stern", bevor er 1987 zum „Spiegel" stieß und dort als Korrespondent in Berlin zur Zeit des Mauerfalls (Buch: „Palasthotel Zimmer 6101. Reporter im rasenden Deutschland", Hamburg 1991) arbeitete. Später kamen Büroleiter-Funktionen in New York, Rio de Janeiro und London hinzu. 2005–2007 leitete er das Kulturressort des Magazins. 2014–2015 für die „Welt" tätig.
Seither schreibt er für die Zürcher Weltwoche, den Focus, Tichy's Einblick, die Achse des Guten, Tagespost, Junge Freiheit und weitere Organe; zuletzt erschienen: "White Rabbit - Die Abschaffung des Gesunden Menschenverstandes".

David Engels, geb. 1979; Studium der Geschichte, Philosophie und VWL (Mag. Art.) an der RWTH Aachen; dort Promotion zum Dr. phil. 2008–2018 Inhaber des Lehrstuhls für Römische Geschichte an der Université libre de Bruxelles, seit 2018 Forschungsprofessur am Instytut Zachodni (Posen). Forschungsschwerpunkte: Antike Geschichte, Komparatistik, Geschichtsphilosophie.

Volker Münz, geb. 1964; Studium der Wirtschaftswissenschaften an der Universität Hannover, Abschluss Diplom-Ökonom; Mitglied im Kirchengemeinderat der Evangelischen Kirche in Uhingen und in der Bezirkssynode Göppingen. Mitglied des Deutschen Bundestages seit September 2017, stellvertretender Vorsitzender der Bundesvereinigung „Christen in der AfD", kirchenpolitischer Sprecher der AfD-Bundestagsfraktion.

Thomas Wawerka, geb. 1975; Studium der evangelischen Theologie in Leipzig. Arbeitete als Handwerker, Gemeindepädagoge und Pfarrer, bis er vom Dienst suspendiert wurde; nun als Referent im Deutschen Bundestag. Vater von drei Kindern.

Caroline Sommerfeld, geb. 1975; Studium der Germanistik und Philosophie in Rostock, 2003 promoviert zum Dr. phil. mit einer Arbeit zum Thema „Wie moralisch werden? Kants moralistische Ethik" (2004 im Karl-Alber-Verlag erschienen und mit dem Karl-Alber-Preis des Jahres ausgezeichnet). „Expert in Gifted Education" (ECHA-Diplom), Mutter dreier Söhne; schreibt seit 2016 für die Zeitschrift und das Blog „Sezession" und hat 2017 mit Martin Lichtmesz im Antaios-Verlag „Mit Linken leben" veröffentlicht.

Lothar Mack, geb. 1961; Studium der evangelischen Theologie in Neuendettelsau, Basel, Heidelberg und Erlangen. Arbeitete als Pfarrer, Redakteur und in der Öffentlichkeitsarbeit von Hilfswerken. Seit 2016 Studium für ein Doktorat über Eugen Rosenstock-Huessy an der Universität Fribourg (Schweiz) und Tätigkeit als Berater mit psychologisch-juristischem Schwerpunkt.

Daniel Zöllner, geb. 1985; Studium der Philosophie und der Neueren deutschen Literatur an der Universität Tübingen. Magisterarbeit über den Kulturphilosophen Jean Gebser. Autodidaktische Auseinandersetzung mit theologischen und religionsgeschichtlichen Themen.
Publikation: „Evolution, Geist, Gott. Beiträge zu einer christlichen Philosophie" (mit Mathias Schickel), Dresden 2015.

Aus unserem Programm

Daniel Führing (Hg.)

Gegen
die Krise
der Zeit

Konservative
Denker im Portrait

ARES VERLAG

ISBN 978-3-902732-21-7

ARES VERLAG

www.ares-verlag.com

Aus unserem Programm

ISBN 978-3-702010-07-2

Leopold Stocker Verlag

www.stocker-verlag.com

Aus unserem Programm

ISBN 978-3-902475-02-2

ARES VERLAG
www.ares-verlag.com

Aus unserem Programm

Becker · Dirsch · Winckler (Hrsg.)

DIE 68er UND IHRE GEGNER

Der Widerstand gegen die Kulturrevolution

Leopold Stocker Verlag

ISBN 978-3-702010-05-8

Leopold Stocker Verlag
www.stocker-verlag.com

Aus unserem Programm

ISBN 978-3-902475-03-9

ARES VERLAG
www.ares-verlag.com